中共宁波市委农村工作领导小组办公室组织的2023年宁波市"三农"课题重点项目。

宁波市的特色
农产品优势区

孔绥波 著

上海三联书店

本书是在中共宁波市委农村工作领导小组办公室的《宁波市农业优势特色产业区域发展研究》课题成果基础上完善形成的。在本人主持这项课题过程中，得到了宁波市农业农村局、宁波市乡村振兴促进中心的大力支持，在此表示感谢，并谨以此书，奉献给热爱宁波这块热土，关注宁波农村经济发展的广大读者。

目　　录

1. 绪论：特色农产品优势区的界定

1.1 特色农产品优势区

通过检索，我们发现，"特色农产品优势区"这个概念最早来源于2003年农业部编制的《优势农产品区域布局规划（2003—2007）》。2017年中央一号文件《中共中央国务院关于深入推进农业供给侧结构性改革、加快培育农业农村发展新动能的若干意见》第四条明确："制定特色农产品优势区建设规划，建立评价标准和技术支撑体系，鼓励各地争创园艺产品、畜产品、水产品、林特产品等特色农产品优势区"。为认真落实一号文件精神和中央农村工作会议关于开展特色农产品优势区（以下简称"特优区"）建设的要求，加快特色农业产业发展，促进农业提质增效和农民增收，农业部、中央农村工作领导小组办公室、国家发展改革委、财政部、国家林业局、科技部、国土资源部、环境保护部、水利部九部委联合颁发了《关于开展特色农产品优势区创建工作的通知》，决定在全国开展特优区创建工作，并由农业部、国家发展改革委、国家林业局每年组织评审。随后，农业农村部等三部委出台了《特色农产品优势区建设规划纲要》（以下简称三部委规划）、《特色农产品优势区管理办法（试行）》等一系列制度，并连续开展了四次全国性的评审。

按照国家发改委"十四五"规划《纲要》名词解释之120条，**特色农产品优势区的准确定义应当是：特色农产品优势区是指具有资源禀赋和比较优势，产出的园艺产品、畜产品、水产品、林特产品品质优良且特色鲜明，产业基础较好、产业链条完善、带动农民增收能力较强的特色农产品产业聚集区。**

1.2 农业优势特色产业区

2015年，财政部出台了《农业综合开发扶持农业优势特色产业促进农业产业化发展的指导意见》中，使用了"农业优势特色产业"这一概念，但没有作出准确的定义。

《宁波市乡村产业发展"十四五"规划》中明确,在"完善乡村产业体系"中,要"做精特色优势产业"。发展农业优势特色产业作为宁波市特色农产品优势区的发展目标,成为宁波市乡村振兴的一项重要举措,被列为政府"十四五"在"三农"领域的重要工程。"农业优势特色产业区域"将按照"农业特色产业——农业优势产业——农业优势特色产业——农业优势特色产业区域"这样的路径逐步发展,最终形成同时是农业特色产业、农业优势的产业区,即宁波市农业优势特色产业区域。

1.2.1　农业特色产业

农业特色产业也可以称为特色农业,其一般的定义是:**特色农业是指利用区域内独特的农业资源开发出区域内特有的名优产品,转化为特色商品的现代农业。**它有三个基本特点:一是在品种上具有独特性或唯一性;二是在区域上具有唯一性或独特性,必须符合本地区的自然地理环境条件;三是在技术上具有独特性或唯一性。

农业特色产业主要包括有五大类型,即特色种植业(如反季节蔬菜、特种蔬菜、特种粮食如黑玉米、特色花卉等)、特色养殖业(如蜜蜂、梅花鹿、鸵鸟、肉狗、黑水鸡、蚯蚓、竹鼠等当地特色品种的养殖业)、特色林果业(如中国枇杷之乡、中国碰柑之乡、中国荔枝之乡等都是以当地特色水果品种为基础所形成的特色农业产业)、特色加工业(当地农产品加工后变成特色农产品,如加工竹编、加工火腿、加工腊肉等)、观光休闲农业(如农家乐、生态旅游等)。

1.2.2　农业优势产业

农业优势产业目前还没有统一的定义,一般是指和其他农业产业相比较具有一定优势的产业。一个地区特殊的农业生产环境会形成适合某种农作物生长的条件,通过长期的历史选择从而使该农产品作为重点开发的特色产业,该产业就会发展成为该地区的农业优势产业。

优势农业产业从某种程度上讲,是农业特色产业的一部分。某一地区可能因为某种原因,发展了一些不是本地区历史上种植或养殖的农产品,并因此形成了特色农业,但基于本地区长期历史积累所形成的特色农产品,肯定是该地区的优势农业产业。

典型的如:按照宁波市特色产业规划,海曙区古林镇将发展西瓜特色农产品,但西瓜不是该镇历史上的传统农产品,因此,即使西瓜种植面积达到了该镇的一半以上,西瓜产业仍然只能属于该镇的特色农业产业。相反,古林镇是中国蔺草的发源地和主产地,被称为"中国草席之乡",其生产和制作工艺能上溯到

2700 多年前的战国时期,到了唐开元年间,宁波草席已经销往朝鲜半岛。因此,该镇的优势农业不是西瓜产业,而是蔺草产业[①]。

1.2.3　农业优势特色产业

目前,国内外还没有农业优势特色产业的准确定义,但从蔺草这个案例,我们可以得到这样的一个并不是很准确的定义:所谓的**农业优势特色产业,是指在区域内具有长期种植养殖的历史并形成自身的发展优势,具有一定规模的名优农产品、并最终转化为特色商品的一种现代农业生产方式。**

从我国的政策导向看,最能成为农业优势特色产业的农产品应当是"三品一标"农产品(即无公害农产品、绿色食品、无机农产品、地理标志农产品)中具有地方发展优势的农业产业。

1.2.4　农业优势特色产业区

农业优势特色产业区是指从事优势特色农产品的地区。仍以蔺草为例,《中华人民共和国农业农村部公告第 290 号》公告中所列的地理标志地域保护范围就是蔺草的农业优势特色产业区。

专栏 1

中华人民共和国农业农村部公告第 290 号
2020 年 4 月 30 日

2020 年第一批农产品地理标志登记产品公告信息

序号	产品名称	所在地域	证书持有人全称	划定的地域保护范围	质量控制技术规范编号
89	古林蔺草	宁波	宁波市海曙区蔺草协会	宁波市海曙区所辖古林镇、高桥镇、横街镇、集土港镇、石碶街道、洞桥镇共计 6 个镇(街道)105 个行政村。地理坐标为东经 121°22′41″~121°30′26″,北纬 29°44′39″~29°55′19″	AGI2020 - 01 - 2868

[①] 蔺草是宁波市的一大特色农产品。据相关报道(新蓝网·浙江网络广播电视台 2020 - 07 - 04 11:26):目前,宁波的蔺草种植面积总超过 5 万亩,有各类蔺草企业近 100 家,产品占国内份额 90%以上,宁波已成为全国最大的蔺草种植、生产、出口基地。蔺草产业联系带动农户 4 万户,提供就业岗位 2 万多个,产业规模超过每年 20 亿元。

1.3 特色农产品优势区和农业优势特色产业区

从前面的分析可以看到,优势特色农业是建立在优势特色农产品基础之上的,但优势特色农产品并不一定能发展成农业优势特色产业。

农业产业可以理解为以农业生产为龙头,将农产品的生产、加工、销售有机结合,实现一体化经营的农业生产体系。因此,从理论上讲,能形成农业优势特色产业的地区,应当具备产工贸一体化的生产体系而且优势特色农业产业能带动该地区成为经济强镇(乡)。

但从现实情况看,很多优势特色农产品并不需要形成产工贸一体化。典型的如中药材,农区只负责中药材原料的供应,它的加工、成品销售都由中药厂来承担。因此,这些优势特色中药材的生产地区,并不一定要形成农业产业,而只需要做好农业生产。这就导致了一些农业地区只有优势特色农产品而没有农业优势特色产业。

典型的如:海曙区章水镇是浙江省中药材强镇。章水镇具有"浙贝之乡"的美誉。目前,以章水镇为中心,章水、龙观、鄞江等镇乡有1万亩浙贝生产基地,产量占全国近一半。但章水镇只负责浙贝的种植和初加工,并没有形成产工贸一体化的生产体系。因此,章水等三镇只能是浙贝这种宁波特色农产品的优势区,而不是浙贝优势特色农业产业区。章水等三镇只是浙贝这一中药材的生产基地,不可能以浙贝为基础形成农业产业体系。

像这种有着特色农产品生产,但因为不能形成产业,导致经济仍处于相对落后的情况并不只有章水镇,宁波市类似的乡镇还有不少。如:按照鄞州区政府官网,2022年上半年鄞州区各街道的GDP排名中,全省水产养殖强镇、渔业特色农业强镇咸祥镇位列最后一位(姜山镇数据暂缺)。这说明咸祥镇只有水产、渔业特色农业,但还没有形成农业优势特色产业。

表1-1　2022年上半鄞州区各街道的GDP排名①

序号	镇(街道)	1—6月生产总值(GDP)	同比±%
1	潘火街道(投创中心)	50.4	−1.4
2	首南街道	49.5	3.1

① 由于近年宁波市行政区域变化较大,各乡镇归属的县(市、区)发生了一定的变化。本文中没有一一进行调整,但这并不影响本报告的分析。特此说明。

序号	镇(街道)	1—6月生产总值(GDP)	同比±%
3	福明街道	44.5	4.1
4	东郊街道	41.7	0.4
5	五乡镇	40.5	−1.3
6	百丈街道	35.4	2.3
7	中河街道	34.6	4.6
8	云龙镇	33.8	1.6
9	钟公庙街道	30.9	−3.4
10	东钱湖镇	30.1	7.3
11	白鹤街道	29.9	5.9
12	邱隘镇	25.5	5.7
13	东柳街道	25.3	4.1
14	东胜街道	24.5	0.7
15	明楼街道	22.9	8.5
16	东吴镇	22.4	5.7
17	横溪镇	18.8	10.6
18	下应街道	13.3	−2.6
19	塘溪镇	9.4	0.2
20	瞻岐镇	9.2	6.3
21	咸祥镇	7.2	3.9
22	姜山镇	—	

因此,章水镇、咸祥镇这些经济相对落后的乡镇可以成为特色农产品优势区,但要发展成农业优势特色产业区,还需要一个质的飞跃。

农业优势特色产业区域作为特色农产品优势区的升级版,相当于特色农产品优势区的2.0版,它需要通过扩大特色农产品对区域农业经济的拉动作用,最后使特色农产品优势区转变成区域内整个农业都能形成新的优势、新的特色而且还能实现产业化。

通过对我市经济相对落后乡镇①的分析,我们发现,这"16＋3"区域与章水镇、咸祥镇一样,完全可以依靠宁波特殊的农业生产环境发展特色农产品优势区,但却很难发展成农业优势特色产业区。因此,要实现从特色农产品优势区向农业优势特色产业区的转型,必须以推进特色农产品优势区为政策着力点。

正如前面分析,农业优势特色产业区是特色农产品优势区的升级版。特色农产品优势区通过产业链的不断延伸,才能形成基于特色农产品的农业优势特色产业。从调查情况看,目前宁波市大量的乡镇、街道仍处于培养和发展特色农产品优势区的发展阶段,能够成为农业优势特色产业区的并不多。

同时,我国的政策导向的着力点是特色农产品优势区。从中央到地方,在推进农业区域科学布局、促进农业区域发展上一直是按照特色农产品优势区的发展路子推进的。浙江省还先后开展了特色农产品优势区、农业优势特色强县、农业优势特色强镇(乡)、特色农业强镇等评选。这些评选出来的强县、强镇、优势区域,从某种意义上讲,政策的着力点都是促进当地特色农产品的发展,因此,都可以理解为培育和发展特色农产品优势区域的政策,除了财政部 2015 年的政策外,很难看到促进农业优势特色产业区域的政策。

浙江省改革开放经验中引以为豪的经济就是"一村一品"、"一乡一业"的"小狗经济"发展模式。在这一模式下,一个产品可以让一个村富起来。同理,农业经济也一样,一个特色农产品同样可以让一个区域内的农民富起来,农业农村部从 2016 年起就开始评选全国"一村一品"示范村镇,目的也在此。因此,把政策的着力点放在"推进特色农产品优势区"的发展,最后通过产业升级,实现发展"农业优势特色产业"的目标,既符合我市的实际,更符合国家的政策导向。

1.4 本报告的形成过程和研究目标

2023 年,本人主持了中共宁波市委农村工作领导小组办公室组织的《宁波市农业优势特色产业区域发展研究》课题。在研究过程中,我们发现,宁波市特色农产品优势区的建设,既带有自身的特殊性,更有一些共性问题。本着对这项

---

① 根据《中共宁波市委、宁波市人民政府关于推进相对欠发达地区跨越式发展的若干意见》(甬党〔2011〕19 号),明确余姚市大岚镇、鹿亭乡、四明山镇、梁弄镇、黄洪片(梨洲街道、陆埠镇)、奉化市溪口镇(原董村、跸驻、班溪等 7 个区块)、大堰镇、宁海县胡陈乡、茶院乡、桑洲镇、前童镇、岔路镇、深甽镇、水车片(跃龙街道)、双峰片(黄坛镇)、象山县高塘岛乡、鹤浦镇、新桥镇、泗洲头镇共 16 个乡镇 3 个片(简称"16＋3"区域)为重点扶持区域。

惠及百姓的民生工程负责的态度,我们在完成课题的同时,在研究报告中增加了一些内容,最后形成了本书。

本报告的研究目标是:**结合我市的实际,参考国际国内经验,形成把我市农业优势特色产业的区域发展优势转化为市场竞争优势的优化方案。**

我市的农业优势特色产业区域发展在全省居于领先地位,但仍落后于其他农业大省,更与发达国家有着较大的差距。本报告试图从宁波市的现状出发,通过系统研究,按照增长极和产业链发展的基本路径,研究形成把我市的优势农业转化为优势产业、优势产品优势,最终转化为市场竞争优势的政策工具包,通过政府引导,促进市场主体的转型升级,实现我市"十四五"规划中提出的农业转型升级发展目标。

1.5　本报告的技术路线

为了实现这一研究目标,我们把本报告内容细化为如下的技术路线:特色农产品——特色农产品优势区——特色农产品优势区的市场竞争优势——提升市场优势的优化方案和政策工具包。

设计这样的技术路线,遵循了目标导向的思维,按照增长极理论和产业链发展的理论,在整个产业链中先确定市场这个终点和农业这个起点,然后在这两个点之间寻找能够实现资源优势配置的最佳路径,而这些路径,就是本报告希望寻找的实现我市农业特色优势产业可持续发展的关键点,也为最终形成农业——加工业——流通业——商业——服务业,产品优势——产业优势——区域优势——市场优势不断优化推进的一体化优化方案提供了基础。

按照这样的技术路线,我们建议,将宁波市发展特色农产品优势区的主要抓手定位在产品升级、产业升级、市场升级这三条主线。

1.5.1　通过产品升级发展特色农产品优势区

即:以宁波市特色农产品为切入点,通过产品升级,在宁波市现有的农业强镇(乡)中,培养出特色农产品的优势区。

1.5.2　通过产业升级发展农业优势特色产业区域

即:通过产业升级,使区域经济从纯农业生产向农工贸一体化的方向发展,将特色农产品优势区升级为农业优势特色产业区域。

1.5.3　通过市场升级发展特色农产品供应端

即:通过产品引导,将宁波人的消费习惯转化为一种市场型的消费习惯,从而使宁波的特色农产品走出宁波,走向全国大市场甚至国际市场,以此引领宁波市农业优势特色产业区转化为特色农产品的供应端,真正释放宁波市特色农产品对区域经济和共同富裕的带动能力。

1.6　本报告研究的主要方法

1.6.1　实证分析

本报告组按照典型调查与系统分析相结合的原则,首先利用今年暑假结合宁波大学暑假调研课题,组织学生针对与特优区建设相关的六个选题进行了现场调研,并形成了暑期调研报告。其中关于特优区调研的内容,已经融入了本报告。

专栏 2

宁波大学大学生暑假调研选题

说明:2023 年暑假期间,宁波大学组织了若干暑假调研团。本报告组成员所带的学生,围绕着本报告参与了如下调研团的调研:

一、主题教育团

1. 宁波民营企业家口述访谈

在象山县,与民营企业家围绕着大黄鱼这一特色农产品的发展,进行了访谈。

三、乡村振兴促进团

2. 乡村振兴实践路径探索

对象山黄避岙、海曙章水、海曙横街三个镇通过发展特色农产品实现乡村振兴进行了典型调查,相关的调研成果融入本报告。

四、发展成就观察团

3. 高水平对外开放的宁波样板

就宁波市特色农产品的出口,以及海外市场的开发,在象山进行了细化调研。

---

4. "浙江有礼·宁波示范"地域品牌状况及提升对策研究

选择海曙区的古林镇,就宁波蔺草这一地域品牌的发展与提升,进行了实地调研。

五、共同富裕实践团

5. "未来乡村"——村民口述访谈调研团队

在象山县黄避岙乡,与村民就特色农产品带动当地致富以及未来发展趋势进行访谈。

6. 宁波市民参与品牌建设的现状调研

就黄避岙乡市场参与品牌建设进行了实地调研。

其次,我们将把本报告的相关分析转化为教学案例,组织学生参与本项目,提升实证分析的精度,从中找到从区域优势转化为市场优势的关键问题。

1.6.2 理论分析

本报告在研究过程中涉及多项理论,主要包括:

1. 马克思主义政治经济学理论

本报告试图按照马克思主义政治经济学中的再生理论,理顺农业与国民经济其他产业,农业与资本、农业与政府之间的关系,并据此寻找推进我市特优区建设的核心理论依据。

2. 习近平新时代中国特色社会主义思想理论

习近平新时代中国特色社会主义理论中就农业发展和区域发展提出了多项重要的科学论断,特别是他在浙江省工作期间对我省农业的相关重要指示,是指导本报告研究,也是推进宁波市特优区建设的指导思想。

3. 增长极理论和产业链发展理论

西方经济学中有很多关于农业发展的理论。在众多的理论体系中,我们精选了增长极理论和产业链发展理论作为本报告开展理论研究的基本方法。

1.6.3 政策分析

政策是社会经济发展中各种矛盾的集中体现。我们搜集了和本报告相关的各类法律法规、规章及制度,并试图通过对这些政策的系统分析,找到优化宁波市农业优势产业区域发展政策的切入点。

1.6.4   统计分析

统计分析是数量经济学最常用的方法。把宁波市特色优势农业发展的相关数据放到不同的维度进行统计分析,可以找到宁波市农业优势产业区域发展的规律和差距。

1.6.5   市场分析

市场分析有很多切入点。本报告主要从市场要素入手,通过细化梳理,找到提升市场要素对农业产业发展的贡献点,并通过要素市场与优势农产品市场的有效衔接,找到用市场手段推进我市农业优势产业区域发展的抓手。

1.6.6   综合分析

在上述系统分析的基础上,再按照确定的技术路线,对本报告的相关因素进行整合,最终形成了本研究报告。

1.7   本报告研究的实施步骤

高校老师开展这方面的研究,既有优势,也有短板。为做好本项研究,我们在制定研究方案时,首先把课题研究与教学内容结合起来。一方面,把今年学生的暑假调研确定为针对本报告的调研,在提升学生理论与实践相结合能力的同时,为本报告提供了大量第一手材料;另一方面,将与本报告相关的内容融入我院(宁波大学马克思主义学院)的教学,把马克思主义理论教学转化为用马克思主义理论指导实践的方法论教育。这些教学内容最终转化为本报告的部分内容。

马克思主义是从活生生的社会经济发展现实中提炼出来的科学理论。在教学过程中,需要大量生动的案例来解释、阐释。在本研究中,我们把本次研究中遇到的问题,作为马克思主义理论教学的专题,师生共同参与讨论,并将本报告研究中发现的新情况新问题作为典型案例,来深化马克思主义理论教学。这些讨论研究所形成的成果,最终融入本报告。

1.8　本报告研究的优势与不足

1.8.1　本报告研究的优势

本报告体现了如下几方面的研究优势:

1. 在研究内容上,跳出农业看农业,研究我市农业优势转为市场优势的路径,从而使优化方案提出的各项实施措施更有可操作性。

2. 在研究维度上,跳出宁波看宁波,使我市农业政策能抓住国际国内市场核心要素,从而使优化方案提出的各项政策建议更有针对性。

3. 在研究方法上,按照目标导向原则,依照确定的技术路线,使用科学的研究方法,使我校的师生都参与本项研究,使本报告成果集合各方面研究人员的集体智慧。通过本项研究,为我们找到了一条高校参与政策研究的新路子。

1.8.2　本报告研究的不足

尽管如此,受我们成员的研究能力及研究时间等因素影响,本报告仅对我市的农业优势产业区域发展提出了一个整体性的框架,缺乏全方面的深化分析:

1. 目前我市每个农业优势产业区都是独立的,区域间没有合作关系,无法形成优势叠加,这一领域,需要继续深化研究。

2. 本报告是按照供给学派的思路来推进研究的,但研究发现,要从根本上形成优化方案,必须将供给学派与需求学派两种理论、两种方法结合才有更好的效果。

2. 实证分析：宁波市的特色农产品

2.1 特优区的特色农产品

2.1.1 国家级特优区的特色农产品

推进特色农产品优势区建设的前提就是确认什么是特色农产品。农业农村部等编制的《特色农产品优势区建设规划纲要(2017—2020 年)》明确：**特色农产品归类为特色粮经作物、特色园艺产品、特色畜产品、特色水产品、林特产品五大类；特色农产品优势区(以下简称"特优区")是指具有资源禀赋和比较优势，产出品质优良、特色鲜明的农产品，拥有较好产业基础和相对完善的产业链条、带动农民增收能力强的特色农产品产业聚集区。特优区主要在粮食生产功能区和重要农产品生产保护区(以下简称"两区")之外创建，"两区"内个别具备传统优势、地理标志认证、较强市场竞争力和全国知名度的区域特色产品，也可创建特优区。并明确，国家级及特优区主要围绕着 29 个品种(类)，省级特优区不局限于 29 个品种(类)，可根据本地实际，自行选择创建品种，确定创建区域。**

2.1.2 省级特优区的特色农产品

浙江省出台了《浙江省特色优势农产品区域布局规划(2003—2007)》、《浙江省特色农产品优势区建设规划(2018—2022 年)》等文件，明确了浙江省特优区的品种与区域。根据《浙江省特色农产品优势区建设规划(2018—2022 年)》，未来 5 年内，浙江将重点开发 40 个特色农产品，集聚发展 35 条产业带，并计划到 2022 年，以蔬菜、水果、茶叶等特色农产品为代表的十大农业主导产业总产值达到 2530 亿元。

该规划计划在 5 年规划期内，浙江建成 430 个优势区，其中创建 100 个省级特色农产品优势区。根据要求，优势区必须产业规模较大，产业面积或产值在该县域位居前列，并在全省位列前 20 位，同时产业相对集聚，形成核心集中区块，并且产业链完善,具有较好市场空间和前景,有较强竞争力和综合效益。这430个优势区中,涵盖了十大农业主导产业,共有40个品类,其中蔬菜、水果最多,分别占据了79个和83个优势区。浙江省明确,当地列入规划范围的特色农产品建设区域需明确到具体乡镇、村和重点区块,落实到农业"两区"、特色农业强镇、农业全产业链等重大项目建设中。

2.1.3　宁波市特优区的特色农产品

宁波市在2003年就已编制了《宁波市优势农产品区域布局规划》。在《宁波市"十四五"乡村产业发展规划》中,专门就宁波市发展特色农产品优势区提出了具体的要求。为配合"十四五"规划,宁波市农村农业局还曾专门编制了《宁波市农业产业区域布局》的规划,明确了宁波市主要特色农产品的区域布局:

1. 粮食

以北部余慈滨海平原、姚中姚江平原、鄞东海西平原、奉化三江平原、宁海东部沿海、象山海岛和半山区等地区为重点,加强优质水稻等粮食生产。

表2-1　宁波市水稻种植区域布局

序号	种植区域	涉及乡镇(街道)
1	北部滨海平原板块	慈溪观海卫镇、横河镇、掌起镇和余姚泗门镇、临山镇(正大农业)
2	姚中、姚北平原板块	余姚市马渚、牟山、丈亭、河姆渡、三七市、兰江街道、陆埠镇、朗霞街道、低塘街道和江北慈城、庄桥等乡镇
3	鄞州海曙板块	鄞州区云龙、姜山和海曙区古林、洞桥、集仕港、高桥、横街等乡镇
4	奉化三江平原滨海平原板块	奉化区锦屏、岳林、江口、方桥、西坞、莼湖、裘村、松岙等乡镇
5	宁海东部沿海板块	宁海县长街、力洋、茶院、胡陈、越溪等乡镇
6	象山海岛和半山区板块	象山县涂茨、贤庠、黄避岙、西周、高塘岛、鹤浦、定塘、新桥等乡镇

2. 蔬菜

蔬菜产地包括城区近郊蔬菜产业圈、余慈杭州湾南岸围垦开放型蔬菜产业区块、宁象三门湾北岸围垦开放型蔬菜产业区块、天台山-四明山丘陵山地蔬菜产业带,主要涉及慈溪、余姚、宁海、奉化、象山、鄞州、镇海等区县(市)。

表 2-2 宁波市蔬菜特色品种种植区域布局

序号	特色品种	涉及乡镇(街道)
1	加工出口蔬菜(榨菜、花椰菜)	慈溪市周巷镇、长河镇,宁海县长街镇、胡陈乡,余姚市泗门镇、小曹娥镇、黄家埠镇、临山镇等
2	加工出口蔬菜雪菜	鄞州区瞻岐镇、咸祥镇等
3	鲜食大豆(蚕豌豆)	慈溪市观海卫镇、周巷镇,余姚市泗门镇等
4	马铃薯	象山县泗洲头镇、鹤浦镇、涂茨镇、新桥镇、东陈乡、墙头镇,宁海县等
5	山地特色蔬菜(芋艿)	奉化区萧王庙街道、西坞街道等
6	水生蔬菜(茭白)	余姚市河姆渡镇、三七市镇、陆埠镇等
7	西甜瓜	慈溪市观海卫镇,鄞州区姜山镇、云龙镇、横溪镇、瞻岐镇,宁海县长街镇等
8	食用菌	奉化区莼湖镇等
9	草莓	慈溪市横河镇、龙山镇,奉化区尚田镇、江口街道,镇海区澥浦镇、骆驼街道、九龙湖镇等

3. 生猪

重点建设西北部养殖区、东南部养殖区。西北部养殖区主要包括余姚、慈溪两市;东南部养殖区主要包括海曙、奉化、宁海、象山两区两市。

表 2-3 "十四五"期间推进建设和提升的万头以上养猪场

区县(市)	数量	企业名称	落点地址	年出栏(万头)
余姚市	2	正大农业(余姚)有限公司	临山镇农业园区	10
		余姚市泗门镇群波生猪养殖场	泗门镇相公潭村	1
慈溪市	2	宁波慈海生态牧业有限公司	慈溪现代农业开发区	10
		慈溪市金辉农业发展有限公司	逍林镇	4
宁海县	2	宁海农发牧业有限公司	力洋镇古渡村山后塘	10
		宁波瑞农牧业有限公司	岔路镇高塘村西山自然村	1
象山县	2	象山华统牧业有限公司	道人山后沙塘地块	10
		象山德利农牧科技发展有限公司	高塘岛乡	2.5

续 表

区县(市)	数量	企业名称	落点地址	年出栏(万头)
海曙区	1	宁波天胜农牧发展有限公司	章水镇岭下村水稻营	1.8
江北区	1	慈湖农业开发有限公司	慈城镇龚冯村	1.5
镇海区	1	宁波市祥平生态农牧业有限公司	澥浦镇岚山村	3
北仑区	1	宁波市瑞信生态牧业有限公司	大碶街道白石村	2
鄞州区	2	宁波堇山农业开发有限公司	塘溪镇邹溪村	5.5
		宁波市鄞工奎垣实业有限公司	咸祥镇咸四村	2
奉化区	3	宁波市新希望六和农牧有限公司	莼湖镇兴联村	15
		宁波市豪杰农业发展有限公司	裘村镇	1
		宁波市源源农业有限公司	松岙镇	1
合计	17	/	/	81.3

表 2-4 宁波市特色畜牧业养殖区域布局

序号	特色品种	涉及乡镇(街道)
1	慈溪市蜜蜂	周巷镇、崇寿镇、横河镇、龙山镇、长河镇
2	余姚蜜蜂	朗霞街道等
3	余姚市番鸭	马渚镇、阳明街道、小曹娥镇、泗门镇、朗霞街道
4	江北区奶牛	洪塘街道
5	镇海区鹌鹑	九龙湖镇
6	象山县鹅	东陈乡、定塘镇、西周镇、新桥镇、涂茨镇、高塘岛乡、墙头镇、石浦镇、贤庠镇、茅洋乡、晓塘乡
7	宁海县特色生猪	
8	宁海县土鸡	
9	余姚畜禽	泗门镇、临山镇、三七市镇等

4. 渔业

围绕海淡水虾类、海水贝藻类、海水蟹类、生态鳖等特色水产品养殖,推进杭州湾南岸养殖区、象山港养殖区、三门湾-大目洋养殖区与象山东南部沿岸养殖区等生态水产养殖区和余慈、象山循环产业园区等渔业基地建设。

表 2-5 宁波市特色水产品养殖区域布局

序号	特色品种	涉及乡镇（街道）
1	海淡水虾类	鄞州区瞻岐镇、咸祥镇、塘溪镇，慈溪市掌起镇、观海卫镇、附海镇、新浦镇、逍林镇、桥头镇、周巷镇，余姚市黄家埠镇、小曹娥镇、泗门镇，象山县新桥镇、鹤浦镇、西周镇、石浦镇、高塘岛乡、茅洋乡、黄避岙乡，奉化区裘村镇、松岙镇、莼湖镇，宁海县一市镇、越溪乡、茶院乡、力洋镇、长街镇、三门湾现代农业开发区、西店镇、梅林街道、桥头胡街道、大佳何镇
2	海水贝藻类	象山县鹤浦镇、石浦镇、高塘岛乡、新桥镇、东陈乡、涂茨镇、黄避岙乡，宁海县一市镇、越溪乡、茶院乡、力洋镇、长街镇、三门湾现代农业开发区、西店镇、梅林街道、桥头胡街道、大佳何镇，鄞州区瞻岐镇，奉化区莼湖街道、裘村镇、松岙镇
3	海水蟹类	鄞州区瞻岐镇、咸祥镇、塘溪镇，象山县鹤浦镇、高塘岛乡、石浦镇、新桥镇、泗洲头镇、西周镇、黄避岙乡、涂茨镇、定塘镇，慈溪市周巷镇，宁海县一市镇、越溪乡、茶院乡、力洋镇、长街镇、三门湾现代农业开发区、西店镇、桥头胡街道、大佳何镇，奉化区莼湖街道、裘村镇、松岙镇
4	生态鳖	余姚市黄家埠镇、小曹娥镇、马渚镇、河姆渡镇、阳明街道、牟山镇
5	甬岱大黄鱼	象山县黄避岙乡、西周镇、新桥镇、石浦镇、高塘岛乡、墙头镇，奉化区裘村镇，宁海县强蛟镇

5. 果业

以姚江流域丘陵山地、奉化江流域、东南沿海、北部平原和西部山区为重点，打造姚江流域丘陵山地杨梅主产区、东南沿海及三门湾柑桔主产区、东南沿海及三门湾枇杷主产区、奉化江流域水蜜桃主产区、北部余慈平原梨-葡萄主产区、西部山区干果主产区，发展名优水果生产。

表 2-6 宁波市特色果品区域布局

序号	特色品种	涉及乡镇（街道）
1	柑桔	象山县定塘镇、晓塘乡、鹤浦镇、高塘岛乡、石浦镇、贤庠镇、墙头镇、茅洋乡，宁海县长街镇、力洋镇等
2	梨	慈溪市周巷镇、桥头镇、观海卫镇、掌起镇、龙山镇，余姚市低塘街道、朗霞街道、小曹娥镇、泗门镇、黄家埠镇等
3	枇杷	象山县鹤浦镇、新桥镇，宁海县一市镇等

续　表

序号	特色品种	涉及乡镇(街道)
4	葡萄	慈溪市新浦镇、观海卫镇、掌起镇、龙山镇、逍林镇、胜山镇、桥头镇、崇寿镇、坎墩街道,鄞州区姜山镇、瞻岐镇、五乡镇、咸祥镇、邱隘镇、云龙镇,余姚市临山镇、小曹娥镇、朗霞街道、泗门镇,海曙区古林镇、高桥镇、横街镇、集士港镇等
5	桃	奉化区锦屏街道、尚田镇、溪口镇、江口街道、大堰镇、裘村镇、莼湖镇,慈溪市掌起镇、横河镇,海曙区龙观乡等
6	杨梅	余姚市三七市镇、丈亭镇、河姆渡镇、凤山街道、兰江街道、牟山镇、马渚镇、临山镇、梁弄镇,慈溪市横河镇、匡堰镇、桥头镇、观海卫镇、掌起镇、龙山镇等
7	干果(香榧)	宁海县黄坛镇、海曙区章水镇等

6. 茶叶

以低山丘陵地区为重点,大力推进余姚市黄金芽、高山云雾茶以及宁海县望海茶等特色茶优势区建设,发展名优茶生产。

表2-7　宁波市特色茶区域布局

序号	特色品种	涉及乡镇(街道)
1	余姚市黄金芽	余姚三七市镇、河姆渡镇、梨洲街道、兰江街道、大隐镇等
2	宁海县望海茶	宁海深甽镇、黄坛镇等
3	海曙区白茶	海曙鄞江镇、龙观乡、章水镇等

7. 花卉竹木

以东北部低山和沉积平原、西部山区、东南部低山缓坡和海积平原为重点,巩固提升花卉竹木产业。

表2-8　宁波市特色花卉竹木区域布局

序号	特色品种	涉及乡镇(街道)
1	苗木	海曙区章水镇,北仑区小港街道、大碶街道、霞浦街道、柴桥街道、春晓街道、梅山街道、白峰镇等
2	盆景(花卉)	江北区慈城镇等
3	竹笋	海曙区横街镇,奉化区溪口镇、尚田镇、大堰镇,余姚梨洲街道、兰江街道、陆埠镇、梁弄镇、大岚镇、四明山镇、鹿亭乡等

8. 中药材

在樟溪河流域的海曙区章水镇、龙观乡、鄞江镇等乡镇发展浙贝母种植,在慈溪北部区域发展麦冬种植,在余姚发展三叶青、千层塔等名贵中药材种植。

表 2-9   宁波市特色中药材区域布局

序号	特色品种	涉及乡镇(街道)
1	浙贝母	海曙区章水镇、龙观乡、鄞江镇等
2	麦冬	慈溪市崇寿镇等
3	铁皮石斛	余姚市大岚镇、四明山镇、鹿亭乡、梨洲街道等
4	三叶青、千层塔	余姚市大岚镇、四明山镇、鹿亭乡、梨洲街道等

2.2   宁波市的特色农产品

2.2.1   宁波市特色农产品的认定标准

但上述 8 大类宁波主要的农产品区域布局,并不等于宁波市创建特色农产品优势区中的特色农产品。要认定哪些是宁波市的特色农产品,还需要按照国家的有关政策文件为依据,进行重新界定。

1. 认定宁波市特色农产品的两大标准

根据宁波市实际,我们认为,宁波市的特色农产品,应当按照如下两大标准进行认定:

(1)国家级、省级标准

按照农业农村部等编制的《特色农产品优势区建设规划纲要(2017—2020年)》,特优区只认定国家级特优区和省级特优区两级。宁波市要创建国家级、省级特优区,就必须围绕着上述国家级、省级规划的特优区特色农产品的品种进行管理。

(2)宁波市自身的标准

但宁波市的特色农产品并不局限于上述两级规划中所列的品种,还有很多极具地方特色的特色农产品。宁波市在创建特优区的过程中不仅要符合国家级、省级特优区的要求,还需要创建具有宁波特色的特优区,推进宁波市的乡村振兴。因此,除上述国家级、省级特优区规划中明确的特色农产品外,宁波市还要针对宁波自身的特点,设立标准,创建宁波特色的特优区。

　　根据《浙江省特色农产品优势区建设规划(2018—2022年)》,选定特色农产品的主要依据有4条：1. 资源禀赋优越,拥有独特的气候、土壤、品种等资源环境优势；2. 地域特征明显,具有鲜明的区域特色,符合当地民众种养及消费习惯；3. 历史文化积淀悠久,有着悠久历史和深厚文化底蕴,属于历史经典农产品；4. 品牌影响力强,有区域公用品牌或已认定为"三品一标"。这四条,既是浙江省特色农产品的认定标准,也是宁波市特色农产品的基本认定标准。

　　2. 需要增加"宁波特有食用农业品"这一标准

　　除了上述四项标准外,我们认为,根据我市的特点还需要增加"宁波特有食用农业品"这一标准。

　　全国人大法律委员会《关于〈中华人民共和国农产品质量安全法(草案)〉审议结果的报告》(2006年4月25日)第一条明确：草案二次审议稿第二条中规定,"本法所称农产品,是指来源于农业的初级产品即植物、动物、微生物及其产品。"有些常委委员和地方、部门提出,为了避免与产品质量法所调整的"经过加工、制作"的产品交叉重复,建议对农产品的范围进一步予以明确。法律委员会、农业与农村委员会和国务院法制办、农业部反复研究认为,本法所称农产品,仅指来源于农业的初级产品,包括在农业活动中直接获得的未经加工的以及经过分拣、清洗、切割、冷冻、包装等简单处理的植物、动物、微生物及其产品。工业生产活动中以农产品为原料加工、制作的产品不属于农产品。据此,法律委员会建议将上述规定修改为："本法所称农产品,是指来源于农业的初级产品,即在农业活动中获得的植物、动物、微生物及其产品。"这是目前对农产品的最权威也最准确的定义。

　　《食用农产品市场销售质量安全监督管理办法》第49条对食用农产品进行了如下的定义："食用农产品指来源于种植业、林业、畜牧业和渔业等供人食用的初级产品,即在农业活动中获得的供人食用的植物、动物、微生物及其产品,不是指法律法规禁止食用的野生动物产品及其制品。"

　　按照这两个法律文件,我们认为,特色农产品应当包括没有来源于农业的初级产品和没有改变初级农产品属性、但经过初级加工的食品。换言之"食用农产品"也应纳入特色农产品的范畴。

　　事实也是如此,当我们提起宁波的特色农产品时,都会自觉地把"宁波特有食用农产品"纳入其中。目前,网上比较统一的"宁波市十大特色农产品"一般是指：慈溪杨梅、红膏炝蟹、宁波贡干、西店牡蛎、奉化水蜜桃、三北藕丝糖、羊尾笋干、奉化芋艿头、慈城年糕、溪口千层饼。这十大特色农产品中,有五种是经过初级加工的(宁波贡干、三北藕丝糖、羊尾笋干、慈城年糕、溪口千层饼)。因此,如果在发展特优区的过程中,只考虑农业初级产品而不考虑农业初级加工品,不符合宁波市的实际。

基于这样的考虑,我们认为,宁波市在特色农产品认定标准上,需要增加第五个标准:宁波市特色食用农产品。

2.2.2 宁波市的特色农产品

根据宁波市农业农村局官网,截至2022年1月,宁波市有农产品商标2.1万件,占全市商标总数的8.4%。市级以上名牌农产品360个,全市"三品一标"农产品总数达到1789个(居全省第一),其中无公害农产品1599个,绿色食品171个,农业农村部中绿华夏认证有机农产品4个,地理标志农产品15个,全国一村一品示范村镇26个(居全省第一)①。品牌农产品种类基本覆盖了农林牧渔等各产业。

2023年1月9日,2022浙江农业博览会在杭州国际博览中心开幕。宁波展团以"都市乡村 田园城市"为主题,推出1000余种宁波特色农产品亮相展会②。2023年4月24日,由宁波市人民政府主办、宁波市农业农村局承办、各区(县、市)人民政府协办的2023年宁波市农业农村招商引资暨绿特优新农产品推介会在上海举行。宁波市农业农村局党组书记、局长李斌从"米优油好、果甜菜美、鱼鲜禽特、茗香醇厚"四个方面对宁波绿特优新农产品进行了推介,着重介绍了渔稻米、慈城年糕、山茶油、红美人柑橘、镇蜜水果番茄、余姚榨菜、溪口雷笋、岱衢族大黄鱼、长街蛏子、象山白鹅、奉化水鸭、望海茶、奉化曲毫等一批代表性的宁波绿特优新农产品。在同日发布的"淘在乡村"小程序上,集成了300多个宁波市的绿色食品、品牌农产品、农家乐、乡村旅游精品线路。

为展示宁波特色农产品优势,宁波市规划局还推出了《宁波的特色农产品之乡地图》,分别介绍了22个宁波市的特色农产品之乡。即:中国柑橘之乡(象山)、中国生态甲鱼之乡(余姚)、中国蛏子之乡(宁海)、中国葡萄之乡(余姚临山镇)、中国高山云雾茶之乡(余姚大岚镇)、中国年糕之乡(余姚三七市镇、江北慈城镇)、中国桂花之乡(海曙龙观乡)、中国水蜜桃之乡(奉化)、中国芋艿头之乡(奉化)、中国杨梅之乡(余姚、慈溪)、中国柑桔之乡(象山)、中国红枫之乡(余姚四明山镇)、中国杜鹃花之乡(北仑柴桥镇)、中国草莓之乡(奉化尚田镇)、中国黄花梨之乡(慈溪周巷镇)、中国榨菜之乡(余姚)、中国蔺草之乡(海曙)、中国贝母

---

① 由于数据来源不同,数据截止的时间有差异,所以本报告中相关指标有一定的矛盾。特此说明。
② 信息来源:央广网,2023年1月9日新闻

之乡(海曙)、中国雪菜之乡(鄞州)、中国竹笋之乡(鄞州)、中国早熟蜜梨之乡(余姚)、中国茭白之乡(余姚河姆渡镇)①

图 2－1　宁波的特色农产品之乡地图

截至 2023 年,宁波市拥有 20 个中国地理标志农产品:其中种植业产品 15 个,分别为奉化水蜜桃、奉化曲毫、溪口雷笋、古林蔺草、鄞州雪菜、慈溪蜜梨、慈

① 资料来源:宁波市规划局官网

溪葡萄、慈溪麦冬、余姚榨菜、余姚瀑布仙茗、余姚杨梅、余姚樱桃、宁海白枇杷、象山红柑桔；畜禽产品 1 个，为象山白鹅；水产品 4 个，分别为慈溪泥螺、余姚甲鱼、长街蛏子、宁波岱衢族大黄鱼。和前面列出蔺草一样，这些地理标志所明确的保护区域，实际上就是这些地理标志农产品的优势发展区。

　　类似的宁波市特色农产品的新闻和名录很多，但目前还没有一个标准的能符合上述五个标准的宁波市特色农产品目录。**为此，建议宁波市农业农村局在现有基础上，通过专家评审，对外公布一个能指导特优区建设的、按两个维度分类的宁波市特色农产品目录：一是按国家特优区规划确定的特色农产品标准分类，二是按特色农产品的属性分类：建议创建国家级、省级特优区的特色农产品，已经纳入或准备纳入国家地理标志的特色农产品，宁波特色食用农产品等。**

3. 实证分析：宁波市的特色农产品优势区

在对宁波市特色农产品进行分析后,我们进一步对宁波市的特色农产品优势区进行分析。

从理论上讲,具有特色农产品发展优势的区域都属于特色农产品优势区。因此,宁波市的特色农产品优势区,应当包括国家级、省级的特色农产品优势区,以及没有被评为国家级、省级但在宁波市有着自身发展优势的特色农产品优势区。

3.1 宁波市的国家级特色农产品优势区

截至目前,农业农村部等三部委已经开展了四批国家级特优区的评选。其中:第一批62个,第二批84个,第三批83个,第四批79个。在这四批国家级特优区名单中,浙江省共有10个,其中宁波市只有一个,即浙江省余姚市余姚榨菜中国特色农产品优势区(第二批)。

专栏3

国家级特色农产品优势区名单

(一)第一批(2017)

2017年12月25日,农业部等九部门组织专家评审,网上公示等程序,决定认定浙江省安吉县安吉白茶中国特色农产品优势区等62个地区为中国特色农产品优势区。

1. 浙江省安吉县安吉白茶中国特色农产品优势区
2. 重庆市涪陵区涪陵青菜头中国特色农产品优势区
3. 河北省平泉市平泉香菇中国特色农产品优势区
4. 重庆市荣昌区荣昌猪中国特色农产品优势区

5. 福建省建瓯市建瓯笋竹中国特色农产品优势区

6. 浙江省三门县三门青蟹中国特色农产品优势区

7. 河南省信阳市信阳毛尖中国特色农产品优势区

8. 福建省武夷山市武夷岩茶中国特色农产品优势区

9. 宁夏回族自治区盐池县盐池滩羊中国特色农产品优势区

10. 安徽省亳州市亳州中药材中国特色农产品优势区

11. 湖北省恩施州恩施硒茶中国特色农产品优势区

12. 贵州省兴仁县兴仁薏仁米中国特色农产品优势区

13. 江西省南丰县南丰蜜桔中国特色农产品优势区

14. 江西省赣州市赣南脐橙中国特色农产品优势区

15. 山东省东阿县东阿黑毛驴中国特色农产品优势区

16. 湖南省安化县安化黑茶中国特色农产品优势区

17. 河北省鸡泽县鸡泽辣椒中国特色农产品优势区

18. 广西壮族自治区陆川县陆川猪中国特色农产品优势区

19. 湖南省邵阳县邵阳油茶中国特色农产品优势区

20. 江苏省盱眙县盱眙小龙虾中国特色农产品优势区

21. 湖北省武汉市蔡甸区蔡甸莲藕中国特色农产品优势区

22. 湖北省潜江市潜江小龙虾中国特色农产品优势区

23. 山东省昌邑市昌邑生姜中国特色农产品优势区

24. 江苏省邳州市邳州银杏中国特色农产品优势区

25. 江苏省昆山市阳澄湖大闸蟹中国特色农产品优势区

26. 云南省临沧市临沧普洱茶中国特色农产品优势区

27. 浙江省绍兴市柯桥区、诸暨市、嵊州市绍兴会稽山香榧中国特色农产品优势区

28. 广东省珠海市斗门区白蕉海鲈中国特色农产品优势区

29. 广西壮族自治区田东县百色芒果中国特色农产品优势区

30. 云南省元谋县元谋蔬菜中国特色农产品优势区

31. 贵州省遵义市遵义朝天椒中国特色农产品优势区

32. 山东省金乡县金乡大蒜中国特色农产品优势区

33. 重庆市奉节县奉节脐橙中国特色农产品优势区

34. 山东省济南市章丘区章丘大葱中国特色农产品优势区

35. 四川省苍溪县苍溪猕猴桃中国特色农产品优势区

36. 内蒙古自治区杭锦后旗河套向日葵中国特色农产品优势区

37. 吉林省汪清县汪清黑木耳中国特色农产品优势区

38. 陕西省商洛市商洛核桃中国特色农产品优势区

39. 四川省攀枝花市攀枝花芒果中国特色农产品优势区

40. 山西省长治市上党中药材中国特色农产品优势区

41. 吉林省抚松县抚松人参中国特色农产品优势区

42. 河南省灵宝市灵宝苹果中国特色农产品优势区

43. 广西壮族自治区永福县永福罗汉果中国特色农产品优势区

44. 云南省德宏州德宏小粒咖啡中国特色农产品优势区

45. 四川省宜宾县宜宾油樟中国特色农产品优势区

46. 河北省迁西县迁西板栗中国特色农产品优势区

47. 北京市平谷区平谷大桃中国特色农产品优势区

48. 湖南省华容县华容芥菜中国特色农产品优势区

49. 宁夏回族自治区中宁县中宁枸杞中国特色农产品优势区

50. 黑龙江省海伦市海伦大豆中国特色农产品优势区

51. 甘肃省定西市安定区定西马铃薯中国特色农产品优势区

52. 内蒙古自治区锡林郭勒盟锡林郭勒草原肉羊中国特色农产品优势区

53. 辽宁省北镇市北镇葡萄中国特色农产品优势区

54. 陕西省洛川县洛川苹果中国特色农产品优势区

55. 海南省澄迈县桥头地瓜中国特色农产品优势区

56. 新疆维吾尔自治区巴音郭楞州库尔勒香梨中国特色农产品优势区

57. 上海市浦东新区南汇水蜜桃中国特色农产品优势区

58. 新疆维吾尔自治区吐鲁番市高昌区吐鲁番哈密瓜中国特色农产品优势区

59. 新疆生产建设兵团第一师 3 团阿拉尔薄皮核桃中国特色农产品优势区

60. 西藏自治区日喀则市青稞中国特色农产品优势区

61. 青海省玉树州玉树牦牛中国特色农产品优势区

62. 大兴安岭林业集团加格达奇林业局大兴安岭黑山猪中国特色农产品优势区

（二）第二批(2019)

2019 年 1 月 17 日,根据《农业农村部国家林业和草原局 国家发展改革委 财政部 科技部 自然资源部关于组织开展第二批"中国特色农产品优势区"申报认定工作的通知》(农市发〔2018〕4 号)和《特色农产品优势区建设规划纲要》的具体要求,经县市(垦区、林区)申请、省级推荐、部门初审、专家评审、网上公示等程序,决定认定湖北省随州市随州香菇中国特色农产品优势区等 84 个地区为中国特色农产品优势区。

1. 湖北省随州市随州香菇中国特色农产品优势区
2. 河北省怀来县怀来葡萄中国特色农产品优势区
3. 吉林省洮南市洮南绿豆中国特色农产品优势区
4. 河北省内丘县富岗苹果中国特色农产品优势区
5. 四川省资中县资中血橙中国特色农产品优势区
6. 四川省广安市广安区广安龙安柚中国特色农产品优势区
7. 山西省沁县沁州黄小米中国特色农产品优势区
8. 山东省寿光市寿光蔬菜中国特色农产品优势区
9. 安徽省黄山市黄山区太平猴魁中国特色农产品优势区
10. 广西壮族自治区融安县融安金桔中国特色农产品优势区
11. 山东省沂源县沂源苹果中国特色农产品优势区
12. 湖北省十堰市武当道茶中国特色农产品优势区
13. 重庆市石柱县石柱黄连中国特色农产品优势区
14. 山西省忻州市忻州杂粮中国特色农产品优势区
15. 山东省烟台市福山区福山大樱桃中国特色农产品优势区
16. 浙江省杭州市临安区临安山核桃中国特色农产品优势区
17. 广西壮族自治区玉林市玉州区玉林三黄鸡中国特色农产品优势区
18. 宁夏回族自治区中卫市中卫香山硒砂瓜中国特色农产品优势区
19. 江苏省东台市东台西瓜中国特色农产品优势区
20. 四川省眉山市眉山晚橘中国特色农产品优势区
21. 云南省漾濞县漾濞核桃中国特色农产品优势区
22. 辽宁省鞍山市鞍山南果梨中国特色农产品优势区
23. 广西壮族自治区河池市宜州区宜州桑蚕茧中国特色农产品优势区
24. 重庆市江津区江津花椒中国特色农产品优势区

25. 陕西省大荔县大荔冬枣中国特色农产品优势区

26. 甘肃省榆中县兰州高原夏菜中国特色农产品优势区

27. 河北省安国市安国中药材中国特色农产品优势区

28. 湖北省宜昌市宜昌蜜桔中国特色农产品优势区

29. 福建省福鼎市福鼎白茶中国特色农产品优势区

30. 海南省三亚市三亚芒果中国特色农产品优势区

31. 宁夏回族自治区灵武市灵武长枣中国特色农产品优势区

32. 河北省涉县涉县核桃中国特色农产品优势区

33. 广西壮族自治区钦州市钦南区钦州大蚝中国特色农产品优势区

34. 广东省仁化县仁化贡柑中国特色农产品优势区

35. 四川省合江县合江荔枝中国特色农产品优势区

36. 山东省滨州市沾化区沾化冬枣中国特色农产品优势区

37. 辽宁省盘山县盘山河蟹中国特色农产品优势区

38. 安徽省砀山县砀山酥梨中国特色农产品优势区

39. 福建省宁德市蕉城区宁德大黄鱼中国特色农产品优势区

40. 云南省文山州文山三七中国特色农产品优势区

41. 河北省晋州市晋州鸭梨中国特色农产品优势区

42. 宁夏回族自治区西吉县西吉马铃薯中国特色农产品优势区

43. 湖南省湘潭县湘潭湘莲中国特色农产品优势区

44. 内蒙古自治区乌兰察布市乌兰察布马铃薯中国特色农产品优势区

45. 山东省汶上县汶上芦花鸡中国特色农产品优势区

46. 广西壮族自治区平南县平南石硖龙眼中国特色农产品优势区

47. 新疆维吾尔自治区叶城县叶城核桃中国特色农产品优势区

48. 安徽省霍山县霍山石斛中国特色农产品优势区

49. 重庆市潼南区潼南柠檬中国特色农产品优势区

50. 山西省吉县吉县苹果中国特色农产品优势区

51. 广东农垦湛江剑麻中国特色农产品优势区

52. 贵州省织金县织金竹荪中国特色农产品优势区

53. 江苏省苏州市吴中区洞庭山碧螺春中国特色农产品优势区

54. 湖南省汝城县汝城朝天椒中国特色农产品优势区

55. 甘肃省静宁县静宁苹果中国特色农产品优势区

56. 云南省华坪县华坪芒果中国特色农产品优势区

57. 甘肃省岷县岷县当归中国特色农产品优势区

58. 浙江省余姚市余姚榨菜中国特色农产品优势区

59. 四川省安岳县安岳柠檬中国特色农产品优势区

60. 江西省婺源县婺源绿茶中国特色农产品优势区

61. 重庆市巫山县巫山脆李中国特色农产品优势区

62. 河南省杞县杞县大蒜中国特色农产品优势区

63. 江苏省南京市高淳区固城湖螃蟹中国特色农产品优势区

64. 河南省泌阳县泌阳夏南牛中国特色农产品优势区

65. 广东省潮州市潮州单丛茶中国特色农产品优势区

66. 云南省腾冲市槟榔江水牛中国特色农产品优势区

67. 云南省宾川县宾川柑橘中国特色农产品优势区

68. 内蒙古自治区赤峰市赤峰小米中国特色农产品优势区

69. 江苏省海门市海门山羊中国特色农产品优势区

70. 贵州省都匀市都匀毛尖中国特色农产品优势区

71. 青海省海西蒙古族藏族自治州柴达木枸杞中国特色农产品优势区

72. 天津市宝坻区宝坻黄板泥鳅中国特色农产品优势区

73. 内蒙古自治区通辽市科尔沁牛中国特色农产品优势区

74. 新疆生产建设兵团第一师阿拉尔市阿拉尔红枣中国特色农产品优势区

75. 新疆维吾尔自治区若羌县若羌红枣中国特色农产品优势区

76. 江西省崇仁县崇仁麻鸡中国特色农产品优势区

77. 内蒙古自治区鄂托克旗阿尔巴斯绒山羊中国特色农产品优势区

78. 河南省平舆县平舆白芝麻中国特色农产品优势区

79. 上海市崇明区崇明清水蟹中国特色农产品优势区

80. 新疆维吾尔自治区鄯善县吐鲁番葡萄中国特色农产品优势区

81. 陕西省富平县富平奶山羊中国特色农产品优势区

82. 西藏自治区工布江达县藏猪中国特色农产品优势区

83. 黑龙江省东宁市东宁黑木耳中国特色农产品优势区

84. 西藏自治区类乌齐县牦牛中国特色农产品优势区

（三）第三批(2020)

2020年2月26日,根据《农业农村部 中央农村工作领导小组办公室 国家林业和草原局 国家发展改革委 财政部 科技部 自然资源部 生态环境部 水利部关于组织开展第三批"中国特色农产品优势区"申报认定工作的通知》(农市发〔2019〕3号)和《特色农产品优势区建设规划纲要》,经县市(垦区、林区)申请、省级推荐、专家评审、网上公示等程序,决定认定四川省广元市朝天核桃中国特色农产品优势区等83个地区为中国特色农产品优势区。

1. 四川省广元市朝天核桃中国特色农产品优势区
2. 辽宁省大连市大连海参中国特色农产品优势区
3. 山西省临猗县临猗苹果中国特色农产品优势区
4. 黑龙江省齐齐哈尔市梅里斯达斡尔族区梅里斯洋葱中国特色农产品优势区
5. 辽宁省大连市大连大樱桃中国特色农产品优势区
6. 四川省通江县通江银耳中国特色农产品优势区
7. 四川省凉山州凉山桑蚕茧中国特色农产品优势区
8. 山西省大同市云州区大同黄花中国特色农产品优势区
9. 山东省肥城市肥城桃中国特色农产品优势区
10. 云南省勐海县勐海普洱茶中国特色农产品优势区
11. 安徽省六安市六安瓜片中国特色农产品优势区
12. 贵州省湄潭县湄潭翠芽中国特色农产品优势区
13. 河北省兴隆县兴隆山楂中国特色农产品优势区
14. 安徽省宁国市宁国山核桃中国特色农产品优势区
15. 广东省清远市清远鸡中国特色农产品优势区
16. 广西壮族自治区恭城瑶族自治县恭城月柿中国特色农产品优势区
17. 河北省隆化县隆化肉牛中国特色农产品优势区
18. 湖南省衡阳市衡阳油茶中国特色农产品优势区
19. 广西壮族自治区苍梧县六堡茶中国特色农产品优势区
20. 山西省隰县隰县玉露香梨中国特色农产品优势区
21. 吉林省通化县通化蓝莓中国特色农产品优势区
22. 湖北省赤壁市赤壁青砖茶中国特色农产品优势区

23. 吉林省集安市集安人参中国特色农产品优势区

24. 湖北省通城县黄袍山油茶中国特色农产品优势区

25. 河南省西峡县西峡猕猴桃中国特色农产品优势区

26. 广西壮族自治区容县容县沙田柚中国特色农产品优势区

27. 山东省胶州市胶州大白菜中国特色农产品优势区

28. 山西省安泽县安泽连翘中国特色农产品优势区

29. 广西壮族自治区田阳县百色番茄中国特色农产品优势区

30. 陕西省眉县眉县猕猴桃中国特色农产品优势区

31. 浙江省庆元县、龙泉市、景宁畲族自治县庆元香菇中国特色农产品优势区

32. 重庆市永川区永川秀芽中国特色农产品优势区

33. 河北省巨鹿县巨鹿金银花中国特色农产品优势区

34. 江苏省兴化市兴化香葱中国特色农产品优势区

35. 广西壮族自治区全州县全州禾花鱼中国特色农产品优势区

36. 四川省宜宾市宜宾早茶中国特色农产品优势区

37. 陕西省紫阳县紫阳富硒茶中国特色农产品优势区

38. 湖北省蕲春县蕲艾中国特色农产品优势区

39. 江西省上饶市广丰区广丰马家柚中国特色农产品优势区

40. 湖北省洪湖市洪湖水生蔬菜中国特色农产品优势区

41. 江苏省无锡市惠山区阳山水蜜桃中国特色农产品优势区

42. 浙江省磐安县磐五味中药材中国特色农产品优势区

43. 重庆市万州区万州玫瑰香橙中国特色农产品优势区

44. 辽宁省铁岭市铁岭榛子中国特色农产品优势区

45. 广东省德庆县德庆贡柑中国特色农产品优势区

46. 贵州省麻江县麻江蓝莓中国特色农产品优势区

47. 福建省平和县平和蜜柚中国特色农产品优势区

48. 内蒙古自治区呼伦贝尔市呼伦贝尔草原羊中国特色农产品优势区

49. 山东省烟台市烟台苹果中国特色农产品优势区

50. 内蒙古自治区乌海市乌海葡萄中国特色农产品优势区

51. 广东省广州市从化区、增城区广州荔枝中国特色农产品优势区

52. 贵州省威宁彝族回族苗族自治县威宁洋芋中国特色农产品优势区

53. 江西省广昌县广昌白莲中国特色农产品优势区

54. 内蒙古自治区阿拉善左旗阿拉善白绒山羊中国特色农产品优势区

55. 浙江省常山县常山油茶中国特色农产品优势区

56. 安徽省滁州市南谯区、琅琊区滁菊中国特色农产品优势区

57. 广东农垦湛江菠萝中国特色农产品优势区

58. 宁夏回族自治区盐池县盐池黄花菜中国特色农产品优势区

59. 青海省共和县龙羊峡三文鱼中国特色农产品优势区

60. 河北省深州市深州蜜桃中国特色农产品优势区

61. 新疆生产建设兵团第五师双河葡萄中国特色农产品优势区

62. 江苏省溧阳市溧阳青虾中国特色农产品优势区

63. 江苏省宝应县宝应荷藕中国特色农产品优势区

64. 贵州省盘州市盘州刺梨中国特色农产品优势区

65. 黑龙江省讷河市讷河马铃薯中国特色农产品优势区

66. 上海市嘉定区马陆葡萄中国特色农产品优势区

67. 甘肃省陇南市武都区武都花椒中国特色农产品优势区

68. 北京市怀柔区怀柔板栗中国特色农产品优势区

69. 河南省焦作市怀药中国特色农产品优势区

70. 陕西省商洛市商洛香菇中国特色农产品优势区

71. 陕西省韩城市韩城花椒中国特色农产品优势区

72. 福建省安溪县安溪铁观音中国特色农产品优势区

73. 黑龙江省伊春市伊春黑木耳中国特色农产品优势区

74. 吉林省前郭县查干湖淡水有机鱼中国特色农产品优势区

75. 山东省夏津县夏津椹果中国特色农产品优势区

76. 黑龙江省虎林市虎林椴树蜜中国特色农产品优势区

77. 天津市西青区沙窝萝卜中国特色农产品优势区

78. 福建省连江县连江鲍鱼中国特色农产品优势区

79. 长白山森工集团有限公司长白山桑黄中国特色农产品优势区

80. 青海省祁连县祁连藏羊中国特色农产品优势区

81. 新疆维吾尔自治区英吉沙县英吉沙杏中国特色农产品优势区

82. 西藏自治区亚东县亚东鲑鱼中国特色农产品优势区

83. 海南省东方市东方火龙果中国特色农产品优势区

（四）第四批（2020）

2020年12月1日,据《农业农村部、国家林业和草原局、国家发展改革委、财政部、科技部、自然资源部、水利部关于组织开展第四批"中国特色农产品优势区"申报认定工作的通知》(农市发〔2020〕3号)和《特色农产品优势区建设规划纲要》,经县市(垦区、林区)申请、省级推荐、专家评审、网上公示等程序,决定认定黑龙江省通河县等79个地区为中国特色农产品优势区(第四批)

1. 黑龙江省通河县通河大榛子中国特色农产品优势区
2. 湖南省洪江市黔阳冰糖橙中国特色农产品优势区
3. 山西省绛县绛县山楂中国特色农产品优势区
4. 江西省遂川县遂川狗牯脑茶中国特色农产品优势区
5. 湖南省邵东市邵东玉竹中国特色农产品优势区
6. 海南省海口市火山荔枝中国特色农产品优势区
7. 湖南省炎陵县炎陵黄桃中国特色农产品优势区
8. 江西省吉安市井冈蜜柚中国特色农产品优势区
9. 湖南省南县南县小龙虾中国特色农产品优势区
10. 江西省进贤县军山湖大闸蟹中国特色农产品优势区
11. 江西省樟树市樟树中药材中国特色农产品优势区
12. 吉林省桦甸市桦甸黄牛中国特色农产品优势区
13. 四川省威远县威远无花果中国特色农产品优势区
14. 河北省宽城县宽城板栗中国特色农产品优势区
15. 湖南省保靖县保靖黄金茶中国特色农产品优势区
16. 安徽省潜山市天柱山瓜蒌籽中国特色农产品优势区
17. 福建省福安市福安葡萄中国特色农产品优势区
18. 河南省汝阳县汝阳香菇中国特色农产品优势区
19. 广西壮族自治区荔浦市荔浦砂糖桔中国特色农产品优势区
20. 云南省彝良县彝良天麻中国特色农产品优势区
21. 广西壮族自治区容县霞烟鸡中国特色农产品优势区
22. 广西壮族自治区南宁市武鸣区武鸣沃柑中国特色农产品优势区
23. 贵州省水城县水城红心猕猴桃中国特色农产品优势区
24. 四川省三台县涪城麦冬中国特色农产品优势区

25. 河南省卢氏县卢氏连翘中国特色农产品优势区

26. 吉林省集安市集安山葡萄中国特色农产品优势区

27. 四川省雅安市名山区蒙顶山茶中国特色农产品优势区

28. 河北省辛集市辛集黄冠梨中国特色农产品优势区

29. 湖北省罗田县罗田板栗中国特色农产品优势区

30. 甘肃省渭源县渭源白条党参中国特色农产品优势区

31. 河北省遵化市遵化香菇中国特色农产品优势区

32. 四川省会理县会理石榴中国特色农产品优势区

33. 贵州省石阡县石阡苔茶中国特色农产品优势区

34. 山西省右玉县右玉羊中国特色农产品优势区

35. 安徽省青阳县九华黄精中国特色农产品优势区

36. 河北省昌黎县昌黎葡萄中国特色农产品优势区

37. 陕西省澄城县澄城樱桃中国特色农产品优势区

38. 湖北省丹江口市武当蜜桔中国特色农产品优势区

39. 福建省龙岩市福建百香果中国特色农产品优势区

40. 河北省邢台市信都区、内丘县邢台酸枣中国特色农产品优势区

41. 湖北省麻城市麻城福白菊中国特色农产品优势区

42. 浙江省武义县武义绿茶中国特色农产品优势区

43. 广东省英德市英德红茶中国特色农产品优势区

44. 江苏省高邮市高邮鸭中国特色农产品优势区

45. 广西壮族自治区灵山县灵山荔枝中国特色农产品优势区

46. 山东省平邑县平邑金银花中国特色农产品优势区

47. 陕西省汉中市汉中仙毫中国特色农产品优势区

48. 四川省渠县渠县黄花中国特色农产品优势区

49. 吉林省蛟河市蛟河黑木耳中国特色农产品优势区

50. 山东省曹县曹县芦笋中国特色农产品优势区

51. 陕西省定边县、靖边县榆林马铃薯中国特色农产品优势区

52. 重庆市黔江区黔江桑蚕茧中国特色农产品优势区

53. 甘肃省天水市麦积区天水花牛苹果中国特色农产品优势区

54. 山西省岚县岚县马铃薯中国特色农产品优势区

55. 浙江省安吉县安吉冬笋中国特色农产品优势区

56. 河南省兰考县兰考红薯中国特色农产品优势区

57. 重庆市石柱县石柱莼菜中国特色农产品优势区

58. 福建省古田县古田银耳中国特色农产品优势区

59. 山东省乐陵市乐陵金丝小枣中国特色农产品优势区

60. 安徽省天长市天长龙岗芡实中国特色农产品优势区

61. 广西壮族自治区三江县三江高山鲤鱼中国特色农产品优势区

62. 陕西省佳县佳县油枣中国特色农产品优势区

63. 福建省福州市福州茉莉花茶中国特色农产品优势区

64. 湖北省嘉鱼县嘉鱼甘蓝中国特色农产品优势区

65. 辽宁省新民市关东小梁山西瓜中国特色农产品优势区

66. 河南省宁陵县宁陵金顶谢花酥梨中国特色农产品优势区

67. 湖北省宜昌市宜昌红茶中国特色农产品优势区

68. 贵州省锦屏县锦屏茶油中国特色农产品优势区

69. 山东省昌乐县昌乐西瓜中国特色农产品优势区

70. 云南省临沧市临沧坚果中国特色农产品优势区

71. 海南省万宁市万宁槟榔中国特色农产品优势区

72. 西藏自治区白朗县白朗蔬菜中国特色农产品优势区

73. 新疆维吾尔自治区莎车县莎车巴旦木中国特色农产品优势区

74. 青海省乌兰县乌兰茶卡羊中国特色农产品优势区

75. 内蒙古自治区开鲁县开鲁红干椒中国特色农产品优势区

76. 宁夏回族自治区银川市贺兰山东麓酿酒葡萄中国特色农产品优势区

77. 广东省江门市新会区新会陈皮中国特色农产品优势区

78. 广东农垦湛江红江橙中国特色农产品优势区

79. 大兴安岭林业集团公司北极蓝莓中国特色农产品优势区

3.2　宁波市的省级特色农产品优势区

　　浙江省也进行了二次特优区的评选。其中 2020 年度评选出 68 个；2021 年度评选出 46 个省级特优区。宁波市在二次评选中，共有 15 个。其中 2020 年度宁波占 8 个，分别为宁波市海曙区浙贝母特色农产品优势区、宁波市江北区奶牛特色农产品优势区、宁波市镇海区水果番茄特色农产品优势区、宁波市北仑区苗木特色农产品优势区、宁波市鄞州区海淡水虾特色农产品优势区、宁波市奉化区水蜜桃特色农产品优势区、慈溪市杨梅特色农产品优势区、宁海县海水贝藻类特色农产品优势区，2021 年度宁波占 7 个，分别是：海曙区樱花特色农产品优势区、鄞州区雪菜特色农产品优势区、余姚市杨梅特色农产品优势区、慈溪市花椰菜特色农产品优势区、宁海县望海茶特色农产品优势区、象山县柑橘特色农产品优势区、象山县梭子蟹特色农产品优势区。

专栏 4

浙江省省级特色农产品优势区名单

（一）2020 年浙江省特色农产品优势区名单

1. 杭州市西湖区龙井茶特色农产品优势区
2. 杭州市萧山区加工出口蔬菜特色农产品优势区
3. 杭州市余杭区枇杷特色农产品优势区
4. 杭州市富阳区鲜竹笋特色农产品优势区
5. 杭州市临安区早园竹笋特色农产品优势区
6. 建德市草莓特色农产品优势区
7. 桐庐县蜜蜂特色农产品优势区
8. 淳安县龙井茶特色农产品优势区
9. 宁波市海曙区浙贝母特色农产品优势区
10. 宁波市江北区奶牛特色农产品优势区
11. 宁波市镇海区水果番茄特色农产品优势区
12. 宁波市北仑区苗木特色农产品优势区
13. 宁波市鄞州区海淡水虾特色农产品优势区
14. 宁波市奉化区水蜜桃特色农产品优势区
15. 慈溪市杨梅特色农产品优势区
16. 宁海县海水贝藻类特色农产品优势区
17. 温州市瓯海区瓯柑特色农产品优势区
18. 乐清市铁皮石斛特色农产品优势区
19. 永嘉县早茶特色农产品优势区
20. 文成县杨梅特色农产品优势区
21. 平阳县特色茶特色农产品优势区
22. 泰顺县早茶特色农产品优势区

23. 苍南县番茄特色农产品优势区

24. 湖州市吴兴区湖羊特色农产品优势区

25. 湖州市南浔区湖羊特色农产品优势区

26. 德清县青虾特色农产品优势区

27. 长兴县湖羊特色农产品优势区

28. 长兴县芦笋特色农产品优势区

29. 嘉兴市南湖区水蜜桃特色农产品优势区

30. 嘉兴市秀洲区莲藕特色农产品优势区

31. 嘉善县黄桃特色农产品优势区

32. 平湖市芦笋特色农产品优势区

33. 海盐县生猪特色农产品优势区

34. 海宁市黄羽肉鸡特色农产品优势区

35. 桐乡市杭白菊特色农产品优势区

36. 绍兴市上虞区葡萄特色农产品优势区

37. 嵊州市龙井茶特色农产品优势区

38. 新昌县龙井茶特色农产品优势区

39. 金华市婺城区奶牛特色农产品优势区

40. 金华市金东区生猪特色农产品优势区

41. 兰溪市杨梅特色农产品优势区

42. 义乌市铁皮石斛特色农产品优势区

43. 永康市芋艿特色农产品优势区

44. 浦江县葡萄特色农产品优势区

45. 衢州市柯城区柑桔特色农产品优势区

46. 衢州市衢江区茭白特色农产品优势区

47. 龙游县生猪特色农产品优势区

48. 江山市猕猴桃特色农产品优势区

49. 常山县胡柚特色农产品优势区

50. 开化县茶叶特色农产品优势区

51. 舟山市普陀区佛茶特色农产品优势区

52. 嵊泗县贻贝特色农产品优势区

53. 台州市黄岩区柑桔特色农产品优势区

54. 临海市柑桔特色农产品优势区

55. 温岭市葡萄特色农产品优势区

56. 玉环县文旦特色农产品优势区

57. 天台县黄茶特色农产品优势区

58. 仙居县杨梅特色农产品优势区

59. 三门县缢蛏特色农产品优势区

60. 丽水市莲都区香茶特色农产品优势区

61. 龙泉市黑木耳特色农产品优势区

62. 青田县杨梅特色农产品优势区

63. 云和县雪梨特色农产品优势区

64. 庆元县甜桔柚特色农产品优势区

65. 缙云县茭白特色农产品优势区

66. 遂昌县三叶青特色农产品优势区

67. 松阳县香茶特色农产品优势区

68. 景宁县香茶特色农产品优势区

(二)2021年浙江省特色农产品优势区名单

1. 杭州市临平区莲藕特色农产品优势区

2. 杭州市富阳区鲜桃特色农产品优势区

3. 淳安县新浙八味特色农产品优势区

4. 宁波市海曙区樱花特色农产品优势区

5. 宁波市鄞州区雪菜特色农产品优势区

6. 余姚市杨梅特色农产品优势区

7. 慈溪市加工出口蔬菜特色农产品优势区

8. 宁海县望海茶特色农产品优势区

9. 象山县柑橘特色农产品优势区

10. 象山县梭子蟹特色农产品优势区

11. 瑞安市花椰菜特色农产品优势区

12. 泰顺县猕猴桃特色农产品优势区

13. 苍南县紫菜特色农产品优势区

14. 湖州市吴兴区太湖蟹特色农产品优势区

15. 湖州市南浔区优质黄鸡特色农产品优势区

16. 德清县早园笋特色农产品优势区

17. 长兴县葡萄特色农产品优势区

18. 长兴县河蟹特色农产品优势区

19. 嘉兴市南湖区生姜特色农产品优势区

20. 嘉善县番茄特色农产品优势区

21. 海盐县葡萄特色农产品优势区

22. 海宁市花卉特色农产品优势区

23. 桐乡市湖羊特色农产品优势区

24. 绍兴市越城区绍鸭特色农产品优势区

25. 绍兴市柯桥区平水日铸茶特色农产品优势区

26. 绍兴市柯桥区兰花特色农产品优势区

27. 绍兴市上虞区杨梅特色农产品优势区

28. 诸暨市短柄樱桃特色农产品优势区

29. 新昌县中药材特色农产品优势区

30. 兰溪市枇杷特色农产品优势区

31. 东阳市浙八味特色农产品优势区

32. 永康市红富士葡萄特色农产品优势区

33. 武义县新浙八味特色农产品优势区

34. 磐安县龙井茶特色农产品优势区

35. 衢州市衢江区柑橘特色农产品优势区

36. 龙游县莲藕特色农产品优势区

37. 江山市香茶特色农产品优势区

38. 开化县油茶特色农产品优势区

39. 台州市椒江区大陈黄鱼特色农产品优势区

40. 台州市路桥区苗木特色农产品优势区

41. 临海市西兰花特色农产品优势区

42. 仙居县优质黄鸡特色农产品优势区

43. 三门县甜瓜特色农产品优势区

44. 龙泉市高山蔬菜特色农产品优势区

45. 遂昌县香茶特色农产品优势区

46. 景宁县茭白特色农产品优势区

3.3　宁波市具有发展优势的特色农产品优势区

宁波市自 2003 年颁布《宁波市优势农产品区域布局规划》、2006 年颁布了《宁波市农业产业区域布局规划》以来,先后颁发了多个和特优区建设相关的规划和文件。由于没有市级特优区这个牌子,因此,宁波具有发展优势的特色农产品优势区,主要地体现在特色农业强县、强镇以及特色农产品优势区域等方面。

在《宁波市乡村产业"十四五"发展规划》中,宁波市提出了"十四五"期间需要培养的特色农产品优势区(见下表)。

表 3 - 1　宁波市特色农产品优势区一览表

县(区、市)	序号	名称	所属主导产业	所属品类	备注
鄞州区	1	鄞州区雪菜	蔬菜	加工出口蔬菜	
	2	鄞州区西甜瓜	蔬菜	西甜瓜	
	3	鄞州区葡萄	水果	葡萄	
	4	鄞州区海淡水虾类	水产品	海淡水虾类	省级
	5	鄞州区优质海水蟹类	水产品	海水蟹类	
慈溪市	6	慈溪市加工出口蔬菜(榨菜、花椰菜)	蔬菜	加工出口蔬菜	
	7	慈溪市鲜食大豆(蚕豌豆)	蔬菜	粮菜兼用	
	8	慈溪市西甜瓜	蔬菜	西甜瓜	
	9	慈溪市草莓	水果	草莓	
	10	慈溪市杨梅	水果	杨梅	省级
	11	慈溪市葡萄	水果	葡萄	
	12	慈溪市梨	水果	梨	
	13	慈溪市桃	水果	桃	
	14	慈溪市蜜蜂	畜产品	蜜蜂	
	15	慈溪市海淡水虾类	水产品	海淡水虾类	
	16	慈溪市优质海水蟹类	水产品	海水蟹类	
余姚市	17	余姚市榨菜	蔬菜	加工出口蔬菜	国家级
	18	余姚市茭白	蔬菜	水生蔬菜	
	19	余姚市杨梅	水果	杨梅	

县(区、市)	序号	名称	所属主导产业	所属品类	备注
	20	余姚市葡萄	水果	葡萄	
	21	余姚市梨	水果	梨	
	22	余姚市黄金芽	茶叶	地域特色茶	
	23	余姚市番鸭	畜产品	其他畜禽产品	
	24	余姚市海淡水虾类	水产品	海淡水虾类	
	25	余姚市生态中华鳖	水产品	生态鳖	
	26	余姚市(梁弄)樱桃特色小水果	水果	樱桃	
	27	余姚高山(云雾)茶	茶叶	地域特色茶	
海曙区	28	海曙区竹笋	林产品	竹笋	
	29	海曙区浙贝母	道地中药材	浙八味	省级
	30	海曙区樱花	花卉苗木	苗木	
	31	海曙区蔺草	农产品	出口农产品	
江北区	32	江北区奶牛	畜产品	其他畜禽产品	省级
	33	江北区盆景	花卉苗木	花卉	
北仑区	34	北仑区苗木	花卉苗木	苗木	省级
镇海区	35	镇海区草莓	水果	草莓	
	36	镇海区鹌鹑	畜产品	其他畜禽产品	
	37	镇海区水果番茄	水果	番茄	省级
象山县	38	象山县马铃薯	蔬菜	粮菜兼用	
	39	象山县柑桔	水果	柑桔	
	40	象山县枇杷	水果	枇杷	
	41	象山县鹅	畜产品	其他畜禽产品	
	42	象山县海淡水虾类	水产品	海淡水虾类	
	43	象山县海水贝藻类	水产品	海水贝藻类	
	44	象山优质海水蟹类	水产品	海水蟹类	
宁海县	45	宁海县花椰菜	蔬菜	加工出口蔬菜	
	46	宁海县马铃薯	蔬菜	粮菜兼用	
	47	宁海县西甜瓜	蔬菜	西甜瓜	

续　表

县(区、市)	序号	名称	所属主导产业	所属品类	备注
	48	宁海县柑桔	水果	柑桔	
	49	宁海县枇杷	水果	枇杷	
	50	宁海县望海茶	茶叶	地域特色茶	
	51	宁海县特色生猪	畜产品	特色生猪	
	52	宁海县土鸡	畜产品	其他畜禽产品	
	53	宁海县海淡水虾类	水产品	海淡水虾类	
	54	宁海县海水贝藻类	水产品	海水贝藻类	省级
	55	宁海县优质海水蟹类	水产品	海水蟹类	
奉化区	56	奉化区芋艿	蔬菜	山地特色蔬菜	
	57	奉化区草莓	水果	草莓	
	58	奉化区桃	水果	桃	省级
	59	奉化区竹笋	林产品	竹笋	
	60	奉化区杏鲍菇	食用菌	新兴食用菌	
	61	奉化区海淡水虾类	水产品	海淡水虾类	

资料来源：宁波市乡村产业发展"十四五"规划

但这个表显然不是完整的。首先，宁波已经有 15 个省级特优区，这个表只列出 8 个第一批省级特优区名单，第二批省级的 8 个特优区并没有列入。其次，除了这 61 个纳入规划拟建设的特优区，宁波市还有一批国家级、省级的农业产业强镇、"一村一品"示范村镇等具备升级成特优区的条件。

3.3.1　国家级农业产业强镇

农业部、财政部从 2018 年起开始评选国家级农业产业强镇，目前可查到的宁波已经列入的有：奉化区尚田镇（2018 年）、象山县定塘镇（2019 年）、鄞州区姜山镇（2020 年）、海曙区古林镇（2021 年）、余姚市泗门镇（2022 年，2023 年宁波市空白）。

专栏 5

全国农业产业强镇名单

2018 年

北京：平谷区峪口镇

天津：蓟州区出头岭镇

河北：石家庄市藁城区南营镇、秦皇岛市山海关区石河镇、涿鹿县东小庄镇、玉田县陈家铺乡、滦平县大屯镇、永清县刘街乡、宁晋县换马店镇、邱县梁二庄镇、饶阳县大尹村镇、隆尧县莲子镇、献县南河头乡

山西：清徐县徐沟镇、曲沃县北董乡、文水县刘胡兰镇、榆社县云簇镇

内蒙古：清水河县宏河镇、巴彦淖尔市临河区乌兰图克镇、包头市东河区沙尔沁镇、科右前旗归流河镇、准格尔旗十二连城乡、乌审旗乌兰陶勒盖镇、通辽市科尔沁区育新镇、巴林左旗十三敖包镇

辽宁：凌源市刘杖子镇、瓦房店市复州城镇、桓仁满族自治县二棚甸子镇、丹东市振安区五龙背镇、营口市鲅鱼圈区芦屯镇、铁岭县新台子镇、阜新市清河门区河西镇、辽阳市太子河区东宁卫乡、海城市耿庄镇、兴城市红崖子镇、黑山县芳山镇、盘山县胡家镇

吉林：长春市双阳区鹿乡镇、抚松县万良镇、永吉县万昌镇、汪清县天桥岭镇、舒兰市平安镇、德惠市布海镇

黑龙江：方正县会发镇、庆安县平安镇、肇东市昌五镇、尚志市珍珠山乡、宁安市渤海镇、讷河市拉哈镇、穆棱市下城子镇、富锦市锦山镇、黑河市爱辉区瑷珲镇、大庆市林甸县四合乡

上海：奉贤区青村镇

江苏：南京市六合区竹镇镇、海门市正余镇、无锡市惠山区阳山镇、常州市武进区雪堰镇、沛县安国镇、丰县首羡镇、常州市金坛区薛埠镇、昆山市巴城镇、沭阳县新河镇、如皋市磨头镇、东海县黄川镇、淮安市洪泽区岔河镇、响水县南河镇、宝应县射阳湖镇、泰州市姜堰区沈高镇、句容市白兔镇

浙江：德清县新市镇、仙居县步路乡、衢州市柯城区石梁镇、松阳县古市镇、淳安县临岐镇、安吉县溪龙乡、平湖市广陈镇、**宁波市奉化区尚田镇**

安徽：祁门县平里镇、凤阳县小溪河镇、怀宁县黄墩镇、广德县邱村镇、濉溪县百善镇、芜湖县六郎镇、霍山县太平畈乡、宣城市宣州区洪林镇、泗县大路口乡

福建：福安市社口镇、闽清县梅溪镇、建宁县溪口镇、诏安县太平镇、武平县东留镇、建瓯市小松镇、连城县林坊镇、永春县五里街镇、仙游县钟山镇

江西：万载县三兴镇、大余县新城镇、宁都县会同乡、横峰县葛源镇、南

丰县太和镇、吉安市青原区富滩镇、瑞昌市高丰镇

山东：济南市历城区唐王镇、诸城市相州镇、莱西市店埠镇、费县胡阳镇、郯城县归昌乡、鱼台县王鲁镇、高青县唐坊镇、荣成市俚岛镇、成武县大田集镇、临邑县德平镇、莱芜市农业高新技术产业示范区杨庄镇、茌平县贾寨镇、泰安市岱岳区祝阳镇、利津县盐窝镇、龙口市石粮镇、昌邑市饮马镇、五莲县叩官镇、平阴县孝直镇、枣庄市山亭区水泉镇、嘉祥县老僧堂镇

河南：灵宝市寺河乡、武陟县乔庙镇、许昌市建安区五女店镇、临颍县杜曲镇、项城市丁集镇、伊川县彭婆镇、永城市高庄镇、宝丰县石桥镇、浚县王庄镇、南乐县千口镇、西峡县西坪镇、辉县市冀屯镇、光山县凉亭乡、民权县人和镇

湖北：潜江市熊口镇、洪湖市万全镇、汉川市南河乡、仙桃市沔城回族镇、天门市多宝镇、咸丰县小村乡、大冶市金牛镇、保康县店垭镇、罗田县三里畈镇、来凤县旧司镇

湖南：宁乡市双江口镇、衡阳县曲兰镇、祁阳县茅竹镇、邵东县廉桥镇、涟源市桥头河镇、长沙县金井镇、张家界市永定区王家坪镇、桃源县茶庵铺镇、华容县插旗镇、道县梅花镇、常宁市塔山瑶族乡

广东：始兴县马市镇、东源县船塘镇、紫金县龙窝镇、大埔县湖寮镇、台山县斗山镇、开平市金鸡镇、徐闻县曲界镇、廉江市良垌镇、高州市根子镇、连州市东陂镇、潮州市潮安区凤凰镇、普宁县高埔镇、罗定市䓡滨镇、新兴县簕竹镇

广西：上林县白圩镇、阳朔县白沙镇、崇左市江州区新和镇、南丹县芒场镇、昭平县走马镇、南宁市良庆区大塘镇、苍梧县六堡镇、田东县林逢镇、永福县苏桥镇、三江侗族自治县八江镇

海南：澄迈县桥头镇、文昌市东路镇、临高县博厚镇

重庆：大足区三驱镇、北碚区静观镇、荣昌区河包镇、江津区先锋镇、巴南区二圣镇、綦江区赶水镇

四川：攀枝花市仁和区大龙潭彝族乡、自贡市自流井区荣边镇、三台县花园镇、旺苍县高阳镇、渠县渠南乡、石渠县洛须镇、武胜县飞龙镇、峨边彝族自治县新林镇、安岳县镇子镇、彭州市九尺镇、威远县向义镇、茂县南新镇、南部县八尔湖镇、美姑县农作乡

贵州：安顺市西秀区七眼桥镇、思南县塘头镇、兴仁县下山镇、丹寨县兴

仁镇、湄潭县永兴镇、开阳县龙岗镇、遵义市播州区石板镇、普定县化处镇

云南：姚安县光禄镇、建水县南庄镇、华坪县荣将镇、曲靖市马龙区月望乡、芒市遮放镇、昌宁县柯街镇、鲁甸县水磨镇、双江自治县勐库镇

西藏：山南市乃东区昌珠镇、类乌齐县宾达乡

陕西：定边县白泥井镇、周至县马召镇、千阳县南寨镇、铜川市印台区红土镇、渭南市临渭区下邽镇、黄龙县三岔镇、柞水县下梁镇

甘肃：榆中县夏官营镇、靖远县东湾镇、会宁县河畔镇、静宁县威戎镇、武威市凉州区黄羊镇、酒泉市肃州区泉湖镇

青海：共和县龙羊峡镇、海东市乐都区寿乐镇

宁夏：中宁县舟塔乡、盐池县花马池镇

新疆：泽普县阿克塔木乡、鄯善县连木沁镇、阿克苏市毛拉阔滚其镇、沙雅县努尔巴格乡、尉犁县兴平乡、轮台县哈尔巴克乡、巴楚县色力布亚镇、民丰县叶亦克乡

新疆生产建设兵团：第十四师224团、第十师188团

黑龙江省农垦总局：创业农场、八五一一农场

广东省农垦总局：和平农场、红阳农场

2019 年

北京：房山区窦店镇

天津：北辰区双街镇、西青区辛口镇

河北：晋州市马于镇、赵县韩村镇、丰宁满族自治县五道营乡、沙河市白塔镇、廊坊市安次区东沽港镇、怀安县西沙城乡、康保县满德堂乡、保定市徐水区崔庄镇、保定市满城区南韩村镇、孟村回族自治县高寨镇、遵化市平安城镇、唐山市曹妃甸区第四农场、昌黎县十里铺乡、故城县建国镇、邯郸市永年区小龙马乡

山西：新绛县阳王镇、平顺县西沟乡、乡宁县枣岭乡、盂县孙家庄镇、大同市云冈区口泉乡、方山县马坊镇

内蒙古：杭锦后旗头道桥镇、呼伦贝尔市海拉尔区哈克镇、敖汉旗四家子镇、乌海市海勃湾区千里山镇、呼和浩特市赛罕区金河镇、正镶白旗伊和淖尔苏木、四子王旗东八号乡、乌兰浩特市义勒力特镇、开鲁县东风镇

辽宁：建平县朱碌科镇、阜新蒙古族自治县大固本镇、建昌县养马甸子乡、盘山县甜水镇、开原市庆云堡镇、庄河市石城乡、海城市马风镇、凌海市

三台子镇

吉林:农安县哈拉海镇、通化县英额布镇、伊通满族自治县营城子镇、榆树市五棵树镇、蛟河市黄松甸镇、长春市九台区上河湾镇、和龙市东城镇、柳河县安口镇、东辽县辽河源镇

黑龙江:宾县永和乡、通河县浓河镇、依安县红星乡、龙江县景星镇、东宁市绥阳镇、抚远市黑瞎子岛镇、林甸县四季青镇、大庆市大同区八井子乡、虎林市宝东镇、宝清县小城子镇、勃利县大四站镇、五大连池市新发镇、兰西县榆林镇、安达市卧里屯镇、青冈县祯祥镇、呼玛县三卡乡

上海:松江区泖港镇、金山区朱泾镇

江苏:南京市溧水区白马镇、江阴市璜土镇、新沂市时集镇、睢宁县邱集镇、溧阳市天目湖镇、太仓市璜泾镇、连云港市赣榆区海头镇、涟水县南集镇、淮安市淮安区施河镇、建湖县恒济镇、东台市富安镇、丹阳市珥陵镇、兴化市戴窑镇、宿迁市宿城区罗圩乡、宿迁市洋河新区洋河镇

浙江:**象山县定塘镇**、嘉兴市秀洲区油车港镇、绍兴市上虞区丁宅乡、常山县青石镇、乐清市大荆镇、武义县白姆乡、长兴县吕山乡

安徽:金寨县花石乡、阜南县会龙镇、灵璧县尹集镇、岳西县来榜镇、广德县新杭镇、旌德县白地镇、淮北市相山区渠沟镇、石台县仙寓镇、长丰县杨庙镇、黄山市黄山区新明乡、涡阳县花沟镇、无为县红庙镇

福建:福安市赛岐镇、福清市一都镇、柘荣县城郊乡、上杭县稔田镇、浦城县仙阳镇、政和县澄源乡、南靖县书洋镇、罗源县起步镇

江西:抚州市临川区嵩湖乡、铅山县武夷山镇、修水县马坳镇、贵溪市雷溪镇、浮梁县鹅湖镇、寻乌县留车镇、宜春市袁州区慈化镇、萍乡市湘东区排上镇、新余市渝水区罗坊镇

山东:平度市崔家集镇、沂源县燕崖镇、滕州市东郭镇、东营市东营区牛庄镇、蓬莱市大辛店镇、海阳市留格庄镇、临朐县寺头镇、昌乐县红河镇、邹城市太平镇、微山县韩庄镇、宁阳县东疏镇、东平县接山镇、乳山市夏村镇、日照市东港区陈疃镇、蒙阴县岱崮镇、沂水县院东头镇、禹城市伦镇、宁津县保店镇、临清市尚店镇、无棣县西小王镇、滨州市沾化区下洼镇、巨野县独山镇、东明县马头镇

河南:郸城县汲冢镇、渑池县陈村乡、济源市承留镇、固始县胡族铺镇、滑县慈周寨镇、修武县郇封镇、舞钢市尚店镇、卢氏县朱阳关镇、新蔡县余店

镇、巩义市康店镇、虞城县刘店乡、濮阳市王助镇、邓州市十林镇、长葛市石象镇、新县周河乡、平舆县郭楼镇、开封市祥符区仇楼镇、临颍县大郭镇、镇平县杨营镇、项城市贾岭镇、封丘县王村乡

　　湖北：阳新县枫林镇、郧西县安家乡、老河口市竹林桥镇、兴山县榛子乡、松滋市街河市镇、监利县三洲镇、沙洋县曾集镇、钟祥市旧口镇、大悟县河口镇、孝昌县周巷镇、团风县马曹庙镇、赤壁市赵李桥镇、嘉鱼县官桥镇、建始县花坪镇

　　湖南：平江县加义镇、浏阳市沿溪镇、炎陵县鹿原镇、汝城县泉水镇、湘乡市东郊乡、益阳市赫山区兰溪镇、绥宁县关峡苗族乡、永州市零陵区邮亭圩镇、新化县天门乡、张家界市永定区茅岩河镇、永顺县松柏镇、衡东县三樟镇、中方县桐木镇

　　广东：英德市英红镇、东源县上莞镇、化州市平定镇、遂溪县北坡镇、珠海市斗门区白蕉镇、阳山县七拱镇、新兴县太平镇、饶平县钱东镇、阳江市阳东区大八镇、兴宁市龙田镇、揭阳市揭东区埔田镇

　　广西：兴安县高尚镇、东兴市江平镇、梧州市万秀区城东镇、西林县那劳乡、容县自良镇、宾阳县古辣镇、河池市宜州区德胜镇、龙州县下冻镇、贵港市港南区木格镇、融水苗族自治县香粉乡

　　海南：文昌市抱罗镇、乐东黎族自治县佛罗镇

　　重庆：石柱土家族自治县中益乡、酉阳土家族苗族自治县车田乡、潼南区古溪镇、合川区龙市镇、沙坪坝区中梁镇

　　四川：华蓥市禄市镇、广安市广安区龙安乡、盐边县惠民乡、都江堰市胥家镇、金堂县竹篙镇、平昌县鹿鸣镇、广元市朝天区曾家镇、米易县撒莲镇、德阳市罗江区金山镇、南部县大坪镇、荣县双古镇、资中县公民镇、蓬溪县天福镇、梓潼县许州镇、合江县虎头镇、宜宾市南溪区长兴镇、兴文县周家镇、宣汉县大成镇、大竹县乌木镇、安岳县乾龙乡、隆昌市胡家镇、马边彝族自治县劳动乡

　　贵州：剑河县岑松镇、安顺市平坝区天龙镇、铜仁市万山区敖寨侗族乡、遵义市汇川区团泽镇、清镇市红枫湖镇、石阡县龙塘镇、长顺县广顺镇、赤水市旺隆镇、榕江县忠诚镇

　　云南：石林彝族自治县西街口镇、会泽县娜姑镇、双柏县鄂嘉镇、维西傈僳族自治县永春乡、耿马傣族佤族自治县勐永镇、永胜县三川镇、文山市

马塘镇、泸水市老窝镇、昌宁县湾甸傣族乡、昭通市昭阳区苏家院镇、砚山县稼依镇、洱源县邓川镇

西藏:工布江达县巴河镇、墨脱县墨脱镇

陕西:彬州市北极镇、延安市宝塔区甘谷驿镇、富平县刘集镇、大荔县范家镇、留坝县江口镇、石泉县池河镇、丹凤县棣花镇、岐山县益店镇、洋县马畅镇

甘肃:永昌县朱王堡镇、张掖市甘州区党寨镇、民勤县苏武镇、景泰县喜泉镇、康县阳坝镇、东乡族自治县那勒寺镇、秦安县安伏镇

青海:大通回族土族自治县景阳镇、湟源县大华镇、祁连县扎麻什乡

宁夏:永宁县闽宁镇、青铜峡市叶盛镇

新疆:和田县巴格其镇、柯坪县阿恰勒镇、伽师县江巴孜乡、叶城县夏合甫乡、于田县阿热勒乡、英吉沙县龙甫乡、沙湾县西戈壁镇、尼勒克县喀拉苏乡

新疆生产建设兵团:第八师143团、第三师41团

黑龙江省农垦总局:鸡东县八五一〇农场、北安市红星农场

广东省农垦总局:雷州市广东省丰收农场、徐闻县广东省国营海鸥农场

2020 年

北京市:房山区长阳镇

天津市:武清区梅厂镇、津南区小站镇

河北省:任县西固城乡、巨鹿县堤村乡、曲周县第四疃镇、青龙满族自治县肖营子镇、平山县苏家庄镇、衡水市深州市穆村乡、张家口市察北管理区沙沟镇、景县连镇乡、沧州市泊头市王武镇、隆化县七家镇、张家口市万全区北沙城乡

山西省:阳曲县东黄水镇、大同市新荣区破鲁堡乡、神池县东湖乡、浮山县张庄乡、高平市原村乡、应县南河种镇、临猗县耽子镇

内蒙古自治区:阿拉善右旗阿拉腾敖包镇、鄂温克族自治旗辉苏木、科尔沁右翼前旗察尔森镇、察哈尔右翼中旗乌素图镇、正蓝旗桑根达来镇、宁城县一肯中乡、开鲁县建华镇、清水河县五良太乡、敖汉旗萨力巴乡、扎赉特旗巴达尔胡镇

辽宁省:阜新蒙古族自治县阜新镇、本溪满族自治县清河城镇、葫芦岛

市兴城市曹庄镇、盘锦市大洼区平安镇、营口市盖州市杨运镇、沈阳市辽中区杨士岗镇、沈阳市新民市大民屯镇、新宾满族自治县永陵镇

吉林省：长春市德惠市岔路口镇、伊通满族自治县新兴乡、吉林市蛟河市白石山镇、靖宇县三道湖镇、通化县西江镇、长春市双阳区奢岭镇

黑龙江省：肇州县兴城镇、绥化市安达市太平庄镇、伊春市铁力市双丰镇、桦南县柳毛河镇、延寿县加信镇、黑河市北安市赵光镇、林口县古城镇、集贤县升昌镇、克山县北联镇、鸡西市密山市兴凯镇、绥滨县忠仁镇、明水县双兴镇

上海市：浦东新区宣桥镇

江苏省：南京市溧水区和凤镇、无锡市宜兴市万石镇、徐州市贾汪区塔山镇、常州市金坛区指前镇、苏州市常熟市海虞镇、南通市如皋市搬经镇、连云港市赣榆区班庄镇、淮安市淮阴区丁集镇、射阳县洋马镇、扬州市仪征市马集镇、泰州市泰兴市姚王镇、泗洪县龙集镇

浙江省：杭州市建德市杨村桥镇、平阳县南麂镇、**宁波市鄞州区姜山镇**、绍兴市嵊州市三界镇、丽水市莲都区老竹畲族镇、衢州市江山市大桥镇、金华市兰溪市马涧镇、嘉兴市海宁市周王庙镇

安徽省：望江县高士镇、蚌埠市淮上区沫河口镇、宣城市宣州区水阳镇、芜湖市无为市泉塘镇、宿松县陈汉乡、东至县洋湖镇、当涂县黄池镇、利辛县城北镇、萧县圣泉镇、阜阳市颍泉区闻集镇、舒城县晓天镇、庐江县白湖镇

福建省：泉州市晋江市东石镇、宁化县城郊镇、永泰县嵩口镇、宁德市福安市穆云畲族乡、漳州市龙海市东园镇、龙岩市新罗区大池镇、连城县北团镇、德化县上涌镇、南平市建阳区回龙乡、长汀县河田镇

江西省：南昌县冈上镇、于都县梓山镇、广昌县甘竹镇、安福县横龙镇、余干县三塘乡、湖口县武山镇

山东省：威海市文登区张家产镇、烟台市长岛海洋生态文明综合试验区北长山乡、德州市陵城区糜镇、莒县小店镇、潍坊市安丘市官庄镇、滨州市沾化区冯家镇、东营市河口区新户镇、平邑县地方镇、枣庄市市中区西王庄镇、金乡县马庙镇、泰安市肥城市边院镇、淄博市博山区源泉镇、郓城县侯咽集镇、商河县白桥镇、青岛市胶州市洋河镇、阳谷县安乐镇

河南省：息县项店镇、夏邑县郭店镇、平顶山市汝州市焦村镇、博爱县

孝敬镇、济源市梨林镇、新蔡县砖店镇、辉县市孟庄镇、三门峡市陕州区菜园乡、内黄县二安镇、濮阳县庆祖镇、兰考县葡萄架乡、中牟县官渡镇、洛宁县河底镇、鲁山县马楼乡、鄢陵县望田镇、滑县老店镇

湖北省：荆门市京山市雁门口镇、鹤峰县燕子镇、宜昌市枝江市仙女镇、红安县二程镇、谷城县五山镇、黄石市大冶市大箕铺镇、黄梅县小池镇、随州市曾都区何店镇、云梦县道桥镇、仙桃市彭场镇、房县军店镇、咸丰县清坪镇、秭归县郭家坝镇、咸宁市赤壁市柳山湖镇

湖南省：安仁县灵官镇、新宁县黄龙镇、衡阳市常宁市西岭镇、南县三仙湖镇、湘潭县花石镇、安乡县黄山头镇、岳阳市屈原管理区营田镇、炎陵县中村瑶族乡、攸县皇图岭镇、慈利县零溪镇、桃江县大栗港镇、双牌县茶林镇、长沙市望城区乔口镇、龙山县里耶镇

广东省：中山市黄圃镇、云浮市云安区石城镇、广州市从化区太平镇、茂名市茂南区公馆镇、清远市清新区山塘镇、海丰县可塘镇、阳西县程村镇、平远县石正镇、怀集县诗洞镇、饶平县讲洲镇、五华县河东镇、韶关市乐昌市九峰镇

广西壮族自治区：象州县石龙镇、玉林市北流市民乐镇、大化瑶族自治县北景镇、蒙山县文圩镇、百色市靖西市禄峒镇、南宁市西乡塘区坛洛镇、贺州市八步区铺门镇

重庆市：江津区吴滩镇、梁平区合兴镇、武隆区平桥镇、长寿区云台镇、潼南区龙形镇、丰都县三元镇、石柱土家族自治县三河镇

四川省：丹棱县杨场镇、大竹县月华镇、新津县宝墩镇、江安县四面山镇、乐山市沙湾区太平镇、石棉县美罗镇、北川羌族自治县桂溪镇、资阳市雁江区丰裕镇、泸县方洞镇、盐源县下海乡、蓬溪县常乐镇、广元市利州区白朝乡、南充市高坪区走马镇、自贡市大安区何市镇、马尔康市松岗镇、邻水县柑子镇、攀枝花市仁和区啊喇彝族乡、色达县泥朵镇

贵州省：关岭县新铺镇、威宁县双龙镇、印江县木黄镇、从江县贯洞镇、紫云苗族布依族自治县白石岩乡、惠水县好花红镇、施秉县甘溪乡、册亨县岩架镇、纳雍县寨乐镇

云南省：兰坪白族普米族自治县通甸镇、石屏县坝心镇、富源县墨红镇、玉龙纳西族自治县鲁甸乡、镇雄县杉树乡、富宁县归朝镇、保山市隆阳区县板桥镇、弥渡县新街镇、大姚县龙街镇

西藏自治区:当雄县龙仁乡、江孜县重孜乡

陕西省:渭南市华阴市华西镇、旬邑县清塬镇、礼泉县昭陵镇、商南县富水镇、安康市汉滨区五里镇、子洲县老君殿镇、延长县交口镇、洛南县永丰镇

甘肃省:酒泉市玉门市清泉乡、高台县南华镇、金昌市金川区双湾镇、永登县苦水镇、镇原县屯字镇、康县长坝镇、临潭县卓洛乡

青海省:互助土族自治县塘川镇、都兰县香日德镇、贵南县塔秀乡、兴海县河卡镇

宁夏回族自治区:银川市灵武市梧桐树乡、中卫市沙坡头区镇罗镇、平罗县红崖子乡

新疆维吾尔自治区:墨玉县萨依巴格乡、伽师县卧里托格拉克镇、莎车县阿热勒乡、叶城县依提木孔乡、霍城县三道河乡

新疆生产建设兵团:第四师68团

广东省农垦总局:平岗农场

2021 年

北京市:怀柔区渤海镇

天津市:宁河区岳龙镇、静海区台头镇

河北省:兴隆县蓝旗营镇、饶阳县王同岳镇、宁晋县河渠镇、高邑县大营镇、遵化市堡子店镇、邱县邱城镇、昌黎县荒佃庄镇、唐县南店头乡、肃宁县梁家村镇、定州市砖路镇、香河县五百户镇、曲阳县孝墓镇

山西省:怀仁市海北头乡、阳泉市郊区西南舁乡、和顺县横岭镇、永济市栲栳镇、长子县宋村镇、陵川县平城镇、临县城庄镇、原平市同川镇

内蒙古自治区:托克托县古城镇、土默特右旗海子乡、莫力达瓦达斡尔族自治旗红彦镇、科尔沁右翼中旗杜尔基镇、林西县统部镇、西乌珠穆沁旗浩勒图高勒镇、丰镇市巨宝庄镇、达拉特旗树林召镇、乌拉特前旗大佘太镇、乌海市海南区巴音陶亥镇、阿拉善左旗巴润别立镇

辽宁省:盘锦市大洼区清水镇、大石桥市高坎镇、清原县英额门镇、沈阳市辽中区肖寨门镇、北镇市中安镇、辽阳县柳壕镇、朝阳县胜利镇、东港市孤山镇、岫岩县牧牛镇

吉林省:通榆县瞻榆镇、德惠市朱城子镇、镇赉县黑鱼泡镇、桦甸市八道河子镇、伊通县马鞍山镇、通化县光华镇、辉南县辉南镇、梅河口市山城镇

黑龙江省：巴彦县西集镇、五常市小山子镇、泰来县克利镇、拜泉县丰产乡、龙江县杏山镇、佳木斯市东风区建国镇、汤原县香兰镇、鸡东县永安镇、宝清县夹信子镇、望奎县先锋镇、海伦市伦河镇、兰西县平山镇、逊克县车陆乡

上海市：金山区廊下镇

江苏省：涟水县红窑镇、句容市天王镇、高邮市龙虬镇、徐州市铜山区棠张镇、如东县大豫镇、射阳县海河镇、苏州市吴中区东山镇、常州市新北区孟河镇、兴化市沙沟镇、无锡市锡山区东港镇、宿迁市宿豫区大兴镇、东海县双店镇、镇江市丹徒区宝堰镇

浙江省：湖州市南浔区和孚镇、嘉兴市秀洲区新塍镇、开化县何田乡、临海市上盘镇、**宁波市海曙区古林镇**、庆元县竹口镇、嵊泗县枸杞乡、温州市鹿城区藤桥镇

安徽省：宿州市埇桥区符离镇、怀远县白莲坡镇、界首市泉阳镇、霍山县与儿街镇、六安市金安区木厂镇、和县善厚镇、南陵县弋江镇、宁国市南极乡、泾县丁家桥镇、青阳县木镇镇、东至县东流镇、潜山市王河镇、黄山市徽州区潜口镇

福建省：闽侯县白沙镇、南安市蓬华镇、永春县岵山镇、长泰县岩溪镇、漳平市南洋镇、泰宁县朱口镇、南平市延平区南山镇、屏南县甘棠乡、福清市渔溪镇、霞浦县溪南镇

江西省：莲花县良坊镇、鹰潭市余江区锦江镇、安义县长均乡、分宜县双林镇、九江市濂溪区新港镇、崇义县麟潭乡、乐平市镇桥镇、德兴市花桥镇、永新县象形乡、资溪县乌石镇

山东省：济南市莱芜区苗山镇、莱西市姜山镇、淄博市临淄区皇城镇、枣庄市峄城区阴平镇、广饶县李鹊镇、莱阳市照旺庄镇、高密市夏庄镇、青州市王坟镇、济宁市兖州区新兖镇、曲阜市陵城镇、肥城市汶阳镇、荣成市夏庄镇、日照市岚山区巨峰镇、沂水县四十里堡镇、蒙阴县垛庄镇、平原县王杲铺镇、聊城市东昌府区梁水镇、阳信县温店镇、东明县小井镇

河南省：长垣市常村镇、郏县堂街镇、巩义市鲁庄镇、西峡县丁河镇、南召县城郊乡、周口市淮阳区王店乡、汤阴县伏道镇、孟津县常袋镇、潢川县黄寺岗镇、泌阳县官庄镇、安阳县崔家桥镇、遂平县阳丰镇、辉县张村乡、邓州市构林镇、新县卡房乡、柘城县牛城乡、尉氏县张市镇、鹤壁市山城区石林镇

湖北省：安陆市棠棣镇、丹江口市习家店镇、荆门市掇刀区团林铺镇、江陵县三湖农场、麻城市福田河镇、南漳县东巩镇、潜江市周矶农场、松滋市卸甲坪乡、通山县大畈镇、五峰县长乐坪镇、襄阳市襄州区双沟镇、宣恩县李家河镇、英山县陶家河镇、钟祥市胡集镇

湖南省：茶陵县严塘镇、城步苗族自治县长安营镇、洪江市岩垅乡、永州市冷水滩区伊塘镇、澧县城头山镇、娄底市娄星区杉山镇、汨罗市长乐镇、衡阳市石鼓区角山镇、常德市西湖管理区西洲乡、宜章县长村乡、湘潭市雨湖区姜畲镇、益阳市资阳区新桥河镇、保靖县吕洞山镇、凤凰县廖家桥镇

广东省：江门市新会区大鳌镇、信宜市钱排镇、新兴县天堂镇、汕头市潮南区雷岭镇、英德市西牛镇、汕头市澄海区溪南镇、龙门县龙田镇、梅州市梅江区西阳镇、仁化县黄坑镇、阳春市岗美镇、饶平县新圩镇、茂名市电白区沙琅镇

广西壮族自治区：岑溪市马路镇、贺州市平桂区羊头镇、隆安县那桐镇、资源县中峰镇、灵山县新圩镇、柳州市鱼峰区白沙镇、那坡县德隆乡、巴马瑶族自治县燕洞镇、金秀瑶族自治县桐木镇、扶绥县中东镇

海南省：万宁市东澳镇、五指山市水满乡

重庆市：开州区临江镇、永川区仙龙镇、黔江区石会镇、酉阳县花田乡、铜梁区土桥镇、巴南区石滩镇、垫江区沙坪镇

四川省：遂宁市安居区三家镇、安岳县合义乡、宝兴县硗碛藏族乡、达州市达川区百节镇、德格县麦宿镇、巴中市恩阳区下八庙镇、南充市高坪区擦耳镇、古蔺县马蹄镇、乐至县东山镇、米易县草场镇、内江市市中区永安镇、眉山市彭山区公义镇、蓬安县睦坝镇、广安市前锋区虎城镇、青川县蒿溪回族乡、威远县东联镇、汶川县绵虒镇、盐亭县鹅溪镇

贵州省：德江县沙溪镇、晴隆县碧痕镇、镇宁县六马镇、黔西县洪水镇、江口县怒溪镇、六盘水市六枝特区梭戛乡、都匀市平浪镇、瓮安县建中镇、道真自治县玉溪镇、余庆县敖溪镇

云南省：腾冲市清水乡、勐海县勐遮镇、宾川县宾居镇、彝良县小草坝镇、建水县曲江镇、玉溪市江川区雄关乡、临沧市临翔区博尚镇、玉龙县太安乡、香格里拉市上江乡

西藏自治区：桑日县绒乡、贡觉县阿旺乡、措勤县措勤镇、措勤县达雄乡、

改则县洞措乡、改则县先遣乡

陕西省：陇县天成镇、三原县陵前镇、铜川市耀州区小丘镇、澄城县庄头镇、延安市安塞区高桥镇、榆林市横山区党岔镇、山阳县户家塬镇、韩城市芝阳镇、咸阳市杨陵区揉谷镇、省农垦集团朝邑农场

甘肃省：敦煌市肃州镇、武威市凉州区清源镇、庆阳市西峰区彭原镇、白银市白银区水川镇、甘谷县磐安镇、临洮县新添镇、临夏县北塬镇、舟曲县大川镇、陇南市武都区马街镇

青海省：乌兰县茶卡镇、河南县赛尔龙乡、海东市乐都区高店镇、西宁市湟中区土门关乡

宁夏回族自治区：银川市金凤区良田镇、西吉县什字乡、平罗县宝丰镇、吴忠市利通区金积镇

新疆维吾尔自治区：察布查尔县爱新舍里镇、库尔勒市阿瓦提农场、玛纳斯县包家店镇、于田县托格日尕孜乡、和静县巴润哈尔莫敦镇、疏附县萨依巴格乡、伊吾县淖毛湖镇

新疆生产建设兵团：第一师6团双城镇、第十师184团

北大荒农垦集团：双峰农场、大西江农场

广东省农垦总局：红星农场、友好农场

2022 年

北京市：密云区太师屯镇

天津市：蓟州区下营镇

河北省：行唐县上方乡、阳原县揣骨疃镇、围场满族蒙古族自治县半截塔镇、昌黎县新集镇、易县桥头乡、肃宁县尚村镇、邢台市信都区浆水镇、涉县索堡镇

山西省：清徐县孟封镇、大同市云州区周士庄镇、繁峙县大营镇、侯马市新田乡、芮城县风陵渡镇

内蒙古自治区：武川县上秃亥乡、土默特右旗将军尧镇、鄂伦春自治旗大杨树镇、扎赉特旗巴彦扎拉嘎乡、库伦旗扣河子镇、阿鲁科尔沁旗绍根镇、察哈尔右翼后旗当郎忽洞苏木、杭锦后旗双庙镇

辽宁省：朝阳市龙城区联合镇、彰武县前福兴地镇、铁岭县腰堡镇、东港市十字街镇、沈阳市辽中区刘二堡镇

吉林省：磐石市取柴河镇、桦甸市二道甸子镇、双辽市新立乡、扶余市三

井子镇、图们市凉水镇

黑龙江省：巴彦县兴隆镇、克东县昌盛乡、龙江县鲁河乡、泰来县汤池镇、海林市新安朝鲜族镇、肇源县新站镇、虎林市迎春镇、勃利县倭肯镇、北安市城郊乡、五大连池市龙镇

上海市：浦东新区老港镇

江苏省：启东市南阳镇、江阴市顾山镇、溧阳市南渡镇、沛县河口镇、盐城市亭湖区盐东镇、金湖县塔集镇、宿迁市湖滨新区（宿豫区）皂河镇、泰州市高港区胡庄镇

浙江省：余姚市泗门镇、瑞安市马屿镇、义乌市义亭镇、温岭市石塘镇

安徽省：灵璧县杨疃镇、金寨县铁冲乡、明光市涧溪镇、颍上县南照镇、安庆市宜秀区罗岭镇、歙县北岸镇、肥东县桥头集镇、当涂县塘南镇

福建省：福州市马尾区琅岐镇、漳浦县六鳌镇、三明市沙县区夏茂镇、莆田市城厢区常太镇、上杭县中都镇、屏南县岭下乡、石狮市祥芝镇

江西省：浮梁县西湖乡、会昌县小密乡、都昌县徐埠镇、南城县里塔镇、进贤县三里乡、井冈山市新城镇、永修县九合乡

山东省：新泰市楼德镇、桓台县唐山镇、昌邑市柳疃镇、招远市金岭镇、惠民县淄角镇、威海市文登区宋村镇、费县上冶镇、高唐县姜店镇、枣庄市台儿庄区马兰屯镇、五莲县许孟镇、济南市莱芜区牛泉镇

河南省：邓州市刘集镇、三门峡市陕州区张汴乡、襄城县茨沟乡、叶县常村镇、登封市大金店镇、商城县县长竹园乡、清丰县韩村镇、舞阳县北舞渡镇、沈丘县冯营乡、西平县宋集镇、杞县沙沃乡

湖北省：竹溪县中峰镇、长阳土家族自治县火烧坪乡、潜江市老新镇、鄂州市鄂城区杜山镇、钟祥市柴湖镇、利川市建南镇、黄梅县濯港镇、仙桃市张沟镇、宜城市郑集镇

湖南省：湘阴县鹤龙湖镇、宁远县水市镇、郴州市苏仙区坳上镇、衡东县霞流镇、冷水江市三尖镇、慈利县三合镇、宁乡市沩山乡、新邵县潭府乡、益阳市赫山区泥江口镇

广东省：阳江市阳东区大沟镇、佛山市高明区明城镇、阳西县沙扒镇、高州市石鼓镇、德庆县官圩镇、惠东县梁化镇、茂名市茂南区羊角镇、汕头市潮南区红场镇

广西壮族自治区：浦北县龙门镇、武宣县二塘镇、上思县在妙镇、桂平市

金田镇、天等县驮堪乡、梧州市龙圩区大坡镇、灵川县潭下镇、富川瑶族自治县朝东镇、平果市新安镇、罗城仫佬族自治县小长安镇

海南省：万宁市龙滚镇

重庆市：南川区大观镇、奉节县草堂镇、云阳县红狮镇、秀山土家族苗族自治县隘口镇、梁平区蟠龙镇

四川省：自贡市沿滩区永安镇、古蔺县二郎镇、什邡市湔氐镇、绵阳市安州区秀水镇、阆中市五马镇、高县嘉乐镇、岳池县苟角镇、渠县有庆镇、洪雅县中山镇、安岳县元坝镇、内江市东兴区田家镇

贵州省：遵义市红花岗区海龙镇、开阳县南江布依族苗族乡、玉屏侗族自治县亚鱼乡、锦屏县敦寨镇、黄果树旅游区管理委员会白水镇、罗甸县木引镇、盘州市新民镇、贞丰县小屯镇

云南省：蒙自市西北勒乡、楚雄市吕合镇、石屏县龙朋镇、盐津县牛寨乡、镇沅彝族哈尼族拉祜族自治县者东镇

西藏自治区：吉隆县吉隆镇、洛扎县色乡、朗县金东乡、朗县登木乡、白朗县强堆乡、八宿县拉根乡

陕西省：宝鸡市陈仓区周原镇、兴平市南位镇、蒲城县椿林镇、富县羊泉镇、府谷县木瓜镇、汉中市南郑区法镇、白河县宋家镇

甘肃省：庄浪县朱店镇、天祝藏族自治县松山镇、酒泉市肃州区果园镇、舟曲县立节镇、永昌县焦家庄镇、成县店村镇

青海省：互助土族自治县东山乡、循化撒拉族自治县查汗都斯乡

宁夏回族自治区：灵武市郝家桥镇、吴忠市红寺堡区大河乡

新疆维吾尔自治区：裕民县哈拉布拉乡、青河县阿格达拉镇、木垒哈萨克自治县西吉尔镇、乌鲁木齐市米东区三道坝镇、库尔勒市铁克其乡、阿克陶县恰尔隆镇、乌什县阿合雅镇

新疆生产建设兵团：第二师 29 团博古其镇、第九师 164 团

北大荒农垦集团：山河农场

广东省农垦总局：梅陇农场

2023 年

北京市：平谷区大华山镇

天津市：蓟州区上仓镇

河北省：威县赵村镇、石家庄市鹿泉区铜冶镇、怀来县土木镇、安平县西

两洼乡、涞源县金家井乡、赵县范庄镇、迁西县白庙子镇、顺平县大悲乡

山西省：代县雁门关镇、应县臧寨乡、夏县南大里乡、大宁县三多乡

内蒙古自治区：达尔罕茂明安联合旗乌克忽洞镇、突泉县太平乡、科尔沁左翼后旗巴胡塔苏木、丰镇市隆盛庄镇、鄂托克前旗昂素镇、库伦旗白音花镇、扎兰屯市卧牛河镇、翁牛特旗毛山东乡

辽宁省：灯塔市柳河子镇、开原市中固镇、绥中县西甸子镇、营口市鲅鱼圈区熊岳镇、瓦房店市西杨乡

吉林省：桦甸市常山镇、通榆县十花道乡、龙井市东盛涌镇、永吉县西阳镇

黑龙江省：方正县天门乡、巴彦县松花江乡、鸡东县明德朝鲜族乡、友谊县庆丰乡、伊春市乌翠区翠峦镇、北安市二井镇、嫩江市长福镇、庆安县久胜镇

上海市：金山区吕巷镇

江苏省：丰县大沙河镇、盐城市盐都区大纵湖镇、淮安市淮阴区马头镇、苏州市吴江区震泽镇、靖江市生祠镇、无锡市惠山区洛社镇、宿迁市宿城区陈集镇

浙江省：杭州市临安区太阳镇、湖州市吴兴区织里镇、桐乡市石门镇、缙云县东方镇

安徽省：蒙城县小辛集乡、泗县墩集镇、阜南县新村镇、淮南市八公山区八公山镇、天长市大通镇、六安市裕安区徐集镇、宣城市宣州区杨柳镇、铜陵市义安区天门镇、桐城市金神镇、黄山市黄山区新华乡

福建省：连江县筱埕镇、漳州市芗城区天宝镇、安溪县感德镇、永安市青水畲族乡、顺昌县埔上镇、龙岩市永定区下洋镇、福鼎市贯岭镇

江西省：鄱阳县乐丰镇、进贤县李渡镇、南昌县幽兰镇、高安市上湖乡、彭泽县马当镇、兴国县社富乡、泰和县马市镇、贵溪市滨江镇、新余市渝水区姚圩镇

山东省：嘉祥县梁宝寺镇、商河县贾庄镇、青岛市黄岛区宝山镇、沂源县东里镇、枣庄市薛城区周营镇、利津县陈庄镇、海阳市二十里店镇、寿光市稻田镇、泰安市泰山区省庄镇、郯城县庙山镇、东明县沙窝镇

河南省：荥阳市王村镇、嵩县九皋镇、浚县新镇镇、濮阳市华龙区新习镇、沁阳市柏香镇、商丘市梁园区谢集镇、西平县谭店乡、信阳市浉河区浉河

港镇、固始县丰港乡、桐柏县固县镇、长葛市佛耳湖镇、商水县邓城镇

湖北省:荆门市掇刀区麻城镇、枣阳市吴店镇、石首市调关镇、十堰市郧阳区杨溪铺镇、当阳市两河镇、鄂州市华容区蒲团乡、红安县华家河镇、天门市蒋湖农场

湖南省:常德市鼎城区十美堂镇、长沙市望城区靖港镇、资兴市汤溪镇、汨罗市白水镇、衡南县三塘镇、永顺县颗砂乡、沅陵县官庄镇、安化县梅城镇、江永县粗石江镇、洞口县高沙镇

广东省:东源县柳城镇、海丰县城东镇、连山壮族瑶族自治县永和镇、中山市坦洲镇、梅州市梅县区畲江镇、吴川市长岐镇、惠来县靖海镇、开平市马冈镇、肇庆市鼎湖区沙浦镇

广西壮族自治区:灌阳县黄关镇、藤县和平镇、合浦县星岛湖镇、防城港市防城区扶隆镇、玉林市福绵区成均镇、钟山县公安镇、乐业县甘田镇、宁明县亭亮镇

海南省:琼中黎族苗族自治县红毛镇

重庆市:涪陵区珍溪镇、铜梁区大庙镇、綦江区安稳镇、石柱土家族自治县龙沙镇

四川省:崇州市街子镇、叙永县马岭镇、德阳市旌阳区德新镇、广元市朝天区中子镇、遂宁市安居区石洞镇、峨眉山市双福镇、广安市广安区大安镇、开江县普安镇、巴中市恩阳区双胜镇、炉霍县虾拉沱镇、会理市彰冠镇

贵州省:龙里县湾滩河镇、兴义市德卧镇、安顺市平坝区白云镇、六盘水市钟山区青林苗族彝族乡、修文县小箐镇、松桃苗族自治县黄板镇、黎平县肇兴镇

云南省:宜良县马街镇、元阳县牛角寨镇、禄丰市彩云镇、宁蒗彝族自治县新营盘乡、香格里拉市小中甸镇、大理市喜洲镇

西藏自治区:米林县羌纳乡、加查县加查镇、朗县朗镇、浪卡子县打隆镇、洛扎县扎日乡

陕西省:蓝田县洩湖镇、武功县武功镇、富平县淡村镇、宜川县云岩镇、清涧县折家坪镇、城固县龙头镇、紫阳县焕古镇、镇安县达仁镇

甘肃省:文县碧口镇、金塔县羊井子湾乡、金昌市金川区宁远堡镇、临夏市枹罕镇、古浪县西靖镇、合水县何家畔镇、合作市佐盖曼玛镇

青海省:湟源县日月藏族乡、海晏县金滩乡、尖扎县昂拉乡

宁夏回族自治区：平罗县头闸镇、固原市原州区头营镇、海原县三河镇

新疆维吾尔自治区：精河县托里镇、温泉县哈日布呼镇、麦盖提县库木库萨尔乡、察布查尔县种羊场、昭苏县乌尊布拉克镇、和静县乃门莫敦镇

新疆生产建设兵团：第九师一七〇团、第三师五十四团兴安镇

北大荒农垦集团：庆阳农场

广东省农垦总局：曙光农场

3.3.2 国家级"一村一品"示范村镇

农业部从 2011 年起开展全国一村一品示范村镇的评选，其中，第一批宁波空缺，前六批中监测合格的有海曙区龙观乡李岙村（辣椒）、鄞州区五乡镇钟家沙村（天明琳芝葡萄）、海曙区章水镇杖锡村（高湾枇杷）、奉化区尚田镇冷西村（溪口雷笋）、奉化区西坞街道金峨村（锦屏山奉化水蜜桃）、奉化区溪口镇新建村（第一泉茶叶）、奉化区溪口镇许江岸村（慈溪蜜梨）、奉化区萧王庙街道林家村（金峨花木）、奉化市溪口镇（双峰香榧）、余姚市临山镇兰海村（古址茭白）、余姚市陆埠镇裘岙村（味香园余姚葡萄）、余姚市三七市镇石步村（骆驼珠茶）、余姚市小曹娥镇人和村（余姚杨梅）、余姚市河姆渡镇（钟家沙茭白）、慈溪市周巷镇新缪路村（奉冠草莓）、象山县定塘镇沙地村（柑橘）、象山县晓塘乡西边塘村（李岙桂花）、象山县新桥镇高湾村（杖锡山樱花）、宁海县黄坛镇里天河村（锦屏山水蜜桃）、宁海县深甽镇望海岗村（水蜜桃）、宁海县长街镇成塘村（蔬菜）。第七批有慈溪市横河镇（慈溪杨梅）、宁海县桑洲镇（望海茶茶叶），第八批有象山县定塘镇（柑橘）、浙江省宁海县一市镇（白枇杷），第九批有象山县泗州头镇里坑村（甜瓜）、第十一批有慈溪市新浦镇（葡萄）、余姚市泗门镇（榨菜）。第十批、第十二批宁波市空缺。

专栏 6

国家级"一村一品"示范村镇名单
前六批全国一村一品示范村镇监测合格名单

北京市门头沟区军庄镇孟悟村（孟悟京白梨）

北京市门头沟区妙峰山镇涧沟村（妙峰玫瑰）

北京市门头沟区王平镇西马各庄村（西马樱桃）

北京市门头沟区雁翅镇泗家水村（泗家水香椿）

北京市门头沟区雁翅镇太子墓村(红富士苹果)

北京市房山区大石窝镇南河村(南河蔬菜)

北京市房山区窦店镇窦店村(窦店肉牛)

北京市房山区窦店镇河口村(翠林花海辣椒)

北京市房山区窦店镇芦村(燕都泰华蔬菜)

北京市房山区长沟镇北甘池村(胜龙泉薄皮核桃)

北京市房山区长阳镇夏场村(夏家场葡萄)

北京市房山区张坊镇(磨盘柿)

北京市通州区潞县镇柏庄村(四时鲜生菜)

北京市通州区永乐店镇孔庄村(永恒瑞泉食用菌)

北京市顺义区北务镇仓上村(绿中名辣椒)

北京市顺义区北务镇小珠宝村(小珠宝西瓜)

北京市顺义区李遂镇后营村(绿之源蔬菜)

北京市顺义区龙湾屯镇柳庄户村(翠柳葡萄)

北京市顺义区南彩镇河北村(樱桃)

北京市顺义区赵全营镇北郎中村(花卉)

北京市昌平区崔村镇真顺村(真顺苹果)

北京市昌平区兴寿镇香屯村(翼寿草莓)

北京市昌平区阳坊镇后白虎涧村(白虎涧京白梨)

北京市大兴区礼贤镇东段家务村(礼贤益农番茄)

北京市大兴区庞各庄镇梨花村(梨)

北京市大兴区青云店镇孝义营村(孝心馒头)

北京市大兴区魏善庄镇李家场村(李家场香菇)

北京市大兴区长子营镇东北台村(凤河源油菜)

北京市大兴区长子营镇河津营村(凤河源生菜)

北京市大兴区长子营镇小黑垡村(九五肉鸽)

北京市大兴区庞各庄镇(京庞西瓜)

北京市怀柔区渤海镇六渡河村(板栗)

北京市怀柔区怀柔镇芦庄村(芦庄葫芦)

北京市怀柔区庙城镇王史山村(中菌食用菌)

北京市怀柔区杨宋镇梭草村(梭草鲟鱼)

北京市平谷区大兴庄镇西柏店村(柏店二仙食用菊花)

北京市平谷区马昌营镇王各庄村(诺亚有机蔬菜)

北京市平谷区南独乐河镇北寨村(北寨红杏)

北京市平谷区夏各庄镇杨各庄村(元昇西红柿)

北京市平谷区峪口镇西凡各庄村(正大蛋鸡)

北京市平谷区镇罗营镇(乐逍遥蜜梨)

北京市平谷区刘家店镇(大桃)

北京市密云区河南寨镇套里村(村里头番茄)

北京市密云区穆家峪镇庄头峪村(红香酥梨)

北京市密云区太师屯镇太师庄村(太师庄设施蔬菜)

北京市密云区溪翁庄镇金叵罗村(金叵罗小米)

北京市密云区新城子镇蔡家甸村(云岫苹果)

北京市延庆区沈家营镇河东村(葡语农庄葡萄)

北京市延庆区香营乡新庄堡村(鲜食杏)

北京市延庆区八达岭镇里炮村(苹果)

北京市延庆区旧县镇大柏老村(生鲜牛乳)

北京市延庆区康庄镇小丰营村(北菜园蔬菜)

北京市延庆区延庆镇唐家堡村(金粟丰润葡萄)

北京市延庆区张山营镇前黑龙庙村(前龙葡萄)

天津市西青区辛口镇毕家村(沁美冬瓜)

天津市西青区辛口镇小沙窝村(萝卜)

天津市北辰区双口镇岔房子村(岔房子山药)

天津市北辰区双口镇徐堡村(大枣)

天津市武清区白古屯镇东马房村(雍阳豆腐丝)

天津市武清区汉沽港镇胡柳子村(胡柳子葡萄)

天津市武清区汉沽港镇西肖庄村(西肖庄紫薯)

天津市武清区大良镇田水铺村(小兔拔拔青萝卜)

天津市武清区梅厂镇灰锅口村(曙春葡萄)

天津市武清区大良镇后赶庄村(西红柿)

天津市宝坻区八门城镇欢喜庄村(八门城稻米)

天津市宝坻区大钟庄镇大米庄村(一兰梓大蒜)

天津市宝坻区大钟庄镇牛庄子村(葫芦)

天津市宝坻区方家庄镇北马营村(绿野西红柿)

天津市滨海新区太平镇崔庄村(冬枣)

天津市滨海新区杨家泊镇付庄村(杨家泊对虾)

天津市宁河区东棘坨镇艾林村(辣椒)

天津市宁河区廉庄子乡杨拨村(骄杨西红柿)

天津市宁河区板桥镇赵学村(赵学西红柿)

天津市宁河区廉庄镇岳道口村(双孢菇)

天津市宁河区潘庄镇齐心庄村(香菇)

天津市宁河区岳龙镇小闫庄村(龙闫西红柿)

天津市静海区陈官屯镇西钓台村(绿冬蔬菜)

天津市静海区台头镇义和村(台头西瓜)

天津市蓟州区出头岭镇中峪村(香菇)

天津市蓟州区官庄镇梁后庄村(红果)

河北省石家庄市矿区贾庄镇天户峪村(昊源苹果)

河北省石家庄市鹿泉区李村镇邓庄村(康态中华鳖)

河北省石家庄市辛集市旧城镇杏园村(杏园鸭梨)

河北省石家庄市晋州市马于镇北辛庄村(鸭梨)

河北省石家庄市深泽县白庄乡孤庄村(半夏)

河北省石家庄市深泽县铁杆镇杜社村(杜社紫玉葡萄)

河北省石家庄市平山县孟家庄镇元坊村("元坊"牌苹果)

河北省石家庄市元氏县北正乡时家庄村(满山红石榴)

河北省唐山市曹妃甸区第七农场(曹妃甸湿地蟹)

河北省唐山市遵化市平安城镇(宝伞香菇)

河北省唐山市滦南县姚王庄镇(青河沿甘蓝)

河北省唐山市乐亭县胡家坨镇大黑坨村(黄瓜、甜瓜)

河北省唐山市乐亭县中堡镇(青健设施果菜)

河北省秦皇岛市山海关区石河镇(贡仙樱桃)

河北省秦皇岛市北戴河区戴河镇北戴河村(集发蔬菜)

河北省秦皇岛市抚宁区茶棚乡小黄金山村(茶棚番茄)

河北省秦皇岛市昌黎县城郊区郝宋庄村(一月一草莓)

河北省秦皇岛市卢龙县蛤泊乡鲍子沟村(葡萄)

河北省秦皇岛市秦青龙满族自治县青龙镇大石门村(燕之龙板栗)

河北省邯郸市肥乡区辛安镇前白落堡村(富乡圆葱)

河北省邯郸市永年区广府镇后当头村(永年大蒜)

河北省邯郸市大名县孙甘店乡南石冲村(花生)

河北省邯郸市馆陶县柴堡镇东苏堡村(艾格兰鸡蛋)

河北省邯郸市魏县魏城镇董河下村(魏县鸭梨)

河北省邯郸市曲周县曲周镇东牛屯村(三棵树时令鲜蔬)

河北省邢台市沙河市綦村镇西苏庄村(薄皮核桃)

河北省邢台市临城县郝庄镇(临城薄皮核桃)

河北省邢台市内丘县侯家庄乡岗底村(富岗苹果)

河北省邢台市隆尧县牛家桥乡梅庄村("隆红蜜"牌苹果)

河北省邢台市宁晋县河渠镇褚家庄村(工笔画)

河北省邢台市巨鹿县观寨乡南哈口村(哈口瓜菜)

河北省邢台市威县洺州镇邱霍寨村(威华葡萄)

河北省保定市满城区方顺桥镇(绿赛草莓)

河北省保定市清苑区北店乡牛庄村(绿龙蔬菜)

河北省保定市清苑区东闾乡南王庄村(清蜜西瓜)

河北省保定市定州市大辛庄镇(苗木花卉)

河北省保定市唐县南店头乡葛堡村(肉羊)

河北省保定市蠡县大曲堤镇大曲堤村(蠡县麻山药)

河北省保定市莲池区南大园乡窑上村(花卉)

河北省张家口市宣化区春光乡观后村(宣化牛奶葡萄)

河北省张家口市万全区郭磊庄镇何家屯村(禾久鲜食玉米)

河北省张家口市崇礼区西湾子镇上三道河村(彩椒)

河北省张家口市尚义县七甲乡(七甲山时令鲜蔬)

河北省张家口市涿鹿县五堡镇杨窑村(香花墚葡萄)

河北省承德市承德县新杖子乡(国光苹果、大樱桃)

河北省承德市平泉市卧龙镇(平泉香菇)

河北省承德市滦平县付营子镇(滦绿黄瓜)

河北省承德市隆化县郭家屯镇小梁村(隆化肉牛)

河北省承德市宽城满族自治县化皮溜子镇西岔沟村(西富苹果)

河北省承德市围场满族蒙古族自治县新拨镇(二道河子胡萝卜)

河北省沧州市泊头市王武庄镇金马驹村(泊头鸭梨)

河北省沧州市崔尔庄镇(沧县金丝小枣)

河北省沧州市河间市龙华店镇兴隆店村(梨)

河北省沧州市青县曹寺乡(和顺鑫大棚蔬菜)

河北省沧州市肃宁县万里镇(蔬菜)

河北省沧州市献县高官乡(献王金丝小枣)

河北省廊坊市安次区落垡镇邢官营村(园农丰芹菜)

河北省廊坊市霸州市南孟镇西粉营村(绿玉田歌韭菜)

河北省廊坊市固安县牛驼镇前庞家务村(普春黄瓜)

河北省廊坊市固安县温泉园区南王起营村(花木)

河北省衡水市桃城区邓庄镇(樱桃西红柿)

河北省衡水市冀州区周村镇(冀周辣椒)

河北省衡水市武邑县龙店乡龙店村(集民黄瓜)

河北省衡水市饶阳县大尹村镇(蔬菜)

河北省衡水市安平县马店镇(圆隆白山药)

河北省衡水市故城县建国镇(兴月韭菜)

河北省衡水市阜城县漫河乡(漫河西瓜)

山西省太原市杏花岭区长沟村(休闲观光农业)

山西省太原市小店区小店街办孙家寨村(并州绿蔬菜)

山西省太原市晋源区北河下村(玉山时令鲜蔬)

山西省太原市古交市邢家社乡龙子村(净苑蔬菜)

山西省太原市清徐县柳杜乡成子村(蔬菜)

山西省太原市清徐县清源镇平泉村(清徐葡萄)

山西省太原市清徐县集义乡(蔬菜)

山西省太原市阳曲县高村乡北社村(阳曲小米)

山西省太原市娄烦县马家庄乡大圣堂村(绿海蔬菜)

山西省大同市阳高县东小村镇大嘴窑村(大嘴杏)

山西省大同市浑源县千佛岭乡泽清岭村(恒山黄芪)

山西省大同市左云县店湾镇范家寺村(西红柿、黄瓜)

山西省阳泉市郊区平坦镇桃林沟村(桃林沟生态旅游)

山西省阳泉市郊区西南舁乡北大西庄村(三舁苹果)

山西省阳泉市平定县柏井镇里牌岭村(牌岭蛋鸡)

山西省长治市长治县八义镇南窑沟村(酿酒葡萄)

山西省长治市长治县苏店镇东贾村(红运豪蔬菜)

山西省长治市长治县荫城镇荆圪道村(洁思蔬菜)

山西省长治市长治县振兴新区振兴村(休闲农业)

山西省长治市壶关县店上镇长林村(旱地西红柿)

山西省长治市武乡县故城镇权店村(权店梅)

山西省长治市沁县定昌镇下曲峪村(沁州黄小米)

山西省长治市沁源县韩洪乡旭河村(旭河粉条、粉皮)

山西省长治市沁源县沁河镇南石村(沁盛香花槐)

山西省晋城市阳城县次营镇赛村(阳城蚕桑)

山西省晋城市高平市河西镇仙井村(凯永生猪)

山西省晋城市陵川县夺火乡凤凰村(乡村休闲)

山西省晋城市泽州县周村镇下町村(钰山蛋鸡)

山西省朔州市应县金城镇龙泉村(龙泉胡萝卜)

山西省朔州市怀仁县亲和乡南小寨村(怀仁羔羊)

山西省晋中市榆次区东阳镇(晋一串蔬菜)

山西省晋中市左权县拐儿镇寺坪村(左权绵核桃)

山西省晋中市太谷县小白乡东崖六村(兴谷红枣)

山西省晋中市祁县城赵镇里村(里村肉牛)

山西省晋中市祁县古县镇(祁县酥梨)

山西省晋中市灵石县梁家焉乡泉则坪村(平泉核桃)

山西省运城市盐湖区泓芝驿镇王过村(王过酥梨)

山西省运城市盐湖区三路里镇杨家门村(冠之茹食用菌)

山西省运城市永济市张营乡常里村(常里红苹果)

山西省运城市临猗县临晋镇代村(临晋石榴)

山西省运城市临猗县庙上乡张庄村(冬枣)

山西省运城市万荣县汉薛镇南景村(景鸿万红宝桃)

山西省运城市万荣县贾村乡贾村(晋魁苹果)

山西省运城市稷山县稷峰镇加庄村(稷山板枣)

山西省运城市平陆县圣人涧镇槐下村(优质苹果)

山西省忻州市忻府区高城乡高城村(高城红辣椒)

山西省忻州市忻府区兰村乡河习头村(河习头酥梨)

山西省忻州市原平市东社镇(同川酥梨)

山西省忻州市繁峙县繁城镇赵家庄村(繁城大杏)

山西省临汾市尧都区贺家庄乡李家庄村(卧源鲜桃)

山西省临汾市曲沃县史村镇西海村(磨盘岭蔬菜)

山西省临汾市翼城县隆化镇北捍村(舜都苹果)

山西省临汾市翼城县唐兴镇南官庄村(古房陵苹果)

山西省临汾市安泽县马壁乡刘村(中药材)

山西省临汾市吉县东城乡柏东村(吉县苹果)

山西省临汾市吉县中垛乡南坪村(壶口苹果)

山西省临汾市隰县城南乡留城村(酥梨)

山西省吕梁市离石区信义镇严村(严村蔬菜)

山西省吕梁市孝义市大孝堡乡胜溪新村(绿盈蔬菜)

山西省吕梁市汾阳市杨家庄镇南偏城村(汾州核桃)

山西省吕梁市汾阳市峪道河镇下张家庄村(银丰核桃)

山西省吕梁市汾阳市栗家庄乡协和堡村(金薄丰核桃)

山西省吕梁市汾阳市杨家庄镇(汾州裕源核桃)

山西省吕梁市文水县孝义镇北武度村(裕丰蔬菜)

山西省吕梁市中阳县暖泉乡暖泉村(暖泉核桃)

山西省吕梁市中阳县暖泉镇王家庄村(核桃)

内蒙古自治区呼和浩特市赛罕区金河镇根堡村(绿联油葫芦)

内蒙古自治区包头市固阳县下湿壕镇新尧坡村(马铃薯)

内蒙古自治区包头市土默特右旗沟门镇西湾村(沟门苗木)

内蒙古自治区包头市土默特右旗美岱召镇沙图沟村(沙图沟杏王)

内蒙古自治区包头市达尔罕茂明安联合旗石宝镇腮吾素村(栗天喜石磨面粉)

内蒙古自治区乌海市海勃湾区千里山镇团结新村(蔬菜瓜果)

内蒙古自治区赤峰市元宝山区五家镇北台子村(二尾羊)

内蒙古自治区赤峰市松山区上官地镇(生猪)

内蒙古自治区赤峰市林西县新城子镇七合堂村(九佛山内蒙野果)

内蒙古自治区赤峰市巴林左旗十三敖包镇房身村(东傲笤帚)

内蒙古自治区赤峰市克什克腾旗浩来呼热苏木(昭乌达肉羊)

内蒙古自治区赤峰市喀喇沁旗牛家营子镇牛家营子村(中药材)

内蒙古自治区通辽市科尔沁区丰田镇万家屯村(科耳黑木耳)

内蒙古自治区通辽市科尔沁区育新镇小三合兴村(溪水圆葱)

内蒙古自治区通辽市开鲁县东风镇道德村(三鲁辣椒)

内蒙古自治区通辽市开鲁县东风镇(红干椒)

内蒙古自治区鄂尔多斯市达拉特旗树林召镇林原村(保善堂蔬菜)

内蒙古自治区鄂尔多斯市鄂托克前旗城川镇黄海子村(宥州辣椒)

内蒙古自治区鄂尔多斯市乌审旗嘎鲁图镇布寨嘎查(鄂尔多斯细毛羊)

内蒙古自治区呼伦贝尔市阿荣旗查巴奇乡猎民村(奶牛)

内蒙古自治区呼伦贝尔市阿荣旗向阳峪镇松塔沟村(松雪柞蚕养殖)

内蒙古自治区呼伦贝尔市莫力达瓦达斡尔族自治旗尼尔基镇兴隆泉村(菇娘)

内蒙古自治区呼伦贝尔市鄂温克族自治旗巴彦塔拉达斡尔民族乡伊兰嘎查(达瓦苏荣牛肉干)

内蒙古自治区巴彦淖尔市临河区八一乡联丰村(优质甜瓜)

内蒙古自治区巴彦淖尔市临河区新华镇新丰村(九叶青韭菜)

内蒙古自治区巴彦淖尔市五原县胜丰镇新红村(灯笼红香瓜)

内蒙古自治区巴彦淖尔市磴口县隆盛合镇新地村(甜瓜)

内蒙古自治区巴彦淖尔市乌拉特前旗先锋镇(富煌枸杞)

内蒙古自治区巴彦淖尔市杭锦后旗陕坝镇中南渠村(瓜菜)

内蒙古自治区乌兰察布市丰镇市巨宝庄镇巨宝庄村(丰露樱桃)

内蒙古自治区乌兰察布市商都县小海子镇向阳村(水漩绿韵芹菜)

内蒙古自治区乌兰察布市兴和县大库联乡边家村(马铃薯)

内蒙古自治区乌兰察布市察哈尔右翼前旗巴音塔拉镇水泉村(黄瓜)

内蒙古自治区乌兰察布市察哈尔右翼中旗乌素图镇(红萝卜)

内蒙古自治区乌兰察布市察哈尔右翼后旗乌兰哈达苏木七倾地村(后旗红马铃薯)

内蒙古自治区乌兰察布市四子王旗大黑河乡土格木村(太平庄马铃薯)

内蒙古自治区兴安盟乌兰浩特市乌兰哈达镇三合村(草原三河有机水稻)

内蒙古自治区兴安盟乌兰浩特市义勒力特镇黄家店嘎查(义勒力特大米)

内蒙古自治区兴安盟乌兰浩特市义勒力特镇义勒力特嘎查(义镇水果)

内蒙古自治区兴安盟突泉县突泉镇大营子村(溪柳紫皮蒜)

内蒙古自治区兴安盟科尔沁右翼前旗巴拉格歹乡哈拉黑村(哈拉黑大米)

内蒙古自治区兴安盟扎赉特旗好力保镇水田村(绰尔蒙珠大米)

内蒙古自治区锡林郭勒盟东乌珠穆沁旗满都宝力格镇巴彦布日德嘎查村(乌珠穆沁羊)

内蒙古自治区锡林郭勒盟太仆寺旗骆驼山镇榆树洼村(马铃薯)

内蒙古自治区锡林郭勒盟太仆寺旗千斤沟镇西山坡村(黑土洼大白菜)

内蒙古自治区阿拉善盟阿拉善左旗巴彦浩特镇巴彦霍德嘎查(温棚蔬菜)

内蒙古自治区阿拉善盟阿拉善右旗阿拉腾敖包镇查干努如嘎查(塔木素骆驼)

内蒙古自治区阿拉善盟额济纳旗巴彦陶来苏木镇推日木音陶来嘎查村(居延蜜瓜)

内蒙古自治区阿拉善盟额济纳旗东风镇额很查干嘎查(漠洲棉花)

辽宁省沈阳市辽中区养士堡镇养前村(棚菜)

辽宁省沈阳市法库县登仕堡子镇(树莓)

辽宁省沈阳市新民市大民屯镇方巾牛村(辽绿蔬菜)

辽宁省鞍山市海城市接文镇三家堡村(亿康良菌)

辽宁省鞍山市岫岩满族自治县牧牛镇益临村(香菇)

辽宁省本溪市桓仁满族自治县五里甸子镇老黑山村(平欧大榛子)

辽宁省本溪市桓仁满族自治县五里甸子镇桦树甸子村(五味子)

辽宁省本溪市桓仁满族自治县桓仁镇四河村(桓仁稻米)

辽宁省本溪市桓仁满族自治县北甸子乡(冰葡萄)

辽宁省丹东市振安区太平湾街道望江村(太平湾燕红桃)

辽宁省丹东市东港市椅圈镇夏家村(草莓)

辽宁省丹东市宽甸满族自治县振江镇(石柱参)

辽宁省锦州市北镇市中安镇(蔬菜)

辽宁省营口市盖州市二台乡石棚山村(红富士苹果)

辽宁省营口市盖州市九寨镇(油桃)

辽宁省营口市鲅鱼圈区红旗镇胜台村(葡萄)

辽宁省阜新蒙古族自治县伊吗图镇(设施农业、柿子、茄子)

辽宁省辽阳市文圣区东京陵街道高营墙村(草莓)

辽宁省辽阳市灯塔市柳条寨镇大新庄(辽峰葡萄)

辽宁省辽阳市灯塔市西马峰镇(青椒、西红柿)

辽宁省辽阳市辽阳县黄泥洼镇西岔子村(大白菜)

辽宁省辽阳市辽阳县黄泥洼镇(茄子)

辽宁省辽阳市辽阳县刘二堡镇前杜村(草莓)

辽宁省盘锦市大洼区清水镇(大清肉鸭)

辽宁省盘锦市盘山县胡家镇(胡家河蟹)

辽宁省铁岭市铁岭县李千户镇马侍郎桥村(马侍郎贡榛)

辽宁省铁岭市铁岭县李千户镇(铁岭榛子)

辽宁省铁岭市开原市靠山镇(苗木花卉)

辽宁省昌图县平安堡镇十里村(胡萝卜)

辽宁省朝阳市凌源市宋杖子镇范杖子村(凌馨甜椒)

辽宁省朝阳市凌源市刘杖子镇(溜圆葡萄)

辽宁省朝阳市建平县朱碌科镇(朝阳小米)

辽宁省葫芦岛市连山区塔山乡西堡村(国光苹果)

辽宁省葫芦岛市绥中县大王庙镇水泉沟村(绥中白梨)

辽宁省葫芦岛市绥中县高岭镇老爷庙村(大根萝卜)

辽宁省葫芦岛市绥中县西甸子镇杨家村(瑞州苹果)

大连市旅顺口区双岛湾街道胡家村(大樱桃)

大连市旅顺口区双岛湾街道曲家村(双岛湾洋梨)

大连市旅顺口区双岛湾街道张家村(美鹳苹果)

大连市旅顺口区铁山街道对庄沟村(仙缘甜樱桃)

大连市金普新区大魏家街道荞麦山村(大樱桃)

大连市普兰店区安波街道米屯村(安波米屯番茄)

大连市普兰店区墨盘街道中山村(墨盘花生)

大连市金普新区炮台街道大冯村(红彤大樱桃)

大连市普兰店区四平街道费屯村(草莓)

大连市普兰店区铁西街道玉皇庙社区(玉皇庙黄瓜)

大连市普兰店区同益街道张家村(高诚山苹果)

大连市瓦房店市复州城镇八里村(绿福油桃)

大连市瓦房店市驼山乡大魏村(驼山苹果)

大连市瓦房店市许屯镇东马屯村(苹果)

大连市瓦房店市赵屯乡高速村(锦宝苹果)

大连市瓦房店市赵屯乡前进村(九道河苹果)

大连市庄河市城山镇吉庆村(庄禾城山草莓)

大连市庄河市大营镇四家村(蓝仙子蓝莓)

大连市庄河市大郑镇葛炉村(田祖有机蔬菜)

大连市庄河市光明山镇小营村(小营村草莓)

大连市庄河市光明山镇(光明山草莓)

大连市庄河市太平岭乡歇马村(歇马杏)

吉林省长春市双阳区齐家镇曙光村(卧龙泉大米)

吉林省长春市双阳区鹿乡镇(梅花鹿)

吉林省长春市九台区东湖镇黑林村(棚室蔬菜)

吉林省长春市九台区纪家镇腰房村(玖玖华彩马铃薯)

吉林省长春市九台区波泥河镇(波泥河苗木花卉)

吉林省长春市榆树市八号镇北沟村(棚膜蔬菜)

吉林省长春市榆树市于家镇三道村(蓝河坝稻米)

吉林省长春市农安县靠山镇卧牛石村(红石砬小米)

吉林省吉林市蛟河市黄松甸镇(黄松甸黑木耳)

吉林省吉林市桦甸市二道甸子镇新风村(桦牛黄牛)

吉林省吉林市磐石市取柴河镇王家村(山姑娘滑子蘑)

吉林省吉林市永吉县西阳镇马鞍山村(罗圈沟葡萄)

吉林省四平市公主岭市怀德镇范家窑村(豆角)

吉林省四平市公主岭市响水镇湾龙村(响水湾龙蔬菜)

吉林省四平市双辽市红旗街道办事处(花生)

吉林省四平市梨树县喇嘛甸镇王家园子村(王家园子棚膜蔬菜)

吉林省四平市梨树县梨树镇高家村(棚膜蔬菜)

吉林省四平市梨树县小城子镇爱德村(皓月肉牛)

吉林省辽源市东丰县东丰镇太和村(鹿乡太和甜瓜)

吉林省辽源市东丰县小四平镇古年村(鹿乡金红苹果)

吉林省辽源市东辽县安石镇朝阳村(鸳鸯蟹稻米)

吉林省辽源市东辽县白泉镇永清村(花市酱腌菜)

吉林省辽源市东辽县辽河源镇公平朝鲜族村(源头御大米)

吉林省辽源市东辽县凌云乡凌镇村(有机大米)

吉林省通化市梅河口市双兴镇德庆村(原森黑木耳)

吉林省通化市通化县大泉源乡新设村(棚膜食用菌、香菇)

吉林省通化市通化县光华镇光华村(禾韵蓝莓)

吉林省通化市通化县三棵榆树镇沿江村(沈兆仁甜香瓜)

吉林省通化市辉南县庆阳镇西顺堡村(西顺晒黄烟)

吉林省通化市柳河县姜家店乡五星村(姜家店大米)

吉林省通化市柳河县姜家店乡三合村(有机稻米)

吉林省白山市临江市大栗子街道望江村(望江无核蜜汁葡萄)

吉林省白山市抚松县仙人桥镇黄家崴子村(黄家崴子蔬菜)

吉林省白山市抚松县北岗镇(淑正人参)

吉林省白山市抚松县万良镇(人参)

吉林省白山市抚松县新屯子镇(广茂源人参)

吉林省白山市抚松县兴参镇(辰讴人参)

吉林省白城市洮北区平台镇红塔村(雪寒韭菜)

吉林省白城市洮南县万宝镇西太平村(敖牛山有机小米)

吉林省白城市洮南市福顺镇(福茂红干椒)

吉林省白城市大安市安广镇永庆村(东北沙包地西甜瓜)

吉林省白城市大安市两家子镇同权村(笤帚)

吉林省延边朝鲜族自治州敦化市江源镇马五店村(贝母)

吉林省延边朝鲜族自治州珲春市马川子乡河南村(川香乐有机水稻)

吉林省延边朝鲜族自治州龙井市老头沟镇宝兴村(龙兴宝苹果梨)

吉林省延边朝鲜族自治州和龙市八家子镇河南村(八家子蔬菜)

吉林省延边朝鲜族自治州汪清县天桥岭青钩子村(山里友黑木耳)

吉林省延边朝鲜族自治州汪清县天桥岭镇(黑木耳)

吉林省延边朝鲜族自治州安图县明月镇福林村(山野菜)

黑龙江省哈尔滨市道外区民主镇胜利村(湿地旅游)

黑龙江省哈尔滨市呼兰区大用镇沈八村(禾下土杂粮)

黑龙江省哈尔滨市呼兰区双井街道新兴村(呼兰韭菜)

黑龙江省哈尔滨市双城区永治街道办事处(设施蔬菜)

黑龙江省哈尔滨市五常市拉林满族镇太平村(白菜)

黑龙江省哈尔滨市巴彦县丰乐乡春生村(狐貉獭兔)

黑龙江省齐齐哈尔市建华区高峰村(大葱)

黑龙江省齐齐哈尔市建华区曙光村(曙光红丁蔬菜)

黑龙江省齐齐哈尔市昂昂溪区榆树屯镇大五福玛村(大五福玛韭菜)

黑龙江省齐齐哈尔市富拉尔基区长青乡永前村(棚室蔬菜)

黑龙江省齐齐哈尔市梅里斯达斡尔族区梅里斯镇大八旗村(洋葱)

黑龙江省齐齐哈尔市梅里斯达斡尔族区梅里斯镇荣胜村(杜家窑甜瓜)

黑龙江省齐齐哈尔市甘南县兴十四镇兴十四村(兴十四村西瓜)

黑龙江省齐齐哈尔市克山县双河镇中心村(克山马铃薯)

黑龙江省齐齐哈尔市拜泉县大众乡长征村(香瓜)

黑龙江省鸡西市滴道区滴道河乡王家村(宏滴番茄)

黑龙江省鸡西市滴道区兰岭乡新立村(新立韭菜)

黑龙江省双鸭山市宝清县夹信子镇夹信子村(挠力河毛葱)

黑龙江省双鸭山市饶河县饶河镇饶河村(团山子甘蓝)

黑龙江省大庆市大同区大同镇一村(大棚果蔬)

黑龙江省伊春市五营区(蓝莓)

黑龙江省伊春市铁力市双丰镇朝阳村(九河泉绿色水稻)

黑龙江省伊春市嘉荫县青山乡(青河山黑木耳)

黑龙江省佳木斯市郊区长青乡万兴村(番茄)

黑龙江省佳木斯市桦南县大八浪乡新村(新村山葡萄)

黑龙江省佳木斯市桦南县驼腰子镇新合村(桦南仙紫紫苏)

黑龙江省七台河市勃利县勃利镇蔬菜村(勃利葡萄)

黑龙江省七台河市勃利县抢垦乡吉祥村(小毛葱)

黑龙江省牡丹江市阳明区庆丰村(杂粮)

黑龙江省牡丹江市阳明区铁岭镇四道村(四道村大米)

黑龙江省牡丹江市海林市海林镇模范村(威虎山猴头菇)

黑龙江省牡丹江市宁安市兰岗镇永政村(兰岗西瓜)

黑龙江省牡丹江市穆棱市兴源镇红盛村(红盛白瓜)

黑龙江省牡丹江市东宁市大肚川镇北河沿村(黑木耳)

黑龙江省牡丹江市东宁市道河镇土城子村(东宁黑木耳)

黑龙江省牡丹江市东宁市绥阳镇(绥阳黑木耳)

黑龙江省牡丹江市林口县龙爪镇红林村(红林之莓)

黑龙江省黑河市北安市通北镇通北村(通肯河黄瓜)

黑龙江省绥化市海伦市前进乡胜利村(兔耳红毛葱)

黑龙江省大兴安岭地区加格达奇白桦乡白华村(白桦吊瓜)

上海市嘉定区工业区灯塔村(农灯草莓)

上海市嘉定区马陆镇(葡萄)

上海市浦东新区大团镇多利农庄(多利农庄有机绿叶菜)

上海市浦东新区大团镇赵桥村(水蜜桃)

上海市浦东新区泥城镇马厂村(红刚青扁豆)

上海市浦东新区宣桥镇新安村(香嘭嘭鲜食玉米)

上海市浦东新区周浦镇棋杆村(平棋葡萄)

上海市金山区枫泾镇新义村(锦绣黄桃)

上海市金山区吕巷镇和平(皇母蟠桃)

上海市金山区亭林镇后岗村(亭林雪瓜)

上海市金山区朱泾镇大茫村(珠丰甜瓜)

上海市松江区永丰街道镇盐仓村(仓桥水晶梨)

上海市青浦区夏阳街道塘郁村(沪香枇杷)

上海市青浦区白鹤镇(赵屯桥草莓)

上海市青浦区练塘镇(茭白)

上海市奉贤区青村镇解放村(黄桃)

上海市奉贤区庄行镇存古村(奉叶蜜梨)

上海市奉贤区庄行镇潘垫村(奉叶蜜梨)

上海市崇明区新河镇新建村(中华绒螯蟹)

上海市崇明区中兴镇(花菜)

上海市崇明区绿华镇(飞岛柑橘)

江苏省南京市浦口区盘城街道落桥社区(滁河湾葡萄)

江苏省南京市浦口区汤泉街道("汤泉"牌苗木)

江苏省南京市栖霞区八卦洲街道(八卦洲芦蒿)

江苏省南京市江宁区横溪街道新杨社区居民委员会(绿王大自然西瓜)

江苏省南京市六合区马集镇大圣村(大圣水芹)

江苏省南京市溧水区白马镇石头寨村(金瑞蓝莓)

江苏省南京市高淳县东坝镇红松村(葡萄)

江苏省无锡市惠山区阳山镇(水蜜桃)

江苏省无锡市滨湖区马山街道(马山杨梅)

江苏省无锡市宜兴市湖㳇镇张阳村(张阳花卉)

江苏省无锡市宜兴市张渚镇省庄村(红岭茶叶)

江苏省无锡市宜兴市周铁镇洋溪村(洋溪萝卜)

江苏省无锡市江阴市顾山镇红豆村(金顾山水蜜桃)

江苏省无锡市江阴市月城镇双泾村(双泾葡萄)

江苏省无锡市江阴市璜土镇(璜土葡萄)

江苏省徐州市云龙区大龙湖办事处段山村(断山观赏鱼)

江苏省徐州市贾汪区茱萸山街道(休闲农业)

江苏省徐州市贾汪区紫庄镇(紫庄蔬菜)

江苏省徐州市铜山区三堡镇徐村(康华食用菌)

江苏省徐州市新沂市瓦窑镇街集村(新元有机芹菜)

江苏省徐州市邳州市港上镇前湖村(草莓)

江苏省徐州市邳州市铁富镇(邳州银杏)

江苏省徐州市沛县朱寨镇(生态肉鸭)

江苏省徐州市丰县大沙河镇(大沙河白酥梨)

江苏省常州市武进区礼嘉镇秦巷村(科丰葡萄)

江苏省常州市武进区洛阳镇阳湖村(苏常鲜葡萄)

江苏省常州市天宁区郑陆镇黄天荡村(黄天荡河蟹)

江苏省常州市金坛区金城镇白塔村(塔湖香葱)

江苏省常州市金坛区指前镇清水渎村(苏标河蟹)

江苏省常州市金坛区尧塘街道(花卉苗木)

江苏省常州市溧阳市社渚镇东升村(胥河青虾)

江苏省常州市溧阳市天目湖镇(休闲农业)

江苏省苏州市吴中区东山镇碧螺村(吴侬碧螺春茶)

江苏省苏州市吴中区金庭镇秉常村(青种枇杷)

江苏省苏州市相城区阳澄湖生态休闲旅游度假区莲花村(阳澄湖大闸蟹)

江苏省苏州市相城区阳澄湖镇北前村(阳澄湖大闸蟹)

江苏省苏州市常熟市董浜镇东盾村(曹家桥蔬菜)

江苏省苏州市常熟市沙家浜镇(阳澄湖大闸蟹)

江苏省南通市通州区二甲镇路中村(威奇太保蔬菜)

江苏省南通市通州区刘桥镇长岸村(嘉安荷仁豆)

江苏省南通市海安县大公镇群益村(鑫缘蚕茧)

江苏省南通市海安县老坝港滨海新区(角斜镇)(紫菜)

江苏省南通市海安县李堡镇光明村(绿浪蔬菜)

江苏省南通市启东市东海镇兴垦村(脊尾白虾)

江苏省南通市启东市惠萍镇果园村("三水一高"梨)

江苏省南通市如皋市江安镇联络新社区(肉制品)

江苏省南通市如皋市如城街道(花木盆景)

江苏省南通市海门市常乐镇(常乐草莓、西甜瓜)

江苏省南通市海门市海永镇(乡村休闲)

江苏省南通市海门市四甲镇合兴村(海玉山药)

江苏省南通市如东县南通外向型农业综合开发区何丫村(南美白对虾)

江苏省南通市如东县马塘镇(精丰生猪)

江苏省连云港市云台街道后关村(野仙云雾)

江苏省连云港市赣榆区厉庄镇谢湖村(谢湖大樱桃)

江苏省连云港市东海县桃林镇北芹村(北芹口西葫芦)

江苏省连云港市东海县黄川镇(草莓)

江苏省连云港市灌云县南岗乡许相村(万惠芦蒿)

江苏省连云港市灌南县新安镇(灌南金针菇)

江苏省淮安市淮安区苏嘴镇(苏嘴西瓜)

江苏省淮安市淮阴区丁集镇娘庄村(丁集黄瓜)

江苏省淮安市洪泽区西顺河镇(洪泽湖大闸蟹)

江苏省淮安市清浦区黄码乡(淮安红椒)

江苏省淮安市金湖县前锋镇白马湖村(白马湖大闸蟹)

江苏省盐城市盐都区楼王镇(楼王异育银鲫)

江苏省盐城市响水县张集社区韩荡村(天荷源莲藕汁)

江苏省盐城市射阳县洋马镇药材村(菊花)

江苏省盐城市东台市富安镇(干桑蚕茧)

江苏省盐城市大丰市大中镇恒北村(麋鹿早酥梨)

江苏省扬州市江都区小纪镇吉东村(罗氏沼虾)

江苏省扬州市江都区丁伙镇(丁伙花木)

江苏省扬州市宝应区泾河镇松竹村(果蔬)

江苏省扬州市宝应区忘直港镇北河村(宝应核桃乌)

江苏省扬州市仪征市真州镇三八村(绿篱蔬菜)

江苏省扬州市仪征市真州镇佐安村(康大葡萄)

江苏省扬州市高邮市送桥镇邵庄村(润湖高邮鸭)

江苏省镇江市丹徒区上党镇敖毅村(尚香黄桃)

江苏省镇江市丹阳市司徒镇屯甸村(金山翠芽)

江苏省镇江市句容市天王镇戴庄村(野山小村大米)

江苏省镇江市句容市天王镇唐陵村(华安彩叶花卉苗木)

江苏省镇江市句容市后白镇西冯村(西冯草坪)

江苏省镇江市句容市茅山镇丁庄村(老方葡萄)

江苏省泰州市高港区白马镇岱白村(绿姿苗木)

江苏省泰州市姜堰区桥头镇桥头村(香菇)

江苏省泰州市姜堰区溱潼镇(溱湖河蟹)

江苏省泰州市姜堰区沈高镇(河横西瓜、葡萄)

江苏省泰州市兴化市陈堡镇蒋庄村(红富堡番茄)

江苏省泰州市兴化市垛田镇(香葱)

江苏省泰州市兴化市缸顾乡东旺村(千垛菜花)

江苏省泰州市泰兴市黄桥镇祁巷村(祁巷蔬菜)

江苏省泰州市泰兴市宣堡镇郭寨村(苗木)

江苏省宿迁市沭阳县庙头镇聚贤村(花卉)

江苏省宿迁市沭阳县新河镇(沭阳新河花木)

江苏省宿迁市沭阳县颜集镇(虞姬花卉苗木)

江苏省宿迁市泗阳县八集乡(八集小花生)

江苏省宿迁市泗洪县临淮镇(佳健河蟹)

浙江省杭州市萧山区益农镇三围村(蔬菜)

浙江省杭州市余杭区仁和街道花园村(伍莲红花卉苗木)

浙江省杭州市余杭区运河镇双桥村(生态鳖)

浙江省杭州市余杭区中泰街道紫荆村(中泰竹笛)

浙江省杭州市余杭区径山镇(古钟径山茶)

浙江省杭州市富阳区新登镇半山村(鲜桃)

浙江省杭州市桐庐县横村镇阳山畈村(阳山畈水蜜桃)

浙江省杭州市桐庐县钟山乡大市村(桐江钟山蜜梨)

浙江省杭州市淳安县千岛湖镇青溪村(景山水蜜桃)

浙江省温州市乐清市大荆镇平园村(铁皮石斛枫斗)

浙江省温州市乐清市仙溪镇北垟村(铁皮石斛)

浙江省温州市平阳县水头镇新联村(平阳黄汤茶)

浙江省温州市泰顺县罗阳镇恩岱垟村(恩岱垟猕猴桃)

浙江省嘉兴市桐乡市乌镇镇董家村(董家茭白)

浙江省嘉兴市嘉善县罗星街道马家桥村(银嘉膳甜瓜)

浙江省嘉兴市嘉善县天凝镇光明村(杨庙雪菜)

浙江省湖州市南浔区菱湖镇陈邑村(加州鲈鱼)

浙江省湖州市德清县三合乡塘家琪村(水精灵青虾)

浙江省湖州市长兴县和平镇吴村村(霞幕山白茶)

浙江省湖州市安吉县灵峰镇剑山村(剑山砂梨)

浙江省湖州市安吉县天荒坪镇大溪村(农家乐)

浙江省湖州市安吉县溪龙乡(安吉白茶)

浙江省绍兴市上虞区盖北镇(葡萄)

浙江省绍兴市诸暨市同山镇绿剑村(茶叶)

浙江省绍兴市新昌县镜岭镇外婆坑村(外婆坑龙井)

浙江省金华市婺城区罗店镇后溪村(山茶花)

浙江省金华市婺城区竹马乡下张家村(竹马乡茶花)

浙江省衢州市柯城区七里乡(七里源茄子)

浙江省衢州市柯城区石梁镇(衢州椪柑)

浙江省衢州市江山市坛石镇(江山白银耳鸡)

浙江省衢州市开化县村头镇大黄山村(开化龙顶)

浙江省舟山市普陀区朱家尖镇莲花村(渔家乐)

浙江省舟山市嵊泗县枸杞镇(贻贝)

浙江省台州市温岭市滨海镇民益村(大棚葡萄)

浙江省台州市临海市白水洋镇上游村(上清杨梅)

浙江省台州市临海市上盘镇劳动村(碧畅西兰花)

浙江省台州市临海市涌泉镇梅岘村(梅尖山柑橘)

浙江省台州市玉环县干江镇甸山头村(甸山盘菜)

浙江省台州市玉环县清港镇樟岙村(文旦)

浙江省台州市天台县三州镇车门湾村(茶叶)

浙江省台州市天台县石梁镇(天台山云雾茶)

浙江省台州市仙居县步路乡(仙居杨梅)

浙江省台州市仙居县步路乡西炉村(杨梅)

浙江省丽水市缙云县前路镇南弄村(南隆水蜜桃)

浙江省丽水市松阳县新兴乡(越玉兰松阳茶)

浙江省丽水市庆元县黄田镇中济村(黄田灰树花)

浙江省宁波市海曙区龙观乡李岙村(辣椒)

宁波市鄞州区五乡镇钟家沙村(天明琳芝葡萄)

浙江省宁波市海曙区章水镇杖锡村(高湾枇杷)

浙江省宁波市奉化区尚田镇冷西村(溪口雷笋)

浙江省宁波市奉化区西坞街道金峨村(锦屏山奉化水蜜桃)

浙江省宁波市奉化区溪口镇新建村(第一泉茶叶)

浙江省宁波市奉化区溪口镇许江岸村(慈溪蜜梨)

浙江省宁波市奉化区萧王庙街道林家村(金峨花木)

宁波市奉化市溪口镇(双峰香榧)

宁波市余姚市临山镇兰海村(古址茭白)

宁波市余姚市陆埠镇裘岙村(味香园余姚葡萄)

宁波市余姚市三七市镇石步村(骆驼珠茶)

宁波市余姚市小曹娥镇人和村(余姚杨梅)

宁波市余姚市河姆渡镇(钟家沙茭白)

宁波市慈溪市周巷镇新缪路村(奉冠草莓)

宁波市象山县定塘镇沙地村(柑橘)

宁波市象山县晓塘乡西边塘村(李岙桂花)

宁波市象山县新桥镇高湾村(杖锡山樱花)

宁波市宁海县黄坛镇里天河村(锦屏山水蜜桃)

宁波市宁海县深甽镇望海岗村(水蜜桃)

宁波市宁海县长街镇成塘村(蔬菜)

安徽省芜湖县陶辛镇马桥村(青虾)

安徽省宁国市南极乡梅村村(山核桃)

安徽省铜陵县顺安镇凤凰山村(凤丹皮)

安徽省池州市贵池区梅村镇霄坑村(霄坑绿茶)

安徽省休宁县海阳镇盐铺村(菊花)

安徽省合肥市包河区大圩镇新民村(葡萄)

安徽省淮北市杜集区段园镇大庄村(葡萄)

安徽省宿州市埇桥区西寺坡镇谷家村(蔬菜)

安徽省蚌埠市淮上区梅桥乡苗台村(大青豆)

安徽省阜南县黄岗镇(柳编)

安徽省岳西县主簿镇(岳西茭白)

安徽省长丰县水湖镇(长丰草莓)

安徽省宿州市埇桥区西二铺乡沟西村(沟西村西瓜)

安徽省亳州市谯城区十九里镇(芍花中药材)

安徽省太和县李兴镇(鹏宇桔梗)

安徽省蚌埠市禹会区涂山风景区(怀远石榴)

安徽省滁州市南谯区施集镇杨饭店村(金玉滁菊)

安徽省无为县泉塘乡中垄村(濡泉螃蟹)

安徽省潜山县塔畈乡倪河村(天柱仙芽)

安徽省宣城市宣州区五星乡刘福村(福雪芹芽)

安徽省石台县横渡镇河西村(绿色石桥步经果)

安徽省黄山市黄山区新明乡猴坑村(太平猴魁)

安徽省当涂县乌溪镇七房村(七房蟹苗)

安徽省广德县东亭乡高峰村(圣卫工艺折扇)

安徽省霍山县漫水河镇南庄村(漫水河百合)

安徽省肥东县牌坊乡牌坊民族村(千柳杭椒)

安徽省砀山县官庄坝镇岳庄坝村(御乐园砀山梨)

安徽省涡阳县义门镇(义门涡阳苔干)

安徽省阜南县会龙镇(会龙辣椒)

安徽省天长市铜城镇龙岗社区(天长龙岗芡实)

安徽省裕安区顺河镇王滩村(华园顺河辣椒)

安徽省繁昌县荻港镇庆大村(繁园葡萄)

安徽省铜陵市老洲镇光辉村(老洲蔬菜)

安徽省和县历阳镇太平村(和县辣椒)

安徽省岳西县姚河乡梯岭村(岳西翠兰)

安徽省泾县汀溪乡(汀溪兰香茶)

安徽省歙县深渡镇(三潭枇杷)

安徽省广德县东亭乡沙坝村(正文红薯)

安徽省肥西县上派镇三岗村(三岗苗木花卉)

安徽省砀山县良梨镇杨集村(砀山酥梨)

安徽省亳州市谯城区十河镇大周村(天意蔬菜)

安徽省阜阳市颍州区颍西街道办事处(心芽大青茄)

安徽省全椒县二郎口镇曹埠村(赤镇龙虾)

安徽省南陵县何湾镇丫山村(丫山凤丹)

安徽省含山县环峰镇祁门村(皖中花芝麻油)

安徽省宣城市宣州区水阳镇吴村村(水阳江幼蟹)

安徽省青阳县新河镇十里岗村(皖南土鸡)

安徽省岳西县姚河乡(岳西翠兰)

安徽省黟县碧阳镇深冲村(黄山毛峰)

安徽省宿松县二郎镇界岭村(郎芽油茶)

安徽省广德县新杭镇阳湾村(广绿世界苗木)

安徽省庐江县白湖镇西城村(柳风荸荠)

安徽省宿州市埇桥区西二铺乡沈家村(汤家蔬菜)

安徽省怀远县白莲坡镇白莲坡村(茨淮黑鱼)

安徽省来安县舜山镇林桥村(林桥苗木)

安徽省金寨县麻埠镇桂花村(六安瓜片)

安徽省芜湖市镜湖区方村镇旗杆村(旗杆荸荠)

安徽省旌德县庙首镇祥云村(天山鹤茶叶)

安徽省铜陵市郊区灰河乡东风村(添秀葡萄)

安徽省岳西县来榜镇斑竹村(馨梦丝缘蚕茧)

安徽省广德县杨滩镇五合村(鹰台山绿茶)

安徽省宿松县洲头乡金坝村(金坝葡萄)

安徽省亳州市谯城区十八里镇(药信中药材)

安徽省徽州区富溪乡(黄山毛峰)

安徽省合肥市巢湖市中垾镇小联圩村(蔬菜)

安徽省安庆市桐城市龙眠街道凤形村(茶叶)

安徽省池州市贵池区棠溪镇西山村(西山焦枣)

安徽省宣城市绩溪县上庄镇余川村(茶叶)

安徽省黄山市祁门县平里镇贵溪村(祁门红茶)

安徽省阜阳市临泉县杨小街镇王新村(蔬菜)

安徽省宿州市萧县酒店镇西赵楼村(西瓜)

安徽省铜陵市枞阳县麒麟镇新安村(苗木)

安徽省滁州市凤阳县小溪河镇小岗村(休闲农业)

安徽省广德县四合乡太平村(茶叶)

安徽省宿松县柳坪乡邱山村(茶叶)

安徽省六安市霍山县太平畈乡(霍山石斛)

安徽省芜湖市无为县泉塘镇(螃蟹)

福建省福州市长乐市古槐镇青山村(青山龙眼)

福建省福州市罗源县起步镇上长治村(秀珍菇)

福建省莆田市城厢区常太镇(枇杷)

福建省莆田市涵江区荻芦镇(荻芦枇杷)

福建省莆田市仙游县度尾镇湘溪村(文旦柚)

福建省莆田市仙游县书峰乡书峰村(书峰枇杷)

福建省三明市三元区莘口镇西际村(南棱山柑桔)

福建省三明市永安市小陶镇新寨村(陶洋莴苣)

福建省三明市明溪县城关乡狮窠村(狮窠淮山)

福建省三明市清流县嵩溪镇青山村(春趣花卉)

福建省三明市大田县吴山乡(仙顶茶叶)

福建省三明市尤溪县洋中镇后楼村(天峰山食用菌)

福建省三明市沙县郑湖乡庆洋村(水柿)

福建省三明市建宁县溪口镇枧头村(建绿黄花梨)

福建省泉州市安溪县长坑镇山格村(山格淮山)

福建省泉州市德化县龙浔镇英山村(芹峰德化淮山)

福建省泉州市德化县三班镇龙阙村(黑鸡)

福建省漳州市云霄县马铺乡客寮村(马铺淮山)

福建省漳州市云霄县下河乡下河村(下河杨桃)

福建省漳州市长泰县马洋溪生态旅游区旺亭村(旺头香蕉)

福建省漳州市长泰县岩溪镇石铭村(石铭槟榔芋)

福建省漳州市平和县小溪镇(琯溪蜜柚)

福建省南平市邵武市桂林乡(邵武笋干)

福建省南平市邵武市和平镇坎头村(邵武碎铜茶)

福建省南平市顺昌县郑坊镇郑坊村(红地球葡萄)

福建省南平市顺昌县洋墩乡(顺昌芦柑)

福建省南平市政和县镇前镇半源村(翡翠灵芽)

福建省龙岩市永定区金砂乡上金村(美蕉)

福建省龙岩市永定区仙师镇务田村(永定六月红早熟芋)

福建省龙岩市漳平市吾祠镇厚德村(厚德萝卜)

福建省龙岩市漳平市南洋乡(漳平水仙茶)

福建省龙岩市漳平市永福镇(台品高山茶)

福建省龙岩市漳平市拱桥镇(福上界莲子)

福建省龙岩市上杭县稔田镇(蓉湖红肉蜜柚)

福建省龙岩市上杭县下都镇(下都沙田柚)

福建省龙岩市连城县北团镇石丰村(连城白鸭)

福建省宁德市福安市坂中乡坑下村(茄子)

福建省宁德市福安市溪柄镇溪柄村(福安巨峰葡萄)

福建省宁德市福鼎市店下镇店下村(鼎逗豆蚕豆)

福建省宁德市霞浦县崇儒乡崇儒村(崇儒畲山芙蓉李)

福建省宁德市古田县吉巷乡韦端村(古田水蜜桃)

福建省宁德市寿宁县武曲镇承天村(乌龙茶)

厦门市同安区洪塘镇郭山村(紫长茄)

厦门市同安区莲花镇军营村(茶叶)

厦门市同安区汀溪镇顶村村(绿茭林茭白)

厦门市翔安区新店镇大宅社区(大宅村火龙果)

厦门市翔安区新圩镇乌山村(青葱)

江西省南昌市新建区望城镇小桥村(小桥村苗木)

江西省南昌市南昌县三江镇(三江口萝卜)

江西省南昌市安义县长均乡(蔬菜)

江西省南昌市安义县黄洲镇(从玉蔬菜)

江西省南昌市进贤县文港镇(周虎臣毛笔)

江西省景德镇市乐平市乐港镇袁家村(绿乐莴笋)

江西省景德镇市乐平市镇桥镇百乐村(蔬菜)

江西省景德镇市浮梁县江村乡沽演村(浮梁茶)

江西省景德镇市浮梁县西湖乡(浮梁茶)

江西省萍乡市安源区五陂镇长潭村(蔬菜)

江西省萍乡市湘东区麻山镇麻山村(葡萄)

江西省萍乡市莲花县琴亭镇莲花村(莲花仙子莲子)

江西省萍乡市芦溪县银河镇(格林米特生猪)

江西省九江市瑞昌市高丰镇青丰村(瑞昌山药)

江西省九江市濂溪区赛阳镇金桥村(庐山苗木)

江西省九江市修水县马坳乡黄溪村(井岗红星蚕桑)

江西省九江市永修县柘林镇易家河村(柑桔)

江西省九江市都昌县周溪镇虬门村(鄱湖珍珠)

江西省新余市渝水区界水乡联盟村(界水联盟蔬菜)

江西省新余市渝水区罗坊镇湖头村(古月湖湖藕)

江西省新余市渝水区仙女湖风景区仰天岗办事处湖陂村(湖陂葡萄)

江西省新余市分宜县凤阳镇大路边村(麒麟西瓜)

江西省鹰潭市贵溪市白田乡北山村(油茶)

江西省鹰潭市贵溪市雷溪镇严桥村(洪剑丰蔬菜)

江西省鹰潭市贵溪市文坊镇吊桥村(香台山食用菌)

江西省赣州市南康区浮石乡江口村(南康甜柚)

江西省赣州市赣县区五云镇(五云桥蔬菜)

江西省赣州市信丰县大塘埠镇长岗村(脐橙)

江西省赣州市大余县黄龙镇旱田村(金边瑞香花卉)

江西省赣州市上犹县梅水乡园村村(犹江绿月茶)

江西省赣州市宁都县会同镇(惠大赣南脐橙)

江西省赣州市于都县古山镇长龙村(盘古龙珠绿茶)

江西省吉安市井冈山市黄坳乡光裕村(井冈红茶叶)

江西省吉安市吉安县横江镇濠云村(横江葡萄)

江西省吉安市吉水县醪桥镇黄家边村(井冈蜜柚)

江西省吉安市峡江县金江乡城上村(青池蒿菜)

江西省吉安市新干县三湖镇(三湖红桔)

江西省吉安市永丰县鹿冈乡(有机白茶)

江西省吉安市遂川县汤湖镇(狗牯脑茶)

江西省宜春市袁州区洪塘镇宝山村(芦塘寨有机山油茶)

江西省宜春市袁州区湖田镇王华村(苦瓜)

江西省宜春市袁州区寨下镇大宇村(宇贵蔬菜)

江西省宜春市丰城市袁渡镇青围村(袁渡豇豆)

江西省宜春市靖安县高湖镇古楠村(古楠村大米)

江西省抚州市临川区连城乡下庄村(抚州西瓜)

江西省抚州市南丰县桑田镇西源村(冠日裕丰甲鱼)

江西省抚州市崇仁县孙坊镇庙上村(崇仁麻鸡)

江西省抚州市资溪县嵩市镇高陂村(逸沁白茶)

江西省上饶市广丰区排山镇牌门村(广丰马家柚)

江西省上饶市玉山县临湖镇(临湖大蒜)

江西省上饶市铅山县紫溪乡紫溪村(红芽芋)

江西省上饶市余干县三塘乡明湖村(芡实)

江西省上饶市鄱阳县三庙前乡濠湖村(鄱鑫黄鳝)

江西省上饶市万年县陈营镇社里村(珍珠养殖与加工)

江西省上饶市婺源县大鄣山乡鄣山村(婺源绿茶)

山东省济南市长清区马山镇(马山栝楼)

山东省济南市长清区万德街道办事处(灵岩红茶叶)

山东省济南市章丘区高官寨街道办事处官庄村(官庄村甜瓜)

山东省济南市章丘区刁镇鲍家村(章丘鲍芹)

山东省济南市章丘区枣园街道万新村(章丘大葱)

山东省济南市济阳县曲堤镇(曲堤黄瓜)

山东省济南市商河县白桥镇(大蒜)

山东省济南市商河县玉皇庙镇瓦西村(瓦西冬瓜)

山东省淄博市淄川区昆仑镇马棚村(卧虎山椿芽)

山东省淄博市博山区源泉镇(珍珠泉猕猴桃)

山东省淄博市桓台县新城镇河南村(细毛山药)

山东省淄博市高青县黑里寨镇(昊琨西瓜)

山东省淄博市沂源县悦庄镇东悦庄村(悦庄韭菜)

山东省淄博市沂源县张家坡镇(沂源苹果)

山东省淄博市沂源县中庄镇(中庄苹果)

山东省枣庄市峄城区榴园镇(榴园石榴)

山东省枣庄市山亭区店子镇(店子长红枣)

山东省枣庄市山亭区冯卯镇(仙玉莲油桃)

山东省枣庄市山亭区水泉镇(火樱桃)

山东省枣庄市山亭区徐庄镇(徐庄板栗)

山东省枣庄市滕州市界河镇(滕州马铃薯)

山东省东营市河口区义和镇(金河口苹果)

山东省东营市垦利区永安镇(黄河口大闸蟹)

山东省东营市广饶县大码头镇(大码头食用菌)

山东省东营市广饶县大王镇(蔬菜)

山东省东营市广饶县稻庄镇(鲁野草莓)

山东省东营市广饶县花官镇(大蒜、肉鸡、食用菌)

山东省烟台市福山区回里镇善疃村(回里苹果)

山东省烟台市福山区门楼镇仉村周村(田然禾旱稻)

山东省烟台市福山区张格庄镇(张格庄大樱桃)

山东省烟台市牟平区观水镇(苹果)

山东省烟台市蓬莱市村里集镇(艾崮红苹果)

山东省烟台市蓬莱市大辛店镇(苹果)

山东省烟台市招远市毕郭镇官地洼村(官地洼西瓜)

山东省烟台市栖霞市桃村镇国路夼村(国路夼红大樱桃)

山东省烟台市栖霞市观里镇(栖霞苹果)

山东省潍坊市寒亭区朱里街道(潍县萝卜)

山东省潍坊市坊子区坊安街道洼里村(玉泉洼有机果蔬)

山东省潍坊市青州市王坟镇(青州山楂)

山东省潍坊市青州市谭坊镇(谭坊西瓜)

山东省潍坊市诸城市桃林镇山东头村(怡明绿茶)

山东省潍坊市安丘市柘山镇(柘山花生)

山东省潍坊市临朐县冶源镇杨善集村(西瓜)

山东省潍坊市昌乐县宝都街道办事处(宝城西瓜)

山东省济宁市兖州区颜店镇史家村(颜店肉鸭)

山东省济宁市曲阜市石门山镇(石门山草莓)

山东省济宁市邹城市看庄镇(七贤宝土豆)

山东省济宁市微山县高楼乡(微山湖河蟹)

山东省济宁市微山县两城镇(两城大蒜)

山东省济宁市鱼台县张黄镇于梅村(鱼台毛木耳)

山东省济宁市金乡县卜集乡杨庄村(大蒜)

山东省济宁市嘉祥县满硐镇(辣椒)

山东省济宁市汶上县白石镇(核桃)

山东省济宁市梁山县馆驿镇西张庄村(食用菌)

山东省泰安市岱岳区房村镇(泰山珍珠西红柿)

山东省泰安市新泰市龙廷镇掌平洼村(龙廷杏梅)

山东省泰安市肥城市边院镇济河堂村(济河堂有机蔬菜)

山东省泰安市肥城市桃园镇(金佛星马铃薯、桃乡宝大白菜)

山东省泰安市肥城市汶阳镇(瑞菏农庄绿菜花)

山东省泰安市宁阳县蒋集镇郑家龙泉村(有机蔬菜)

山东省泰安市东平县斑鸠店镇(斑鸠店大蒜)

山东省威海市文登区张家产镇(文登西洋参)

山东省威海市荣成市成山镇西霞口村(西霞口野生刺参)

山东省威海市荣成市城西河西村(荣成苹果)

山东省威海市荣成市俚岛镇(海带)

山东省威海市乳山市大孤山镇(御姜堂大姜)

山东省威海市乳山市崖子镇(苹果)

山东省日照市东港区陈疃镇(日照蓝莓)

山东省日照市东港区西湖镇(十八垛食用菌)

山东省日照市岚山区巨峰镇(茶叶)

山东省日照市五莲县许孟镇(绿发西葫芦)

山东省日照市莒县库山乡(莒县丹参、黄芩)

山东省日照市莒县夏庄镇(浮来青绿茶)

山东省日照市莒县小店镇(文心绿芦笋)

山东省莱芜市莱城区羊里镇西留村(生姜)

山东省莱芜市莱城区羊里镇(莱芜生姜)

山东省莱芜市钢城区艾山街道办事处庙子村(庙子粉皮)

山东省莱芜市钢城区黄庄镇霞峰村(黄金蜜桃)

山东省莱芜市钢城区汶源街道(汶源蟠桃)

山东省临沂市河东区汤河镇(沂州海棠)

山东省临沂市沂南县双堠镇埠口村(绿蒙山油桃)

山东省临沂市沂南县铜井镇(休闲农业)

山东省临沂市沂南县辛集镇(沂南黄瓜)

山东省临沂市沂水县许家湖镇(生姜)

山东省临沂市兰陵县庄坞镇(莠之道牛蒡)

山东省临沂市费县胡阳镇(胡阳西红柿)

山东省临沂市平邑县郑城镇(金银花)

山东省临沂市莒南县洙边镇(金龙湖绿茶)

山东省临沂市蒙阴县旧寨乡(蒙阴蜜桃)

山东省临沂市蒙阴县岱崮镇(蒙阴蜜桃)

山东省德州市乐陵市杨安镇("飘"牌调味品)

山东省德州市庆云县徐园子乡张培元村(祥园大葱)

山东省德州市齐河县宣章屯镇(晏婴蔬菜)

山东省德州市齐河县祝阿镇(祝阿西瓜)

山东省德州市平原县坊子乡(坊欣庄园西葫芦)

山东省德州市夏津县白马湖镇前梅村(前后梅大葱)

山东省德州市武城县老城镇后庄村(英潮武城辣椒)

山东省聊城市东昌府区堂邑镇路西村(堂邑工艺葫芦)

山东省聊城市阳谷县阿城镇(奥德源蔬菜)

山东省聊城市莘县河店镇(莘绿香瓜)

山东省聊城市莘县燕店镇(王公香瓜)

山东省聊城市冠县东古城镇田马元村(田马元甜樱桃、苹果)

山东省聊城市冠县兰沃乡韩路村(冠县鸭梨)

山东省滨州市滨城区三河湖镇王立平村(笠坪韭菜)

山东省滨州市沾化县下洼镇(冬枣)

山东省滨州市阳信县金阳街道办事处(阳信鸭梨)

山东省滨州市无棣县海丰街道办事处大齐村(大齐黄金杏)

山东省滨州市博兴县店子镇(博绿西红柿)

山东省滨州市博兴县乔庄镇(黄三角南美白对虾)

山东省菏泽市定陶区陈集镇七一村(天智绿业山药)

山东省菏泽市定陶区陈集镇(陈集山药)

山东省菏泽市曹县青堌集镇(芦笋)

山东省菏泽市成武县白浮图镇(翠博芸豆)

山东省菏泽市成武县大田集镇(田集大蒜)

山东省菏泽市巨野县大义镇吴集村(添口福大棚蔬菜)

山东省菏泽市巨野县陶庙镇(大蒜)

山东省菏泽市郓城县李集镇梁楼村(芦笋)

山东省菏泽市东明县陆圈镇马军营村(蔬菜)

青岛市西海岸新区灵珠山街道办事处(休闲农业)

青岛市西海岸新区王台镇东漕汶村(蔬菜)

青岛市西海岸新区张家楼镇丁家寨村(沃林蓝莓)

青岛市西海岸新区张家楼镇(黄岛蓝莓)

青岛市西海岸新区大村镇(大村食用菌)

青岛市西海岸新区海青镇(碧雪春茶叶)

青岛市城阳区夏庄街道山色峪社区(山色峪樱桃)

青岛市红岛经济区红岛街道办事处(红岛蛤蜊)

青岛市胶州市胶莱镇南王疃村(绿水蔬菜)

青岛市胶州市九龙镇人荣村(老少乐樱桃番茄)

青岛市胶州市里岔镇良乡一村(胶州大白菜)

青岛市胶州市胶莱镇(胶州大白菜)

青岛市胶州市胶西镇(公信马铃薯)

青岛市即墨市鳌山卫街道鳌角石村(鳌福茶叶)

青岛市即墨市鳌山卫镇孙家白庙村(白庙芋头)

青岛市即墨市段泊岚镇天宫院村(刘家庄园蔬菜)

青岛市即墨市金口镇海堤村(芹菜)

青岛市平度市城关街道北窝洛子村(窝洛子大姜)

青岛市平度市大泽山镇(葡萄)

青岛市平度市旧店镇(旧店苹果)

青岛市平度市明村镇(大黄埠西瓜)

青岛市平度市仁兆镇(沽河蔬菜)

青岛市平度市云山镇(云山大樱桃)

青岛市莱西市店埠镇后水口村(生姜)

青岛市莱西市河头店镇姜格庄村(东山泉草莓)

青岛市莱西市店埠镇(店埠胡萝卜)

河南省郑州市新郑市龙湖镇泰山村(休闲农业)

河南省开封市祥符区杜良乡(杜良大米)

河南省开封市杞县城郊乡平厂村(渊启大蒜)

河南省开封市杞县葛岗镇孟寨村(孟杞大蒜)

河南省开封市通许县长智镇岳寨村(早熟无公害苹果)

河南省开封市兰考县红庙镇夏武营村(夏武营蔬菜)

河南省洛阳市孟津县送庄镇梁凹村(慧林源蔬菜)

河南省平顶山市鲁山县辛集乡张庄村(华豫仙缘葡萄)

河南省平顶山市郏县长桥镇郑桥村(坡河萝卜)

河南省平顶山市郏县冢头镇前王庄村(大根萝卜)

河南省安阳市龙安区龙泉镇陈家坡村(四季春花卉苗木)

河南省安阳市林州市茶店镇(太行菊)

河南省安阳市内黄县后河镇(枣相情红枣)

河南省鹤壁市浚县伾山街道办事处角场营村(元宵)

河南省鹤壁市浚县伾山街道办事处西杨玘屯村(浚县泥咕咕)

河南省鹤壁市浚县屯子镇郑厂村(浚县石雕石刻)

河南省新乡市卫辉市安都乡庄和村(卫红花)

河南省新乡市卫辉市唐庄镇仁里屯村(仁礼信马铃薯)

河南省新乡市辉县市冀屯镇(鑫菌菇类)

河南省新乡市封丘县陈固镇东仲宫村(佐今明金银花)

河南省新乡市封丘县留光镇青堆村(树莓)

河南省焦作市孟州市河雍办事处东田丈村(孟香蜜桃)

河南省焦作市博爱县寨豁乡小底村(樱桃)

河南省焦作市博爱县孝敬镇(孝敬蔬菜)

河南省焦作市武陟县乔庙镇马宣寨村(菡香大米)

河南省濮阳市南乐县谷金楼镇东邵郭村(苹果)

河南省濮阳市南乐县西邵乡刘苑村(苑村莲藕)

河南省濮阳市范县陈庄镇前张枣坡村(黄河之莲莲藕)

河南省濮阳市范县陈庄镇(黄河之莲莲藕)

河南省许昌市建安区河街乡(质源腐竹)

河南省许昌市禹州市古城镇关岗村(红薯三粉)

河南省许昌市襄城县十里铺镇单庄村(单桥芦笋)

河南省许昌市襄城县王洛镇张庄村(张庄大菜园蔬果)

河南省许昌市襄城县湛北乡尚庄村(大棚瓜菜)

河南省漯河市舞阳县文峰乡李斌庄村(连华宝食用菌)

河南省漯河市临颍县杜曲镇龙堂村(龙云蔬菜)

河南省漯河市临颍县王岗镇(小辣椒)

河南省三门峡市灵宝市寺河乡(灵宝苹果)

河南省三门峡市灵宝市阳平镇(轩辕圣菇)

河南省三门峡市渑池县段村乡四龙庙村(牛心柿)

河南省三门峡市卢氏县横涧乡淤泥河村(田宝琏蚕茧)

河南省南阳市南召县云阳镇(苗木花卉)

河南省南阳市西峡县米坪镇(西峡香菇)

河南省南阳市西峡县太平镇(西峡山茱萸)

河南省南阳市西峡县寨根乡(香菇)

河南省南阳市新野县施庵镇渠西村(禾惠万家芥蓝)

河南省商丘市睢阳区五里杨村(西瓜)

河南省商丘市永城市城厢乡冯寨村(冯寨肉牛)

河南省商丘市永城市芒山镇柿元村(兴民国光桃)

河南省商丘市宁陵县石桥镇(酥梨)

河南省商丘市虞城县店集乡惠楼村(惠楼山药)

河南省商丘市虞城县张集镇林堂村(史学锋苹果)

河南省商丘市虞城县郑集乡褚庄村(幸福童依蔬菜)

河南省商丘市夏邑县车站镇(孔祖宴双孢菇)

河南省信阳市浉河区十三里桥乡(苗木花卉)

河南省信阳市浉河区董家河镇(信阳毛尖)

河南省信阳市光山县晏河乡付店村(茶叶)

河南省信阳市固始县泉河铺镇黄堰村(固始甲鱼)

河南省信阳市潢川县卜塔集镇(潢川金桂)

河南省信阳市淮滨县谷堆乡申营村(盛世绿博水果黄瓜)

河南省信阳市息县项店镇邵楼村(香稻丸)

河南省周口市扶沟县柴岗乡梅桥村(新梅园蔬菜)

河南省周口市沈丘县北城区腾营村(槐三宝山药)

河南省周口市沈丘县纸店镇卢庄村(冬枣)

河南省周口市郸城县汲冢镇(薯乐派红薯制品)

河南省周口市淮阳县刘振屯乡(花生)

河南省周口市太康县马厂镇李麦村(花卉苗木育苗)

河南省驻马店市西平县环城乡道庄村(道庄双孢蘑菇)

河南省驻马店市西平县盆尧镇于营村(黄瓜、番茄)

河南省驻马店市上蔡县邵店镇(邵店黄姜)

河南省驻马店市正阳县王勿桥乡黄庄村(正良生猪)

河南省驻马店市正阳县真阳街道办事处(柏雄花生)

河南省驻马店市新蔡县余店镇东王庄村(有机蔬菜)

河南省济源市大峪镇寺朗腰村(寺郎腰大葱)

湖北省武汉经济技术开发区(汉南区)邓南街建新村(鲜食玉米)

湖北省武汉市蔡甸区侏儒山街薛山村(蔡甸藜蒿)

湖北省武汉市江夏区金口街金水一村(金口蔬菜)

湖北省武汉市新洲区徐古街道办事处(徐古双孢菇)

湖北省黄石市阳新县兴国镇宝塔村(春潮湖蒿)

湖北省十堰市张湾区黄龙镇斤坪村(昌洁蔬菜)

湖北省十堰市郧阳区胡家营镇土地沟村(桑绿蚕丝)

湖北省十堰市丹江口市武当山特区八仙观村(武当道茶)

湖北省十堰市竹山县得胜镇圣水村(圣母山茶叶)

湖北省宜昌市夷陵区乐天溪镇石洞坪村(宜昌木姜子)

湖北省宜昌市夷陵区雾渡河镇清江坪村(茶叶)

湖北省宜昌市夷陵区小溪塔街道办仓屋榜村(晓曦红柑橘)

湖北省宜昌市宜都市潘家湾土家族乡(潘家湾富锌茶)

湖北省宜昌市宜都市王家畈镇(宜都宜红茶)

湖北省宜昌市宜都市红花套镇(宜都蜜柑)

湖北省宜昌市当阳市两河镇(长坂坡大蒜)

湖北省宜昌市枝江市七星台镇鸭子口村(鸭子口蔬菜)

湖北省宜昌市远安县旧县镇鹿苑村(鹿苑黄茶)

湖北省宜昌市远安县茅坪场镇(楚蕈香菇)

湖北省襄阳市襄州区龙王镇(昊宇香米)

湖北省襄阳市南漳县肖堰镇周湾村(水镜庄茶叶)

湖北省襄阳市南漳县巡检镇峡口村(峡口柑桔)

湖北省鄂州市鄂城区杜山镇三山村(鱼)

湖北省荆门市东宝区栗溪镇栗树湾村(香菇)

湖北省荆门市钟祥市旧口镇农兴村(七里湖白萝卜)

湖北省荆门市钟祥市张集镇王河村(钟祥香菇)

湖北省荆门市京山县钱场镇舒岭村(神地笼养蛋鸡)

湖北省荆门市京山县永兴镇老柳河村(老柳河龟鳖)

湖北省孝感市孝南区肖港镇(肖港小香葱)

湖北省孝感市应城市汤池镇(中华鳖)

湖北省孝感市安陆市巡店镇(安陆白花菜)

湖北省孝感市汉川市汈汊湖养殖场联南村(汈汊湖中华绒螯蟹)

湖北省孝感市孝昌县丰山镇丰新村(七仙红桃)

湖北省孝感市大悟县三里城镇(大悟绿茶)

湖北省孝感市大悟县新城镇(齐天花生)

湖北省孝感市云梦县城关镇白合村(白合花菜)

湖北省荆州市荆州区川店镇太阳村(肉鸡、蛋鸡、种鸡)

湖北省荆州市荆州区纪南镇(海子湖青鱼)

湖北省荆州市石首市南口镇永福村(南鑫蔬菜)

湖北省荆州市洪湖市螺山镇中原(官墩)村(洪湖清水河蟹)

湖北省荆州市洪湖市乌林镇赤林村(洪湖世元中华鳖)

湖北省荆州市洪湖市燕窝镇四村(姚湖莴苣)

湖北省荆州市洪湖市沙口镇(洪湖再生稻)

湖北省荆州市松滋市八宝镇胜利村(滋宝西瓜)

湖北省荆州市公安县埠河镇天心眼村(荆楚天心眼葡萄)

湖北省荆州市监利县黄歇口镇(青阳宫贡米)

湖北省黄冈市麻城市宋埠镇彭店村(麻城辣椒)

湖北省黄冈市武穴市余川镇芦河村(佛手山药)

湖北省黄冈市英山县杨柳湾镇河南畈村(英山云雾茶)

湖北省咸宁市咸安区汀泗桥镇黄荆塘村(咸安砖茶)

湖北省咸宁市赤壁市茶庵镇(羊楼洞砖茶)

湖北省咸宁市赤壁市官塘驿镇(有机猕猴桃)

湖北省咸宁市嘉鱼县高铁岭镇白果村(嘉博枇杷)

湖北省咸宁市嘉鱼县潘家湾镇(蔬菜)

湖北省咸宁市通城县北港镇枫树村(通城生猪)

湖北省咸宁市崇阳县路口镇高田村(高田肉牛)

湖北省咸宁市通山县大畈镇大坑村(隐水洞枇杷)

湖北省咸宁市通山县南林桥镇石垅村(小龙虾)

湖北省随州市广水市长岭乡红寨村(白玉春萝卜)

湖北省随州市随县安居镇王家沙湾村(皱叶黑白菜)

湖北省随州市随县草店镇(香菇)

湖北省恩施土家族苗族自治州恩施市板桥镇大山顶村(大山鼎蔬菜)

湖北省恩施土家族苗族自治州恩施市屯堡乡花枝山村(恩施玉露)

湖北省恩施土家族苗族自治州恩施市芭蕉乡(茶叶)

湖北省恩施土家族苗族自治州利川市毛坝镇(星斗山利川茶)

湖北省恩施土家族苗族自治州巴东县水布垭镇大面山村(应城辣椒)

湖北省恩施土家族苗族自治州宣恩县椒园镇(伍家台贡茶)

湖北省恩施土家族苗族自治州咸丰县丁寨乡春沟村(苗木花卉)

湖北省恩施土家族苗族自治州来凤县漫水乡油房坳村(茂森缘油茶)

湖北省恩施土家族苗族自治州来凤县三胡乡黄柏村(金祈藤茶)

湖北省仙桃市彭场镇芦林湖村(藕带)

湖北省仙桃市长埫口镇太洪村(太鸿蛙稻)

湖北省仙桃市长埫口镇武旗村(武旗湾毛豆)

湖北省仙桃市张沟镇(沔阳洲黄鳝)

湖北省潜江市积玉口镇古城村(虾稻连作)

湖北省潜江市熊口镇赵脑村(虾小弟小龙虾)

湖北省天门市黄潭镇万场村(万长西甜瓜)

湖北省天门市张港镇(花椰菜)

湖南省长沙市浏阳市淳口镇狮岩村(冠湘竹木)

湖南省长沙市浏阳市永安镇坪头村(永安超米)

湖南省长沙市浏阳市大围山镇(大围山梨)

湖南省长沙市宁乡县沩山镇八角溪村(茶叶)

湖南省株洲市荷塘区仙庚镇蝶屏村(花卉苗木)

湖南省株洲市株洲县龙门镇李家村(蔬菜)

湖南省株洲市株洲县朱亭镇黄龙村(湘春蕨菜)

湖南省株洲市茶陵县湖口镇小潭村(红薯)

湖南省湘潭市湘潭县茶恩寺镇(竹木制品)

湖南省湘潭市湘潭县花石镇(宏兴隆、粒粒珍湘莲)

湖南省衡阳市衡山县店门镇石门村(席草、草席)

湖南省衡阳市祁东县黄土铺镇(祁东黄花菜)

湖南省邵阳市大祥区檀江乡茶元村(蔬菜)

湖南省邵阳市武冈市邓元泰镇凤溪村(凤溪脐橙)

湖南省邵阳市洞口县水东镇高新村(食用菌)

湖南省岳阳市君山区广兴洲镇(蔬菜)

湖南省岳阳市汨罗市桃林寺镇(蓉泰红薯)

湖南省岳阳市临湘市羊楼司镇(林乡竹业制品)

湖南省常德市津市市钟灵村(田家山藠头)

湖南省常德市汉寿县辰阳街道办事处席家咀村(时令蔬菜)

湖南省常德市桃源县茶庵铺镇(桃源野茶王)

湖南省张家界市永定区教字垭镇禹溪村(禹溪金秋梨)

湖南省张家界市永定区尹家溪镇茅溪村(鲜桃)

湖南省益阳市沅江市草尾镇民主村(洋蒜苗)

湖南省益阳市沅江市琼湖街道办事处万子湖村(远征捕捞、水产养殖)

湖南省郴州市资兴市汤溪镇(狗脑贡茶)

湖南省郴州市桂阳县樟市镇(油茶)

湖南省郴州市临武县贝溪村(舜溪香芋)

湖南省永州市零陵区邮亭圩镇对塘坪村(柑桔)

湖南省永州市蓝山县塔峰镇花果村(志昱葡萄)

湖南省永州市江华瑶族自治县大路铺镇兰下村(瑶山雪梨)

湖南省怀化市中方县桐木镇(葡萄)

湖南省怀化市沅陵县官庄镇(碣滩官庄茶叶)

湖南省怀化市靖州苗族侗族自治县坳上镇(靖州杨梅)

湖南省娄底市冷水江市铎山镇眉山村(锦绣岷山葡萄)

湖南省娄底市双峰县甘棠村盐井村(湘玉竹中药材)

湖南省湘西土家族苗族自治州古丈县默戎镇牛角山村(保靖黄金茶)

湖南省湘西土家族苗族自治州古丈县默戎镇毛坪村(古丈毛尖)

湖南省湘西土家族苗族自治州永顺县高坪乡(鸿丰猕猴桃)

湖南省湘西土家族苗族自治州龙山县里耶镇比耳村(里耶脐橙)

湖南省湘西土家族苗族自治州龙山县石牌镇(百合)

广东省广州市从化区鳌头镇黄茅村(黄茅人甜竹笋)

广东省广州市增城区小楼镇西境村(增城菜心)

广东省韶关市乐昌市九峰镇上廊村(九峰山油桃)

广东省韶关市乐昌市九峰镇茶料村(九峰山奈李)

广东省韶关市始兴县罗坝镇燎原村(蚕茧)

广东省韶关市仁化县大桥镇长坝村(御香源沙田柚)

广东省韶关市仁化县黄坑镇黄坑村(黄坑贡柑)

广东省韶关市新丰县黄礤镇(新丰佛手瓜)

广东省珠海市斗门区莲州镇石龙村(石龙苗木)

广东省汕头市潮南区陇田镇东华村(东华特绿蕉柑)

广东省佛山市高明区杨和镇丽堂新村(丽堂蔬菜)

广东省江门市台山市冲蒌镇(冲蒌黑皮冬瓜)

广东省江门市恩平市牛江镇(马铃薯)

广东省湛江市廉江市长山镇(茗皇茶)

广东省湛江市遂溪县河头镇山域村委会油塘村(罗非鱼)

广东省茂名市电白区沙琅镇(祥寿龟鳖)

广东省茂名市电白区旦场镇(正红鸭蛋)

广东省茂名市化州市平定镇(化橘红)

广东省茂名市信宜市钱排镇(银妃三华李)

广东省肇庆市四会市石狗镇程村村(兰花)

广东省肇庆市怀集县梁村镇(西瓜)

广东省肇庆市德庆县官圩镇五福村(德庆贡柑)

广东省肇庆市德庆县马圩镇诰赠村(贡柑)

广东省惠州市惠东县稔山镇竹园村(马铃薯)

广东省梅州市梅县区石扇镇西南村(金柚)

广东省梅州市梅县区松口镇大黄村(大黄金柚)

广东省梅州市梅县区雁洋镇长教村(雁南飞茶叶)

广东省梅州市兴宁市径南镇浊水村(围龙春乌龙茶)

广东省梅州市大埔县百侯镇侯北村(大埔蜜柚)

广东省梅州市大埔县枫朗镇和村(梅妃蜜柚)

广东省梅州市大埔县高陂镇福员村(王山玉露)

广东省梅州市丰顺县龙岗镇马图村(马山绿茶)

广东省梅州市蕉岭县新铺镇黄坑村(黄坑茶叶)

广东省汕尾市海丰县黄羌镇虎敢村(虎敢金针菜)

广东省汕尾市陆河县南万镇万全村(参天峰白叶单丛茶)

广东省河源市连平县上坪镇中村村(鹰嘴蜜桃)

广东省河源市连平县忠信镇上坐村(忠信花灯)

广东省河源市和平县东水镇增坑畲族村(增坑村皇茶)

广东省河源市和平县下车镇云峰村(下车猕猴桃)

广东省河源市东源县顺天镇(中兴绿丰柠檬)

广东省阳江市阳东区雅韶镇柳西村(双肩玉荷包荔枝)

广东省阳江市阳春市圭岗镇上垌村(蚕桑)

广东省清远市连州市龙坪镇孔围村(鸿星水晶梨)

广东省清远市连州市西岸镇冲口村(连州茶心)

广东省揭阳市揭东区埔田镇(埔田竹笋)

广东省揭阳市普宁市洪阳镇宝镜院村(宝镜院太空花卉)

广东省揭阳市普宁市高埔镇(普宁青梅)

广东省揭阳市揭西县五经富镇五新村(茶叶)

广东省揭阳市惠来县葵潭镇(菠萝)

广东省云浮市罗定市㙟滨镇金滩村(肉桂)

广东省云浮市罗定市萃塘镇良官村(海惠蔬菜)

广东省云浮市罗定市泗纶镇(泗纶蒸笼)

广东省云浮市郁南县宝珠镇庞寨村(庞寨黑叶荔枝)

广东省云浮市郁南县建城镇便民村(郁南无核黄皮)

广西壮族自治区荔浦县东昌镇民强村(荔浦芋)

广西壮族自治区永福县龙江乡龙山村(罗汉果)

广西壮族自治区浦北县官垌镇旺(土充)村(官垌鱼)

广西壮族自治区凌云县沙里乡浪伏村(有机白毫茶)

广西壮族自治区田东县祥周镇中平村(香葱)

广西壮族自治区柳州市柳江区成团镇鲁比村(葡萄)

广西壮族自治区柳州市柳江区百朋镇(双季莲藕)

广西壮族自治区桂平市金田镇(淮山山药)

广西壮族自治区靖西县新靖镇旧州村(旧州绣球)

广西壮族自治区田阳县田州镇兴城村(壮乡红番茄)

广西壮族自治区三江县八江乡布央村(三江春茶叶)

广西壮族自治区容县容州镇千秋村(容县沙田柚)

广西壮族自治区陆川县大桥镇陆透村(陆川猪)

广西壮族自治区灵山县文利镇(百强水牛奶)

广西壮族自治区恭城县莲花镇势江村(恭城月柿)

广西壮族自治区岑溪市筋竹镇(砂糖桔)

广西壮族自治区三江侗族自治县丹洲镇丹洲村(休闲农业)

广西壮族自治区灌阳县新街镇江口村(灌阳雪梨)

广西壮族自治区富川瑶族自治县葛坡镇马槽村(富川脐橙)

广西壮族自治区藤县古龙镇(八角)

广西壮族自治区北海市银海区福成镇宁海村(北甜一号哈密瓜)

广西壮族自治区玉林市玉州区仁东镇大鹏村(仁东香蒜)

广西壮族自治区昭平县走马乡福行村(将军红茶叶)

广西壮族自治区天峨县八腊瑶族乡五福村(龙滩珍珠李)

广西壮族自治区田阳县田州镇东江村(桂佳芒果)

广西壮族自治区忻城县马泗乡马泗村(马泗果蔬)

广西壮族自治区容县容州镇木井村(铁皮石斛)

广西壮族自治区隆安县那桐镇定江村(绿水江香蕉)

广西壮族自治区灌阳县灌阳镇大仁村(灌阳雪梨)

广西壮族自治区南丹县六寨镇龙马村(六龙岩赤茶叶)

广西壮族自治区田阳县田州镇(壮乡红番茄)

广西壮族自治区贺州市八步区贺街镇(贺街淮山)

广西柳州市融安县大将镇(金桔)

广西壮族自治区藤县和平镇(粉葛)

广西壮族自治区兴安县漠川乡(川珠王葡萄)

广西壮族自治区忻城县城关镇(珍珠糯玉米)

广西壮族自治区忻城县北更乡(八寨金银花)

广西壮族自治区横县校椅镇石井村(南宁周顺来茉莉花)

广西壮族自治区田林县八渡瑶族乡博峨村(平作八渡笋)

广西壮族自治区灌阳县灌阳镇长坪村(灌阳雪梨)

广西壮族自治区灵川县潭下镇合群村(伊泉沙糖桔)

广西壮族自治区浦北县小江镇公家村(浦百百香果)

广西壮族自治区西林县古障镇西舍村(京桂古道绿茶)

广西壮族自治区田阳县田州镇龙河村(伟农番茄)

广西壮族自治区贺州市八步区贺街镇双瑞村(临贺淮山)

广西壮族自治区南丹县月里镇巴峨村(溪谷源记大米)

广西壮族自治区恭城瑶族自治县莲花镇(恭城月柿)

广西壮族自治区富川瑶族自治县福利镇(富川脐橙)

广西壮族自治区凌云县加尤镇百陇村(凌云白毫茶)

广西壮族自治区南丹县芒场镇巴平村(南丹巴平米)

广西壮族自治区田东县林逢镇东养村(百色芒果)

广西壮族自治区灌阳县新圩镇合睦村(黑李)

广西壮族自治区灵山县平南镇桃禾村(茶叶)

广西壮族自治区容县灵山镇旺维村(清香蜜桔)

广西壮族自治区西林县足别瑶族苗族乡央龙村(足龙茶)

广西壮族自治区钦州市钦南区那丽镇殿艮村(辣椒、黄瓜)

广西壮族自治区那坡县百南乡上隆村(西贡蕉)

广西壮族自治区富川县古城镇高路村(富香壹佰有机大米)

海南省万宁市礼纪镇三星村(豇豆)

海南省万宁市龙滚镇(龙滚菠萝)

海南省屯昌县西昌镇群星村(天涯一号山鸡)

海南省屯昌县枫木镇(枫绿苦瓜)

海南省澄迈县桥头镇沙土村(地瓜)

海南省昌江黎族自治县十月田镇姜园村(圣女果)

海南省陵水黎族自治县光坡镇武山村(陵水圣女果)

海南省乐东黎族自治县佛罗镇福塘村(大棚哈密瓜)

海南省琼中县和平镇长兴村(槟榔)

重庆市万州区太安镇凤凰村(茶乡香米)

重庆市万州区甘宁镇永胜村(玫瑰香橙)

重庆市万州区孙家镇兰草村(三峡佛印茶)

重庆市涪陵区珍溪镇西桥村(榨菜)

重庆市南岸区广阳镇回龙桥村(广迴枇杷)

重庆市北碚区静观镇(素心腊梅)

重庆市綦江区隆盛镇中桥村(正浩蔬菜)

重庆市綦江区石壕镇万隆村(花坝糯玉米)

重庆市綦江区赶水镇石房村(萝卜)

重庆市綦江区赶水镇(赶水草蔸萝卜)

重庆市万盛经开区青年镇(滴翠剑名)

重庆市万盛经开区青年镇堡堂村(堡堂蜜柚)

重庆市渝北区茨竹镇大面坡村(青椒)

重庆市渝北区茨竹镇放牛坪村(放牛坪香梨)

重庆市渝北区大盛镇天险洞村(天险洞蘑菇)

重庆市渝北区大湾镇太和村(淡水鱼)

重庆市渝北区统景镇印盒村(歪嘴李)

重庆市江津区吴滩镇现龙村(江津花椒)

重庆市江津区先锋镇(江津花椒)

重庆市合川区渭沱镇七星村(涪江绿蔬菜)

重庆市合川区太和镇米市村(鲜苦瓜等蔬菜)

重庆市合川区双凤镇黄池村(皇池李李子)

重庆市永川区南大街街道办事处黄瓜山村(黄瓜山梨)

重庆市南川区头渡镇前星村(金佛山玄参)

重庆市南川区德隆乡茶树村(南川大树茶)

重庆市南川区德隆乡银杏村(金佛山蜂蜜)

重庆市南川区庆元乡飞龙村(南川鸡)

重庆市璧山区大兴镇连生村(璧山葡萄)

重庆市璧山区七塘镇跃进村(璧北蔬菜)

重庆市潼南区桂林街道办事处(蔬菜)

重庆市荣昌区盘龙镇长岭村(生姜)

重庆市开州区长沙镇锦橙社区(春橙72-1柑橘)

重庆市开州区长沙镇兴农村(开县春橙)

重庆市梁平区合兴镇(梁平柚子)

重庆市梁平区礼让镇川西村(康乐黄桑鱼)

重庆市梁平区云龙镇三清村(殷佳坝萝卜)

重庆市梁平区屏锦镇腰塘村("雨雷"牌鸡蛋)

重庆市彭水县郁山镇(郁山晶丝苕粉)

重庆市彭水苗族土家族自治县新田镇(红薯)

重庆市彭水县岩东乡(渝佳晚熟清脆李)

重庆市彭水县鞍子镇(苗妹香香大米)

重庆市武隆区双河镇(武隆高山蔬菜)

重庆市城口县河鱼乡平溪村(城口山地鸡)

重庆市城口县坪坝镇光明村(红心猕猴桃)

重庆市云阳县农坝镇云峰村(云阳乌天麻)

重庆市云阳县盘龙街道活龙社区(纽荷尔脐橙)

重庆市云阳县养鹿镇(云阳晚橙)

重庆市巫溪县城厢镇酒泉村(酒洲香脆李)

重庆市巫溪县兰英乡西安村(巫溪独活)

重庆市巫溪县塘坊镇梓树村(脱毒马铃薯)

重庆市石柱县龙沙镇永丰村(辣椒)

重庆市石柱县枫木乡(黄连)

重庆市石柱县冷水镇八龙村(莼菜)

四川省成都市龙泉驿区山泉镇(春泉水蜜桃)

四川省成都市青白江区福洪镇杏花村(福洪杏)

四川省成都市郫都区唐元镇锦宁村(唐元韭黄)

四川省成都市郫都区友爱镇农科村(花卉苗木、乡村旅游)

四川省成都市简阳市贾家镇(农阳桃)

四川省成都市金堂县官仓镇(官仓蔬菜)

四川省成都市蒲江县成佳镇同心村(蒲江雀舌)

四川省自贡市贡井区白庙镇(李必祥血橙)

四川省自贡市贡井区建设镇(贡井龙都早香柚)

四川省自贡市贡井区龙潭镇(川龙潭蔬菜)

四川省自贡市荣县古文镇(忆天香蔬菜)

四川省自贡市荣县双古镇(龙都绿茶)

四川省攀枝花市仁和区大田镇片那立村(攀西大田石榴)

四川省攀枝花市米易县丙谷镇(米易早春蔬菜)

四川省泸州市纳溪区护国镇(纳溪特早茶)

四川省泸州市泸县太伏镇(蜀冠龙眼)

四川省泸州市合江县合江镇龙潭村(荔枝)

四川省泸州市合江县虎头乡(真龙荔枝)

四川省泸州市合江县密溪乡(合江真龙柚)

四川省德阳市广汉市兴隆镇(欣竺灵蔬菜)

四川省德阳市罗江区鄢家镇(西蜀云峰蜜柚)

四川省德阳市中江县集凤镇(中江丹参)

四川省绵阳市游仙区凤凰乡木龙村(木龙观胡萝卜)

四川省绵阳市江油市西屏乡桃园村(蒲军獭兔)

四川省绵阳市江油市九岭镇(九禾蔬菜)

四川省绵阳市三台县永新镇崭山村(崭山米枣)

四川省绵阳市三台县花园镇(涪城麦冬)

四川省绵阳市梓潼县许州镇(文昌添宝蜜柚)

四川省广元市昭化区紫云乡紫云村(紫云猕猴桃)

四川省广元市朝天区平溪乡(曾家山蔬菜)

四川省广元市旺苍县木门镇三合村(广元黄茶)

四川省广元市青川县青溪镇阴平村(休闲农业)

四川省广元市苍溪县歧坪镇盐井村(猕猴桃)

四川省遂宁市安居区安居镇塘河村(沙田柚)

四川省内江市市中区永安镇太平寺村(江龙鱼)

四川省内江市东兴区田家镇(紫皮大蒜)

四川省内江市威远县界牌镇南强村(向家岭无花果)

四川省内江市威远县向义镇(向义蔬菜)

四川省内江市资中县公民镇高石坝子村(生猪)

四川省内江市隆昌县响石镇群乐村(古宇湖水产养殖)

四川省乐山市井研县纯复乡(纯丰水产)

四川省乐山市沐川县炭库乡石碑村(茶叶)

四川省乐山市沐川县富和乡(旭峰猕猴桃)

四川省乐山市沐川县利店镇(沐蕊茶叶)

四川省南充市高坪区永安镇青林村(柑桔)

四川省南充市阆中市方山镇雪洞村(雪洞生姜)

四川省南充市南部县定水镇庙子山村(牧加梁葡萄)

四川省南充市西充县古楼镇(充国香桃)

四川省眉山市彭山区观音镇果园村(紫红园葡萄)

四川省眉山市仁寿县文宫镇石家村(枇杷)

四川省眉山市仁寿县新店乡(九道拐柑橘)

四川省眉山市洪雅县中山乡前锋村(雅雨露茶叶)

四川省眉山市丹棱县双桥镇梅湾村(丹棱橘橙)

四川省眉山市青神县白果乡(青神椪柑)

四川省宜宾市南溪区南溪镇莲花村(四川白鹅)

四川省宜宾市高县大窝镇大屋村(早白尖绿茶)

四川省宜宾市高县羊田乡(华早茶叶)

四川省宜宾市珙县底洞镇楠桥村(蚕桑)

四川省广安市华蓥市禄市镇(广安蜜梨)

四川省广安市邻水县石滓乡大步口村(潆山脐橙)

四川省达州市达川区米城乡尖山庙村(米城大米)

四川省达州市万源市青花镇(巴山雀舌)

四川省达州市宣汉县庙安乡(庙安脆红李)

四川省达州市大竹县高明乡同心村(竹香菇食用菌)

四川省达州市大竹县石河镇(大竹苎麻)

四川省雅安市雨城区合江镇(雅安藏茶)

四川省雅安市名山区茅河乡香水村(茶叶、茶苗)

四川省雅安市汉源县双溪乡镇(白凤桃)

四川省巴中市恩阳区关公镇西南村(刘家坡葡萄)

四川省巴中市恩阳区渔溪镇五岭村(渔久猕猴桃)

四川省巴中市南江县杨坝镇罐坝村(南江黄羊)

四川省资阳市安岳县城北乡柳溪村(柠檬)

四川省资阳市安岳县龙台镇石笋村(安岳柠檬)

四川省资阳市安岳县岳阳镇(安岳柠檬)

四川省阿坝藏族羌族自治州汶川县雁门乡芤山村(汶川甜樱桃)

四川省阿坝藏族羌族自治州茂县南新镇罗山村(羌寨苑脆红李)

四川省阿坝藏族羌族自治州松潘县山巴乡上磨村(休闲农业)

四川省阿坝藏族羌族自治州红原县江茸乡茸日玛村(阳噶藏绵羊)

四川省甘孜藏族自治州泸定县新兴乡堡子村(大白菜)

四川省甘孜藏族自治州泸定县烹坝乡黄草坪村(雪域野农苹果)

四川省甘孜藏族自治州九龙县乌拉溪镇偏桥村(绿之源九龙花椒)

四川省凉山彝族自治州盐源县卫城镇(糖心红富士)

四川省凉山彝族自治州会理县鹿厂镇铜矿村(石榴)

四川省凉山彝族自治州宁南县新村乡碧窝村(南丝路蚕茧)

四川省凉山彝族自治州金阳县芦稿镇油房村(金阳青花椒)

四川省凉山彝族自治州雷波县五官乡青杠村(雷波脐橙)

贵州省贵阳市白云区牛场布依族乡蓬莱村(休闲农业)

贵州省贵阳市乌当区百宜镇罗广村(罗广红香米)

贵州省贵阳市清镇市红枫湖镇大冲村(黔山番茄)

贵州省贵阳市清镇市红枫湖镇右七村(红枫葡萄)

贵州省贵阳市息烽县小寨坝镇红岩村(红岩葡萄)

贵州省贵阳市修文县谷堡乡平滩村(修文猕猴桃)

贵州省贵安新区高峰镇王家院村(水晶葡萄)

贵州省贵安新区马场镇林卡村(林卡辣椒)

贵州省六盘水市水城县米箩乡倮么村(黔宏红心猕猴桃)

贵州省六盘水市盘州市普古乡舍烹村(刺梨)

贵州省遵义市新蒲新区虾子镇(辣椒)

贵州省遵义市赤水市长期镇五七村(金钗石斛)

贵州省遵义市桐梓县大河镇七二村(休闲农业)

贵州省遵义市绥阳县小关乡银花村(小关金银花)

贵州省遵义市凤冈县永安镇田坝村(茶叶)

贵州省遵义市湄潭县湄江街道办事处核桃坝村(茶叶)

贵州省遵义市湄潭县湄江街道办事处金花村(遵义红绿茶)

贵州省遵义市湄潭县永兴镇茅坝村(茅贡米)

贵州省安顺市西秀区旧州镇罗官村(正维茶叶)

贵州省安顺市平坝区天龙镇二官村(蔬菜)

贵州省安顺市普定县化处镇化新村(白旗韭黄)

贵州省安顺市普定县猫洞镇新民村(罩子山绿茶)

贵州省安顺市关岭布依族苗族自治县板贵乡坝山村(板贵火龙果)

贵州省安顺市关岭布依族苗族自治县坡贡镇凡化村(坡贡小黄姜)

贵州省毕节市黔西县洪水镇新桥村(腾达食用菌)

贵州省毕节市金沙县清池镇普安村(大方天麻)

贵州省毕节市金沙县清池镇园坪村(清水塘绿茶)

贵州省毕节市威宁彝族回族苗族自治县麻乍镇双胞塘村(辣椒)

贵州省铜仁市江口县闵孝镇(梵乡提红葡萄)

贵州省铜仁市石阡县聚凤仡佬族侗族乡指甲坪村(石阡苔茶)

贵州省铜仁市石阡县五德镇团结村(源优态水蜜桃)

贵州省铜仁市印江土家族苗族自治县缠溪镇湄坨村(梵净山茶)

贵州省黔西南布依族苗族自治州兴义市泥凼镇老寨村(苦丁茶)

贵州省黔西南布依族苗族自治州兴义市则戎乡冷洞村(万峰林金银花)

贵州省黔西南布依族苗族自治州安龙县德卧镇白水河村(安龙金银花)

贵州省黔东南苗族侗族自治州凯里市大风洞乡杉树林村(黔峰原水晶葡萄)

贵州省黔东南苗族侗族自治州黄平县旧州镇东门村(飞云崖蔬菜)

贵州省黔东南布依族苗族自治州施秉县牛大场镇牛大场村(太子参)

贵州省黔东南苗族侗族自治州岑巩县注溪乡六部屯村(杂稻制种)

贵州省黔东南苗族侗族自治州岑巩县注溪镇(思州柚)

贵州省黔东南苗族侗族自治州锦屏县茅坪镇下寨村(茅坪香桔)

贵州省黔东南苗族侗族自治州丹寨县龙泉镇卡拉村(鸟笼)

贵州省黔南布依族苗族自治州都匀市毛尖镇坪阳村(都匀毛尖)

贵州省黔南布依族苗族自治州福泉市金山街道双谷村(金谷福梨)

贵州省黔南布依族苗族自治州荔波县玉屏镇拉岜村(樟江蜜柚)

贵州省黔南布依族苗族自治州贵定县云雾镇(贵定云雾贡茶)

贵州省黔南布依族苗族自治州独山县影山镇翁奇村(奎文阁茶叶)

贵州省黔南布依族苗族自治州长顺县鼓扬镇鼓扬村(长顺绿壳蛋鸡)

贵州省黔南布依族苗族自治州龙里县谷脚镇茶香村(龙里刺梨)

贵州省黔南布依族苗族自治州三都水族自治县普安镇前进村(交梨山野葡萄)

云南省昆明市呈贡区斗南镇斗南村(花卉产业)

云南省曲靖市麒麟区茨营乡茨营村委会(茨营河蔬菜)

云南省曲靖市麒麟区珠街街道中所村(红美珠葡萄)

云南省曲靖市沾益区大坡乡大坡村(万寿菊)

云南省曲靖市宣威市宝山镇安益村(紫云宝马铃薯)

云南省曲靖市师宗县彩云镇足法村(足法辣椒)

云南省曲靖市师宗县高良乡科白村(高良薏仁)

云南省曲靖市罗平县板桥镇(罗平小黄姜)

云南省曲靖市富源县大河镇(富源大河乌猪)

云南省玉溪市华宁县华溪镇(华宁柑桔)

云南省玉溪市新平彝族傣族自治县漠沙镇(漠沙苦瓜)

云南省保山市隆阳区潞江镇登高村(登高坝冬早蔬菜)

云南省保山市隆阳区潞江镇新寨村(保山小粒咖啡)

云南省保山市腾冲市马站乡兴华社区(极边乌龙茶)

云南省保山市龙陵县平达镇小河村(滇珍紫香茶叶)

云南省昭通市昭阳区洒渔镇(昭福苹果)

云南省昭通市昭阳区苏家院镇(昭通苹果)

云南省昭通市鲁甸县龙头山镇(三川半青花椒)

云南省昭通市盐津县敦厚村(盐津乌骨鸡)

云南省丽江市永胜县六德乡营山村(他留乌骨鸡)

云南省丽江市华坪县荣将镇龙头村(芒香源芒果)

云南省普洱市澜沧拉祜族自治县惠民镇(景迈香茶叶)

云南省临沧市凤庆县凤山镇安石村(中国滇红第一村茶叶)

云南省临沧市沧源佤族自治县勐董镇芒摆村(碧丽源有机茶)

云南省楚雄彝族自治州姚安县前场镇新街村(大蒜)

云南省楚雄彝族自治州大姚县三台乡(大姚核桃)

云南省红河哈尼族彝族自治州蒙自市新安所镇(蒙自石榴)

云南省红河哈尼族彝族自治州弥勒市东风农场管理局(弥勒葡萄)

云南省红河哈尼族彝族自治州弥勒市新哨镇里方村(民丰韭黄)

云南省红河哈尼族彝族自治州建水县甸尾乡铁所村(美秀福新马铃薯)

云南省红河哈尼族彝族自治州建水县面甸镇闫把寺村(面甸洋葱)

云南省红河哈尼族彝族自治州石屏县龙朋镇甸中村(结球甘蓝)

云南省文山壮族苗族自治州文山市坝心乡他披村(文山他披梨)

云南省文山壮族苗族自治州砚山县稼依镇小稼依村(咪彩辣椒)

云南省文山壮族苗族自治州砚山县维摩乡倮可者村(辣椒)

云南省文山壮族苗族自治州丘北县树皮乡树皮村(丘北辣椒)

云南省西双版纳傣族自治州景洪市大渡岗乡(大渡岗普洱茶)

云南省西双版纳傣族自治州勐海县布朗山乡班章村(复原昌号有机茶)

云南省西双版纳傣族自治州勐海县勐遮镇曼根村(曼根傣贡稻米)

云南省大理白族自治州宾川县宾居镇(宾川柑桔)

云南省大理白族自治州宾川县金牛镇(宾川红提葡萄)

云南省大理白族自治州云龙县宝丰乡大栗树村(云龙绿茶)

云南省大理白族自治州漾濞彝族自治县苍山西镇光明村(漾濞大波核桃)

云南省大理白族自治州巍山彝族回族自治县马鞍山乡三胜村(巍山红雪梨)

云南省德宏傣族景颇族自治州芒市遮放镇(遮放贡米)

云南省德宏傣族景颇族自治州瑞丽市勐秀镇勐典村(红瑞柠檬)

云南省德宏傣族景颇族自治州梁河县大厂乡回龙寨村(梁河回龙茶)

西藏自治区拉萨市蔡公堂乡白定村(果蔬)

西藏自治区拉萨市堆龙德庆区古荣乡巴热村(巴热糌粑)

西藏自治区拉萨市堆龙德庆区古荣乡嘎冲村(堆龙藏鸡)

西藏自治区拉萨市堆龙德庆区乃琼镇岗德林村(蔬菜、花卉)

西藏自治区拉萨市尼木县吞巴乡吞达村(吞弥圣香藏香)

西藏自治区拉萨市达孜县雪乡扎西岗村("布塑"面具)

西藏自治区日喀则市南木林县艾玛乡山巴村(艾玛土豆)

西藏自治区日喀则市江孜县江热乡白伦村(江孜大蒜)

西藏自治区日喀则市白朗县嘎东镇贵热村(罗旦糌粑)

西藏自治区日喀则市仲巴县霍尔巴乡玉来村(霍尔巴绵羊)

西藏自治区日喀则市岗巴县直克乡乃村(岗巴羊)

西藏自治区昌都市柴维乡翁达岗村(佛像制作)

西藏自治区昌都市贡觉县阿旺乡(阿旺绵羊)

西藏自治区昌都市左贡县旺达镇木龙村(古琼藏香)

西藏自治区昌都市芒康县纳西民族乡纳西村(葡萄)

西藏自治区林芝市布久乡甲日卡村(苹果)

西藏自治区林芝市工布江达县错高镇错高村(藏香猪)

西藏自治区林芝市察隅县下察隅镇(察隅香米)

西藏自治区林芝市朗县洞嘎镇滚村(郎敦红辣椒)

西藏自治区山南市扎囊县扎其乡申藏村(木雕工艺品)

西藏自治区山南市琼结县加麻乡白松村(半细绵羊)

西藏自治区山南市加查县冷达乡嘎玛吉塘村(蓝莓)

西藏自治区山南市隆子县隆子镇扎果村(聂雄奶牛)

西藏自治区那曲地区那曲县罗玛镇4村(畜产品)

西藏自治区阿里地区日土县热帮乡龙门卡村(绒山羊)

陕西省西安市灞桥区狄寨街道办事处(灞桥葡萄)

陕西省西安市阎良区关山镇(馥康甜瓜)

陕西省西安市临潼区骊山街办胡王村(石榴)

陕西省西安市长安区王莽街道办事处(王莽鲜桃)

陕西省西安市鄠邑区草堂镇叶寨村(户县葡萄)

陕西省西安市鄠邑区蒋村镇同兴村(大棚瓜菜)

陕西省西安市蓝田县华胥镇阿氏村(娲氏大杏)

陕西省西安市周至县楼观镇(周至猕猴桃)

陕西省西安市周至县楼观镇周一村(周一村猕猴桃)

陕西省西安市周至县马召镇(周至猕猴桃)

陕西省西安市周至县马召镇西富饶村(猕猴桃)

陕西省西安市周至县司竹镇骆驼营村(周山至水猕猴桃)

陕西省铜川市新区正阳路办事处陈坪村(维美大樱桃)

陕西省铜川市耀州区石柱镇马咀村(锦阳湖果蔬)

陕西省铜川市王益区黄堡镇孟家塬村(桃、柿子)

陕西省铜川市王益区王益街道办塬畔村(大樱桃、草莓)

陕西省铜川市印台区陈炉镇(陈炉陶瓷)

陕西省铜川市印台区广阳镇(铜川苹果)

陕西省宝鸡市金台区马家原村(马家原葡萄)

陕西省宝鸡市陈仓区慕仪镇(四季佳禾蔬菜)

陕西省宝鸡市凤翔县范家寨镇(雍州苹果)

陕西省宝鸡市岐山县蔡家坡镇唐家岭村(岐安唐猕猴桃)

陕西省宝鸡市扶风县天度镇永平村(乔山红苹果)

陕西省宝鸡市眉县金渠镇第二坡村(猕猴桃)

陕西省宝鸡市眉县金渠镇(金桥猕猴桃)

陕西省宝鸡市千阳县南寨镇三合村(西秦竞秀苹果)

陕西省宝鸡市凤县平木镇(秦岭部落蔬菜)

陕西省宝鸡市太白县咀头镇塘口村(太白山蔬菜)

陕西省杨凌示范区区大寨乡官村(西甜瓜蔬菜)

陕西省咸阳市杨凌示范区揉谷镇新集村(葡鑫葡萄)

陕西省咸阳市杨凌示范区杨陵街道办事处崔东沟村(东沟圣果猕猴桃)

陕西省咸阳市渭城区周陵社区严家沟村(葡萄)

陕西省咸阳市兴平市西吴街道办来祁寨村(汉茂油桃)

陕西省咸阳市三原县鲁桥镇(鲁桥蔬菜)

陕西省咸阳市泾阳县云阳镇花马村(蔬菜)

陕西省咸阳市泾阳县云阳镇(泾云蔬菜)

陕西省咸阳市乾县漠西社区夹道村(大葱)

陕西省咸阳市礼泉县西张堡镇白村(苹果)

陕西省咸阳市礼泉县烟霞镇袁家村(休闲农业)

陕西省咸阳市礼泉县昭陵社区前山村(石榴)

陕西省咸阳市旬邑县张洪镇(旬宝苹果)

陕西省咸阳市武功县贞元镇南可村(南可手织布)

陕西省渭南市临渭区官道镇武赵村(渭乐天冬枣)

陕西省渭南市临渭区下吉镇见庄村(秦浓红提葡萄)

陕西省渭南市临渭区向阳办赤水村(大樱桃)

陕西省渭南市临渭区官路镇(绿泰果蔬)

陕西省韩城市王峰镇李家山村(冶户川花椒)

陕西省渭南市韩城市西庄镇道口梁村(满山红花椒)

陕西省渭南市韩城市咎村镇史带村(临河蔬菜)

陕西省渭南市韩城市桑树坪镇王峰村(韩城大红袍花椒)

陕西省渭南市华阴市华西镇北洛村(红提)

陕西省渭南市大荔县埝桥镇黄营村(果蔬)

陕西省渭南市大荔县羌白镇白村(大荔冬枣)

陕西省渭南市澄城县王庄镇水洼村(秦平苹果)

陕西省渭南市澄城县庄头镇郭家庄村(真仕佳红樱桃)

陕西省渭南市澄城县庄头镇(真仕佳大樱桃)

陕西省渭南市蒲城县龙池镇(富秦文俊西甜瓜)

陕西省渭南市富平县富平县曹村镇马坡村(柿饼)

陕西省渭南市富平县富平县张桥镇(富郁香甜瓜)

陕西省延安市宝塔区临镇镇任家塬村(宝塔山地苹果)

陕西省延安市安塞区建华镇桥坪村(大棚茄子)

陕西省延安市安塞区沿河湾镇(沿河湾大棚瓜菜)

陕西省延安市洛川县凤栖镇谷咀村(休闲农业)

陕西省延安市洛川县旧县镇(洛川苹果)

陕西省延安市洛川县永乡镇(甘甜心苹果)

陕西省延安市延川县文安驿镇梁家河村(苹果)

陕西省延安市延川县延水关镇东村(延川红枣)

陕西省延安市宜川县丹洲镇圪崂村(苹果)

陕西省汉中市汉台区河东店镇花果村(褒河蜜桔)

陕西省汉中市汉台区铺镇狮子村(天之源蔬菜)

陕西省汉中市汉台区铺镇(蔬菜)

陕西省汉中市南郑县牟家坝镇云峰寺村(绿茶)

陕西省汉中市城固县桔园镇郭家山村(柑桔)

陕西省汉中市城固县三合镇陈丁村(蔬菜)

陕西省汉中市城固县桔园镇(泛亚柑桔)

陕西省汉中市西乡县峡口镇江榜村(汉中仙毫)

陕西省汉中市勉县勉阳镇黄家沟村(天荡山硒果)

陕西省汉中市勉县漆树坝镇漆树坝村(汉中仙毫)

陕西省榆林市榆阳区鱼河镇南沙村(时令果蔬)

陕西省榆林市榆阳区鱼河镇寺伙沟村(蔬菜)

陕西省榆林市榆阳区鱼河镇(时令水果)

陕西省榆林市神木县贺家川镇温家川村(果蔬)

陕西省榆林市靖边县东坑镇黄家峁村(鸿丰蔬菜)

陕西省榆林市靖边县东坑镇(鸿丰胡萝卜)

陕西省榆林市定边县白泥井镇(白泥井蔬菜)

陕西省榆林市子洲县周家硷镇后湾村(纯洋芋粉条)

陕西省安康市汉阴县城关镇大兴村(休闲农业)

陕西省安康市汉阴县涧池镇紫云村(紫硒蔬菜)

陕西省安康市石泉县池河镇明星村(生猪)

陕西省安康市紫阳县焕古镇焕古村(紫阳富硒茶)

陕西省安康市平利县长安镇高峰村(女娲绿茶)

陕西省安康市平利县长安镇(女娲峰绿茶)

陕西省安康市旬阳县吕河镇冬青村(冬青村狮头柑)

陕西省商洛市商州区牧护关镇闵家河村(秦盛马铃薯)

陕西省商洛市洛南县城关街道办事处尖角村(尖角蔬菜)

陕西省商洛市洛南县石门镇(洛南核桃)

陕西省商洛市丹凤县棣花镇万湾村(万湾李蔬菜)

陕西省商洛市商南县富水镇王家庄村(蔬菜)

陕西省商洛市商南县试马镇(秦园春茶)

陕西省商洛市山阳县漫川关镇万福村(江祝绿茶)

陕西省商洛市镇安县达仁镇象园村(镇安象园茶)

甘肃省兰州市七里河区西果园镇(兰州百合)

甘肃省兰州市永登县柳树镇韩家井村(红提葡萄)

甘肃省金昌市金川区宁远堡镇新华村(茄子)

甘肃省金昌市城关镇大坝村(今农青笋)

甘肃省金昌市永昌县城关镇金川东村(永昌胡萝卜)

甘肃省金昌市永昌县水源镇方沟村(设施农业)

甘肃省白银市靖远县糜滩乡下滩村(辣椒)

甘肃省白银市会宁县头寨子镇牛河村(甘富苹果)

甘肃省白银市景泰县草窝滩镇西和村(黄河石林枸杞)

甘肃省白银市景泰县五佛兴水村(红枣)

甘肃省天水市秦州区玉泉镇烟铺村(大樱桃)

甘肃省天水市麦积区伯阳镇曹石村(曹石苹果)

甘肃省天水市麦积区伯阳镇(花牛苹果)

甘肃省天水市秦安县刘坪镇何湾村(秦安蜜桃)

甘肃省天水市武山县马力镇北顺村(北顺黄瓜)

甘肃省武威市凉州区大柳镇大柳村(西瓜)

甘肃省武威市凉州区发放镇(发放蔬菜)

甘肃省武威市民勤县蔡旗镇沙滩村(小乳瓜)

甘肃省武威市古浪县黄花滩镇黄花滩村(土门羔羊肉)

甘肃省张掖市甘州区梁家墩镇五号村(梁家墩蔬菜)

甘肃省张掖市甘州区明永乡沿河村(绿涵高原夏菜)

甘肃省张掖市甘州区上秦镇徐赵寨村(陇上春绿娃娃菜)

甘肃省张掖市甘州区乌江镇天乐村(祁沅春蔬菜制种)

甘肃省平凉市崆峒区白庙回族乡柴寺村(柴寺红牛)

甘肃省平凉市泾川县红河乡柳王村(番茄)

甘肃省平凉市崇信县锦屏镇九功村(黄瓜)

甘肃省平凉市华亭县马峡镇蒋庄村(华亭独活)

甘肃省平凉市静宁县李店镇常坪村(静宁苹果)

甘肃省酒泉市玉门市赤金镇(沁馨韭菜)

甘肃省酒泉市敦煌市阳关镇(无核白葡萄)

甘肃省庆阳市西峰区肖金镇米王村(蔬菜、瓜果)

甘肃省庆阳市西峰县温泉镇(陇宝苹果)

甘肃省庆阳市庆城县赤城镇(庆阳苹果)

甘肃省庆阳市合水县何家畔镇(庆阳苹果)

甘肃省定西市安定区鲁家沟镇花岔村(鲁家沟马铃薯)

甘肃省定西市陇西县首阳镇首阳村(中药材)

甘肃省定西市陇西县云田镇安家咀村(陇原裕新菌菜)

甘肃省定西市临洮县洮阳镇兴荣村(胡萝卜)

甘肃省陇南市武都区郭河乡(陇南花椒)

甘肃省陇南市康县阳坝镇宋沟村(茗芝翠竹)

甘肃省陇南市礼县永兴镇捷地村(礼县苹果)

甘肃省陇南市徽县嘉陵镇田河村(徽县银杏)

甘肃省临夏回族自治州临夏县先锋乡丁韩村(蔬菜)

甘肃省临夏回族自治州永靖县关山乡南堡村(兰州百合)

甘肃省临夏回族自治州永靖县杨塔乡徐湾村(马铃薯)

甘肃省甘南藏族自治州玛曲县阿万仓镇贡赛村(牦牛)

甘肃省甘南藏族自治州玛曲县欧拉镇安茂村(欧拉藏羊)

甘肃省甘南藏族自治州夏河县甘加乡仁青村(甘加藏羊)

青海省西宁市城北区大堡子镇陶北村(休闲农业)

青海省化隆县德恒隆乡石乃海村(卡日岗土鸡)

青海省乐都县共和乡大庄村(紫皮大蒜)

青海省都兰县宗加镇(枸杞)

青海省湟源县申中乡立达村(三红胡萝卜)

青海省湟源县申中乡前沟村(河湟瑶池红树莓)

青海省互助县塘川镇(金塘川蔬菜)

青海省乐都县高店镇(乐都紫皮大蒜)

青海省乐都县寿乐镇王佛寺村(乐都长辣椒)

青海省循化县查汗都斯乡新村(仙红线辣椒)

青海省化隆县牙什尕镇牙什尕村(宝河源虹鳟鱼)

青海省都兰县宗加镇诺木洪村(杞海枸杞)

青海省祁连县默勒镇扎沙村(祁连藏羊)

青海省大通县新庄镇新庄村(黄瓜)

青海省湟中县鲁沙尔镇下重台村(蔬菜)

青海省湟中县拦隆口镇下鲁尔村(蒜苗)

青海省互助县台子乡多士代村(生猪)

青海省互助县松多乡马营村(土鸡)

青海省乐都县高庙镇旱地湾村(韭菜)

青海省乐都县雨润镇深沟村(紫皮大蒜)

青海省贵德县河东乡王屯村(牛羊育肥)

青海省都兰县香日德镇乐盛村(马铃薯)

青海省格尔木市大格勒乡(枸杞)

青海省门源县北山乡沙沟脑村(油菜籽)

青海省祁连县野牛沟镇边麻村(牦牛)

青海省大通县塔尔镇上旧庄村(老爷山番茄)

青海省湟源县城关镇涌兴村(大葱)

青海省湟中县田家寨镇李家台村(奶牛)

青海省湟中县李家山镇董家湾村(蔬菜)

青海省互助县塘川镇董家村(互宝八眉猪)

青海省德令哈市柯鲁柯镇晨光村(晨垵蔬菜)

青海省德令哈市怀头他拉镇(怀头他拉绒山羊)

青海省都兰县香日德镇小夏滩村(柴达木枸杞)

青海省贵德县河西镇园艺村(贵德长把梨)

青海省玛多县玛查理镇玛拉驿村(玛多藏羊)

青海省湟中县拦隆口镇上寺村(梓琪黄瓜)

青海省湟中县李家山镇下西河村(谷丰民园丝瓜)

青海省民和县峡山镇峡门村(峡门蛋鸡)

青海省海东市乐都区雨润镇刘家村(乐都紫皮大蒜)

青海省化隆县雄先乡乙麻昂村(三江鱼鳟鱼)

青海省贵德县尕让乡黄河滩村(黄河清蔬菜)

青海省泽库县和日镇东格日村(东歌草原生态旅游)

青海省大通县朔北乡代同庄村(老爷山甘蓝)

青海省湟源县日月乡山根村(山根马蘭青蒜苗)

青海省互助县台子乡哇麻村(葱花土鸡)

青海省海东市乐都区中坝乡何家山村(乐都藏香猪)

青海省海东市乐都区李家乡西马营村(乐都洋芋)

青海省贵德县尕让乡二连村(休闲农业)

青海省玛多县花石峡镇日谢村(玛多藏羊)

宁夏回族自治区银川市兴庆区掌政镇茂盛村(番茄)

宁夏回族自治区银川市兴庆区掌政镇镇河村(番茄)

宁夏回族自治区银川市灵武市东塔镇(灵武长红枣)

宁夏回族自治区银川市灵武市郝家桥镇上滩村(上滩鑫韭菜)

宁夏回族自治区银川市兴庆区贺兰县习岗镇新平村(设施瓜菜)

宁夏回族自治区石嘴山市惠农区庙台乡李岗村(李岗西瓜)

宁夏回族自治区石嘴山市平罗县高仁乡六顷地村(乐海山沙漠西瓜)

宁夏回族自治区石嘴山市平罗县头闸镇西永惠村(蔬菜制种)

宁夏回族自治区石嘴山市平罗县通伏乡(优质大米)

宁夏回族自治区吴忠市利通区高闸镇(马兴西瓜)

宁夏回族自治区吴忠市利通区郭家桥乡(回乡刘湾葡萄)

宁夏回族自治区吴忠市青铜峡市小坝镇先锋村(先锋葡萄)

宁夏回族自治区吴忠市青铜峡市叶盛镇地三村(地三大米)

宁夏回族自治区吴忠市盐池县青山乡古峰庄村(滩羊)

宁夏回族自治区吴忠市盐池县花马池镇李记沟村(盐池滩羊)

宁夏回族自治区吴忠市盐池县惠安堡镇隰宁堡村(惠萱王黄花菜)

宁夏回族自治区吴忠市盐池县冯记沟乡平台村(盐池滩羊肉)

宁夏回族自治区吴忠市盐池县麻黄山乡包源村(盐池荞麦、糜子、谷子)

宁夏回族自治区吴忠市同心县王团镇吊堡子村(枸杞)

宁夏回族自治区固原市原州区头营镇石羊村(万武牛肉)

宁夏回族自治区固原市原州区彭堡镇姚磨村(六盘清水河娃娃菜)

宁夏回族自治区固原市原州区张易镇(马铃薯)

宁夏回族自治区固原市西吉县吉强镇万崖村(西吉芹菜)

宁夏回族自治区固原市西吉县吉强镇杨坊村(西吉芹菜)

宁夏回族自治区固原市西吉县将台堡镇明荣村(西吉芹菜)

宁夏回族自治区固原市西吉县火石寨乡沙岗村(马铃薯)

宁夏回族自治区固原市隆德县联财镇联财村(六盘磐辣椒)

宁夏回族自治区固原市隆德县联财镇赵楼村(隆珍杰中药材)

宁夏回族自治区固原市泾源县大湾乡何堡村(肉牛)

宁夏回族自治区固原市泾源县泾河源镇龙潭村(肉牛)

宁夏回族自治区固原市泾源县泾河源镇冶家村(农家乐)

宁夏回族自治区固原市泾源县兴盛乡上金村(肉牛)

宁夏回族自治区固原市彭阳县古城镇任河村(雪花牛肉)

宁夏回族自治区固原市彭阳县红河乡友联村(辣椒)

宁夏回族自治区中卫市沙坡头区兴仁镇兴仁村(香山硒砂瓜)

宁夏回族自治区中卫市沙坡头区东园镇韩闸村(韩闸拱棚韭菜)

宁夏回族自治区中卫市沙坡头区香山乡(香山硒砂瓜)

宁夏回族自治区中卫市中宁县舟塔乡(枸杞)

宁夏回族自治区中卫市中宁县舟塔乡舟塔村(中宁枸杞)

宁夏回族自治区中卫市海原县高崖乡草场村(西甜瓜)

宁夏回族自治区中卫市海原县关桥乡冯湾村(海原西甜瓜)

宁夏回族自治区中卫市海原县关庄乡关庄村(海原马铃薯)

宁夏回族自治区中卫市海原县西安乡园河村(天都山小茴香)

新疆维吾尔自治区乌鲁木齐市乌鲁木齐县水西沟镇东湾村(草莓)

新疆维吾尔自治区乌鲁木齐市乌鲁木齐县水西沟镇平西梁村(休闲农业)

新疆维吾尔自治区吐鲁番市高昌区亚尔镇亚尔果勒村(葡萄)

新疆维吾尔自治区吐鲁番市鄯善县辟展乡卡格托尔村(葡萄)

新疆维吾尔自治区吐鲁番市托克逊县郭勒布依乡硝尔村(韭菜)

新疆维吾尔自治区吐鲁番市高昌区亚尔镇老城东门村(葡萄)

新疆维吾尔自治区哈密市巴里坤县奎苏镇(马铃薯)

新疆维吾尔自治区哈密市巴里坤县三塘湖镇(哈密瓜)

新疆维吾尔自治区哈密市伊吾县淖毛湖镇(哈密瓜)

新疆维吾尔自治区哈密市伊吾县盐池镇(途阔羊肉)

新疆维吾尔自治区阿克苏地区阿克苏市库木巴什镇托万克喀日纳斯村(核桃)

新疆维吾尔自治区阿克苏地区阿克苏市托普鲁克乡尤喀克喀拉喀勒村(红枣)

新疆维吾尔自治区阿克苏地区沙雅县塔里木乡仓塔木村(甜瓜)

新疆维吾尔自治区阿克苏地区沙雅县盖孜库木乡(有机绒山羊)

新疆维吾尔自治区阿克苏地区沙雅县海楼镇(红枣)

新疆维吾尔自治区阿克苏地区乌什县乌什镇南关村(蔬菜)

新疆维吾尔自治区喀什地区喀什市色满乡阿塔古村(博瑞树莓)

新疆维吾尔自治区喀什地区泽普县古勒巴格乡阿热买里村(核桃)

新疆维吾尔自治区喀什地区泽普县园艺场恰卡尔村(苹果)

新疆维吾尔自治区喀什地区莎车县荒地镇布瓦库木村(甜瓜)

新疆维吾尔自治区喀什地区莎车县米夏乡夏玛勒巴格村(樱桃)

新疆维吾尔自治区叶城县萨依巴格乡霍伊拉坎特村(核桃)

新疆维吾尔自治区喀什地区巴楚县琼库恰克乡赛克散库足克村(西瓜)

新疆维吾尔自治区和田地区皮山县皮亚勒玛乡兰干库勒村(皮亚曼石榴)

新疆维吾尔自治区和田地区皮山县皮亚勒玛乡乌堂村(皮亚勒玛甜石榴)

新疆维吾尔自治区昌吉回族自治州昌吉市佃坝乡土梁村(蔬菜)

新疆维吾尔自治区昌吉回族自治州吉木萨尔县北庭镇古城村(辣椒)

新疆维吾尔自治区昌吉回族自治州木垒县东城镇沈家沟村(鹰嘴豆)

新疆维吾尔自治区巴音郭楞蒙古自治州库尔勒市阿瓦提乡其盖克其克村(香梨)

新疆维吾尔自治区巴音郭楞蒙古自治州且末县库拉木勒克乡江尕勒萨依村(江尕勒萨依大蒜)

新疆维吾尔自治区巴音郭楞蒙古自治州若羌县瓦石峡乡(楼兰红枣)

新疆维吾尔自治区巴音郭楞蒙古自治州和硕县苏哈特乡苏哈特村(特色蔬菜)

新疆维吾尔自治区巴音郭楞蒙古自治州博湖县本布图镇再格森诺尔村(蔬菜)

新疆维吾尔自治区克孜勒苏柯尔克孜自治州阿克陶县皮拉勒乡墩都拉村(帕米尔水晶绿甜瓜)

新疆维吾尔自治区克孜勒苏柯尔克孜自治州阿克陶县巴仁乡(杏子)

新疆维吾尔自治区伊犁哈萨克自治州伊宁市达达木图乡(蔬菜)

新疆维吾尔自治区伊犁哈萨克自治州伊宁市多浪农场农三队(伊多红葡萄)

新疆维吾尔自治区伊犁哈萨克自治州霍尔果斯市莫乎尔乡(葡萄)

新疆维吾尔自治区伊犁哈萨克自治州特克斯县乔拉克铁热克镇阿克铁热克村(苹果)

新疆维吾尔自治区塔城地区沙湾县安集海镇葡萄园子村(辣椒)

新疆维吾尔自治区塔城地区裕民县察汗托海牧场喀拉克米尔村(无刺红花)

新疆维吾尔自治区塔城地区裕民县江格斯乡吉兰德村(巴士拜羊)

新疆维吾尔自治区阿勒泰地区富蕴县可可托海镇塔拉特村(黑加仑)

新疆维吾尔自治区阿勒泰地区富蕴县可可托海镇(黑加仑)

新疆生产建设兵团第一师阿拉尔市 3 团(大漠绿岛核桃)

新疆生产建设兵团第一师阿拉尔市 13 团(伊人三枣)

新疆生产建设兵团第一师阿拉尔市 11 团(昆岗红枣)

新疆生产建设兵团第一师阿拉尔市 5 团(天山玉苹果)

新疆生产建设兵团第二师铁门关市 33 团(塔里木垦区马鹿茸)

新疆生产建设兵团第二师铁门关市 27 团(天湖啤酒花)

新疆生产建设兵团第二师铁门关市 25 团(博斯腾番茄)

新疆生产建设兵团第二师铁门关市 21 团(开来红辣椒)

新疆生产建设兵团第二师铁门关市 31 团(塔禾罗布麻茶)

新疆生产建设兵团第四师可克达拉市 61 团(天伊树上干杏)

新疆生产建设兵团第四师可克达拉市 69 团("香极地"天然香料)

新疆生产建设兵团第四师可克达拉市 70 团(伊珠葡萄酒)

新疆生产建设兵团第五师双河市 83 团园艺 2 连(博乐红提)

新疆生产建设兵团第五师双河市 84 团(怪石峪菊花)

新疆生产建设兵团第六师五家渠市军户农场 2 连(新疆虹葡萄)

新疆生产建设兵团第八师石河子市 121 团 13 连(甜瓜)

新疆生产建设兵团第八师石河子市 134 团 24 连(大樱桃)

新疆生产建设兵团第八师石河子市 141 团 15 连(设施蔬菜)

新疆生产建设兵团第八师石河子市 145 团北泉镇六分场 6 连(北泉弗雷葡萄)

新疆生产建设兵团第八师石河子市 121 团炮台镇 2 连(园禾佳山药)

新疆生产建设兵团第八师石河子市 142 团良种连(新安生猪)

新疆生产建设兵团第九师团结农场 4 连(逸飨西红柿、辣椒)

新疆生产建设兵团第十三师红星一场(天山娇葡萄)

新疆生产建设兵团第十四师昆玉市一牧场(有机羊肉)

新疆生产建设兵团第一师阿拉尔市 10 团(大漠红枣)

新疆生产建设兵团第四师可克达拉市 78 团(伊帅苹果)

新疆生产建设兵团第八师石河子市 152 团(酿酒葡萄)

新疆生产建设兵团第十三师淖毛湖农场 1 连(天山娇哈密瓜)

新疆生产建设兵团第十四师昆玉市 224 团(昆仑山和田玉枣)

新疆生产建设兵团第十二师 222 团(冰湖映月酿酒葡萄)

新疆生产建设兵团第七师 124 团(番茄)

新疆生产建设兵团第二师铁门关市 34 团(红枣)

新疆生产建设兵团第六师五家渠市 103 团 8 连(甜瓜)

新疆生产建设兵团第四师可克达拉市 68 团(伊香大米)

第七批全国一村一品示范村镇名单

北京市房山区琉璃河镇周庄村(慧田菊花)

北京市顺义区木林镇贾山村(水云天西红柿)

北京市顺义区大孙各庄镇前陆马村(绿奥番茄)

北京市大兴区礼贤镇东黄垡村(立征春雨黄瓜)

北京市大兴区青云店镇东辛屯村(民俗旅游)

北京市大兴区魏善庄镇(月季)

北京市密云区巨各庄镇后焦家坞村(密原味西红柿)

北京市平谷区金海湖镇茅山后村(茅山后佛见喜梨)

天津市西青区辛口镇水高庄村(淀绿西红柿)

天津市武清区汊沽港镇大王堡村(久保桃)

天津市武清区东马圈镇西马房村(西马房打瓜)

河北省丰宁满族自治县鱼儿山镇土城沟村(有机蔬菜)

河北省兴隆县蓝旗营镇苇子峪村(兴隆板栗)

河北省滦平县金沟屯镇下营子村(山知话药茶)

河北省香河县刘宋镇庆功台村(荷情荷礼藕荷)

河北省望都县赵庄乡小辛庄村(荷花淀莲藕)

河北省隆尧县固城镇小孟村(小孟甜瓜)

河北省灵寿县南寨乡马家庄村(灵莹舍葡萄)

河北省邱县新马头镇东常屯村(玉海园油桃)

河北省鸡泽县鸡泽镇魏青村(鸡泽辣椒)

河北省怀安县左卫镇叶家辛窑村(温室蔬菜)

河北省张北县二台镇金家村(马铃薯)

河北省秦皇岛市海港区驻操营镇大道岭村(板栗加工品)

河北省深州市穆村乡西马庄村(深州蜜桃)

河北省饶阳县王同岳乡(饶阳葡萄)

河北省安国市郑章镇(民丰达中药材)

山西省沁水县柿庄镇应郭村(蟹味菇)

山西省长治县南宋乡东掌村(休闲农业)

山西省孝义市梧桐镇南曹村(九州香豆制品)

山西省洪洞县曲亭镇东张村(洪洞莲藕)

山西省曲沃县北董乡(北董大蒜)

内蒙古自治区达拉特旗昭君镇沙圪堵村(二沟湾大米)

内蒙古自治区包头市东河区沙尔沁镇东园村(沁兴园西红柿)

内蒙古自治区科右前旗巴拉格歹乡中安村(杂粮杂豆)

内蒙古自治区鄂温克族自治旗锡尼河西苏木巴彦胡硕嘎查(民俗旅游)

内蒙古自治区包头市九原区哈业胡同镇永丰村(卫东南瓜)

内蒙古自治区武川县耗赖山乡圪顶盖村(塞上蒙菇)

内蒙古自治区阿荣旗新发乡东光村(水稻)

内蒙古自治区五原县隆兴昌镇联合村(五原黄柿子)

内蒙古自治区赤峰市松山区大庙镇吴家营子村(春志西红柿)

内蒙古自治区化德县朝阳镇民乐村(化德大白菜)

内蒙古自治区阿鲁科尔沁旗天山镇前岗台村(那日牧小米)

辽宁省大连市金普新区大魏家街道(金州大樱桃)

辽宁省大连市普兰店区星台街道葡萄沟村(巍霸山棚桃)

辽宁省海城市接文镇王家村(闯盛南果梨)

辽宁省宽甸县长甸镇河口村(燕红桃)

辽宁省北镇市常兴店镇范屯村(北镇葡萄)

辽宁省盘锦市大洼区新兴镇腰岗子村(稻田河蟹)

辽宁省绥中县小庄子镇永安村(瑞州小庄子土豆)

吉林省珲春市板石镇孟岭村(孟宝苹果)

吉林省镇赉县镇赉镇太平山村(鑫杏花村大葱)

吉林省长春市九台区上河湾镇双顶村(金红苹果)

吉林省永吉县西阳镇兴隆村(棚膜蔬菜)

吉林省双辽市东明镇前太平村(有机大米)

吉林省柳河县安口镇烧锅村(珍榛香大果榛子)

吉林省长春市双阳区平湖街道办事处黑鱼村(颁金葡萄)

吉林省敦化市秋梨沟镇(林芝玉木耳)

黑龙江省尚志市珍珠山乡(尚志黑木耳)

黑龙江省哈尔滨市双城区韩甸镇白土村(农娃花生)

黑龙江省齐齐哈尔市龙沙区大民镇大民村(黑月亮蔬菜)

黑龙江省肇州县新福乡耀先村(庆州香瓜)

黑龙江省海林市海林镇蔬菜村(威虎山蔬菜)

黑龙江省牡丹江市西安区温春镇大莫村(龙莫绿蔬蔬菜)

黑龙江省七台河市茄子河区宏伟镇岚棒山村(岚棒山大果榛子)

黑龙江省勃利县青山乡奋斗村(黑甜甜葡萄)

黑龙江省庆安县庆安镇福安村(元宝沟婆婆丁)

江苏省宜兴市万石镇后洪村(陶都水芹菜)

江苏省沛县张寨镇陈油坊村(陈由方葡萄)

江苏省金坛区朱林镇黄金村(有机稻米)

江苏省常熟市董浜镇里睦村(蔬菜)

江苏省启东市王鲍镇庙桥村(庙桥山药)

江苏省海安县南莫镇邓庄村(食用菌)

江苏省连云港市赣榆区黑林镇河西村(蓝莓)

江苏省盐城市大丰区大中镇海防村(裕华大蒜)

江苏省南京市溧水区晶桥镇水晶村(晶湖螃蟹)

江苏省句容市茅山镇丁家边村(桑葚)

江苏省徐州市贾汪区耿集街道办事处(草莓)

江苏省溧阳市社渚镇(溧阳青虾)

江苏省东海县石梁河镇(石梁河葡萄)

江苏省兴化市安丰镇(兴化大闸蟹)

江苏省南京市高淳区阳江镇(固城湖螃蟹)

江苏省广陵区头桥镇红平村(有机稻米)

江苏省沭阳县庙头镇(花卉苗木)

浙江省湖州市吴兴区东林镇泉庆村(泉佳潭鲈鱼)

浙江省桐乡市石门镇殷家漾村(殷家漾蜜梨)

浙江省兰溪市女埠街道穆坞村(穆坞枇杷)

浙江省慈溪市横河镇(慈溪杨梅)

浙江省宁海县桑洲镇(望海茶茶叶)

浙江省磐安县新渥镇(磐五味中药材)

浙江省三门县蛇蟠乡(三门青蟹)

安徽省庐江县同大镇永安村(同大圩葡萄)

安徽省太湖县北中镇望天村(天华谷尖绿茶)

安徽省来安县半塔镇罗庄村(罗庄葡萄)

安徽省郎溪县姚村乡妙泉村(瑞草魁茶叶)

安徽省东至县花园乡源口村(绿茶)

安徽省枞阳县官埠桥镇官山村(仙羽舌白茶)

安徽省临泉县高塘镇贾王村(辣椒)

安徽省无为县无城镇董桥村(羽毛加工)

安徽省广德县卢村镇笄山村(休闲农业)

安徽省黄山市屯溪区奕棋镇徐村(设施蔬菜)

安徽省蒙城县乐土镇双龙社区(谷婆婆西葫芦)

安徽省霍山县大化坪镇(霍山黄芽)

福建省柘荣县东源乡铁场村(辣椒)

福建省永春县东关镇外碧村(永春白番鸭)

福建省上杭县临城镇九洲村(九翠洲蜜雪梨)

福建省永安市西洋镇内炉村(永安内炉芙蓉李)

福建省三明市三元区莘口镇楼源村(蔬菜)

福建省建瓯市水源乡桃源村(建瓯锥栗)

福建省建瓯市房道镇连地村(连地白笋)

江西省赣州市章贡区沙石镇火燃村(茹蔬城食用菌)

江西省瑞金市叶坪乡田坞村(京瑞民兴辣椒)

江西省黎川县华山镇洲湖村(白茶)

江西省铜鼓县大塅镇交山村(有机白茶)

江西省莲花县良坊镇新田村(甜叶菊)

江西省南昌县黄马乡(蔬菜)

江西省永丰县佐龙乡(辣椒)

江西省庐山市横塘镇(羽绒电商)

江西省横峰县葛源镇(春桂葛根)

江西省乐平市乐港镇(乐港蔬菜)

江西省分宜县凤阳镇(凤扬西瓜)

山东省栖霞市蛇窝泊镇东院头村(日月爱霞苹果)

山东省沂水县诸葛镇(沂水苹果)

山东省枣庄市山亭区山城街道(山亭花椒)

山东省禹城市辛店镇沙河辛村(沙河辛西瓜)

山东省济阳县仁风镇(仁风西瓜)

山东省寿光市稻田镇桂河三村(桂河芹菜)

山东省威海市文登区高村镇沙柳村(沙柳村西红柿)

山东省莱芜市莱城区高庄街道曹家庄村(高庄芹菜)

山东省菏泽市定陶区南王店镇(南王店西瓜)

山东省惠民县皂户李镇(苗木花卉)

山东省平度市蓼兰镇(平度大花生)

山东省高青县常家镇蓑衣樊村(高青大米)

山东省邹城市中心店镇(中心店草莓)

山东省平邑县地方镇(天宝山山楂)

山东省莱芜市莱城区牛泉镇庞家庄村(大南山山楂干)

山东省成武县张楼镇乔庄行政村(青展黄瓜)

山东省高密市阚家镇松兴屯村(美益兴葡萄)

山东省博兴县锦秋街道湾头村(草柳编工艺品)

山东省乐陵市云红街道(乐陵金丝小枣)

山东省东营市垦利区胜坨镇小张村(面包小麦)

河南省汤阴县韩庄乡南张贾村(有机果蔬)

河南省济源市承留镇玉阳村(玉阳山核桃)

河南省濮阳县胡状乡炉里村(蔬菜)

河南省巩义市小关镇南岭新村(核桃)

河南省舞钢市尚店镇王庄村(乡村旅游)

河南省潢川县踅孜镇淮南村(淮蘭翠芽)

河南省南乐县张果屯乡烟之东村(淼富草莓)

河南省郸城县秋渠乡于寨村(芹菜)

河南省西峡县双龙镇(西峡香菇)

湖北省武汉市蔡甸区侏儒山街金鸡村(蔡甸藜蒿)

湖北省武汉市新洲区李集街张集村(李集香葱)

湖北省宜都市高坝洲镇(宜都蜜柑)

湖北省枣阳市新市镇(新市鲜桃)

湖北省枝江县七星台镇(七星台蒜薹)

湖北省松滋市万家乡邓家铺村(松滋柑桔)

湖北省江陵县三湖管理区新建大队(三湖黄桃)

湖北省建始县花坪镇村坊村(关口葡萄)

湖北省孝昌县周巷镇(周巷凤凰茶)

湖北省红安县二程镇(红安苔)

湖北省咸丰县高乐山镇沙坝村(长青茶叶)

湖北省荆门市东宝区牌楼镇来龙村(蔬菜)

湖北省通山县南林桥镇石门村(莲藕)

湖北省崇阳县天城镇茅井村(太空莲)

湖北省谷城县石花镇(花卉苗木)

湖南省浏阳市高坪镇高坪社区(茄子)

湖南省长沙县金井镇湘丰村(湘丰绿茶)

湖南省茶陵县高陇镇石冲村(石冲脐橙)

湖南省岳阳市君山区钱粮湖镇马颈河村(三封辣椒)

湖南省湘阴县樟树镇文谊新村(樟树港辣椒)

湖南省新邵县大新镇栗滩社区(药用玫瑰)

湖南省道县上关街道办事处向阳村(道州脐橙)

湖南省龙山县兴隆街道办事处白岩洞村(龙山百合)

湖南省保靖县清水坪镇客寨村(保靖黄金茶)

湖南省资兴市清江镇(东江湖蜜桔)

湖南省沅陵县陈家滩乡(五强溪鱼)

广东省仁化县红山镇鱼皇村(丹霞红红茶)

广东省肇庆市高要区活道镇仙洞村(活道粉葛)

广东省陆丰市博美镇赤坑村(萝卜)

广东省东源县船塘镇(板栗)

广东省茂名市电白区水东镇(水东芥菜)

广东省怀集县坳仔镇(怀集茶杆竹)

广西壮族自治区苍梧县六堡镇塘平村(六堡茶)

广西壮族自治区灵川县海洋乡小平乐村(桃)

广西壮族自治区武宣县桐岭镇和律村(哈密瓜)

广西壮族自治区贵港市覃塘区覃塘镇龙凤村(覃塘莲藕)

广西壮族自治区南宁市良庆区南晓镇那敏村(荔枝)

广西壮族自治区全州县绍水镇(双孢蘑菇)

广西壮族自治区荔浦县修仁镇(砂糖桔)

广西壮族自治区永福县龙江乡(永福罗汉果)

广西壮族自治区柳城县东泉镇柳城华侨农场(柳城蜜桔)

海南省昌江黎族自治县海尾镇五大村(哈蜜瓜)

海南省文昌市会文镇(星月佛珠)

海南省海口市琼山区三门坡镇(荔枝)

海南省文昌市会文镇边海村(石斑鱼)

重庆市北碚区静观镇中华村(中华糯小米)

重庆市巴南区鱼洞街道百胜村(鱼洞乌皮樱桃)

重庆市合川区小沔镇盛泉村(小米花生)

重庆市涪陵区南沱镇治坪村(竹笋)

重庆市酉阳土家族苗族自治县花田乡何家岩村(酉阳贡米)

重庆市奉节县朱衣镇砚瓦村(奉节脐橙)

重庆市江津区石门镇李家村(晚熟柑橘)

重庆市永川区大安街道花果山村(永川秀芽)

重庆市九龙坡区陶家镇治安村(花椒)

重庆市渝北区石船镇胜天村(桃子)

重庆市綦江区石壕镇(花坝糯玉米)

重庆市梁平区虎城镇(虎城尖柚)

重庆市垫江县坪山镇人民政府(涪地特榨菜)

四川省都江堰市胥家镇金胜社区(都江堰猕猴桃)

四川省邛崃市夹关镇龚店村(邛崃黑茶)

四川省罗江县蟠龙镇宝峰村(罗江贵妃枣)

四川省德阳市旌阳区东湖乡高槐村(乡村旅游)

四川省绵阳市涪城区关帝镇清水村(青花椒)

四川省遂宁市安居区常理镇大洞村(安居黄金梨)

四川省资中县骝马镇三柏村(资中血橙)

四川省夹江县三洞镇建新村(茶叶)

四川省丹棱县顺龙乡幸福村(红雅顶脆红李)

四川省康定市姑咱镇达杠村(达杠苹果)

四川省黑水县知木林乡维多村(核桃)

四川省马尔康市梭磨乡砍竹村(蔬菜)

四川省自贡市贡井区五宝镇(五宝花生)

四川省盐边县惠民乡(盐边桑椹)

四川省江油市新安镇(农业公园)

四川省叙永县水潦彝族乡(赤水河甜橙)

四川省古蔺县桂花乡(古蔺赶黄草)

四川省苍溪县运山镇(苍溪雪梨)

四川省隆昌县普润镇(特色水产)

贵州省沿河土家族自治县中寨镇中寨村(沿河山羊)

贵州省湄潭县永兴镇马义村(星叶绿茶叶)

贵州省正安县和溪镇大坎村(千秋汇红橙)

贵州省独山县影山镇黄桥村(葡萄)

贵州省龙里县湾滩河镇园区村(龙里豌豆尖)

贵州省普定县猫洞乡猫洞村(朵贝茶)

贵州省沿河土家族自治县沙子街道(沙子空心李)

云南省勐海县勐宋乡三迈村委会南本老寨村(古树茶)

云南省永平县龙门乡大坪坦村(大坪坦茶叶)

云南省南涧县小湾东镇岔江村(南涧无量山乌骨鸡)

云南省芒市轩岗乡芒棒村(沙糖桔)

云南省罗平县鲁布革乡舌坡村(罗非鱼)

云南省德钦县云岭乡斯农村(葡萄)

云南省双柏县法脿镇法甸村(白竹山茶)

云南省西盟县勐卡镇永邦村(西盟米荞)

云南省华坪县石龙坝镇(华坪芒果)

云南省华宁县盘溪镇(华宁柑桔)

西藏自治区曲松县曲松镇琼嘎村(藏药材)

西藏自治区贡觉县莫洛镇幸福村(昌都阿旺绵羊)

西藏自治区林芝市巴宜区更章门巴民族乡久巴村(草莓)

西藏自治区隆子县隆子镇(隆子黑青稞糌粑)

陕西省西安市临潼区斜口街办房河村(临潼石榴)

陕西省韩城市芝阳镇马村(韩城大红袍花椒)

陕西省宝鸡市陈仓区凤阁岭镇通关河村(苹果)

陕西省榆林市横山区双城办事处王梁村(横山羊肉)

陕西省咸阳市杨凌区五泉镇汤家村(蔬菜)

陕西省洋县纸坊街道办草坝村(梨)

陕西省铜川市耀州区锦阳路街办水峪村(苹果)

陕西省武功县普集镇社区董家村(猕猴桃)

陕西省子长县余家坪镇新寨河村(大棚油桃)

陕西省岚皋县蔺河镇蒋家关村(岚皋魔芋)

陕西省山阳县延坪镇枫树村(延坪绿茶)

陕西省镇坪县华坪镇团结村(镇坪黄连)

陕西省西安市阎良区关山镇北冯村(阎良甜瓜)

陕西省扶风县天度镇(苹果)

陕西省留坝县玉皇庙镇(留坝黑木耳)

陕西省渭南市华州区瓜坡镇(蔬菜)

陕西省米脂县杨家沟镇(米脂小米)

陕西省丹凤县棣花镇(丹凤葡萄)

陕西省合阳县黑池镇(合阳红薯)

甘肃省皋兰县什川镇长坡村(皋兰软儿梨)

甘肃省敦煌市月牙泉镇月牙泉村(敦煌李广杏)

甘肃省天水市秦州区四十铺村(花牛苹果)

甘肃省庄浪县万泉镇邵坪村(苹果)

甘肃省陇西县首阳镇南门村(黄芪)

甘肃省瓜州县西湖乡西湖村(瓜州密瓜)

甘肃省武威市凉州区羊下坝镇(诚坤蔬菜)

甘肃省庆城县白马铺镇(苹果)

甘肃省永昌县焦家庄乡(永昌胡萝卜)

青海省大通回族土族自治县黄家寨镇阿家村(大通鸡腿葱)

青海省湟中县多巴镇玉拉村(葡萄)

青海省大通回族土族自治县向化乡立树尔村(藏香猪)

青海省互助县巴扎乡元莆沟村(白牦牛)

青海省民和县中川乡前进村(蔬菜)

青海省河南县柯生镇尖克村(欧拉羊)

宁夏回族自治区贺兰县洪广镇金山村(金山羊)

宁夏回族自治区吴忠市利通区上桥镇牛家坊村(休闲农业)

宁夏回族自治区中卫市沙坡头区常乐镇罗泉村(香山硒砂)

宁夏回族自治区西吉县马莲乡张堡塬村(西吉马铃薯)

宁夏回族自治区盐池县王乐井乡牛记圈村(盐池滩羊肉)

宁夏回族自治区贺兰县常信乡(淡水鱼)

宁夏回族自治区青铜峡市叶盛镇(地三贡米)

新疆维吾尔自治区巩留县阿尕尔森镇沙尔乌泽克村(三香红苹果)

新疆维吾尔自治区伊宁县阿乌利亚乡阿乌利亚村(民族刺绣)

新疆维吾尔自治区察布查尔县扎库齐牛录乡查干布拉克村(罗马甘菊)

新疆维吾尔自治区昌吉市滨湖镇东沟村(蔬菜)

新疆维吾尔自治区玛纳斯县包家店镇马家庄村(苹果)

新疆维吾尔自治区青河县阿热勒乡阔布村(驴)

新疆维吾尔自治区布尔津县窝依莫克镇托库木特村(休闲旅游)

新疆维吾尔自治区布鄯善县连木沁镇尤库日买里村(葡萄)

新疆维吾尔自治区且末县库拉木勒克乡巴什克其克村(大蒜)

新疆生产建设兵团第二师三十六团(子母河红枣)

新疆生产建设兵团第八师一四三团八连(石河子一四三团蟠桃)

新疆生产建设兵团第八师一二一团二十二连(克瑞森葡萄)

第八批全国一村一品示范村镇名单

北京市海淀区上庄镇西马坊村(京西稻)

北京市通州区西集镇沙古堆村(通州大樱桃)

北京市房山区韩村河镇圣水峪村(香椿)

北京市平谷区大华山镇西牛峪村(玉露香梨)

北京市顺义区龙湾屯镇焦庄户村(苹果)

北京市延庆区四海镇前山村(京水源菊花茶)

北京市怀柔区桥梓镇岐庄村(岐庄杂杂枣)

北京市昌平区十三陵镇康陵村(正德春饼宴)

北京市怀柔区渤海镇(怀柔板栗)

天津市武清区河北屯镇肖赶庄村(西红柿)

天津市蓟州区出头岭镇李家仓村(香菇)

天津市蓟州区别山镇西史各庄村(红花峪桑椹)

河北省正定县正定镇塔元庄村(无花果)

河北省滦平县火斗山乡孙营村(草莓)

河北省平泉市小寺沟镇河沟子村(苹果)

河北省张北县小二台镇德胜村(德胜马铃薯)

河北省尚义县七甲乡大六号村(结球生菜)

河北省迁西县汉儿庄乡杨家峪村(迁西板栗)

河北省大城县权村镇后李各庄(金丝小枣)

河北省肃宁县万里镇西辛庄(蔬菜)

河北省宁晋县苏家庄镇伍烈霍村(宁晋鸭梨)

河北省新乐市邯邰镇(新乐西瓜)

河北省兴隆县孤山子镇(兴隆板栗)

河北省昌黎县十里铺乡(葡萄)

河北省易县独乐乡(林果)

河北省阜城县霞口镇(阜兴梨)

山西省平顺县佛龙溪镇堂岭村(平顺潞党参)

山西省襄汾县景毛乡申村(晋乡红苹果)

山西省隰县阳头升乡竹干村(隰县梨)

山西省汾阳市栗家庄乡(裕源核桃)

山西省太谷县任村乡(美枝蔬菜)

山西省曲沃县里村镇(里丰葡萄)

内蒙古自治区兴安盟科尔沁右翼前旗归流河镇巴达仍贵嘎查(巴达仍贵大米)

内蒙古自治区巴彦淖尔市乌拉特后旗潮格温都尔镇西尼乌素嘎查(戈壁红驼)

内蒙古自治区巴彦淖尔市乌拉特中旗温更镇阿拉腾呼少嘎查(二郎山白绒山羊)

内蒙古自治区包头市九原区哈业胡同镇新胜村(黑柳子甜瓜)

内蒙古自治区呼伦贝尔市莫力达瓦达斡尔族自治旗腾克镇东伊必奇村(莫力达瓦大豆)

内蒙古自治区呼伦贝尔市阿荣旗向阳峪镇太平沟村(蛾中仙柞蚕)

内蒙古自治区鄂尔多斯市达拉特旗树林召镇东海心村(大树湾黄河鱼)

内蒙古自治区乌兰察布市集宁区马莲渠乡霸王河村(霸王河蔬菜)

内蒙古自治区赤峰市喀喇沁旗王爷府镇(喀喇沁番茄)

内蒙古自治区赤峰市巴林左旗十三敖包镇(笤帚)

辽宁省沈阳市辽中区刘二堡镇皮家堡村(葡萄)

辽宁省沈阳市辽中区冷子堡镇金山堡村(淡水鱼)

辽宁省大石桥市高坎镇党家村(高坎淡水鱼)

辽宁省盘锦市大洼区唐家镇白家村(碱地西红柿)

辽宁省瓦房店市驼山乡(大樱桃)

辽宁省瓦房店市得利寺镇(得利寺大樱桃)

吉林省白城市洮北区洮河镇连城村(御粟小米)

吉林省德惠市布海镇长山村(蔬乡门地瓜菜)

吉林省东丰县横道河镇大房村(马记鹿茸)

吉林省伊通满族自治县景台镇秀山村(伊通榛子)

吉林省公主岭市怀德镇三里堡子村(棚膜蔬菜)

吉林省珲春市敬信镇防川村(乡村旅游)

吉林省辉南县楼街乡茂盛村(稻鸣香米)

吉林省舒兰市平安镇(舒兰大米)

黑龙江省肇源县义顺乡东义顺村(奶牛、肉牛)

黑龙江省穆棱市下城子镇悬羊村(黑木耳)

黑龙江省宁安市江南乡东安村(寒地果)

黑龙江省萝北县团结镇工农兵村(水稻)

黑龙江省密山市和平朝鲜族乡新建村(蔬菜)

黑龙江省海伦市东林乡战胜村(菇娘)

黑龙江省铁力市铁力镇满江红村(平贝)

黑龙江省依安县红星乡红旗村(果蔬)

黑龙江省齐齐哈尔市梅里斯达斡尔族区雅尔塞镇(蔬菜)

江苏省南京市溧水区洪蓝镇傅家边村(傅家边林果)

江苏省徐州市贾汪区潘安湖街道马庄村(香包)

江苏省溧阳市戴埠镇牛场村(牛场南天竺)

江苏省太仓市城厢镇电站村(翠冠梨)

江苏省启东市南阳镇元祥村(四青作物)

江苏省灌南县新集镇周庄村(果蔬)

江苏省宝应县泛水镇新荡村(有机稻米、蔬菜)

江苏省句容市白兔镇白兔村(云兔草莓)

江苏省兴化市永丰镇蔡星村(兴化大闸蟹)

江苏省苏州市吴中区甪直镇江湾村(设施蔬菜)

江苏省东台市三仓镇(东台西瓜)

江苏省丰县宋楼镇(大沙河苹果)

江苏省响水县南河镇(西兰花)

浙江省乐清市雁荡镇能仁村(雁荡毛峰)

浙江省桐乡市梧桐街道桃园村(桐乡槜李)

浙江省湖州市南浔区千金镇东马干村(黄颡鱼)

浙江省庆元县竹口镇黄坛村(甜橘柚)

浙江省建德市杨村桥镇(草莓)

浙江省象山县定塘镇(柑橘)

浙江省江山市塘源口乡(猕猴桃)

浙江省缙云县大洋镇(高山茭白)

浙江省天台县永溪乡(香米)

浙江省温岭市滨海镇(葡萄)

浙江省宁海县一市镇(白枇杷)

安徽省旌德县云乐镇陈岭村(旌德灵芝)

安徽省青阳县酉华镇乐元村(九华黄精)

安徽省太湖县百里镇大竹村(太湖黄牛)

安徽省繁昌县平铺镇新塘村(中典小龙虾)

安徽省界首市陶庙镇赵庄村(丰絮马铃薯)

安徽省怀远县白莲坡镇姚山村(姚山甲鱼)

安徽省六安市裕安区狮子岗乡新华村(狮果岭红桃)

安徽省蒙城县小辛集乡李大塘村(西兰花)

安徽省淮南市大通区上窑镇张郢村(菌润双孢菇)

安徽省灵璧县渔沟镇纸房村(华馗黄瓜)

安徽省来安县张山乡张山村(中郢油桃)

安徽省当涂县湖阳镇(石臼湖螃蟹)

安徽省潜山县塔畈乡(彭河绿茶)

福建省连城县文亨镇鲤江村(文亨红衣花生)

福建省松溪县郑墩镇万前村(万前百年蔗)

福建省福鼎市点头镇柏柳村(福鼎白茶)

福建省宁化县曹坊镇石牛村(闽娇辣椒)

福建省德化县春美乡(德化黄花菜)

福建省连城县朋口镇(连城兰花)

福建省龙岩市永定区仙师镇(永定六月红早熟芋)

江西省崇义县麟潭乡两杰村(刺葡萄)

江西省宁都县田头镇白沙村(席草)

江西省广昌县盱江镇彭田村(广昌白莲)

江西省吉安县横江镇良枧村(横江葡萄)

江西省彭泽县太泊湖农业综合开发区泊湖村(稻虾共作)

江西省奉新县会埠镇西庄村(伊田圆鲜蔬)

江西省弋阳县叠山镇周潭村(弋阳大禾谷)

江西省上栗县赤山镇麻田村(冰糖柚)

江西省新余市渝水区良山镇下保村(花卉苗木)

江西省南昌县冈上镇(鸭苗)

江西省浮梁县臧湾乡(浮梁茶)

山东省昌邑市饮马镇山阳村(山阳大梨)

山东省沂南县蒲汪镇茶坡村(茶坡芹菜)

山东省泰安市泰山区省庄镇小津口村(津口女儿茶)

山东省淄博市博山区博山镇上瓦泉村(博山草莓)

山东省莱芜市莱城区牛泉镇贺小庄村(莱芜鸡腿葱)

山东省邹平县黛溪街道办事处张高村(张高水杏)

山东省荏平县贾寨镇耿店村(荏星蔬菜)

山东省济南市南部山区高而办事处核桃园村(核桃)

山东省菏泽市定陶区南王店镇王楼村(南王店西瓜)

山东省巨野县万丰镇阚店村(苦瓜)

山东省青岛市黄岛区大场镇南辛庄村(从荣草莓)

山东省莒县峤山镇(莒县大姜)

山东省单县李新庄镇(单县香瓜)

山东省荣成市港西镇(荣成无花果)

山东省东营市河口区新户镇(海参)

山东省枣庄市薛城区周营镇(果蔬)

山东省平原县王杲铺镇(杲牌黄瓜)

山东省微山县南阳镇(休闲农业)

山东省五莲县潮河镇(日照绿茶)

河南省长葛市佛耳湖镇尚庄村(长葛蜂蜜)

河南省渑池县任村乡南坻坞村(仰韶贡米)

河南省鲁山县熊背乡大年沟村(大年沟血桃)

河南省灵宝市尹庄镇前店村(昌盛宝菇)

河南省南乐县西邵乡李崇町村(西邵红杏)

河南省平舆县东皇街道大王寨村(平舆白芝麻)

河南省淅川县九重镇张河村(淅川软籽石榴)

河南省唐河县马振扶镇前庄村(乡村旅游)

河南省鹤壁市鹤山区姬家山乡东齐村(红油香椿)

河南省潢川县付店镇(潢川空心贡面)

河南省夏邑县北岭镇(夏邑西瓜)

湖北省随县三里岗镇吉祥寺村(随州香菇)

湖北省南漳县东巩镇双坪村(南漳黑木耳)

湖北省五峰土家族自治县采花乡星岩坪村(五峰茶叶)

湖北省咸宁市咸安区高桥镇白水村(白水畈萝卜)

湖北省远安县茅坪场镇瓦仓村(瓦仓大米)

湖北省荆州市开发区滩桥镇移民新村(一米金橘)

湖北省荆门市漳河新区双喜街双井村(双井西瓜)

湖北省武汉市洪山区洪山街先建村(洪山菜薹)

湖北省大冶市金山店镇向阳村(香李)

湖北省大冶市保安镇沼山村(狗血桃)

湖北省武汉市东西湖区东山办事处群力大队(东西湖葡萄)

湖北省宣恩县万寨乡(伍家台贡茶)

湖北省嘉鱼县陆溪镇(嘉鱼珍湖莲藕)

湖北省咸丰县坪坝营镇墨池寺村(滋恬富硒藤茶)

湖南省浏阳市普迹镇书院新村(爽健毛豆)

湖南省新邵县潭府乡中潭村(玉辉猕猴桃)

湖南省澧县复兴镇双堰村(复兴苹果柚)

湖南省桃江县马迹塘镇京华村(桃江竹笋)

湖南省新田县陶岭镇仁岗村(三味辣椒)

湖南省新化县奉家镇渠江源村(茶叶)

湖南省麻阳县高村镇大力林村(莲馨柑桔)

湖南省湘乡市毛田镇(香露红茶叶)

湖南省常宁市塔山瑶族乡(塔山山岚茶)

湖南省慈利县苗市镇(湘慈柑桔)

湖南省桂阳县莲塘镇(莲塘中药材)

广东省珠海市斗门区白蕉镇昭信村(海鲈鱼)

广东省郁南县东坝镇思磊村(东坝蚕茧)

广东省龙门县麻榨镇下龙村(绿安杨桃)

广东省信宜市洪冠镇(洪冠南药)

广东省高州市根子镇(荔枝)

广东省乐昌市北乡镇(北乡马蹄)

广西壮族自治区贺州市八步区贺街镇西南村(八步三华李)

广西壮族自治区龙胜各族自治县乐江乡地灵村(龙胜红糯)

广西壮族自治区全州县绍水镇柳甲村(福禄旺沙糖桔)

广西壮族自治区武宣县黄茆镇麻爪村(麻爪大果枇杷)

广西壮族自治区百色市右江区四塘镇六合村(芒果)

广西壮族自治区博白县菱角镇石柳村(沃柑)

广西壮族自治区武宣县东乡镇风沿村(红心蜜柚)

广西壮族自治区北流市北流镇六行村(北流荔枝)

广西壮族自治区田东县林逢镇林驮村(田东香芒)

海南省昌江县十月田镇好清村(香水菠萝)

海南省琼中县湾岭镇岭脚村(桑蚕)

海南省琼中县红毛镇罗坎村(山茶油)

海南省琼中县和平镇长兴村二队(飞瀑山咖啡)

海南省儋州市木棠镇铁匠村(黄花梨木)

重庆市万州区白羊镇大弯村(万州柠檬)

重庆市涪陵区南沱镇睦和村(涪陵龙眼)

重庆市九龙坡区西彭镇真武宫村(葡萄)

重庆市长寿区邻封镇邻封村(长寿沙田柚)

重庆市长寿区龙河镇四坪村(柑橘)

重庆市江津区西湖镇青泊村(柑橘)

重庆市大足区棠香街道五星社区(足源枇杷)

重庆市万盛区黑山镇南门村(黑山猕猴桃)

重庆市垫江县砚台镇登丰村(青花椒)

重庆市武隆区火炉镇筏子村(火炉脆桃)

重庆市荣昌区吴家镇双流村(蔬菜)

重庆市云阳县泥溪镇胜利村(黑木耳)

重庆市合川区古楼镇山林村(枇杷)

重庆市忠县新立镇(柑橘)

四川省邛崃市火井镇双童村(绿佳康猕猴桃)

四川省米易县草场乡龙华村(枇杷)

四川省中江县杰兴镇觉慧村(中江挂面)

四川省绵阳市游仙区云凤镇柏荣村(川仙生态鱼)

四川省青川县板桥镇红旗村(黑木耳)

四川省蓬溪县任隆镇八角村(蓬溪仙桃)

四川省内江市东兴区新店乡上塘坊村(上塘坊青花椒)

四川省马边彝族自治县苏坝镇白杨槽村(马边绿茶)

四川省筠连县筠连镇五凤村(筠连黄牛)

四川省广安市广安区龙安乡群策村(龙安柚)

四川省青神县南城镇兰沟村(青神竹编)

四川省九寨沟县陵江乡七里村(九寨沟甜樱桃)

四川省西昌市西乡乡凤凰村(月凤紫晶葡萄)

四川省石棉县宰羊乡坪阳村(石棉黄果柑)

四川省金堂县清江镇(金乡姬菇)

四川省荣县来牟镇(牟芽青茶叶)

四川省广元市昭化区柳桥乡(昭化茯苓)

四川省达州市达川区百节镇(达县乌梅)

贵州省铜仁市万山区敖寨乡中华山村(食用菌)

贵州省安顺市西秀区双堡镇大坝村(安顺金刺梨)

贵州省紫云县坝羊镇新山村(星秀山茶叶)

贵州省晴隆县长流乡溪流村(辣木)

贵州省赤水市两河口镇大荣村(竹叶鱼)

贵州省盘州市盘关镇贾西村(刺梨)

贵州省贵阳市乌当区百宜镇洛坝村(百宜辣椒)

贵州省金沙县木孔镇湾子社区(湾子辣椒)

贵州省黔西县金碧镇杨家店村(药用皂角)

云南省临沧市临翔区博尚镇永泉村(博尚菜籽油)

云南省镇康县忙丙乡马鞍山村(镇康马鞍山茶)

云南省云龙县诺邓镇天池村(麦地湾梨)

云南省屏边县湾塘乡阿碑村(屏边荔枝)

云南省勐海县格朗和乡南糯山村(古树茶)

云南省绥江县新滩镇石龙村(半边红李子)

云南省腾冲市马站乡和睦社区(腾冲红花油茶)

云南省宾川县拉乌乡(宾川拉乌核桃)

云南省石林县西街口镇(人参果)

云南省华坪县荣将镇(华坪芒果)

云南省宣威市务德镇(坤太干辣椒)

西藏自治区八宿县拉根乡拉根村(荞麦)

西藏自治区聂荣县色庆乡帕玉村(奶制品)

西藏自治区山南市乃东区结巴乡多若村(春梅草莓)

西藏自治区拉萨市城关区夺底乡(树莓)

西藏自治区曲水县达嘎乡(艾玛岗土豆)

陕西省吴堡县岔上镇丁家畔村(吴堡红枣)

陕西省宁强县高寨子街道办事处肖家坝村(青木川绿茶)

陕西省乾县梁山镇官地村(梁山双矮苹果)

陕西省紫阳县瓦庙镇新华村(魔芋)

陕西省柞水县下梁镇西川村(柞水黑木耳)

陕西省凤县双石铺镇十里店村(花椒)

陕西省澄城县韦庄镇东白龙村(东白龙冬枣)

陕西省陇县温水镇坪头村(香菇)

陕西省子洲县淮宁湾镇前清水沟村(黄土圪苹果)

陕西省武功县大庄镇大西村(番茄)

陕西省旬邑县城关镇纸坊村(甜瓜)

陕西省吴起县五谷城镇桐寨村(肥土地谷子)

陕西省佛坪县越坝镇大古坪村(佛坪土蜂蜜)

陕西省千阳县南寨镇(苹果)

陕西省大荔县朝邑镇(大荔冬枣)

陕西省靖边县王渠则镇(靖边荞麦)

陕西省镇安县达仁镇(镇安象园茶)

陕西省汉中市南郑区牟家坝镇(绿茶)

陕西省洛川县老庙镇(延美苹果)

甘肃省张掖市甘州区花寨乡花寨村(金花寨小米)

甘肃省甘谷县磐安镇燕家庄村(韭菜)

甘肃省定西市安定区香泉镇陈家圳村(定西马铃薯)

甘肃省金昌市金川区宁远堡镇东湾村(东湾绿萝卜)

甘肃省兰州市兰州新区中川镇赖家坡村(玫瑰)

甘肃省永靖县三塬镇下塬村(蔬菜)

甘肃省瓜州县瓜州乡三工村(哈密瓜)

甘肃省灵台县独店镇冯家堡村(苹果)

甘肃省高台县巷道镇东联村(果蔬)

青海省湟中县拦隆口镇上庄村(大葱)

青海省湟中县田家寨镇田家寨村(千紫缘枸杞芽茶)

青海省湟中县土门关乡上山庄村(休闲农业)

青海省互助县西山乡郭家沟村(马铃薯)

青海省贵德县新街乡鱼山村(蒜苗)

青海省乌兰县茶卡镇(乌兰茶卡羊)

宁夏回族自治区西吉县红耀乡井湾村(西吉马铃薯)

宁夏回族自治区泾源县香水镇上桥村(泾源黄牛肉)

宁夏回族自治区盐池县花马池镇柳杨堡村(盐池滩羊)

宁夏回族自治区永宁县望远镇板桥村(蔬菜)

宁夏回族自治区中宁县舟塔乡潘营村(中宁枸杞)

宁夏回族自治区灵武市梧桐树乡(兴唐贡米)

宁夏回族自治区彭阳县红河镇(彭阳辣椒)

新疆维吾尔自治区阜康市城关镇头工中心村(西红柿)

新疆维吾尔自治区察布查尔锡伯自治县绰霍尔乡博斯坦村(水稻)

新疆维吾尔自治区富蕴县喀拉布勒根乡喀拉苏村(玉米)

新疆生产建设兵团第四师可克达拉市73团4连(哈沙科大米)

新疆生产建设兵团第一师阿拉尔市4团(四团吊干杏)

新疆生产建设兵团第十师182团(食葵)

新疆生产建设兵团第十三师柳树泉农场(无核白葡萄)

第九批全国"一村一品"示范村镇名单

北京市昌平区崔村镇八家村(崔村红苹果)

北京市平谷区峪口镇西营村(甜那溪有机大桃)

北京市延庆区永宁镇新华营村(鲜切菊花)

北京市大兴区安定镇前野厂村(安定桑葚)

北京市怀柔区九渡河镇黄花镇村(黄花镇蓝莓)

北京市怀柔区怀北镇河防口村(河防口红肖梨)

北京市顺义区北小营前鲁各庄村（张堪水稻）

北京市延庆区刘斌堡乡下虎叫村（民宿）

北京市昌平区十三陵镇仙人洞村（民宿）

天津市北辰区西堤头镇赵庄子村（现代都市渔业园）

天津市武清区石各庄镇敖东村（金果梨）

天津市宁河区东棘坨镇小从村（水稻）

河北省承德市滦平县大屯镇（食用菌）

河北省承德市围场满族蒙古族自治县新拨镇二道河子村（胡萝卜）

河北省秦皇岛市青龙满族自治县土门子镇丰果村（苹果）

河北省秦皇岛市昌黎县新集镇小营村（黄瓜）

河北省秦皇岛市昌黎县荒佃庄镇（皮毛）

河北省唐山市遵化市西留村乡朱山庄村（蒜黄）

河北省邯郸市邱县新马头镇礼村（邱县蜜桃）

河北省邯郸市曲周县安寨镇前衙村（葡萄）

河北省邢台市隆尧县山口镇东尚村（隆尧鸡腿葱）

河北省邢台市威县第什营镇西梨园村（葡萄）

河北省张家口市怀安县怀安城镇黄家窑村（蔬菜）

河北省张家口市张北县二台镇金家村（马铃薯）

河北省石家庄市新乐市邯邰镇小流村（新乐西瓜）

河北省石家庄市赵县范庄镇大安一村（梨果）

河北省保定市定州市东留春乡北邵村（黑小麦）

河北省保定市顺平县台鱼乡南台鱼村（林果）

河北省保定市阜平县平阳镇白家峪村（香菇）

河北省沧州市吴桥县曹洼乡岳庄村（玉米谷子）

河北省沧州市黄骅市滕庄子乡孔店村（冬枣）

河北省廊坊市大城县臧屯镇九间房村（葫芦）

河北省衡水市阜城县霞口镇刘老人村（梨果）

河北省石家庄市辛集市旧城镇（果蔬）

山西省运城市临猗县庙上乡（冬枣）

山西省吕梁市文水县胡兰镇保贤村（肉牛）

山西省阳泉市平定县巨城镇半沟村（红薯）

山西省长治市壶关县店上镇绍良村(旱地西红柿)

山西省大同市阳高县罗文皂镇管家堡村(粽子)

山西省忻州市代县胡峪乡望台村(白水杏)

山西省晋中市和顺县横岭镇翟家庄村(肉牛)

山西省临汾市乡宁县枣岭乡湾里村(花椒)

山西省晋城市沁水县土沃乡南阳村(农业观光、康养旅游)

内蒙古自治区呼伦贝尔市海拉尔区哈克镇(牛奶)

内蒙古自治区鄂尔多斯市乌审旗乌兰陶勒盖镇(生猪)

内蒙古自治区鄂尔多斯市鄂托克旗阿尔巴斯苏木(阿尔巴斯白绒山羊)

内蒙古自治区通辽市奈曼旗青龙山镇互利村(甘薯)

内蒙古自治区巴彦淖尔市杭锦后旗三道桥镇和平村(西甜瓜)

内蒙古自治区兴安盟乌兰浩特市义勒力特镇(水稻)

内蒙古自治区兴安盟扎赉特旗好力保镇水田村(水稻)

内蒙古自治区兴安盟科尔沁右翼前旗乌兰毛都苏木草根台嘎查(肉羊)

内蒙古自治区呼伦贝尔市扎兰屯市南木鄂伦春民族乡大兴村(甜玉米、鲜食米)

内蒙古自治区巴彦淖尔市乌拉特中旗德岭山镇苏独仑嘎查(花生)

辽宁省葫芦岛市建昌县养马甸子乡(香菇)

辽宁省沈阳市新民市大民屯镇(设施蔬菜)

辽宁省本溪市桓仁县二棚甸子镇(野山参)

辽宁省丹东市东港市北井子镇獐岛村(休闲农业)

辽宁省丹东市东港市椅圈镇李家店村(草莓)

辽宁省大连市金普新区七顶山街道拉树山村(大樱桃)

辽宁省朝阳市北票市蒙古营镇跃进村(设施蔬菜)

辽宁省铁岭市昌图县朝阳镇前柏林子村(蛋鸡)

辽宁省朝阳市凌源市东城街道房申村(花卉)

辽宁省大连市庄河市石城乡花山村(生蚝)

吉林省延边朝鲜族自治州龙井市东盛涌镇太平村(有机大米)

吉林省延边朝鲜族自治州图们市石岘镇河北村(食用菌)

吉林省四平市双辽市新立乡公平村(水稻)

吉林省吉林市永吉县万昌镇新立村(水稻)

吉林省白山市临江市闹枝镇闹枝村(黑木耳)

吉林省辽源市西安区灯塔镇富强村(蒲公英)

吉林省长春市榆树市保寿镇红旗村(有机大米)

吉林省白城市洮南市呼和车力蒙古族乡车力村(绿豆)

吉林省松原市宁江区大洼镇民乐村(瓜菜)

吉林省通化市集安市清河镇(人参)

黑龙江省哈尔滨市阿城区亚沟街道(粘豆包)

黑龙江省牡丹江市林口县古城镇(白瓜子)

黑龙江省牡丹江市宁安市兰岗镇(西香瓜)

黑龙江省绥化市兰西县榆林镇(兰榆蔬菜)

黑龙江省哈尔滨市宾县永和乡永和村(蔬菜)

黑龙江省齐齐哈尔市梅里斯达斡尔族区共和镇胜利村(香瓜)

黑龙江省齐齐哈尔市依安县依龙镇奋斗村(甜菜)

黑龙江省佳木斯市桦南县孟家岗镇群英村(黑木耳)

黑龙江省大庆市肇州县二井镇实现村(蔬菜)

黑龙江省大庆市大同区双榆树乡双胜村(小米)

上海市宝山区罗店镇天平村(食用菌)

上海市金山区漕泾镇水库村(淡水养殖)

上海市奉贤区青村镇(黄桃)

上海市松江区泖港镇(大米)

江苏省南京市溧水区东屏街道长乐社区(雪桃、草莓)

江苏省南京市江宁区汤山街道七坊村(休闲农业)

江苏省无锡市江阴市利港街道维常村(中华绒螯蟹)

江苏省徐州市邳州市八路镇(花卉)

江苏省常州市武进区雪堰镇城西回民村(梨)

江苏省常州市金坛区儒林镇湖头村(中华绒螯蟹)

江苏省苏州市昆山市巴城镇武神潭村(大闸蟹)

江苏省南通市如东县掘港街道虹桥村(果蔬)

江苏省南通市海安市大公镇于坝村(梨、桃)

江苏省连云港市灌南县张店镇张店社区(葡萄)

江苏省盐城市东台市新街镇(苗木)

江苏省扬州市仪征市马集镇合心村(黑莓)

江苏省镇江市丹徒区高桥镇高桥村(江蟹、扣蟹)

江苏省泰州市兴化市沙沟镇(淡水鱼)

江苏省泰州市姜堰区白米镇大安村(绿芦笋)

江苏省宿迁市宿城区罗圩乡(蔬果)

江苏省盐城市建湖县恒济镇苗庄村(大闸蟹)

江苏省南通市通州区东社镇(设施蔬菜)

江苏省泰州市高港区白马镇陈家村(水果)

浙江省衢州市常山县青石镇(胡柚)

浙江省金华市磐安县玉山镇(绿茶)

浙江省杭州市西湖区转塘街道上城埭村(绿茶)

浙江省台州市三门县海润街道涛头村(青蟹)

浙江省丽水市青田县三溪口街道白浦村(杨梅)

浙江省金华市浦江县黄宅镇(葡萄)

浙江省温州市平阳县南麂镇(大黄鱼)

浙江省杭州市余杭区径山镇径山村(红茶、绿茶)

浙江省湖州市长兴县和平镇长城村(芦笋)

浙江省嘉兴市桐乡市大麻镇(中华鳖)

浙江省绍兴市上虞区长塘镇罗村村(毛笋、笋干)

浙江省宁波市象山县泗州头镇里坑村(甜瓜)

安徽省淮北市烈山区烈山镇榴园村(石榴)

安徽省宿州市砀山县城庄镇坡里王屯村(西瓜)

安徽省阜阳市颍州区西湖镇汤庄村(恋思萝卜)

安徽省蚌埠市五河县城关镇沟东村(酥梨)

安徽省宣城市宣州区新田镇赵村村(宣木瓜)

安徽省宣城市绩溪县家朋乡万莲水村(山核桃)

安徽省池州市石台县丁香镇红桃村(红茶)

安徽省安庆市岳西县冶溪镇琥珀村(绿茶)

安徽省黄山市休宁县流口镇茗洲村(绿茶)

安徽省芜湖市南陵县烟墩镇霭里村(休闲农业)

安徽省宣城市广德市卢村乡石狮村(绿茶、黄茶等)

安徽省安庆市宿松县许岭镇雨岭村(猕猴桃)

安徽省淮南市八公山区八公山镇下郢村(豆制品加工)

安徽省黄山市祁门县芦溪乡芦溪村(红茶)

安徽省六安市舒城县舒茶镇(绿茶)

安徽省马鞍山市当涂县乌溪镇(蟹苗)

安徽省安庆市太湖县寺前镇(绿茶)

福建省福州市闽清县梅溪镇(橄榄)

福建省福州市福清市一都镇(枇杷)

福建省龙岩市连城县林坊镇(地瓜)

福建省龙岩市武平县东留镇(芙蓉李)

福建省南平市政和县澄源乡(白茶、红茶、绿茶)

福建省南平浦城县仙阳镇(粮食)

福建省宁德市福安市社口镇(红茶)

福建省宁德市福安市赛岐镇(葡萄)

福建省宁德市柘荣县城郊乡(太子参)

福建省漳州市诏安县太平镇(青梅)

福建省漳州市南靖县书洋镇(乌龙茶)

福建省莆田市仙游县钟山镇(蔬菜)

福建省泉州市永春县五里街镇(水果)

福建省泉州市晋江市金井镇围头村(鲍鱼)

福建省南平市光泽县寨里镇山头村(富硒大米)

江西省南昌市新建区金桥乡小桥村(葡萄)

江西省赣州市于都县梓山镇潭头村(蔬菜)

江西省赣州市信丰县油山镇长安村(脐橙)

江西省抚州市东乡区王桥镇璋峰村(王桥花果芋)

江西省九江市武宁县澧溪镇北湾村(韩花梨)

江西省九江市彭泽县太平关乡白沙村(瓜蒌籽)

江西省宜春市袁州区洪塘镇布上村(蓝莓)

江西省宜春市上高县塔下乡茶十村(紫皮大蒜)

江西省上饶市德兴市张村乡张村村(德兴覆盆子)

江西省景德镇市浮梁县王港乡高沙村(杨梅)

江西省萍乡市莲花县高洲乡高滩村（大米）

江西省鹰潭市余江区潢溪镇金墩村（甘蔗）

江西省南昌市南昌县幽兰镇（蔬菜）

江西省赣州市崇义县龙勾乡（脐橙）

江西省抚州市南城县徐家镇（白花蛇舌草）

江西省吉安市吉水县白水镇（井冈蜜柚）

江西省吉安市安福县横龙镇（井冈蜜柚）

江西省上饶市上饶县五府山镇（蜂蜜）

江西省新余市分宜县双林镇（夏布）

山东省德州市乐陵市朱集镇（红枣）

山东省聊城市莘县董杜庄镇（西瓜）

山东省菏泽市定陶区黄店镇朱庄村（玫瑰）

山东省潍坊市高密市胶河生态发展区张家庄村（土豆）

山东省威海市文登区界石镇（樱桃）

山东省滨州市惠民县麻店镇（西瓜）

山东省临沂市沂南县蒲汪镇大王庄村（长虹岭花生）

山东省济南市历城区唐王镇（草莓）

山东省济宁市嘉祥县梁宝寺镇（大豆种、小麦种）

山东省枣庄市市中区齐村镇前良村（樱桃）

山东省淄博市沂源县燕崖镇（大樱桃）

山东省青岛市即墨区田横岛旅游度假区周戈庄村（海参）

山东省菏泽市巨野县麒麟镇南曹村（种鸭）

山东省临沂市临港经济开发区坪上镇（大樱桃）

山东省聊城市阳谷县七级镇（菠菜）

山东省泰安市宁阳县乡饮乡南赵庄村（粉皮、粉条）

山东省菏泽市郓城县南赵楼镇甄庄（平菇）

山东省临沂市沂水县泉庄镇（桃）

山东省德州市平原县坊子乡叶庄（西葫芦）

山东省济宁市曲阜市吴村镇（葡萄）

山东省青岛市莱西市河头店镇松旺庄村（西红柿、黄瓜）

山东省济宁市金乡县化雨镇（金针菇）

山东省烟台市福山区门楼镇两甲庄村(大樱桃)

山东省滨州市沾化区利国乡(洼地绵羊)

河南省安阳市林州市东姚镇北坡村(小米)

河南省洛阳市新安县马头村(樱桃)

河南省鹤壁市淇滨区上峪乡桑园村(乡村旅游)

河南省安阳市滑县八里营镇西苑村(甜瓜)

河南省南阳市西峡县丁河镇(香菇)

河南省驻马店市遂平县和兴镇大牛村(菜心、芥蓝、小白菜)

河南省平顶山市汝州市焦村镇水沟村(石榴)

河南省周口市鹿邑县任集乡冷庄行政村(西芹)

河南省驻马店市新蔡县砖店镇大宋庄村(有机蔬菜)

河南省周口市扶沟县曹里乡(蔬菜)

河南省商丘市柘城县慈圣镇陈阳村(辣椒)

河南省焦作市焦作城乡一体化示范区文昌办事处辛庄村(红宝石葡萄)

河南省信阳市固始县胡族铺镇迎河村(迎河柑橘)

河南省平顶山市叶县任店镇月庄村(韭菜)

河南省平顶山市郏县白庙乡白庙村(甘薯)

河南省南阳市内乡县余关镇(核桃)

河南省郑州市中牟县官渡镇孙庄村(蔬菜)

河南省漯河市临颍县皇帝庙乡吴集村(大蒜)

河南省焦作市武陟县北郭乡蔡庄村(怀药种苗繁育)

河南省许昌市建安区灵井镇霍庄村(社火道具)

湖北省武汉市新洲区旧街街石咀村(白茶)

湖北省襄阳市南漳县板桥镇董家台村(天麻)

湖北省荆州市松滋市王家桥镇(蜜柚)

湖北省宜昌市秭归县永田坝乡王家桥村(柑橘)

湖北省十堰市丹江口市习家店镇(柑橘)

湖北省十堰市竹山县竹坪乡(绿茶)

湖北省孝感市云梦县隔蒲潭镇大余村(马铃薯)

湖北省黄冈市麻城市福田河镇(麻城福白菊)

湖北省黄冈市黄梅县独山镇(水果)

湖北省咸宁市嘉鱼县高铁岭镇(斑点叉尾鮰)

湖北省随州市随县环潭乡柏树湾村(金银花茶)

湖北省恩施土家族苗族自治州鹤峰县燕子镇新行村(蔬菜)

湖北省恩施土家族苗族自治州来凤县翔凤镇老茶村(油茶)

湖北省恩施土家族苗族自治州咸丰县小村乡(白茶、绿茶、红茶)

湖北省潜江市老新镇秀河村(虾稻共作)

湖北省天门市九真镇明庙村(炒米)

湖北省荆门市钟祥市柴湖镇罗城村(盆花)

湖北省黄石市大冶市陈贵镇华垅村(花卉苗木)

湖南省长沙市浏阳市沿溪镇沙龙村(南瓜、莴笋)

湖南省衡阳市衡南县栗江镇六合村(花椒)

湖南省株洲市醴陵市明月镇云岩社区(醴陵玻璃椒)

湖南省湘潭市韶山市韶山乡韶山村(休闲农业)

湖南省邵阳市洞口县古楼乡(绿茶、红茶)

湖南省岳阳市湘阴县杨林寨乡(蔬菜)

湖南省常德市汉寿县龙阳街道王海坪社区(汉寿甲鱼)

湖南省张家界市永定区罗塔坪乡长寿村(莓茶)

湖南省益阳市赫山区泥江口镇横堤村(茶油)

湖南省郴州市嘉禾县晋屏镇宅侯村(宅侯贡米)

湖南省永州市冷水滩区伊塘镇孟公山村(西瓜)

湖南省怀化市洪江市岩垅乡(柑桔)

湖南省娄底市双峰县永丰镇(永丰辣酱)

湖南省湘西土家族苗族自治州永顺县松柏镇(猕猴桃)

湖南省湘西土家族苗族自治州保靖县比耳镇(柑橘)

湖南省湘西土家族苗族自治州保靖县洞山镇黄金村(绿茶)

广东省梅州市梅县区桃尧镇(梅县金柚)

广东省惠州市博罗县柏塘镇(绿茶)

广东省韶关市乐昌市九峰镇(黄金宗李)

广东省肇庆市德庆县马圩镇(贡柑)

广东省江门市恩平市沙湖镇(沙湖大米)

广东省云浮市罗定市㞧滨镇(肉桂)

广东省阳江市阳东区大沟镇(对虾)

广东省河源市连平县上坪镇(鹰嘴蜜桃)

广东省湛江市廉江市良垌镇(荔枝)

广东省汕头市潮南区雷岭镇(荔枝)

广东省梅州市五华县棉洋镇(红茶)

广东省云浮市郁南县建城镇(无核黄皮)

广东省韶关市始兴县澄江镇暖田村(有机蔬菜)

广东省梅州市兴宁市龙田镇碧园村(鸽)

广东省云浮市罗定市龙湾镇棠棣村(南药)

广东省广州市从化区温泉镇南平村(双核槐枝)

广东省肇庆市怀集县汶朗镇汶朗村(汶朗蜜柚)

广东省汕尾市陆丰市甲西镇博社村(麒麟西瓜)

广东省湛江市雷州市乌石镇那毛村(番薯)

广东省河源市紫金县南岭镇庄田村(绿茶)

广东省清远市清新区太和镇坑口村(红茶、绿茶、白茶)

广东省汕头市南澳县深澳镇后花园村(乌龙茶)

广东省江门市台山市海宴镇五丰村(菜心)

广东省梅州市蕉岭县南磜镇金山村(白及)

广西壮族自治区桂林市兴安县溶江镇(葡萄)

广西壮族自治区桂林市全州县安和镇(香芋)

广西壮族自治区桂林市阳朔县白沙镇(金桔)

广西壮族自治区贵港市桂平市麻垌镇(麻垌荔枝)

广西壮族自治区贵港市桂平市社坡镇(腐竹)

广西壮族自治区百色市右江区龙川镇(油茶)

广西壮族自治区柳州市柳江区成团镇鲁比村(葡萄)

广西壮族自治区柳州市鹿寨县鹿寨镇石路村(鹿寨蜜橙)

广西壮族自治区柳州市柳北区沙塘镇洛沙村(食用菌)

广西壮族自治区贵港市桂平市金田镇金田村(淮山)

广西壮族自治区钦州市浦北县白石水镇良田村(番石榴)

广西壮族自治区钦州市灵山县武利镇汉塘村(电商果苗)

广西壮族自治区梧州市蒙山县蒙山镇甘棠村(砂糖桔)

广西壮族自治区河池市天峨县岜暮乡公昌村(旱藕)

广西壮族自治区河池市南丹县城关镇四山村(猕猴桃)

广西壮族自治区百色市右江区龙川镇平禄村(油茶)

广西壮族自治区百色市田东县祥周镇模范村(香蕉)

海南省昌江黎族自治县十月田镇保平村(毛豆)

海南省海口市龙华区新坡镇仁里村(石斛)

海南省琼海市大路镇岭脚村(莲雾)

海南省文昌市东路镇永丰村委会(荔枝)

海南省儋州市大成镇推寨村委会南吉村(黄皮)

海南省琼海市塔洋镇(柠檬)

重庆市万州区龙驹镇龙溪村(绿茶)

重庆市涪陵区大顺乡天宝寺村(中药材)

重庆市沙坪坝区回龙坝镇回龙坝村(金沙杏)

重庆市南岸区南山街道双龙村(盆景)

重庆市长寿区云台镇八字村(水稻)

重庆市江津区石门镇(柑橘)

重庆市南川区兴隆镇金花村(蓝莓)

重庆市潼南区柏梓镇(柠檬)

重庆市璧山区七塘镇四合村(蔬菜)

重庆市城口县沿河乡联坪村(花菇)

重庆市丰都县龙孔镇楠竹村(柑桔)

重庆市武隆区白马镇豹岩村(蜂蜜)

重庆市忠县新立镇双柏村(柑橘)

重庆市开州区关面乡泉秀村(中药材)

重庆市云阳县双龙镇竹坪村(纽荷尔脐橙、红肉脐橙)

重庆市奉节县永乐镇大坝村(脐橙)

重庆市巫山县曲尺乡(巫山脆李)

重庆市巫溪县峰灵镇谭家村(冬桃)

重庆市石柱土家族自治县中益乡华溪村(蜂)

重庆市彭水苗族土家族自治县郁山镇钟鼓村(红薯)

四川省成都市都江堰市胥家镇(猕猴桃、蔬菜)

四川省成都市龙泉驿区柏合镇长松村（水蜜桃）

四川省自贡市富顺县互助镇（柑橘）

四川省泸州市古蔺县马蹄镇（甜橙）

四川省德阳市旌阳区和新镇（辣椒）

四川省绵阳市江油市二郎庙镇青林村（白花桃）

四川省广元市朝天区李家乡（蔬菜）

四川省内江市资中县甘露镇玉皇村（枇杷）

四川省内江市威远县越溪镇插旗村（绿茶）

四川省乐山市马边彝族自治县劳动乡福来村（绿茶）

四川省南充市仪陇县马鞍镇险岩村（香菇）

四川省南充市蓬安县三坝乡（锦橙）

四川省南充市营山县双林乡麻柳村（花椒）

四川省宜宾市筠连县巡司镇银星村（红茶、绿茶）

四川省广安市邻水县两河镇大桥村（脐橙）

四川省广安市岳池县顾县镇（中药材）

四川省达州市大竹县月华镇九银村（糯稻）

四川省巴中市平昌县鹿鸣镇燕山村（绿茶）

四川省雅安市石棉县回隆彝族乡石龙村（枇杷）

四川省眉山市青神县高台乡百家池村（柑桔）

四川省资阳市安岳县龙台镇花果村（柠檬）

四川省甘孜藏族自治州康定市姑咱镇达杠村（苹果）

四川省凉山彝族自治州德昌县锦川镇（桑葚）

贵州省黔东南苗族侗族自治州剑河县柳川镇清江村（剑河白香猪）

贵州省黔西南布依族苗族自治州册亨县岩架镇（糯米蕉）

贵州省遵义市余庆县龙家镇先锋村（稻渔）

贵州省遵义市绥阳县小关乡（山银花）

贵州省黔南布依族苗族自治州三都县普安镇（水晶葡萄）

贵州省贵阳市息烽县石硐镇大洪村（猕猴桃）

贵州省黔东南苗族侗族自治州黎平县尚重镇上洋村（有机稻米）

贵州省毕节市金沙县岚头镇三桥社区（绿茶）

贵州省黔东南苗族侗族自治州丹寨县兴仁镇烧茶村（蓝莓）

贵州省铜仁市碧江区滑石乡老麻塘村(稻米)

贵州省铜仁市印江县板溪镇凯塘村(食用菌)

贵州省六盘水市盘州市民主镇大厂荫村(绿茶)

贵州省毕节市威宁县猴场镇格寨村(苹果)

贵州省安顺市平坝区天龙镇高田村(蔬菜)

云南省昆明市呈贡区吴家营街道缪家营社区(宝珠梨)

云南省昆明市石林彝族自治县西街口镇新木凹村(人参果)

云南省玉溪市新平县嘎洒镇新寨村(柑橘)

云南省德宏傣族景颇族自治州梁河县大厂乡大厂村(绿茶)

云南省大理白族自治州祥云县刘厂镇松梅村(蚕桑)

云南省保山市昌宁县柯街镇芒赖社区(蔬菜)

云南省保山市隆阳区潞江镇江东村(火龙果)

云南省丽江市永胜县片角镇卜甲村(软籽石榴)

云南省丽江市玉龙县鲁甸乡鲁甸村(中药材)

云南省曲靖市会泽县待补镇(夏季草莓)

云南省楚雄彝族自治州元谋县黄瓜园镇(青枣)

云南省楚雄彝族自治州大姚县三台乡(核桃)

云南省玉溪市通海县秀山街道办事处(蔬菜)

云南省红河哈尼族彝族自治州绿春县骑马坝乡(胡椒)

云南省丽江市玉龙县拉市镇(丽江雪桃)

云南省丽江市华坪县中心镇(芒果)

云南省怒江傈僳族自治州泸水市老窝镇(老窝火腿)

云南省文山壮族苗族自治州西畴县新马乡响水村(水稻)

云南省迪庆藏族自治州维西傈僳族自治县塔城镇启别村(冰葡萄)

西藏自治区那曲市聂荣县帕玉村(奶制品)

西藏自治区那曲市班戈县佳琼镇热卡努玛村(畜产品加工销售)

西藏自治区山南市浪卡子县伦布雪乡苏格村(苏格绵羊)

西藏自治区日喀则市定结县琼孜乡牧村(羊毛加工)

西藏自治区日喀则市江孜县年堆乡萨培村(卡垫)

西藏自治区昌都市洛隆县孜托镇格亚村(青稞)

陕西省延安市洛川县槐柏镇(苹果)

陕西省安康市紫阳县焕古镇(绿茶)

陕西省西安市蓝田县华胥镇(樱桃)

陕西省渭南市白水县雷牙镇(苹果)

陕西省榆林市府谷县木瓜镇(府谷黄米)

陕西省铜川市印台区红土镇(苹果)

陕西省汉中市西乡县峡口镇(绿茶)

陕西省咸阳市武功县武功镇(小麦玉米良种繁育)

陕西省商洛市商南县富水镇(绿茶)

陕西省宝鸡市麟游县酒房镇(蔬菜)

陕西省榆林市神木市栏杆堡镇(黑豆)

陕西省韩城市芝阳镇迪庄村(花椒)

陕西省商洛市山阳县南宽坪镇甘沟村(绿茶)

陕西省榆林市绥德县义合镇墕头村(苹果)

陕西省安康市石泉县石泉饶峰胜利村(黄花菜)

陕西省延安市延川县贾家坪镇石窑村(设施蔬菜)

陕西省渭南市澄城县交道镇樊家川村(酥梨)

陕西省西安市周至县哑柏镇昌西村(猕猴桃)

陕西省宝鸡市岐山县青化镇孙家村(苹果)

陕西省咸阳市三原县马额发展服务中心新邵村(苹果)

陕西省榆林市米脂县桃镇申家沟村(谷子)

陕西省汉中市留坝县江口镇柘梨园村(食用菌)

陕西省铜川市耀州区孙塬镇文昌村(花椒)

甘肃省白银市靖远县五合镇白茨林村(枸杞)

甘肃省酒泉市玉门市清泉乡跃进村(人参果)

甘肃省兰州市永登县苦水镇(苦水玫瑰)

甘肃省陇南市礼县永兴镇捷地村(苹果)

甘肃省白银市会宁县杨崖集镇杨崖集村(中药材)

甘肃省武威市天祝藏族自治县华藏寺镇岔口驿村(蔬菜)

甘肃省天水市秦安县安伏镇(苹果)

甘肃省张掖市肃南裕固族自治县大河乡(牛、羊)

甘肃省武威市民勤县收成镇(蜜瓜)

甘肃省平凉市庄浪县万泉镇(苹果)

青海省西宁市湟中县鲁沙尔镇上重台村(娃娃菜)

青海省西宁市湟中县田家寨镇拉尕村(红根甜菜)

青海省海东市乐都区洪水镇李家壕村(乐都大樱桃)

青海省海东市民和回族土族自治县西沟乡南垣村(油用牡丹)

青海省海西蒙古族藏族自治州德令哈市怀头他拉镇绿源村(红枸杞)

青海省黄南藏族自治州泽库县宁秀乡拉格日村(藏羊)

青海省黄南藏族自治州河南蒙古族自治县多松乡夏日达哇村(牦牛)

青海省海南藏族自治州贵德县尕让乡黄河滩村(露天辣椒)

宁夏回族自治区中卫市沙坡头区永康镇彩达村(苹果)

宁夏回族自治区固原市西吉县田坪乡大岔村(马铃薯)

宁夏回族自治区吴忠市盐池县高沙窝镇施记圈村(滩羊)

宁夏回族自治区中卫市中宁县徐套乡田家滩村(硒砂瓜)

宁夏回族自治区银川市灵武市郝家桥镇西渠村(特色草制品加工)

宁夏回族自治区银川市灵武市梧桐树乡沙坝头村(露地西瓜)

宁夏回族自治区固原市彭阳县孟塬乡小石沟村(中华蜂)

宁夏回族自治区固原市原州区寨科乡蔡川村(肉牛养殖)

宁夏回族自治区吴忠市利通区金积镇大庙桥村(设施辣椒)

新疆维吾尔自治区阿克苏地区阿克苏市依干其乡尤喀克巴里当村(林果)

新疆维吾尔自治区喀什地区麦盖提县库木库萨尔乡吐孜鲁克喀什村(棉花)

新疆维吾尔自治区和田地区洛浦县拜什托格拉克乡伊斯勒克墩村(红枣)

新疆维吾尔自治区和田地区洛浦县拜什托格拉克乡(红枣)

新疆维吾尔自治区哈密市巴里坤哈萨克自治县三塘湖镇中湖村(哈密瓜)

新疆维吾尔自治区喀什地区疏勒县库木西力克乡库木西力克村(制种小麦、复播谷子)

新疆维吾尔自治区昌吉回族自治州呼图壁县二十里店镇林场村(苗木、花卉)

新疆维吾尔自治区吐鲁番市托克逊县郭勒布依乡硝尔村(蔬菜)

新疆维吾尔自治区伊犁哈萨克自治州霍城县芦草沟镇四官村(薰衣草)

新疆维吾尔自治区阿克苏地区柯坪县阿恰勒镇(恰玛古)

新疆维吾尔自治区阿克苏地区库车县塔里木乡英达雅村(塔里木草湖小山羊)

新疆生产建设兵团第二师25团(辣椒)

新疆生产建设兵团第三师50团(冬枣)

新疆生产建设兵团第二师22团(色素辣椒)

新疆生产建设兵团第二师25团三连(葡萄)

新疆生产建设兵团第五师84团七连(生猪)

第十批全国"一村一品"示范村镇名单 2020

北京市房山区大石窝镇辛庄村(杏鲍菇)

北京市通州区于家务回族乡果村(芹菜)

北京市平谷区夏各庄镇贤王庄村(红薯)

北京市密云区巨各庄镇蔡家洼村(月季)

天津市北辰区青光镇韩家墅村(休闲农业)

天津市静海区王口镇(炒货)

天津市蓟州区出头岭镇(食用菌)

天津市蓟州区上仓镇东塔庄村(驴肉)

天津市蓟州区出头岭镇大安平村(鲜桃)

天津市蓟州区出头岭镇五清庄村(休闲农业)

河北省石家庄市高邑县中韩乡岗头村(鲜桃)

河北省秦皇岛市青龙满族自治县七道河乡石城子村(板栗)

河北省秦皇岛市昌黎县龙家店镇(粉条)

河北省唐山市滦州市滦城街道杨家院村(花生)

河北省邯郸市邱县邱城镇(红薯)

河北省邯郸市馆陶县房寨镇(晚秋黄梨)

河北省邢台市信都区浆水镇(苹果)

河北省邢台市内丘县柳林镇东石河村(酸枣仁)

河北省邢台市南和县贾宋镇郄村(番茄)

河北省保定市阜平县天生桥镇(食用菌)

河北省保定市定兴县贤寓镇龙华村(蔬菜)

河北省承德市宽城满族自治县碾子峪镇艾峪口村(板栗)

河北省承德市兴隆县蓝旗营镇(板栗)

河北省沧州市南皮县大浪淀乡贾九卜村(生猪)

河北省廊坊市安次区杨税务乡孟村(甜瓜)

河北省廊坊市安次区东沽港镇牛角村(葡萄)

河北省廊坊市永清县别古庄镇后刘武营村(核雕)

河北省衡水市武强县东孙庄乡(奶牛)

河北省衡水市景县连镇乡(鸡蛋)

河北省衡水市深州穆村乡(蜜桃)

山西省阳泉市盂县北下庄乡后川村(香梨)

山西省长治市壶关县店上镇(西红柿)

山西省晋城市陵川县六泉乡(中药材)

山西省晋中市寿阳县上湖乡常村(香梨)

山西省运城市芮城县阳城镇(大枣)

山西省忻州市原平市子干乡东南贾村(酥梨)

山西省临汾市曲沃县史村镇(蔬菜)

山西省吕梁市中阳县车鸣峪乡(黑木耳)

内蒙古自治区呼和浩特市清水河县宏河镇高茂泉村(杂粮)

内蒙古自治区乌海市海南区赛汗乌素村(葡萄)

内蒙古自治区赤峰市克什克腾旗宇宙地镇(中药材)

内蒙古自治区赤峰市宁城县大城子镇瓦南村(番茄)

内蒙古自治区鄂尔多斯市乌审旗嘎鲁图镇(细毛羊)

内蒙古自治区鄂尔多斯市伊金霍洛旗红庆河镇哈达图淖尔村(生猪)

内蒙古自治区呼伦贝尔市牙克石市免渡河镇(马铃薯)

内蒙古自治区巴彦淖尔市乌拉特前旗大佘太镇三份子村(辣椒)

内蒙古自治区巴彦淖尔市乌拉特中旗乌加河镇联丰奋斗村(有机小麦)

内蒙古自治区兴安盟科尔沁右翼中旗巴彦呼舒镇哈日道卜嘎查村
(大米)

辽宁省沈阳市苏家屯区八一镇红菱街道来胜堡村(棚菜)

辽宁省大连市金普新区七顶山街道老虎山村(樱桃)

辽宁省丹东市振安区同兴镇变电村(杜鹃花)

辽宁省营口市鲅鱼圈区红旗镇(葡萄)

辽宁省营口市盖州市太阳升街道黄大寨村(西瓜)

辽宁省营口市盖州市徐屯镇龙湾村(生姜)

辽宁省盘锦市盘山县甜水镇(大米)

辽宁省朝阳市朝阳县胜利镇大嘎海图村(小米)

辽宁省朝阳市凌源市四官营子镇大房身村(黄瓜)

辽宁省葫芦岛市兴城市曹庄镇(多宝鱼)

辽宁省葫芦岛市兴城市三道沟满族乡三道沟里村(苹果)

吉林省长春市双阳区奢岭镇(草莓)

吉林省吉林市丰满区江南乡孟家村(休闲农业)

吉林省吉林市磐石市取柴河镇(食用菌)

吉林省四平市伊通满族自治县伊通镇前范村(水稻)

吉林省通化市梅河口市海龙镇春明村(蔬菜)

吉林省白山市浑江区三道沟镇(北五味子)

吉林省白山市靖宇县三道湖镇(蓝莓)

吉林省白城市大安市舍力镇民富村(水稻)

黑龙江省哈尔滨市宾县宾州镇二龙山村(休闲农业)

黑龙江省哈尔滨市巴彦县兴隆镇中兴村(玉米)

黑龙江省哈尔滨市五常市杜家镇七一村(水稻)

黑龙江省齐齐哈尔市依安县红星乡东升村(中草药)

黑龙江省齐齐哈尔市泰来县大兴镇时雨村(中草药)

黑龙江省齐齐哈尔市富裕县龙安桥镇小河东村(芦苇编织)

黑龙江省双鸭山市集贤县升昌镇永胜村(鲜食玉米)

黑龙江省双鸭山市宝清县宝清镇亨利村(蔬菜)

黑龙江省大庆市肇州县新福乡(甜瓜)

黑龙江省七台河市新兴区红旗镇红胜村(蔬菜)

黑龙江省牡丹江市西安区海南朝鲜族乡中兴村(优质米)

黑龙江省牡丹江市穆棱市下城子镇(蔬菜)

黑龙江省绥化市北林区东富镇太阳升村(马铃薯)

黑龙江省绥化市庆安县平安镇(水稻)

上海市宝山区罗泾镇海星村(水产)

上海市浦东新区宣桥镇(蔬菜)

上海市金山区廊下镇勇敢村(食用菌)

上海市奉贤区青村镇陶宅村(花卉)

上海市崇明区港沿镇园艺村(花卉苗木)

江苏省南京市浦口区星甸街道九华村(茶叶)

江苏省无锡市惠山区阳山镇桃源村(休闲农业)

江苏省无锡市宜兴市西渚镇白塔村(南天竹)

江苏省徐州市铜山区棠张镇(蚕桑)

江苏省徐州市睢宁县邱集镇仝海村(水稻)

江苏省徐州市新沂市阿湖镇桃岭村(葡萄)

江苏省常州市金坛区薛埠镇(茶叶)

江苏省苏州市张家港市杨舍镇善港村(葡萄)

江苏省南通市海安市隆政街道新丰村(蚕桑)

江苏省连云港市连云区高公岛街道黄窝村(紫菜)

江苏省淮安市涟水县红窑镇(芦笋)

江苏省盐城市盐都区大纵湖镇三官村(大闸蟹)

江苏省盐城市滨海县滨海港经济区三港村(白首乌)

江苏省盐城市东台市弶港镇(甜叶菊)

江苏省扬州市江都区吴桥镇(水稻)

江苏省扬州市高邮市龙虬镇(罗氏沼虾)

江苏省镇江市句容市白兔镇唐庄村(葡萄)

江苏省镇江市句容市茅山镇永兴村(花木)

江苏省泰州市高港区胡庄镇宗林村(河蟹)

江苏省泰州市泰兴市姚王镇东林村(螃蟹)

江苏省宿迁市宿城区耿车镇红卫村(花木)

江苏省宿迁市泗洪县半城镇(大闸蟹)

浙江省建德市三都镇松口村(柑桔)

浙江省温州市泰顺县仕阳镇(茶叶)

浙江省嘉兴市南湖区凤桥镇(水果)

浙江省湖州市南浔区和孚镇新荻村(青鱼)

浙江省湖州市德清县禹越镇(黑鱼)

浙江省嵊州市金庭镇(桃形李)

浙江省金华市婺城区罗店镇盘前村(蔬菜)

浙江省金华市武义县柳城畲族镇(宣莲)

浙江省衢州市衢江区杜泽镇坎头村(茭白)

浙江省衢州市常山县青石镇水南村(胡柚)

浙江省舟山市普陀区展茅街道(鱿鱼)

浙江省丽水市缙云县舒洪镇仁岸村(杨梅)

安徽省芜湖市湾沚区六郎镇北陶村(休闲农业)

安徽省蚌埠市五河县沱湖乡大岗村(稻虾连作)

安徽省淮南市大通区九龙岗镇方岗村(食用菌)

安徽省马鞍山市当涂县塘南镇(河蟹)

安徽省淮北市杜集区段园镇(葡萄)

安徽省铜陵市枞阳县雨坛镇新塘村(白茶)

安徽省安庆市怀宁县黄墩镇(蓝莓)

安徽省黄山市祁门县柏溪乡(茶叶)

安徽省滁州市明光市管店镇小魏村(甜叶菊)

安徽省阜阳市颍上县耿棚镇耿棚社区(蚕桑)

安徽省六安市裕安区固镇镇(白鹅)

安徽省亳州市谯城区张店乡黄楼村(果树)

安徽省池州市东至县木塔乡梓桐村(茶叶)

安徽省宣城市宁国市南极乡(山核桃)

福建省泉州市安溪县尚卿乡(藤铁工艺品)

福建省泉州市永春县岵山镇(水果)

福建省泉州市永春县湖洋镇(芦柑)

福建省泉州市晋江市金井镇南江村(鲍鱼)

福建省南平市邵武市拿口镇庄上村(肉牛)

福建省南平市武夷山市星村镇(茶叶)

福建省宁德市福安市赛岐镇象环村(葡萄)

福建省龙岩市新罗区小池镇培斜村(竹制品)

福建省龙岩市长汀县河田镇(河田鸡)

福建省龙岩市上杭县湖洋镇文光村(脐橙)

福建省龙岩市武平县桃溪镇(绿茶)

福建省龙岩市连城县四堡镇(芙蓉李)

福建省龙岩市漳平市南洋镇梧溪村(水仙茶)

福建省宁德市蕉城区虎贝镇黄家村(竹制蒸笼)

江西省南昌市安义县新民乡(果业)

江西省南昌市进贤县三里乡(黄鳝)

江西省景德镇市浮梁县鹅湖镇界田村(茶叶)

江西省萍乡市莲花县湖上乡南村村(百合)

江西省九江市湖口县流芳乡(大豆)

江西省新余市分宜县凤阳镇洞村村(蔬菜)

江西省鹰潭市余江区春涛镇高坊村(铁皮石斛)

江西省赣州市全南县龙源坝镇雅溪村(休闲旅游)

江西省吉安市万安县高陂镇(蜜柚)

江西省宜春市靖安县罗湾乡哨前村(休闲旅游)

江西省抚州市南丰县市山镇包坊村(蜜桔)

山东省济南市莱芜区大王庄镇(生姜)

山东省济南市商河县玉皇庙镇(番茄)

山东省青岛市黄岛区宝山镇(蓝莓)

山东省淄博市沂源县东里镇福禄坪村(金黄金桃)

山东省枣庄市峄城区阴平镇(红枣)

山东省东营市利津县盐窝镇(肉羊)

山东省烟台市莱阳市照旺庄镇(梨)

山东省烟台市海阳市朱吴镇(樱桃)

山东省潍坊市寒亭区固堤街道(西瓜)

山东省潍坊市临朐县城关街道衡里炉村(樱桃)

山东省济宁市微山县留庄镇(荷叶)

山东省济宁市金乡县胡集镇灵显庙村(白梨瓜)

山东省泰安市岱岳区下港镇(板栗)

山东省泰安市肥城市王庄镇(马铃薯)

山东省日照市东港区后村镇(绿茶)

山东省临沂市费县东蒙镇(山楂)

山东省临沂市莒南县大店镇(草莓)

山东省德州市乐陵市黄夹镇(马铃薯)

山东省聊城市阳谷县高庙王镇(辣椒)

山东省滨州市滨城区杨柳雪镇西辛庄村(黄瓜)

山东省菏泽市曹县邵庄镇(油菜)

山东省菏泽市鄄城县彭楼镇(中药材)

河南省郑州市二七区侯寨街道樱桃沟社区(樱桃)

河南省郑州市巩义市鲁庄镇小相村(菊花)

河南省开封市杞县苏木乡(大蒜)

河南省开封市通许县冯庄乡陈庄村(蔬)

河南省开封市兰考县葡萄架乡杜寨村(蜜瓜)

河南省洛阳市汝阳县柏树乡(红薯)

河南省平顶山市宝丰县李庄乡翟东村(米醋)

河南省平顶山市舞钢市庙街乡人头山村(白茶)

河南省平顶山市汝州市纸坊镇中王村(鸡蛋)

河南省安阳市内黄县城关镇李小汪村(花生)

河南省安阳市林州市横水镇新庄村(红薯粉条)

河南省新乡市获嘉县史庄镇(花木)

河南省新乡市延津县王楼镇申湾村(水果)

河南省三门峡市渑池县南村乡(花椒)

河南省南阳市南召县乔端镇(香菇)

河南省南阳市方城县博望镇前荒村(黄金梨)

河南省南阳市镇平县侯集镇(观赏鱼)

河南省南阳市桐柏县程湾镇(茶叶)

河南省商丘市夏邑县罗庄镇孙王庄村(高粱)

河南省信阳市光山县凉亭乡毕店村(茶叶)

河南省信阳市固始县武庙集镇长江河村(茶叶)

河南省驻马店市确山县竹沟镇竹沟村(手工木制品)

河南省驻马店市新蔡县孙召镇大马庄村(蔬菜)

河南省驻马店市新蔡县关津乡牛湾村(水稻)

湖北省武汉市江夏区长江村(蔬菜)

湖北省黄石市大冶市刘仁八镇金柯村(辣椒)

湖北省十堰市郧阳区杨溪铺镇(香菇)

湖北省十堰市竹溪县汇湾镇(茶叶)

湖北省宜昌市长阳县火烧坪乡(蔬菜)

湖北省宜昌市五峰县长乐坪镇(中药材)

湖北省宜昌市枝江市百里洲镇三洲村(砂梨)

湖北省襄阳市谷城县紫金镇花园村(茶叶)

湖北省鄂州市鄂城区杜山镇(武昌鱼)

湖北省荆门市钟祥市洋梓镇大桥村(红豆杉)

湖北省孝感市汉川市杨林沟镇(芋头)

湖北省荆州市松滋市街河市镇(生猪)

湖北省黄冈市红安县华家河镇(茶叶)

湖北省黄冈市黄州区堵城镇王岭村(蔬菜)

湖北省黄冈市罗田县九资河镇(中药材)

湖北省咸宁市崇阳县桂花泉镇桂花村(雷竹笋)

湖北省恩施州恩施市白杨坪镇洞下槽村(茶叶)

湖北省恩施州宣恩县晓关乡(茶叶)

湖北省潜江市竹根滩镇群联村(中药材)

湖南省株洲市炎陵县中村瑶乡平乐村(黄桃)

湖南省株洲市渌口区龙船镇河包村(黄辣椒)

湖南省湘潭市湘潭县锦石乡碧泉村(水稻)

湖南省衡阳市衡东县霞流镇李花村(禽蛋)

湖南省衡阳市衡山县永和乡龙凤村(沃柑)

湖南省岳阳市岳阳县杨林街镇(肉鸽)

湖南省常德市鼎城区十美堂镇同兴村(甲鱼)

湖南省常德市临澧县刻木山乡岩龙村(脐橙)

湖南省张家界市慈利县三合镇(茶叶)

湖南省益阳市大通湖管理区千山红镇(稻虾)

湖南省益阳市南县三仙湖镇(稻虾)

湖南省郴州市苏仙区栖凤渡镇瓦灶村(鱼粉)

湖南省永州市零陵区南津渡街道香零山村(蔬菜)

湖南省永州市双牌县上梧江瑶族乡(生姜)

湖南省怀化市麻阳苗族自治县高村镇(冰糖橙)

湖南省怀化市溆浦县大江口镇(柑桔)

湖南省娄底市冷水江市三尖镇光明村(黄桃)

湖南省湘西州永顺县小溪镇(柑橘)

湖南省湘西州永顺县毛坝乡(莓茶)

广东省广州市增城区正果镇(荔枝)

广东省广州市从化区鳌头镇务丰村(蛋鸡)

广东省广州市花都区赤坭镇瑞岭村(盆景苗木)

广东省韶关市乳源县大桥镇(油茶)

广东省佛山市三水区西南街道青岐村(水产)

广东省江门市新会区大鳌镇(对虾)

广东省湛江市徐闻县曲界镇愚公楼村(菠萝)

广东省茂名市茂南区公馆镇(罗非鱼)

广东省肇庆市广宁县潭布镇(番薯)

广东省肇庆市四会市黄田镇燕崀村(柑桔)

广东省惠州市博罗县石坝镇乌坭湖村(三黄胡须鸡)

广东省梅州市兴宁市龙田镇(肉鸽)

广东省梅州市平远县长田镇官仁村(油茶)

广东省汕尾市海丰县城东镇北平村(蔬菜)

广东省汕尾市海丰县赤坑镇岗头村(荔枝)

广东省河源市东源县上莞镇仙湖村(茶叶)

广东省河源市龙川县义都镇桂林村(茶叶)

广东省阳江市阳西县儒洞镇(荔枝)

广东省阳江市阳东区塘坪镇北甘村(荔枝)

广东省清远市阳山县七拱镇西连村(淮山)

广东省清远市英德市西牛镇(麻竹笋)

广东省中山市东升镇(脆肉鲩)

广东省中山市黄圃镇(腊味)

广东省揭阳市揭东区玉湖镇坪上村(炒茶)

广东省云浮市新兴县太平镇(茶叶)

广东省云浮市云城区前锋镇(花卉)

广西壮族自治区南宁市武鸣区双桥镇(沃柑)

广西壮族自治区桂林市灵川县三街镇龙坪村(红薯)

广西壮族自治区桂林市荔浦市东昌镇安静村(三华李)

广西壮族自治区梧州市藤县太平镇(米饼)

广西壮族自治区北海市合浦县石湾镇东江村(豇豆)

广西壮族自治区北海市银海区侨港镇(海产品)

广西壮族自治区防城港市防城区江山镇(渔业)

广西壮族自治区钦州市灵山县武利镇(水果苗木)

广西壮族自治区钦州市浦北县北通镇那新村(有机茶)

广西壮族自治区贵港市港南区木格镇护录村(白玉蔗)

广西壮族自治区贵港市桂平县罗秀镇良石村(肉桂)

广西壮族自治区玉林市兴业县大平山镇陈村(三黄鸡)

广西壮族自治区百色市田阳区头塘镇联坡村(芒果)

广西壮族自治区贺州市平桂区羊头镇(生猪)

广西壮族自治区来宾市兴宾区凤凰镇牛角村(甘蔗)

广西壮族自治区崇左市扶绥县东门镇六头村(姑辽茶)

海南省海口市秀英区石山镇施茶村(火山石斛)

海南省文昌市抱罗镇抱功村(文昌鸡)

海南省澄迈县加乐镇长岭村委会效古村(沉香)

海南省澄迈县福山镇敦茶村委会洋道村(石榴)

海南省陵水县光坡镇武山村(圣女果)

重庆市万州区龙驹镇梧桐村(芦花鸡)

重庆市涪陵区百胜镇红花村(红肉蜜柚)

重庆市沙坪坝区中梁镇新发村(花卉)

重庆市北碚区静观镇素心村(花木)

重庆市长寿区龙河镇保合村(柑橘)

重庆市合川区太和镇亭子村(黄桃)

重庆市南川区三泉镇窑湾村(水稻)

重庆市璧山区丁家街道莲花坝村(花卉苗木)

重庆市铜梁区太平镇坪漆村(香桃)

重庆市武隆区平桥镇(茗粉)

重庆市丰都县湛普镇白水社区(花椒)

重庆市垫江县杠家镇(晚柚)

重庆市忠县马灌镇(笋竹)

重庆市奉节县龙桥乡九通村(中药材)

重庆市巫山县红椿土家族乡红椿村(党参)

重庆市石柱土家族自治县悦崃镇绿桃村(脆红李)

重庆市秀山土家族苗族自治县隘口镇坝芒村(山银花)

四川省成都市金堂县竹篙镇(食用菌)

四川省成都市青白江区福洪镇三元村(油桃)

四川省自贡市大安区何市镇(肉鸡)

四川省自贡市沿滩区九洪乡(花椒)

四川省攀枝花市米易县白马镇黄草回族村(樱桃)

四川省攀枝花市盐边县桐子林镇金河村(芒果)

四川省泸州市古蔺县东新镇(猕猴桃)

四川省绵阳市盐亭县巨龙镇天水村(柑橘)

四川省绵阳市梓潼县黎雅镇(水稻)

四川省广元市利州区白朝乡徐家村(食用菌)

四川省遂宁市船山区唐家乡渔舟村(川白芷)

四川省乐山市沙湾区太平镇(中药材)

四川省南充市南部县东坝镇打鼓山村(柑橘)

四川省南充市阆中市五马镇游柿垭村(川明参)

四川省眉山市东坡区三苏镇鸭池村(柑橘)

四川省宜宾市江安县阳春镇姜庙社区村(李子)

四川省宜宾市高县胜天镇安和村(李子)

四川省广安市武胜县猛山乡万民村(蚕桑)

四川省广安市邻水县柑子镇菜垭村(葡萄)

四川省达州市通川区磐石镇新店村(草莓)

四川省雅安市汉源县清溪镇(樱桃)

四川省雅安市天全县仁义镇禾林村(山药)

四川省巴中市平昌县土兴镇铁城村(花椒)

四川省资阳市乐至县高寺镇清水村(葡萄)

四川省凉山彝族自治州金阳县红联乡尖顶村(花椒)

贵州省六盘水市盘州市羊场乡张家寨村(石榴)

贵州省遵义市新蒲新区永乐镇山堡村(辣椒)

贵州省安顺市镇宁布依族苗族自治县六马镇(李子)

贵州省安顺市关岭布依族苗族自治县新铺镇岭丰村(牛)

贵州省安顺市紫云布依族苗族自治县白石岩乡(红薯)

贵州省毕节市大方县理化乡法乐村(辣椒)

贵州省铜仁市碧江区滑石乡白水村(香菇)

贵州省铜仁市思南县三道水乡周寨村(红薯)

贵州省铜仁市德江县高山镇阡丰村(天麻)

贵州省黔西南布依族苗族自治州仓更镇老王坡村(板栗)

贵州省黔东南苗族侗族自治州岑巩县龙田镇都素村(蛋鸡)

贵州省黔东南苗族侗族自治州雷山县望丰乡望丰村(茶叶)

贵州省黔南布依族苗族自治州独山县基长镇(桑蚕)

贵州省黔南布依族苗族自治州长顺县广顺镇(苹果)

贵州省黔南布依族苗族自治州惠水县好花红镇(佛手瓜)

云南省曲靖市陆良县马街镇马街社区(蔬菜)

云南省曲靖市陆良县龙海乡雨古村(云南参)

云南省玉溪市澄江县龙街街道左所社区(蓝莓)

云南省玉溪市元江哈尼族彝族傣族自治县甘庄街道甘庄社区(芒果)

云南省保山市腾冲市曲石镇公平社区(银杏)

云南省昭通市昭阳区苏家院镇迤那村(苹果)

云南省昭通市绥江县新滩镇(半边红李)

云南省丽江市华坪县荣将镇哲理村(芒果)

云南省丽江市华坪县石龙坝镇民主村(芒果)

云南省临沧市双江拉祜族佤族布朗族傣族自治县勐库镇冰岛村(茶叶)

云南省楚雄彝族自治州双柏县鄂嘉镇密架村(密架山猪)

云南省红河哈尼族彝族自治州石屏县大桥乡(火龙果)

云南省西双版纳傣族自治州勐海县勐混镇贺开村(茶叶)

云南省西双版纳傣族自治州勐海县格朗和乡帕沙村(茶叶)

云南省大理白族自治州永平县厂街彝族乡(泡核桃)

云南省怒江傈僳族自治州泸水市老窝镇银坡村(重楼)

云南省怒江傈僳族自治州福贡县上帕镇达普洛村(茶叶)

云南省怒江傈僳族自治州福贡县马吉乡(草果)

西藏自治区日喀则市江孜县车仁乡玉西村(藏香)

西藏自治区日喀则市亚东县下司马社区(鲑鱼)

西藏自治区山南市桑日县桑日镇塔木村(葡萄)

西藏自治区山南市加查县冷达乡共康村(核桃)

西藏自治区那曲市聂荣县尼玛乡铜龙村(休闲农业)

陕西省西安市长安区五台街道石砭峪新村(食用菌)

陕西省铜川市耀州区石柱镇西古村(苹果)

陕西省宝鸡市扶风县绛帐镇西渠村(猕猴桃)

陕西省杨凌示范区杨陵区揉谷镇(葡萄)

陕西省咸阳市彬州市北极镇(苹果)

陕西省渭南市大荔县范家镇(冬枣)

陕西省渭南市合阳县甘井镇(苹果)

陕西省渭南市韩城市芝阳镇(花椒)

陕西省延安市黄龙县白马滩镇(核桃)

陕西省汉中市西乡县堰口镇三合村(茶叶)

陕西省榆林市榆阳区孟家湾乡(水产)

陕西省榆林市子洲县老君殿镇张家渠村(绒山羊)

陕西省安康市平利县老县镇蒋家坪村(茶叶)

陕西省商洛市山阳县法官镇(茶叶)

甘肃省兰州市西固区西柳沟街道张家大坪村(韭黄)

甘肃省兰州市永登县武胜驿镇(高原夏菜)

甘肃省金昌市永昌县朱王堡镇陈仓村(高原夏菜)

甘肃省白银市靖远县东湾镇三合村(设施蔬菜)

甘肃省天水市清水县郭川镇宋川村(苹果)

甘肃省武威市天祝藏族自治县打柴沟镇(高原夏菜)

甘肃省张掖市肃南裕固族自治县明花乡前滩村(牧草)

甘肃省平凉市庄浪县阳川镇孙王村(苹果)

甘肃省酒泉市玉门市花海镇金湾村(蜜瓜)

甘肃省定西市岷县梅川镇(中药材)

甘肃省陇南市武都区裕河镇坟坪子村(茶叶)

甘肃省陇南市宕昌县庞家乡拉路村(中药材)

甘肃省临夏回族自治州永靖县关山乡徐家湾村(百合)

青海省西宁市城北区大堡子镇宋家寨村(百合花)

青海省西宁市大通回族土族自治县城关镇阳坡庄村(枸杞叶茶)

青海省西宁市湟中县上五庄镇拉目台村(大黄)

青海省海东市民和回族土族自治县官亭镇别落村(黄芪)

青海省海东市循化撒拉族自治县查汗都斯乡下庄村(花椒)

青海省海南藏族自治州兴海县河卡镇灯塔村(青稞)

宁夏回族自治区石嘴山市惠农区燕子墩乡简泉村(设施瓜菜)

宁夏回族自治区石嘴山市平罗县红崖子乡(奶牛)

宁夏回族自治区吴忠市盐池县花马池镇皖记沟村(滩羊)

宁夏回族自治区固原市原州区头营镇杨郎村(西甜瓜)

新疆维吾尔自治区哈密市伊州区沁城乡小堡村(肉羊)

新疆维吾尔自治区哈密市伊州区花园乡卡日塔里村(哈密瓜)

新疆维吾尔自治区昌吉回族自治州奇台县西北湾镇小屯村(四平头辣椒)

新疆维吾尔自治区巴音郭楞蒙古自治州焉耆回族自治县七个星镇(酿酒葡萄)

新疆维吾尔自治区阿克苏地区温宿县柯柯牙镇核桃新村(特色林果)

新疆维吾尔自治区阿克苏地区拜城县黑英山乡(油鸡)

新疆维吾尔自治区克孜勒苏柯尔克孜自治州阿图什市松他克乡松他克村(葡萄)

新疆维吾尔自治区和田地区和田县塔瓦库勒乡(辣椒)

新疆维吾尔自治区塔城地区额敏县霍吉尔特蒙古民族乡阔克萨依村(玉米)

新疆维吾尔自治区塔城地区和布克赛尔蒙古自治县查和特乡(棉花)

新疆维吾尔自治区伊犁哈萨克自治州霍城县惠远镇新城村(蔬菜)

新疆维吾尔自治区阿勒泰地区哈巴河县铁热克提乡白哈巴村(休闲农业)

新疆生产建设兵团第三师48团(红枣)

新疆生产建设兵团第五师81团(葡萄)

新疆生产建设兵团第十师188团1连(葫芦瓜)

新疆生产建设兵团第十四师昆玉市皮山农场昆泉镇(红枣)

第十一批"一村一品"示范村镇名单(2021年)

北京市顺义区龙湾屯镇山里辛庄村(酥梨)

北京市顺义区杨镇焦各庄村(草莓)

北京市平谷区峪口镇东凡各庄村(休闲旅游)

北京市延庆区井庄镇柳沟村(休闲旅游)

天津市宝坻区黄庄镇小辛码头村(稻旅)

天津市滨海新区茶淀街道(葡萄)

天津市东丽区华明街道胡张庄村(葡萄)

天津市蓟州区罗庄子镇(酥梨)

天津市武清区崔黄口镇坨尼寺村(西红柿)

河北省石家庄市藁城区贾市庄镇马邱村(梨文化)

河北省石家庄市赵县谢庄乡南龙化村(扫帚)

河北省石家庄市鹿泉区白鹿泉乡谷家峪村(香椿)

河北省张家口市万全区高庙堡乡於家梁村(肉羊)

河北省承德市隆化县西阿超满族蒙古族乡砬子沟村(杂粮)

河北省秦皇岛市昌黎县新集镇(马铃薯)

河北省秦皇岛市青龙满族自治县肖营子镇(板栗)

河北省唐山市遵化市团瓢庄乡山里各庄村(休闲旅游)

河北省唐山市曹妃甸区双井镇李家房子村(休闲旅游)

河北省廊坊市永清县龙虎庄乡瓦屋辛庄村(瓜果)

河北省保定市曲阳县孝墓镇(苹果)

河北省保定市竞秀区江城乡大激店村(驿站文化)

河北省保定市博野县博野镇杜各庄村(中药材)

河北省沧州市东光县连镇镇(谷物食品)

河北省衡水市饶阳县大尹村镇南北岩村(瓜果)

河北省衡水市景县王谦寺镇马贾庄村（高粱）

河北省邢台市信都区将军墓镇（板栗）

河北省邢台市沙河市新城镇小屯桥村（工艺葫芦）

河北省邢台市临城县东镇镇南孟村（设施蔬菜）

河北省邯郸市邱县梁二庄镇（文冠果）

山西省太原市清徐县孟封镇杨房村（食醋）

山西省朔州市怀仁市海北头乡海子村（肉羊）

山西省忻州市忻府区董村镇游邀村（红薯）

山西省吕梁市临县安业乡前青塘村（粽子）

山西省阳泉市平定县娘子关镇下董寨村（休闲旅游）

山西省晋城市阳城县北留镇皇城村（休闲旅游）

山西省临汾市安泽县良马镇小李村（休闲旅游）

山西省运城市永济市开张镇东开张村（土布）

内蒙古自治区锡林郭勒盟西乌珠穆沁旗浩勒图高勒镇巴彦胡舒嘎查（草原肉羊）

内蒙古自治区兴安盟扎赉特旗好力保镇（水稻）

内蒙古自治区赤峰市宁城县小城子镇（苹果）

内蒙古自治区赤峰市宁城县一肯中乡万家营子村（尖椒）

内蒙古自治区呼和浩特市清水河县韭菜庄乡（花菇）

内蒙古自治区呼和浩特市武川县上秃亥乡（马铃薯）

内蒙古自治区阿拉善盟额济纳旗巴彦陶来苏木（蜜瓜）

内蒙古自治区阿拉善盟阿拉善左旗腾格里额里斯镇乌兰哈达嘎查（休闲旅游）

内蒙古自治区巴彦淖尔市乌拉特中旗德岭山镇四义堂村（辣椒）

内蒙古自治区通辽市科尔沁左翼中旗胜利乡谢家窑村（血麦）

辽宁省沈阳市新民市柳河沟镇解放村（西甜瓜）

辽宁省丹东市东港市椅圈镇（草莓）

辽宁省本溪市桓仁满族自治县古城镇（水稻）

辽宁省朝阳市龙城区联合镇（香菇）

辽宁省朝阳市朝阳县木头城子镇十家子村（葡萄）

辽宁省大连市长海县大长山岛镇小盐场村（海参）

辽宁省营口市盖州市榜式堡镇马连峪村(柞蚕)

辽宁省营口市盖州市双台镇松树沟村(手工刺绣)

辽宁省鞍山市千山区汤岗子镇汤岗子村(酸菜)

辽宁省阜新市彰武县双庙镇明水村(甘薯)

辽宁省锦州市义县高台子镇后药王庙村(肉牛)

吉林省延边朝鲜族自治州和龙市八家子镇(桑黄)

吉林省延边朝鲜族自治州敦化市雁鸣湖镇(休闲旅游)

吉林省辽源市东辽县安恕镇曲家村(糯玉米)

吉林省吉林市龙潭区江北乡棋盘村(雷猪)

吉林省吉林市永吉县万昌镇(水稻)

吉林省四平市伊通满族自治县伊通镇二道村(百合)

吉林省长春市双阳区鹿乡镇鹿乡村(梅花鹿)

吉林省松原市长岭县三团乡六十三村(小米)

黑龙江省哈尔滨市松北区利业街道玉林村(苗木)

黑龙江省绥化市青冈县祯祥镇兆林村(玉米)

黑龙江省绥化市肇东市肇东镇石坚村(食用菌)

黑龙江省绥化市肇东市昌五镇(玉米)

黑龙江省齐齐哈尔市富裕县友谊达斡尔族满族柯尔克孜族乡三家子村(水稻)

黑龙江省齐齐哈尔市富拉尔基区长青乡库勒村(休闲旅游)

黑龙江省齐齐哈尔市铁锋区扎龙镇查罕诺村(休闲旅游)

黑龙江省齐齐哈尔市泰来县克利镇(水稻)

黑龙江省大庆市肇源县新站镇(水稻)

黑龙江省大庆市肇源县民意乡建国村(水稻)

黑龙江省牡丹江市东宁市绥阳镇细岭村(黑木耳)

黑龙江省佳木斯市抚远市抚远镇(鲟鳇鱼)

黑龙江省佳木斯市汤原县汤原镇北靠山村(休闲旅游)

黑龙江省黑河市北安市红星农场(酸菜)

上海市奉贤区青村镇吴房村(黄桃)

上海市金山区枫泾镇中洪村(农民画)

上海市浦东新区老港镇大河村(种猪)

上海市松江区叶榭镇井凌桥村(花卉)

江苏省南京市浦口区永宁街道联合村(青虾)

江苏省南京市高淳区桠溪街道桥李社区(茶叶)

江苏省无锡市锡山区东港镇山联村(休闲旅游)

江苏省无锡市宜兴市丁蜀镇西望村(紫砂)

江苏省徐州市丰县范楼镇(牛蒡)

江苏省徐州市新沂市高流镇老范村(水蜜桃)

江苏省常州市武进区嘉泽镇(苗木)

江苏省苏州市常熟市碧溪街道(蔬菜)

江苏省苏州市吴中区香山街道舟山村(核雕)

江苏省南通市海安市胡集街道周吴村(花卉苗木)

江苏省连云港市赣榆区海头镇海前村(电子商务)

江苏省连云港市东海县曲阳乡薛埠村(水晶)

江苏省淮安市金湖县银涂镇高邮湖村(鱼虾蟹)

江苏省淮安市涟水县高沟镇胡窑村(瓜蒌)

江苏省盐城市盐都区潘黄街道新民村(草莓)

江苏省盐城市滨海县正红镇陈圩村(柳编)

江苏省扬州市高邮市三垛镇(黄羽鸡)

江苏省镇江市丹徒区世业镇(鲜食玉米)

江苏省泰州市兴化市昌荣镇盐北村(河蟹)

江苏省泰州市靖江市生祠镇利珠村(桃)

浙江省杭州市富阳区里山镇安顶村(云雾茶)

浙江省杭州市余杭区鸬鸟镇(蜜梨)

浙江省湖州市长兴县水口乡顾渚村(休闲旅游)

浙江省嘉兴市平湖市林埭镇(虾)

浙江省金华市武义县新宅镇(香菇)

浙江省金华市兰溪市马涧镇下杜村(杨梅)

浙江省丽水市缙云县前路乡前路村(茭白)

浙江省宁波市慈溪市新浦镇(葡萄)

浙江省宁波市余姚市泗门镇(榨菜)

浙江省衢州市衢江区岭洋乡(茶叶)

浙江省绍兴市新昌县东茗乡下岩贝村(休闲旅游)

安徽省合肥市巢湖市槐林镇(渔网制作)

安徽省淮北市烈山区宋疃镇和村社区(苹果)

安徽省宿州市砀山县良梨镇良梨村(酥梨)

安徽省阜阳市阜南县郜台乡刘店村(柳编)

安徽省蚌埠市禹会区马城镇冯嘴村(休闲旅游)

安徽省滁州市南谯区施集镇井楠村(茶叶)

安徽省池州市贵池区梅村镇杨棚村(茶叶)

安徽省黄山市歙县雄村镇卖花渔村(花卉盆景)

安徽省铜陵市义安区天门镇天门村(白姜)

安徽省六安市裕安区独山镇(茶叶)

安徽省马鞍山市当涂县大陇镇(河蟹)

安徽省宣城市绩溪县荆州乡(山核桃)

安徽省安庆市岳西县菖蒲镇(茶叶)

安徽省芜湖市南陵县许镇镇(鳜鱼)

福建省泉州市安溪县感德镇(铁观音)

福建省泉州市晋江市东石镇檗谷村(胡萝卜)

福建省泉州市永春县仙夹镇龙水村(漆篮)

福建省三明市沙县区夏茂镇(沙县小吃)

福建省三明市大田县桃源镇(蔬菜)

福建省龙岩市连城县姑田镇(竹文化)

福建省龙岩市新罗区适中镇(山麻鸭)

福建省龙岩市武平县中堡镇梧地村(象洞鸡)

福建省宁德市福鼎市点头镇(白茶)

福建省宁德市霞浦县柏洋乡董墩村(葡萄)

福建省莆田市仙游县书峰乡兰石村(枇杷)

福建省漳州市高新技术开发区靖城镇郑店村(食用菌)

江西省南昌市安义县东阳镇(蓝莓)

江西省南昌市新建区太平镇(民宿)

江西省宜春市奉新县赤岸镇城下村(猕猴桃)

江西省抚州市南丰县白舍镇白舍村(瓷器)

江西省抚州市宜黄县梨溪镇里阴村(食用菌)

江西省抚州市资溪县乌石镇(白羽肉鸡)

江西省吉安市泰和县马市镇(乌鸡)

江西省吉安市遂川县大坑乡(金桔)

江西省赣州市崇义县上堡乡水南村(水稻)

江西省赣州市章贡区沙石镇(食用菌)

山东省济南市莱芜区牛泉镇(山楂)

山东省济南市商河县贾庄镇(花卉)

山东省青岛市平度市新河镇(草编)

山东省枣庄市山亭区城头镇(豆制品)

山东省东营市广饶县李鹊镇(小麦)

山东省烟台市栖霞市唐家泊镇肖家夼村(苹果)

山东省烟台市招远市齐山镇(蜜薯)

山东省潍坊市临朐县山旺镇(樱桃)

山东省潍坊市寿光市稻田镇崔岭西村(蔬菜)

山东省济宁市金乡县马庙镇(大蒜)

山东省济宁市梁山县杨营镇(肉牛)

山东省泰安市新泰市刘杜镇(山楂)

山东省威海市乳山市海阳所镇(牡蛎)

山东省日照市东港区涛雒镇(对虾)

山东省聊城市冠县店子镇(灵芝)

山东省菏泽市曹县大集镇(电子商务)

山东省菏泽市定陶区半堤镇成海村(胡萝卜)

山东省淄博市高青县花沟镇三利村(西瓜)

山东省临沂市沂南县依汶镇(蔬菜)

山东省临沂市费县上冶镇顺合村(金蛋)

山东省德州市乐陵市花园镇(甜瓜)

山东省德州市宁津县柴胡店镇崔杨村(蟋蟀)

山东省滨州市邹平县长山镇毛张村(山药)

河南省郑州市荥阳市高村乡枣树沟村(石榴)

河南省郑州市荥阳市广武镇张庄村(石榴)

河南省焦作市武陟县乔庙镇(水稻)

河南省焦作市济源市坡头镇双堂村(核桃)

河南省焦作市修武县西村乡当阳峪村(绞胎瓷)

河南省安阳市殷都区都里镇(花椒)

河南省南阳市卧龙区石桥镇(月季)

河南省南阳市内乡县灌涨镇杨集村(番茄)

河南省南阳市邓州市九龙镇舟陂村(梨)

河南省洛阳市新安县五头镇(樱桃)

河南省洛阳市孟津区朝阳镇南石山村(唐三彩)

河南省洛阳市孟津区平乐镇平乐社区(牡丹画)

河南省鹤壁市浚县善堂镇(花生)

河南省开封市顺河回族区土柏岗乡齐寨社区(酿酒)

河南省商丘市民权县西屯村(葡萄)

河南省濮阳市南乐县元村镇古寺郎村(胡萝卜)

河南省平顶山市宝丰县大营镇清凉寺村(汝瓷)

河南省平顶山市叶县龙泉乡草厂街村(食用菌)

河南省驻马店市平舆县西洋店镇西洋潭村(莲藕)

河南省驻马店市确山县留庄镇大赵楼村(水稻)

河南省信阳市浉河区浉河港镇(茶叶)

河南省信阳市平桥区五里店街道七桥村(蓝莓)

河南省新乡市平原示范区韩董庄镇杨厂村(食用菌)

湖北省武汉市黄陂区罗汉寺街(草莓)

湖北省荆门市钟祥市柴湖镇马南村(娃娃菜)

湖北省荆州市洪湖市小港管理区(小龙虾)

湖北省孝感市大悟县三里城镇望山村(稻鸭米)

湖北省黄石市铁山区大王镇贵湾村(香椿)

湖北省天门市拖市镇何场村(马铃薯)

湖北省恩施土家族苗族自治州宣恩县李家河镇(贡水白柚)

湖北省鄂州市梁子湖区涂家垴镇张远村(蓝莓)

湖北省十堰市房县土城镇(黄酒)

湖北省黄冈市蕲春县漕河镇(蕲艾)

湖北省宜昌市夷陵区邓村乡(茶叶)

湖北省咸宁市咸安区贺胜桥镇(肉鸡)

湖北省襄阳市枣阳市平林镇宋集村(油桃)

湖北省襄阳市襄州区程河镇(柳编)

湖北省仙桃市郑场镇(富硒豆豉)

湖北省随州市广水市武胜关镇(茶叶)

湖北省潜江市老新镇(虾稻)

湖北省神农架林区木鱼镇(茶叶)

湖南省长沙市望城区白箬铺镇(休闲旅游)

湖南省衡阳市衡东县三樟镇塔冲村(黄贡椒)

湖南省衡阳市衡阳县台源镇东湖寺村(乌莲)

湖南省衡阳市蒸湘区雨母山镇雨母村(鱼)

湖南省株洲市芦淞区白关镇卦石村(白关丝瓜)

湖南省湘潭市湘乡市翻江镇(壶天石羊)

湖南省岳阳市湘阴县三塘镇(藠头)

湖南省岳阳市平江县加义镇杨林街村(苹果梨)

湖南省常德市鼎城区十美堂镇(油菜)

湖南省常德市桃源县杨溪桥镇(茶叶)

湖南省张家界市武陵源区协合乡龙尾巴社区(休闲旅游)

湖南省益阳市安化县马路镇(茶叶)

湖南省益阳市安化县田庄乡高马二溪村(茶叶)

湖南省郴州市苏仙区良田镇堆上村(食用菌)

湖南省永州市江永县粗石江镇(香柚)

湖南省怀化市沅陵县马底驿乡(茶叶)

湖南省娄底市冷水江市渣渡镇铁山村(杨梅)

湖南省湘西土家族苗族自治州龙山县洗洛镇(百合)

广东省广州市花都区梯面镇(休闲旅游)

广东省广州市从化区太平镇井岗村(荔枝)

广东省肇庆市怀集县冷坑镇(蔬菜)

广东省中山市神湾镇(菠萝)

广东省韶关市南雄市珠玑镇(水稻)

广东省梅州市梅县区石扇镇(金柚)

广东省梅州市梅江区西阳镇桃坪村(茶叶)

广东省江门市开平市马冈镇(肉鹅)

广东省江门市新会区双水镇桥美村(甘蔗)

广东省潮州市饶平县洪洲镇(大蚝)

广东省清远市阳山县七拱镇(丝苗米)

广东省湛江市徐闻县曲界镇(菠萝)

广东省茂名市滨海新区博贺镇(海洋捕捞)

广东省茂名市电白区沙琅镇谭儒村(萝卜)

广东省惠州市惠阳区镇隆镇(荔枝)

广东省河源市和平县贝墩镇(豆制品)

广东省河源市连平县高莞镇二联村(花生)

广东省云浮市云安区白石镇石底村(花卉苗木)

广东省云浮市罗定市泗纶镇杨绿村(蒸笼)

广东省汕尾市陆河县河口镇田墩村(油柑)

广东省阳江市阳西县沙扒镇渡头村(海水鱼苗)

广东省佛山市顺德区勒流街道稔海村(鳗鱼)

广东省珠海市斗门区乾务镇湾口村(鳗鱼)

广东省东莞市大岭山镇(荔枝)

广西壮族自治区南宁市宾阳县古辣镇(香米)

广西壮族自治区桂林市龙胜各族自治县龙脊镇(休闲旅游)

广西壮族自治区桂林市全州县才湾镇南一村(葡萄)

广西壮族自治区防城港市防城区扶隆镇(肉桂八角)

广西壮族自治区贺州市平桂区大平瑶族乡(腐竹)

广西壮族自治区崇左市扶绥县昌平乡(坚果)

广西壮族自治区柳州市柳江区三都镇觉山村(香葱)

广西壮族自治区柳州市融水苗族自治县安太乡元宝村(水稻)

广西壮族自治区梧州市苍梧县六堡镇大中村(六堡茶)

广西壮族自治区梧州市藤县濛江镇健良村(荔枝)

广西壮族自治区北海市合浦县公馆镇香山村(荔枝)

广西壮族自治区钦州市钦南区久隆镇青草村(五指毛桃)

广西壮族自治区贵港市桂平市麻垌镇鹧鸪村(荔枝)

广西壮族自治区玉林市福绵区成均镇古城村(蛋鸡)

广西壮族自治区百色市田东县平马镇四平村(番茄)

广西壮族自治区河池市南丹县城关镇莲花村(黄腊李)

广西壮族自治区河池市宜州区德胜镇上坪村(桑蚕)

海南省东方市三家镇(鳄鱼)

海南省东方市八所镇罗带村(粽子加工)

海南省万宁市北大镇尖岭村(鹧鸪茶)

海南省保亭黎族苗族自治县六弓乡(肉鹅)

海南省琼海市大路镇湖仔村(热带树苗)

重庆市巴南区二圣镇(茶叶)

重庆市黔江区中塘镇兴泉社区(猕猴桃)

重庆市大渡口区跳磴镇石盘村(柑橘)

重庆市开州区临江镇福德村(春橙)

重庆市梁平区蟠龙镇扈槽村(水稻)

重庆市大足区高升镇(芳香植物)

重庆市垫江县砚台镇(青花椒)

重庆市奉节县安坪镇三沱村(脐橙)

重庆市荣昌区河包镇(粉条)

重庆市铜梁区平滩镇(蔬菜)

四川省自贡市富顺县狮市镇(柑橘)

四川省自贡市自流井区仲权镇(彩灯)

四川省攀枝花市盐边县永兴镇(蚕桑)

四川省泸州市江阳区通滩镇(高粱)

四川省德阳市绵竹市孝德镇年画村(年画)

四川省绵阳市安州区秀水镇(水稻)

四川省绵阳市北川羌族县曲山镇石椅村(羌族歌舞)

四川省广元市苍溪县黄猫垭镇(白肉枇杷)

四川省广元市朝天区麻柳乡(麻柳刺绣)

四川省遂宁市射洪市金华镇西山坪村(生猪)

四川省内江市市中区凌家镇酒房沟村(柑橘)

四川省南充市嘉陵区双桂镇三龙场村（桑茶）

四川省宜宾市翠屏区牟坪镇龙兴村（柑橘）

四川省宜宾市高县庆岭镇（请春酒）

四川省广安市前锋区虎城镇（青花椒）

四川省广安市岳池县白庙镇郑家村（休闲旅游）

四川省达州市渠县新市镇（蜂糖李）

四川省巴中市平昌县涵水镇幸福村（江口青鳙）

四川省雅安市雨城区碧峰峡镇（茶叶）

四川省眉山市洪雅县中山镇（茶叶）

四川省乐山市夹江县马村镇石堰村（手工造纸）

四川省甘孜州理塘县禾尼乡（牦牛）

四川省凉山州会东县姜州镇郑家坝村（石榴）

贵州省贵阳市息烽县石硐镇（猕猴桃）

贵州省贵阳市修文县六屯镇都堡村（猕猴桃）

贵州省遵义市凤冈县天桥镇（肉牛）

贵州省遵义市绥阳县郑场镇大楠村（辣椒）

贵州省铜仁市万山区黄道乡（香柚）

贵州省铜仁市德江县稳坪镇金庄村（花椒）

贵州省六盘水市盘州市新民镇旧屯村（红米）

贵州省安顺市普定县化处镇焦家村（韭黄）

贵州省毕节市织金县板桥镇白果村（茶叶）

贵州省毕节市黔西市新仁苗族乡化屋村（苗绣）

贵州省黔南布依族苗族自治州福泉市龙昌镇（生猪）

贵州省黔南布依族苗族自治州龙里县洗马镇羊昌村（刺梨）

贵州省黔西南布依族苗族自治州兴义市七舍镇革上村（茶叶）

贵州省黔东南苗族侗族自治州施秉县牛大场镇牛大场村（太子参）

贵州省黔东南苗族侗族自治州从江县斗里镇马安村（苗绣）

云南省丽江市华坪县石龙坝镇临江村（芒果）

云南省丽江市玉龙纳西族自治县白沙镇玉湖村（休闲旅游）

云南省西双版纳傣族自治州景洪市勐龙镇勐宋村（茶叶）

云南省西双版纳傣族自治州景洪市勐罕镇曼听村（休闲旅游）

云南省昭通市镇雄县碗厂镇(鲜笋)

云南省保山市昌宁县温泉镇(茶叶)

云南省普洱市镇沅县按板镇罗家村(茶叶)

云南省红河哈尼族彝族自治州弥勒市西三镇蚂蚁村(休闲旅游)

云南省文山壮族苗族自治州麻栗坡县猛硐瑶族乡(茶叶)

云南省曲靖市麒麟区越州镇大梨树村(蓝莓)

云南省玉溪市元江县甘庄街道(芒果)

云南省玉溪市澄江市右所镇吉花社区(休闲旅游)

云南省楚雄彝族自治州双柏县爱尼山乡(中药材)

云南省临沧市耿马自治县勐撒镇翁达村(省藤)

云南省临沧市临翔区博尚镇碗窑村(土陶)

西藏自治区昌都市芒康县纳西民族乡(葡萄)

西藏自治区拉萨市曲水县南木乡(瓜果)

西藏自治区拉萨市当雄县龙仁乡(牦牛)

西藏自治区拉萨市堆龙德庆区柳梧新区达东村(休闲旅游)

西藏自治区拉萨市堆龙德庆区古荣镇加入村(花卉)

西藏自治区拉萨市堆龙德庆区东嘎街道桑木村(罗萨梅朵)

陕西省西安市高陵区通远街道何村(设施蔬菜)

陕西省西安市西咸新区秦汉新城窑店街道刘家沟村(窑洞文化)

陕西省咸阳市淳化县十里塬镇十里塬村(食用菌)

陕西省铜川市宜君县彭镇西洼村(食用菌)

陕西省延安市甘泉县下寺湾镇闫家沟村(瓜菜)

陕西省汉中市略阳县黑河镇(乌鸡)

陕西省汉中市南郑区黄官镇水井村(藤竹编)

陕西省安康市石泉县后柳镇中坝村(手工作坊文化)

陕西省安康市白河县宋家镇(茶叶)

陕西省宝鸡市陇县东风镇(奶山羊)

陕西省渭南市富平县庄里镇(柿饼)

陕西省渭南市蒲城县龙阳镇(瓜果)

陕西省榆林市府谷县武家庄镇(肉羊)

陕西省商洛市丹凤县峦庄镇(中药材)

甘肃省兰州市榆中县园子岔乡(百合)

甘肃省甘南藏族自治州舟曲县博峪镇恰路诺村(中药材)

甘肃省定西市岷县茶埠镇岳家湾村(中药材)

甘肃省庆阳市宁县焦村镇(苹果)

甘肃省庆阳市环县曲子镇西沟村(紫花苜蓿)

甘肃省天水市张家川回族自治县龙山镇马河村(苹果)

甘肃省白银市景泰县草窝滩镇(西红柿)

甘肃省酒泉市玉门市下西号镇(枸杞)

甘肃省陇南市武都区马街镇(花椒)

甘肃省武威市凉州区四坝镇(蔬菜)

甘肃省武威市民勤县东湖镇(茴香)

甘肃省张掖市甘州区乌江镇(蔬菜)

甘肃省张掖市肃南裕固族自治县明花乡(牧草)

青海省西宁市湟中区多巴镇玉拉村(生菜)

青海省西宁市湟中区鲁沙尔镇阳坡村(金银铜器)

青海省海东市互助土族自治县东沟乡大庄村(青绣)

青海省海南藏族自治州兴海县河卡镇五一村(油菜)

青海省玉树藏族自治州曲麻莱县叶格乡红旗村(种牦牛)

青海省玉树藏族自治州治多县治渠乡同卡村(种牦牛)

宁夏回族自治区银川市西夏区镇北堡镇昊苑村(葡萄酒)

宁夏回族自治区石嘴山市惠农区庙台乡东永固村(枸杞)

宁夏回族自治区固原市泾源县大湾乡杨岭村(休闲旅游)

宁夏回族自治区吴忠市红寺堡区新庄集乡杨柳村(葡萄酒)

新疆维吾尔自治区博尔塔拉蒙古自治州精河县托里镇(枸杞)

新疆维吾尔自治区阿克苏地区阿瓦提县三河镇(棉花)

新疆维吾尔自治区阿克苏地区阿瓦提县塔木托格拉克镇库吾尔尕村(纳西甘甜瓜)

新疆维吾尔自治区阿克苏地区温宿县托乎拉乡(大米)

新疆维吾尔自治区和田地区和田县巴格其镇(核桃)

新疆维吾尔自治区和田地区策勒县策勒乡阿日希村(红枣)

新疆维吾尔自治区喀什地区岳普湖县岳普湖乡(无花果)

新疆维吾尔自治区喀什地区麦盖提县央塔克乡(红枣)

新疆维吾尔自治区塔城地区沙湾市乌兰乌苏镇(富硒杂粮)

新疆维吾尔自治区塔城地区乌苏市八十四户乡(蔬菜)

新疆生产建设兵团第一师阿拉尔市6团双城镇(苹果)

新疆生产建设兵团第三师图木舒克市54团兴安镇(油莎豆)

新疆生产建设兵团第五师双河市83团园艺3连(鸵鸟)

新疆生产建设兵团第十师北屯市188团海川镇(葵花)

第十二批"一村一品"示范村镇名单(2022年)

北京市平谷区东高村镇崔家庄村(西红柿)

北京市平谷区镇罗营镇五里庙村(红果)

北京市房山区周口店镇黄山店村(休闲旅游)

天津市蓟州区桑梓镇(西瓜)

天津市静海区良王庄乡罗阁庄村(梨)

河北省石家庄市深泽县白庄乡小堡村(布艺)

河北省石家庄市晋州市总十庄镇武邱村(梨)

河北省保定市蠡县蠡吾镇随东村(麻山药)

河北省保定市曲阳县孝墓镇孙家庄村(苹果)

河北省唐山市开平区洼里镇西尚庄村(无花果)

河北省唐山市曹妃甸区第四农场和顺村(稻米)

河北省邢台市宁晋县河渠镇马房村(烘焙食品)

河北省邢台市信都区将军墓镇南沟门村(香菇)

河北省邢台市威县高公庄乡(设施蔬菜)

河北省廊坊市永清县刘街乡彩木营村(西红柿)

河北省廊坊市文安县兴隆宫镇大龙华村(梨)

河北省邯郸市肥乡区天台山镇任堡村(生地、药菊)

河北省邯郸市魏县魏城镇东南温村(梨)

河北省张家口市蔚县蔚州镇南张庄村(剪纸)

河北省秦皇岛市抚宁区王汉沟村(黄桃)

河北省秦皇岛市昌黎县靖安镇马芳营村(旱黄瓜)

河北省衡水市深州市北溪村镇东凌消村(红薯)

河北省衡水市深州市北溪村镇大流村(花生)

河北省沧州市南皮县冯家口镇李皇亲村(彩麦)

河北省沧州市孟村回族自治县高寨镇(肉鸡)

山西省太原市清徐县徐沟镇西怀远村(蔬菜)

山西省大同市云州区西坪镇(黄花菜)

山西省朔州市怀仁市海北头乡(肉羊)

山西省忻州市偏关县窑头乡(谷子)

山西省临汾市吉县屯里镇(苹果)

山西省临汾市乡宁县双鹤乡红凹村(小麦)

山西省运城市临猗县北辛乡(苹果)

山西省吕梁市临县三交镇正街村(杂粮)

山西省晋中市平遥县岳壁乡岳北村(蔬菜)

山西省晋中市灵石县两渡镇崔家沟村(生猪)

内蒙古自治区赤峰市林西县统部镇(肉牛)

内蒙古自治区赤峰市松山区老府镇老府村(设施蔬菜)

内蒙古自治区赤峰市巴林左旗三山乡(苍术)

内蒙古自治区赤峰市宁城县忙农镇(肉牛)

内蒙古自治区呼和浩特市土默特左旗敕勒川镇枳几梁村(葵花)

内蒙古自治区呼伦贝尔市阿荣旗新发朝鲜族乡新发村(稻米)

内蒙古自治区鄂尔多斯市鄂托克旗苏米图苏木(肉牛)

内蒙古自治区鄂尔多斯市准格尔旗暖水乡德胜有梁村(苹果)

内蒙古自治区通辽市科尔沁左翼中旗希伯花镇希伯花嘎查(苹果)

内蒙古自治区锡林郭勒盟市西乌珠穆沁旗浩勒图高勒镇(肉牛)

内蒙古自治区乌兰察布市四子王旗查干补力格苏木格日勒图雅嘎查
(肉羊)

内蒙古自治区巴彦淖尔市乌拉特中旗巴音乌兰苏木巴音宝日嘎查(马)

内蒙古自治区巴彦淖尔市乌拉特前旗明安镇六份子村(黄芪)

辽宁省沈阳市康平县海州窝堡乡(花生)

辽宁省沈阳市于洪区平罗街道前辛台村(设施蔬菜)

辽宁省沈阳市新民市梁山镇(西瓜)

辽宁省大连市长海县大长山岛镇三官庙村(海参)

辽宁省丹东市东港市小甸子镇三道林村(草莓)

辽宁省阜新市阜蒙县老河土镇敖龙胡同村（花生）

辽宁省营口市大石桥市旗田镇新开河村（圣女果）

辽宁省鞍山市台安县八角台街道雅化村（花卉）

辽宁省葫芦岛市兴城市碱厂满族乡白庙子村（南果梨）

辽宁省朝阳市龙城区海龙街道饮马池村（葡萄）

吉林省长春市公主岭市南崴子街道南崴子村（稻米）

吉林省长春市双阳区齐家镇李家村（黄菇娘）

吉林省四平市伊通满族自治县马鞍山镇（樱桃）

吉林省辽源市东丰县黄河镇涌泉村（肉牛）

吉林省延边朝鲜族自治州安图县新合乡青沟子村（桑黄）

吉林省延边朝鲜族自治州汪清县鸡冠乡（黑木耳）

吉林省吉林市磐石市宝山乡北锅盔村（苹果）

吉林省白城市通榆县瞻榆镇西关村（辣椒）

黑龙江省哈尔滨市延寿县中和镇万江村（黑稻）

黑龙江省哈尔滨市呼兰区康金街道白家村（大豆）

黑龙江省哈尔滨市五常市牛家满族镇政新村（西瓜）

黑龙江省齐齐哈尔市铁锋区扎龙镇哈拉乌苏村（休闲旅游）

黑龙江省齐齐哈尔市富拉尔基区杜尔门沁达斡尔族乡杜尔门沁村（稻米）

黑龙江省齐齐哈尔市富裕县繁荣乡永丰村（防风）

黑龙江省齐齐哈尔市克东县昌盛乡翻身村（速冻蔬菜）

黑龙江省大庆市杜尔伯特蒙古族自治县江湾乡（稻米）

黑龙江省大庆市肇源县浩德乡莲花村（羊肚菌）

黑龙江省鸡西市密山市兴凯镇（牛乳）

黑龙江省佳木斯市桦川县苏家店镇新胜村（山药）

黑龙江省双鸭山市宝清县夹信子镇团结村（鲜食玉米）

黑龙江省七台河市新兴区长兴乡马鞍村（生猪）

上海市浦东新区书院镇（西瓜）

上海市闵行区浦江镇革新村（休闲旅游）

上海市奉贤区青钱镇钱忠村（雉鸡）

江苏省南京市高淳区漆桥街道双游村（电子商务）

江苏省苏州市张家港市凤凰镇(水蜜桃)

江苏省无锡市惠山区洛社镇万马村(休闲旅游)

江苏省徐州市沛县敬安镇(辣椒)

江苏省常州市溧阳市戴埠镇(休闲旅游)

江苏省南通市如东县大豫镇强民村(蔬菜)

江苏省连云港市经技开发区朝阳街道韩李村(黄桃)

江苏省淮安市洪泽区岔河镇韦集村(河蟹)

江苏省盐城市大丰区南阳镇诚心村(辣根)

江苏省扬州市仪征市马集镇方营村(茶)

江苏省镇江市句容市白兔镇中心村(茶)

江苏省泰州市兴化市千垛镇(休闲旅游)

江苏省泰州市医药高新区永安洲镇东江社区(河豚)

江苏省宿迁市泗洪县龙集镇(小龙虾)

江苏省宿迁市宿城区陈集镇(葡萄)

浙江省杭州市富阳区富春街道拔山村(龙井茶)

浙江省杭州市临平区塘栖镇塘栖村(枇杷)

浙江省温州市苍南县马站镇中魁村(四季柚)

浙江省湖州市南浔区善琏镇善琏村(湖笔)

浙江省湖州市长兴县吕山乡(湖羊)

浙江省嘉兴市南湖区新丰镇(姜)

浙江省绍兴市新昌县镜岭镇雅庄村(休闲旅游)

浙江省台州市临海市涌泉镇(柑橘)

浙江省金华市浦江县虞宅乡(休闲旅游)

浙江省衢州市衢江区高家镇(柑橘)

浙江省丽水市缙云县东方镇(菜干)

安徽省合肥市肥东县牌坊回族满族乡(杭椒)

安徽省宿州市泗县大路口镇(山芋)

安徽省安庆市太湖县天华镇(茶)

安徽省安庆市潜山市槎水镇中畈村(蚕桑)

安徽省黄山市黄山区新华乡(笋)

安徽省蚌埠市固镇县石湖乡刘元村(西瓜)

安徽省阜阳市颍泉区闻集镇闻集村(草莓)

安徽省淮南市寿县板桥镇清真村(草席)

安徽省滁州市定远县西卅店镇高潮村(双孢菇)

安徽省六安市霍邱县城西湖乡望湖村(莲藕)

安徽省芜湖市无为市红庙镇海云村(牡丹)

安徽省宣城市泾县榔桥镇溪头村(木梳)

安徽省铜陵市枞阳县麒麟镇岱鳌村(白茶)

福建省福州市连江县筱埕镇(海带)

福建省福州市闽清县塔庄镇茶口村(粉干)

福建省厦门市海沧区东孚街道过坂社区(花卉)

福建省泉州市安溪县祥华乡(乌龙茶)

福建省泉州市永春县达埔镇汉口村(蔑香)

福建省三明市尤溪县台溪乡(茶)

福建省漳州市漳浦县佛昙镇东坂村(河豚)

福建省莆田市仙游县龙华镇金溪村(乌龙茶)

福建省南平市武夷山市星村镇桐木村(红茶)

福建省龙岩市连城县朋口镇朋东村(兰花)

福建省宁德市福安市穆阳镇苏堤村(线面)

福建省平潭综合实验区君山镇砂美村(鲍鱼)

江西省赣州市安远县鹤子镇(脐橙)

江西省赣州市信丰县安西镇(脐橙)

江西省吉安市吉水县水南镇(腐竹)

江西省宜春市高安市上湖乡(辣椒)

江西省九江市柴桑区新合镇址坊村(豆条)

江西省抚州市黎川县德胜镇(鹿茸菇)

江西省新余市渝水区姚圩镇裴港村(蜜桔)

江西省景德镇市乐平市高家镇(白茶)

江西省上饶市鄱阳县乐丰镇(稻米)

江西省鹰潭市余江区平定乡洪桥村(红薯)

山东省济南市平阴县玫瑰镇(玫瑰)

山东省济南市长清区五峰山街道(大樱桃)

山东省青岛市平度市崔家集镇(西红柿)

山东省淄博市沂源县西里镇红源新村(苹果)

山东省枣庄市滕州市龙阳镇(马铃薯)

山东省东营市东营区牛庄镇(小麦)

山东省烟台市牟平区龙泉镇(休闲旅游)

山东省烟台市莱州市平里店镇吕村(姜)

山东省潍坊市诸城市相州镇(生猪)

山东省潍坊市寒亭区双杨街道前阙庄村(番茄)

山东省济宁市微山县昭阳街道(大闸蟹)

山东省济宁市鱼台县鱼城镇(辣椒)

山东省泰安市泰山区省庄镇(茶)

山东省威海市文登区葛家镇(苹果)

山东省日照市莒县果庄镇(油桃)

山东省临沂市沂南县苏村镇(设施蔬菜)

山东省临沂市兰陵县神山镇(大蒜)

山东省德州市临邑县临盘街道前杨村(休闲旅游)

山东省德州市武城县武城镇(辣椒)

山东省聊城市阳谷县安乐镇(肉鸡)

山东省滨州市博兴县乔庄镇苍上村(南美白对虾)

山东省滨州市无棣县车王镇(肉牛)

山东省菏泽市牡丹区沙土镇(蔬菜)

山东省菏泽市曹县普连集镇(小麦)

河南省郑州市中牟县姚家镇春岗村(草莓)

河南省开封市杞县傅集镇吕寨村(双孢菇)

河南省洛阳市汝阳县付店镇(香菇)

河南省洛阳市栾川县白土镇马超营社区(无核柿子)

河南省平顶山市宝丰县商酒务镇韩庄村(秋月梨)

河南省平顶山市舞钢市尹集镇蔡庄村(葡萄)

河南省鹤壁市浚县黎阳街道单庄村(设施蔬菜)

河南省新乡市平原示范区桥北乡盐店庄村(蜜桃)

河南省焦作市沁阳市紫陵镇坞头村(头饰品)

河南省濮阳市濮阳县文留镇齐庄村(丝瓜)

河南省许昌市禹州市磨街乡刘门村(柿饼)

河南省漯河市临颍县石桥乡三角村(白鹅)

河南省三门峡市卢氏县官道口镇果岭村(苹果)

河南省南阳市唐河县滨河街道王庄村(红薯)

河南省商丘市睢县城郊乡李庄村(辣椒)

河南省商丘市民权县王桥镇麻花庄村(贡麻花)

河南省信阳市罗山县灵山镇檀墩村(信阳毛尖)

河南省信阳市新县吴陈河镇章墩村(香菇)

河南省周口市项城市孙店镇汝阳刘村(毛笔)

河南省周口市扶沟县汴岗镇于营村(辣椒)

河南省驻马店市泌阳县杨家集镇郭庄村(香菇)

河南省驻马店市正阳县王勿桥乡王勿桥社区(伏陈醋)

河南省安阳市济源市克井镇枣庙村(冬凌草)

湖北省襄阳市宜城市南营街道金山村(水果)

湖北省黄冈市黄梅县下新镇(鱼面)

湖北省黄冈市浠水县散花镇天井湖村(菱角)

湖北省十堰市郧阳区青山镇(茶)

湖北省十堰市郧西县香口乡(蔬菜)

湖北省孝感市云梦县下辛店镇白水湖村(藜蒿)

湖北省孝感市大悟县河口镇金墩村(抹茶)

湖北省宜昌市枝江市安福寺镇(柑橘)

湖北省宜昌市长阳土家族自治县榔坪镇关口垭村(木瓜)

湖北省荆门市钟祥市客店镇邵台村(葛根)

湖北省荆州市松滋市万家乡(柑橘)

湖北省荆州市公安县闸口镇(虾稻)

湖北省鄂州市华容区蒲团乡(稻米)

湖北省黄石市阳新县枫林镇坳上村(吴茱萸)

湖北省恩施土家族苗族自治州咸丰县唐崖镇彭家沟村(黑猪)

湖北省恩施土家族苗族自治州来凤县革勒车镇土家寨村(黄精)

湖北省潜江市周矶管理区红旗社区(潜半夏)

湖北省天门市佛子山镇(稻米)

湖南省长沙市长沙县春华镇(水稻、蔬菜种子)

湖南省长沙市浏阳市关口街道道源湖村(粽子)

湖南省邵阳市新宁县黄龙镇羊坪村(脐橙)

湖南省益阳市大通湖区金盆镇(稻虾)

湖南省益阳市桃江县马迹塘镇南山村(竹笋)

湖南省湘潭市雨湖区姜畲镇泉塘子村(鸡枞菌)

湖南省娄底市新化县白溪镇(豆腐)

湖南省岳阳市华容县禹山镇八岭村(湘枳壳)

湖南省岳阳市岳阳县新墙镇清水村(葡萄)

湖南省常德市澧县王家厂镇大团村(石菖蒲)

湖南省张家界市慈利县洞溪乡洞溪村(辣椒)

湖南省张家界市永定区茅岩河镇大米界村(莓茶)

湖南省衡阳市衡阳县西渡镇梅花村(休闲旅游)

湖南省永州市江华瑶族自治县小圩壮族乡崇江村(苦茶)

湖南省株洲市醴陵市板杉镇擂鼓桥村(油茶)

湖南省郴州市北湖区华塘镇吴山村(草莓)

湖南省怀化市通道侗族自治县独坡镇上岩村(茶)

湖南省湘西土家族苗族自治州永顺县颗砂乡(稻米)

湖南省湘西土家族苗族自治州龙山县红岩溪镇肖家坪村(黄金茶)

广东省广州市从化区太平镇钱岗村(荔枝)

广东省珠海市金湾区红旗镇大林社区(黄立鱼)

广东省河源市紫金县敬梓镇田头村(牛大力)

广东省河源市龙川县黄石镇长洲村(油茶)

广东省肇庆市广宁县潭布镇古楼村(番薯)

广东省韶关市浈江区犁市镇(油茶)

广东省梅州市丰顺县八乡山镇(番薯)

广东省惠州市博罗县石坝镇(三黄胡须鸡)

广东省汕尾市海丰县海城镇(茶)

广东省江门市开平市大沙镇(茶)

广东省阳江市阳春市圭岗镇(丝瓜)

广东省清远市连山壮族瑶族自治县永和镇(丝苗米)

广东省潮州市饶平县浮滨镇(茶)

广东省云浮市新兴县簕竹镇(肉鸡)

广东省云浮市罗定市罗镜镇(丝苗米)

广东省中山市三角镇(杂交鳢)

广东省中山市横栏镇(花卉苗木)

广东省东莞市厚街镇(荔枝)

广西壮族自治区北海市铁山港区营盘镇彬塘村(珍珠)

广西壮族自治区桂林市全州县咸水镇(柑桔)

广西壮族自治区梧州市岑溪市糯垌镇古河村(澳洲坚果)

广西壮族自治区防城港市上思县在妙镇佛子村(思奉香糯)

广西壮族自治区钦州市浦北县龙门镇(浦北陈皮)

广西壮族自治区贵港市覃塘区樟木镇(生猪)

广西壮族自治区玉林市兴业县沙塘镇(稻米)

广西壮族自治区百色市田东县林逢镇(芒果)

广西壮族自治区百色市隆林县德峨镇三冲村(茶)

广西壮族自治区百色市凌云县下甲镇平怀村(桑蚕)

广西壮族自治区百色市乐业县甘田镇板洪村(猕猴桃)

广西壮族自治区百色市德保县城关镇那温村(休闲旅游)

广西壮族自治区贺州市富川县朝东镇(香芋)

广西壮族自治区来宾市象州县妙皇乡思高村(古琶茶)

广西壮族自治区河池市宜州区北山镇(糖料蔗)

广西壮族自治区河池市罗城县小长安镇(糖料蔗)

广西壮族自治区柳州市鹿寨县黄冕镇(桑蚕)

广西壮族自治区柳州市三江县林溪镇平岩村(休闲旅游)

海南省海口市美兰区三江镇茄苪村(莲雾)

海南省万宁市和乐镇六连村(鸭蛋)

海南省东方市感城镇不磨村(芒果)

海南省昌江黎族自治县海尾镇大安村(黑皮冬瓜)

重庆市巴南区姜家镇(黑五谷)

重庆市大足区雍溪镇(花卉)

重庆市铜梁区双山镇建新村(樱桃)

重庆市潼南区古溪镇(佛手)

重庆市丰都县三元镇(红心柚)

重庆市永川区何埂镇狮子村(秀珍菇、香菇)

重庆市武隆区后坪乡高坪村(茶)

重庆市城口县坪坝镇新华村(休闲旅游)

重庆市奉节县龙桥土家族乡(蔬菜)

重庆市万盛经开区丛林镇绿水村(金针菇、舞茸)

四川省成都市崇州市白头镇五星村(稻米)

四川省自贡市贡井区成佳镇(大头菜)

四川省德阳市中江县永安镇永安村(中江柚)

四川省绵阳市涪城区杨家镇(蚕桑)

四川省广元市昭化区昭化镇朝阳村(猕猴桃)

四川省广元市旺苍县木门镇(茶)

四川省遂宁市蓬溪县天福镇(杏鲍菇、虫草花)

四川省乐山市峨眉山市双福镇(茶)

四川省乐山市金口河区永胜乡民主村(川牛膝)

四川省南充市蓬安县睦坝镇(稻米)

四川省宜宾市筠连县巡司镇(茶)

四川省宜宾市屏山县锦屏镇(茵红李)

四川省广安市武胜县胜利镇三叉沟村(晚熟柑桔)

四川省达州市大竹县团坝镇(白茶)

四川省达州市万源市旧院镇大伦坎村(黑鸡蛋)

四川省眉山市丹棱县齐乐镇(柑橘)

四川省阿坝藏族羌族自治州金川县河西乡杨家湾村(雪梨)

四川省阿坝藏族羌族自治州红原县邛溪镇(牦牛)

四川省甘孜藏族自治州九龙县魁多镇里伍村(茶)

四川省甘孜藏族自治州德格县麦宿镇(藏木香、大黄)

四川省凉山彝族自治州会理市彰冠镇(石榴)

四川省凉山彝族自治州雷波县金沙镇金沙村(脐橙)

四川省凉山彝族自治州盐源县树河镇大水田村(核桃)

四川省凉山彝族自治州越西县新民镇大屯村(苹果)

贵州省贵阳市息烽县石硐镇中坝村(猕猴桃)

贵州省贵阳市息烽县养龙司镇灯塔村(百香果)

贵州省毕节市赫章县平山镇平山社区(天麻)

贵州省安顺市黄果树旅游区白水镇(小黄姜)

贵州省安顺市关岭县断桥镇戈尧村(枇杷)

贵州省黔东南苗族侗族自治州剑河县柳川镇镇江村(麻镰秋李)

贵州省黔东南苗族侗族自治州凯里市下司镇(蔬菜)

贵州省黔东南苗族侗族自治州黎平县高屯街道高屯社区(茶)

贵州省黔南布依族苗族自治州瓮安县建中镇(茶)

贵州省黔南布依族苗族自治州龙里县湾滩河镇(蔬菜)

贵州省黔南布依族苗族自治州罗甸县木引镇(蜂糖李)

贵州省黔西南州望谟县郊纳镇(茶)

贵州省黔西南州晴隆县鸡场镇学官社区(脐橙)

贵州省铜仁市印江县洋溪镇蒋家坝村(茶)

贵州省铜仁市玉屏县田坪镇田冲村(稻米)

贵州省铜仁市松桃县正大镇(茶)

贵州省遵义市习水县隆兴镇新光村(葡萄)

贵州省遵义市桐梓县官仓镇楠木村(官梨)

云南省昆明市安宁市禄脿街道艾家营村(葡萄)

云南省昆明市嵩明县杨桥街道大村子社区(花卉)

云南省昭通市昭阳区靖安镇(马铃薯)

云南省昭通市镇雄县杉树乡细沙河村(竹子)

云南省昭通市镇雄县罗坎镇大庙村(茶)

云南省昭通市绥江县会仪镇黄坪村(李子)

云南省昭通市大关县木杆镇向阳村(筇竹)

云南省曲靖市宣威市东山镇法着村(肉牛)

云南省保山市腾冲市清水乡清水社区(茶)

云南省丽江市宁蒗县新营盘乡(苹果)

云南省丽江市华坪县荣将镇和爱村(芒果)

云南省普洱市景东县大街镇(茶)

云南省楚雄彝族自治州楚雄市大过口乡(魔芋)

云南省红河哈尼族彝族自治州蒙自市文澜街道多法勒村(枇杷)

云南省西双版纳傣族自治州景洪市勐养镇曼纳庄村(青枣)

云南省大理白族自治州云龙县诺邓镇(火腿)

云南省大理白族自治州南涧县无量山镇(茶)

云南省迪庆藏族自治州香格里拉市三坝乡白地村(羊肚菌)

云南省迪庆藏族自治州德钦县升平镇阿东村(葡萄)

西藏自治区昌都市卡若区噶玛乡(唐卡)

西藏自治区日喀则市白朗县旺丹乡桑巴村(皮制品)

陕西省西安市周至县青化镇二庙村(猕猴桃)

陕西省宝鸡市太白县咀头镇(高山蔬菜)

陕西省宝鸡市岐山县蔡家坡镇安乐村(猕猴桃)

陕西省咸阳市淳化县铁王镇(番茄)

陕西省咸阳市三原县嵯峨镇天井岸村(花椒)

陕西省铜川市耀州区庙湾镇(香菇)

陕西省渭南市合阳县金峪镇(樱桃)

陕西省榆林市吴堡县张家山镇(空心挂面)

陕西省汉中市城固县董家营镇(元胡)

陕西省汉中市镇巴县兴隆镇水田坝社区(茶)

陕西省安康市汉滨区晏坝镇(茶)

陕西省商洛市柞水县杏坪镇(木耳)

陕西省延安市志丹县顺宁镇保娃沟门村(蔬菜)

陕西省榆林市榆阳区红石桥乡西左界村(芝麻香瓜)

甘肃省兰州市永登县七山乡(肉羊)

甘肃省酒泉市玉门市昌马镇(肉羊)

甘肃省酒泉市肃州区泉湖镇四坝村(设施蔬菜)

甘肃省张掖市甘州区党寨镇陈寨村(设施蔬菜)

甘肃省张掖市山丹县东乐镇(肉羊)

甘肃省金昌市永昌县朱王堡镇(高原夏菜)

甘肃省天水市张家川回族自治县龙山镇(肉牛)

甘肃省天水市张家川回族自治县刘堡镇窑儿村(乌龙头)

甘肃省天水市清水县郭川镇郭山村(花椒)

甘肃省武威市民勤县东坝镇东一村(人参果)

甘肃省庆阳市镇原县太平镇枣林村(苹果)

甘肃省定西市陇西县巩昌镇河那坡村(设施蔬菜)

甘肃省定西市岷县寺沟镇立珠村(猫尾草)

甘肃省临夏回族自治州康乐县胭脂镇大庄村(食用菌)

青海省西宁市湟中区上五庄镇小寺沟村(蒜苗)

青海省海东市互助土族自治县五峰镇下马一村(手工布鞋)

青海省海南藏族自治州贵德县新街乡陆切村(红笋)

青海省海北藏族自治州门源回族自治县泉口镇(香菇)

青海省黄南藏族自治州尖扎县当顺乡香干村(土烧馍)

青海省黄南藏族自治州泽库县和日镇吉龙村(泽库羊)

青海省玉树藏族自治州玉树市上拉秀乡加桥村(牦牛)

青海省果洛藏族自治州达日县满掌乡木热村(牦牛)

宁夏回族自治区银川市灵武市临河镇上桥村(长枣)

宁夏回族自治区石嘴山市惠农区红果子镇宝马村(牛乳)

宁夏回族自治区吴忠市盐池县冯记沟乡雨强村(滩羊)

宁夏回族自治区吴忠市红寺堡区红寺堡镇弘德村(肉牛)

宁夏回族自治区固原市原州区彭堡镇(冷凉蔬菜)

新疆维吾尔自治区乌鲁木齐市米东区三道坝镇(稻米)

新疆维吾尔自治区塔城地区裕民县哈拉布乡(红花)

新疆维吾尔自治区阿克苏地区乌什县阿恰塔格乡(核桃)

新疆维吾尔自治区和田地区于田县希吾勒乡(肉羊)

新疆维吾尔自治区昌吉回族自治州奇台县半截沟镇腰站子村(小麦)

新疆维吾尔自治区伊犁哈萨克自治州新源县吐尔根乡喀拉奥依村(杏)

新疆维吾尔自治区巴音郭楞蒙古自治州州库尔勒市英下乡阿克东村
(设施蔬菜)

新疆维吾尔自治区哈密市伊州区二堡镇火石泉村(葡萄)

新疆维吾尔自治区吐鲁番市托克逊县夏镇南湖村(杏)

新疆维吾尔自治区喀什地区喀什市英吾斯坦乡墩艾日克村(乳鸽)

新疆维吾尔自治区阿克苏地区阿克苏市喀拉塔勒镇英阿克艾日克村

（棉花）

> 新疆生产建设兵团第二师铁门关市 30 团（库尔勒香梨）
> 新疆生产建设兵团第五师双河市 87 团（玉米种子）
> 新疆生产建设兵团第十师北屯市 184 团（辣椒）
> 新疆生产建设兵团第五师双河市 84 团 1 连（骆驼奶）

3.3.3 省级特色农业强镇

浙江省相关部门评选出了特色农业强镇、特色优势农业产业强县、强镇等。其中:浙江省粮食安全和推进农业现代化领导小组农业"两区"办公室和浙江省农业农村厅开展了四次省级特色农业强镇的评选。其中:

第一批宁波有 3 个（共 21 个），分别是江北区慈城果蔬盆景特色农业强镇、奉化区萧王庙水蜜桃特色产业强镇、宁海县桑洲茶叶特色农业强镇。

第二批宁波有 7 个（共 29 个），分别是:鄞州区横溪林特、水果特色农业强镇,鄞州区咸祥渔业特色农业强镇,余姚市临山葡萄特色农业强镇,慈溪市逍林果蔬特色农业强镇,慈溪市坎墩果蔬特色农业强镇,象山县新桥枇杷、南美白对虾特色农业强镇,象山县定塘柑橘特色农业强镇。

第三批宁波有 5 个（共 34 个），分别是:宁波市海曙区鄞江茶果特色农业强镇,余姚市梁弄小水果特色农业强镇,慈溪市新浦果蔬特色农业强镇,宁海县胡陈水蜜桃特色农业强镇,象山县贤庠石斛桂花特色农业强镇。

第四批宁波有 5 个（共 25 个），分别是:宁波市海曙区龙观茶果特色农业强镇,宁波市鄞州区瞻岐渔业水果特色农业强镇,余姚市马渚生态水产特色农业强镇,慈溪市周巷果蔬特色农业强镇,象山县晓塘柑橘特色农业强镇。

专栏 7

浙江省省级特色农业强镇名单
第一批省级特色农业强镇名单 2018

1. 建德市杨村桥——草莓特色农业强镇
2. 淳安县临岐——中药材特色农业强镇
3. 宁波市江北区慈城——果蔬盆景特色农业强镇
4. 宁波市奉化区萧王庙——水蜜桃特色产业强镇

5. 宁海县桑洲——茶叶特色农业强镇

6. 文成县二源——高山蔬果特色农业强镇

7. 泰顺县雅阳——生态农牧特色农业强镇

8. 长兴县吕山——湖羊特色农业强镇

9. 安吉县灵峰——蔬果特色农业强镇

10. 平湖市新埭——果蔬特色农业强镇

11. 海宁市长安——花卉特色农业强镇

12. 绍兴市上虞区丁宅——四季仙果特色农业强镇

13. 诸暨市同山——水果特色农业强镇

14. 金华市金东区源东——蜜桃特色农业强镇

15. 磐安县新渥——中药材特色农业强镇

16. 开化县齐溪——茶叶特色农业强镇

17. 舟山市普陀区——展茅鱿鱼特色农业强镇

18. 台州市黄岩区北洋——果蔬特色农业强镇

19. 玉环市清港——文旦特色农业强镇

20. 三门县蛇蟠——水产特色农业强镇

21. 景宁县鹤溪——惠明茶特色农业强镇

第二批省级特色农业强镇名单 2019

1. 富阳区东洲果蔬特色农业强镇

2. 桐庐县钟山水果特色农业强镇

3. 鄞州区横溪林特、水果特色农业强镇

4. 鄞州区咸祥渔业特色农业强镇

5. 余姚市临山葡萄特色农业强镇

6. 慈溪市逍林果蔬特色农业强镇

7. 慈溪市坎墩果蔬特色农业强镇

8. 象山县新桥枇杷、南美白对虾特色农业强镇

9. 象山县定塘柑橘特色农业强镇

10. 瑞安市马屿稻菜特色农业强镇

11. 平阳县水头茶叶特色农业强镇

12. 南浔区和孚渔业特色农业强镇

13. 安吉县孝丰竹产业特色农业强镇

14. 南湖区凤桥水果特色农业强镇

15. 秀洲区油车港菱果特色农业强镇

16. 诸暨市东白湖茶叶、香榧特色农业强镇

17. 嵊州市甘霖果蔬特色农业强镇

18. 浦江县黄宅葡萄特色农业强镇

19. 武义县柳城宣莲特色农业强镇

20. 柯城区沟溪水果特色农业强镇

21. 常山县青石胡柚特色农业强镇

22. 江山市长台蜂业特色农业强镇

23. 定海区马岙粮食、果蔬特色农业强镇

24. 岱山县岱东果蔬特色农业强镇

25. 临海市白水洋杨梅特色农业强镇

26. 温岭市滨海葡萄特色农业强镇

27. 青田县小舟山梯田创意特色农业强镇

28. 缙云县新建茭白特色农业强镇

29. 遂昌县新路湾种业特色农业强镇

第三批省级特色农业强镇名单 2020

1. 杭州市萧山区戴村茶叶特色农业强镇

2. 杭州市富阳区洞桥香榧特色农业强镇

3. 建德市三都橘子特色农业强镇

4. 淳安县威坪桑果特色农业强镇

5. 宁波市海曙区鄞江茶果特色农业强镇

6. 余姚市梁弄小水果特色农业强镇

7. 慈溪市新浦果蔬特色农业强镇

8. 宁海县胡陈水蜜桃特色农业强镇

9. 象山县贤庠石斛桂花特色农业强镇

10. 温州市龙湾区永兴稻蔬特色农业强镇

11. 永嘉县鹤盛水果特色农业强镇

12. 湖州市吴兴区妙西茶果特色农业强镇

13. 德清县新市粮油特色农业强镇

14. 长兴县洪桥河蟹特色农业强镇

15. 嘉善县姚庄果蔬特色农业强镇

16. 海盐县澉浦果蔬特色农业强镇

17. 桐乡市石门果菊特色农业强镇

18. 绍兴市上虞区盖北葡萄特色农业强镇

19. 诸暨市姚江果蔬花卉特色农业强镇

20. 新昌县梅渚水果茶叶特色农业强镇

21. 永康市唐先葡萄生姜特色农业强镇

22. 浦江县杭坪果蔬特色农业强镇

23. 磐安县玉山茶叶特色农业强镇

24. 江山市塘源口猕猴桃特色农业强镇

25. 常山县东案胡柚特色农业强镇

26. 开化县杨林水稻特色农业强镇

27. 舟山市定海区小沙蔬菜水果特色农业强镇

28. 舟山市普陀区桃花瓜果特色农业强镇

29. 台州市路桥区金清果蔬特色农业强镇

30. 台州市椒江区大陈黄鱼特色农业强镇

31. 天台县石梁茶叶特色农业强镇

32. 三门县花桥水产柑桔特色农业强镇

33. 青田县阜山稻菊特色农业强镇

34. 松阳县象溪果蔬特色农业强镇

第四批省级特色农业强镇名单 2021

1. 杭州市余杭区鸬鸟蜜梨特色农业强镇

2. 杭州市临安区太阳水稻生猪特色农业强镇

3. 建德市大慈岩里叶白莲特色农业强镇

4. 宁波市海曙区龙观茶果特色农业强镇

5. 宁波市鄞州区瞻岐渔业水果特色农业强镇

6. 余姚市马渚生态水产特色农业强镇

7. 慈溪市周巷果蔬特色农业强镇

8. 象山县晓塘柑橘特色农业强镇

9. 文成县珊溪特色农业强镇

10. 平阳县南麂大黄鱼特色农业强镇

11. 泰顺县仕阳茶叶特色农业强镇

12. 湖州市南浔区石淙稻渔特色农业强镇

13. 德清县莫干山茶叶特色农业强镇

14. 德清县禹越桑渔特色农业强镇

15. 嘉兴市秀洲区王江泾渔业特色农业强镇

16. 平湖市林埭渔业特色农业强镇

17. 桐乡市崇福蔬果特色农业强镇

18. 绍兴市上虞区永和水稻水果特色农业强镇

19. 诸暨市赵家香榧特色农业强镇

20. 金华市婺城区蒋堂富硒大米水果特色农业强镇

21. 义乌市大陈水果粮食特色农业强镇

22. 开化县大溪边红高粱特色农业强镇

23. 温岭市坞根渔果特色农业强镇

24. 云和县元和云和雪梨特色农业强镇

25. 庆元县竹口甜桔柚特色农业强镇

3.3.4　省级农业特色优势产业强县、强镇

浙江省对全省的农业优势强县、强镇(乡)进行了评选。从现有材料看,宁波市排在全省的前列。其中:

在 21 个农业综合强县中,宁波市 3 个,分别为:慈溪、象山、余姚;

在 88 个单项强县中,慈溪市、余姚被列为蔬菜强县(全省共 10 个,下同);慈溪、象山、奉化被列为果品强县(共 10 个)、象山被列为水产养殖强县(共 10 个),奉化、北仑区、余姚被列为花卉产业强县(共 9 个),鄞州区被列为中药材强县(共 6 个)。浙江省特色产业茶叶、畜牧、竹木、蚕桑、食用菌产业强县,宁波榜上无名;

在农业特色优势产业强镇(乡)中,余姚河姆渡镇、慈溪长河镇、象山定塘镇、镇海区九龙湖镇被列为蔬菜强镇(乡)(共 26 个),余姚大岚镇被列为茶叶产业强镇(共 24 个),慈溪横河镇、余姚临仙镇、奉化溪口镇被列为果品产业强镇(共 42 个),宁海力洋镇、象山晓塘镇被列为畜牧业强镇(共 20 个),宁海县长街镇、奉化市莼湖镇、象山县鹤浦镇、鄞州区咸祥镇、宁海县越溪镇、宁海县大佳何镇、宁海县强蛟镇被列为水产养殖强镇(共 40 个),鄞州区横街镇被列为竹木产业强镇

(共 21 个),北仑区柴桥街道、奉化市萧王庙街道、余姚市四明山镇、鄞州区龙观乡被列为花卉产业强镇(共 16 个),鄞州区章水镇被列为中药材产业强镇(共 7 个)。其他特色农产品强镇如蚕桑产业强镇(共 11 个)、食用菌产业强镇(共 10 个)宁波榜上无名。

专栏 8

浙江省农业产业优势强县、强镇名单

一、浙江省农业特色优势产业综合强县(21 个)

杭州市萧山区、桐乡市、嵊州市、龙泉市、慈溪市、淳安县、磐安县、余姚市、临安市、象山县、杭州市余杭区、诸暨市、江山市、湖州市南浔区、庆元县、绍兴县、奉化市、开化县、临海市、嘉兴市南湖区、遂昌县

二、浙江省农业特色优势产业单项强县(88 个)

(一)蔬菜产业强县(10 个)

杭州市萧山区、慈溪市、上虞市、嘉善县、余姚市、绍兴县、丽水市莲都区、嵊州市、湖州市吴兴区、瑞安市

(二)茶叶产业强县(10 个)

嵊州市、淳安县、新昌县、松阳县、诸暨市、绍兴县、遂昌县、开化县、开义县、安吉县

(三)果品产业强县(10 个)

临海市、台州市黄岩区、慈溪市、衢州市柯城区、建德市、象山县、温岭市、奉化市、丽水市莲都区、常山县

(四)畜牧产业强县(10 个)

嘉兴市南湖区、衢州市衢江区、杭州市萧山、桐乡市、江山市、龙游县、建德市、诸暨市、金华市婺城区、金华市金东区

(五)水产养殖产业强县(10)

三门县、宁海县、象山县、乐清市、涿州市南浔区、玉环县、德清县、诸暨市、杭州市余杭区、温岭市

(六)竹木产业强县(7 个)

临安市、龙泉市、安吉县、遂昌县、诸暨市、德清县、长兴县

(七)花卉苗木产业强县(9 个)

杭州市萧山区、奉化市、宁波市北仑区、嵊州市、金华市金东区、余姚市、绍兴县、金华市婺城区、上虞市

（八）蚕桑产业强县（6个）

桐乡市、海宁市、湖州市南浔区、淳安县、德清县、临安市

（九）食用菌产业强县（10个）

龙泉市、云和县、庆元县、江山市、丽水市莲都区、开化县、景宁县、磐安县、松阳县、嘉善县

（十）中药材产业强县（6个）

磐安县、桐乡市、天台县、仙居县、东阳市、宁波市鄞州区

三、浙江省农业特色优势产业强镇（乡）

（一）蔬菜产业强镇（乡）（26个）

长兴县雉城镇、湖州市吴兴区织里镇、杭州市萧山区河庄镇、嘉兴市南湖区大桥镇、临海市上盘镇、杭州市萧山区益农镇、嘉善县委塘镇、余姚市河姆渡镇、台州市路桥区蓬街镇、慈溪市长河镇、象山县定塘镇、苍南县灵溪镇、台州市黄岩区院桥镇、宁波市镇海区九龙湖镇、丽水市莲都区碧湖镇、三门县沿赤乡、浦江县杭坪镇、衢州市柯城区七里乡、瑞安市梅屿乡、瑞安市荆谷乡、台州市黄岩区新前街道、磐安县玉山镇、新昌县回山镇、海盐县秦山镇、文成县南田镇、永嘉县枫林镇

（二）茶叶产业强镇（乡）（24个）

杭州市余杭区径山镇、吉安县递铺镇、嵊州市崇仁镇、吉安县溪龙乡、长兴县和平镇、武义县壶山街道、绍兴县富盛镇、遂昌县大柘镇、东阳市佐村镇、杭州市西湖区西湖街道、东阳市三单乡、淳安县里商乡、松阳县新兴乡、临海市河头镇、武义县新宅镇、绍兴县平水镇、安吉县孝源街道（原鄣山乡）、天台县雷峰乡、苍南县五凤乡、磐安县尚湖镇、开化县村头镇、余姚市大岚镇、遂昌县石练镇、景宁县澄照乡

（三）果品产业强镇（乡）（42个）

慈溪市横河镇、嘉兴市南湖区凤桥镇、临安市岛石镇、温岭市泽国镇、临海市涌泉镇、天台县平桥镇、海宁市袁花镇、诸暨市赵家镇、台州市黄岩区江田街道、温岭市箬横镇、余姚市临仙镇、嘉善县姚庄镇、临海市白水洋镇、奉化市溪口镇、温岭市滨海镇、建德市三都镇、建德市杨村桥镇、义乌市佛堂镇、上虞市盖北镇、嘉兴市南湖区大桥镇、衢州市柯城区航埠镇、海宁市黄湾镇、永康市唐先镇、常山县青石镇、台州市路桥区桐屿街道、苍南县马站镇、兰溪县马涧镇、新昌县大市聚镇、青田县鹤城镇、上虞市驿亭镇、松

阳县三都乡、温州市瓯海区茶山街道、衢州市衢江区后溪镇、嘉善市惠民镇、嵊州市金庭镇、嵊州市谷来镇、浦江县黄宅镇、金华市金东区源东乡、青田市腊口镇、瑞安市高楼乡、兰溪市黄店镇、永康市舟山镇

（四）畜牧产业强镇（乡）（20个）

嘉兴市南湖区新丰镇、嘉兴市南湖区凤桥镇、湖州市南浔区练市镇、海盐县西塘桥镇、龙游县模环乡、龙游县湖镇镇、桐乡市乌镇镇、宁海市力洋镇、湖州市南浔区善琏镇、海宁市丁桥镇、衢州市衢江区莲花镇、平湖市新埭镇、湖州市南浔区千金镇、江山市淤头镇、温岭市坞根镇、象山县晓塘乡、湖州市吴兴区埭溪镇、德清县雷甸镇、金华市金东区曹宅镇、嘉善县惠民镇

（五）水产养殖产业强镇（乡）（40个）

湖州市吴兴区东林镇、宁海县长街镇、杭州市余杭区运河镇、三门县六敖镇、湖州市南浔区菱湖镇、台州市路桥区金清镇、奉化市莼湖镇、海宁市许村镇、象山县鹤浦镇、诸暨市山下湖镇、玉环县芦浦镇、湖州市南浔区和孚镇、宁波市鄞州区咸祥镇、舟山市普陀山区朱家尖镇、嘉兴市南湖区大桥镇、宁海县越溪乡、宁海县大佳何镇、德清县钟管镇、上虞市沥海镇、嘉兴市秀洲区王江泾镇、绍兴县马鞍镇、桐乡市大麻镇、嘉善县丁栅镇、平湖市林埭镇、长兴县洪桥镇、桐庐县横村镇、岱山县东沙镇、宁海县强蛟镇、苍南县沿浦镇、龙游县石佛乡、嵊泗县枸杞乡、玉环县海山乡、舟山市定海区小沙镇、三门县蛇蟠乡、台州市椒江区大陈镇、兰溪市游埠镇、海盐县百步镇、嵊泗县嵊山镇、平阳县南麂镇、洞头县东屏镇

（六）竹木产业强镇（乡）（21个）

德清县武康镇、富阳市新登镇、衢州市衢江区大洲镇、庆元县黄田镇、临安市太湖源镇、湖州市吴兴区埭溪镇、龙泉市八都镇、宁波市鄞州区横街镇、景宁县东坑镇、安吉县天荒坪镇、安吉县孝丰镇、杭州市余杭区百丈镇、绍兴县平水镇、上虞市长塘镇、龙游县溪口镇、龙泉市上垟镇、遂昌县三仁乡、仙居县朱溪镇、常山县新桥乡、富阳市永昌镇、丽水市莲都区峰源乡

（七）花卉苗木产业强镇（乡）（16个）

杭州市萧山区新街镇、杭州市萧山区宁围镇、金华市金东区澧浦镇、绍兴县漓渚镇、宁波市北仑区柴桥街道、海宁市长安镇、长兴县泗安镇、金华市婺城区竹马乡、奉化市萧王庙街道、嵊州市鹿山街道、海宁市盐官镇、乐清市仙溪镇、嘉兴市秀洲区新塍镇、余姚市四明山镇、嘉善县大云镇、宁波市

海曙区龙观乡

（八）蚕桑产业强镇（乡）（11个）

海宁市周王庙镇、湖州市南浔区练市镇、桐庐县分水镇、桐乡市凤鸣街道、海宁市袁花镇、临安市乐平乡、嘉兴市南湖区余新镇、德清县新市镇、兰溪市林梅江镇、淳安县浪川乡、开化县池淮镇

（九）食用菌产业强镇（乡）（10个）

开化县花埠镇、嘉善县姚庄镇、松阳县玉岩镇、平湖市新仓镇、龙泉市龙南乡、磐安县冷水镇、龙泉市安仁镇、江山市长台镇、常山县天马镇、缙云县新建镇

（十）中药材产业强镇（乡）（7个）

东阳市千祥镇、新昌市儒岙镇、桐乡市石门镇、宁波市海曙区章水镇、磐安县新渥镇、瑞安市陶山镇、景宁县梧桐乡

3.4 宁波市的农业优势特色产业区域

宁波市《高质量推进"4566"乡村产业振兴行动方案》《国家现代农业示范区建设方案》，特别是2006年宁波市政府颁发的《农业产业布局规划》，已经明确了宁波市农业经济发展的重点是：粮食、蔬菜瓜果、水果、茶叶、竹笋、花卉苗木、畜禽养殖、水产养殖等产业以及农产品加工和流通、休闲观光农业。其中，每个重点产业的优势区域（根据中央九部委文件，粮食不作为特优区评选范围）分别为：

专栏9

宁波市"4566"乡村产业振兴行动方案

2020年，宁波市市委、市政府出台了《高质量推进"4566"乡村产业振兴行动方案》，坚持农业农村优先发展总方针，以农业供给侧结构性改革为主线，围绕农村一二三产业融合发展，着力延长产业链、提升价值链、构建创新链、完善服务链，更好发挥农业基本盘和"三农"压舱石作用，实现农业更强、农村更美、农民更富。

根据方案，到2025年，在全市培育形成粮食、蔬菜、畜牧、渔业4个绿色基础产业，现代种业、精品果业、茶产业、花卉竹木、中药材5个特色优势产

业,农产品初加工、精深加工、综合利用加工、主食加工、出口加工、商贸流通 6 个现代加工流通产业,乡村休闲旅游业、乡村文体康养业、乡土特色产业、乡村能源环保产业、乡村数字产业、乡村现代化服务业 6 个新型融合产业。

为培育"4566"乡村产业,我市坚持量质齐升,做实绿色基础产业;围绕优质高效,做精特色优势产业;立足链条拓展,做强现代加工流通产业;突出跨界渗透,做深新型融合产业。启动实施平台构建、主体培育、品牌振兴、绿色发展、科技创新、基础提升、开放合作、资本赋能、用地保障、改革集成十大专项行动。到 2025 年,乡村产业总产值达到 4000 亿元,农业增加值年增长率稳定在 2%以上,农业劳动生产率提高到 10 万元/人,农村居民人均可支配收入达到 6 万元,城乡居民收入比缩小到 1.7 左右。

3.4.1　蔬菜瓜果特优区

宁波市的蔬菜类特色农产品主要包括余姚榨菜、奉化芋艿头、鄞州雪菜、余姚茭白、慈溪大白蚕豆等名牌产品,瓜果类特色农产品主要包括西瓜和草莓。其产业带主要由三大区域组成,即北部区域创汇蔬菜瓜果产业带、东南部区域创汇蔬菜瓜果产业带和西南部区域高山蔬菜产业带。北部产业带主要分布于慈溪市西部及东北部的周巷、庵东、长河、天元、胜山、新浦、桥头、观海卫、掌起、范市、三北、龙山等镇,余姚市中部平原和北部滨海的黄家埠、临山、泗门等镇。东南部产业带主要分布于宁海县东部沿海长街、力洋等镇,象山县定塘等镇。西南部产业带主要分布于天台山和四明山脉所在的丘陵山区,包括余姚市姚南地区的鹿亭、梁弄,奉化市西部山区的溪口、萧王庙以及宁海县西部山区的深圳、黄坛、岔路等镇乡。各个特色农产品的优势区域分别是:

榨菜:余姚市泗门、小曹娥、临山、黄家埠等姚北四镇;

茭白:余姚市河姆渡、三七市等镇;

蔬菜:慈溪市周巷、长河、桥头、掌起等沿中横线各镇及坎墩街道,镇海区九龙湖镇;宁海县黄坛、岔路、深圳等镇(高山蔬菜),宁海县长街镇、力洋镇,象山县定塘镇,北仑区梅山乡(创汇蔬菜);

大白蚕豆:慈溪市坎墩、新浦等镇;

奉化芋艿头:奉化市萧王庙街道;

草莓:奉化市尚田镇;

西瓜：宁海县长街镇，象山县丹东、丹西街道和西周镇，海曙区洞桥、古林、石碶、集仕港等镇；

无公害果蔗：象山县丹东街道、定塘镇；

雪菜：鄞州区邱隘、瞻岐等镇。

3.4.2　林特花卉特优区

林特产品，水果农产品主要品种有柑桔、蜜梨、水蜜桃、杨梅、枇杷、葡萄等约20余种，形成了"象山红"柑桔、"烛湖"杨梅、"锦屏山"水蜜桃等省十大品牌。茶叶中，"望海茶"名列浙江十大名茶。花卉苗木以杜鹃、茶花、五针松、枫柏类等为主，"红枫之乡"、"杜鹃之乡"等称号驰名全国。其产业带包括水果、茶叶、竹笋和花卉苗木等林特产业，主要由东北部，西部和东南部山区半山区三大区域组成。东北部区域的低山地带和沉积平原以水果、花卉、茶叶为主，分布于慈溪市南部横河、龙山、三北、范市、掌起、观海卫等镇，沿余姚市姚中北平原的丈亭、三七市，经镇海区澥浦、骆驼、庄市，江北区慈城、洪塘、庄桥，鄞州区邱隘、五乡，沿伸至北仑区柴桥、春晓等镇（街道）。西部山区半山区以花卉、竹笋、茶叶为主，主要分布于余姚市四明山镇延伸至奉化市江口、萧王庙、溪口以及宁海县深圳、黄坛等镇（街道）。东南部区域的低山缓坡和海积平原以水果为主，主要分布于宁海县一市、越溪、力洋、长街以及象山县晓塘、高塘、茅洋、东陈、新桥等镇乡。各个特色农产品的优势区域分别是：

杨梅：余姚丈亭、三七、凤山等镇（街道），慈溪横河、桥头、匡堰、观海卫等镇，象山县黄避岙、大徐、泗洲头、茅洋等镇乡；

早熟蜜梨：余姚市低塘、小曹娥等镇，慈溪市周巷、观海卫等镇，江北区洪塘街道、慈城镇；

葡萄：余姚市临山镇，慈溪市以新浦镇，北仑区小港街道；

水蜜桃：奉化市溪口、萧王庙、尚田、莼湖、锦屏、裘村等镇（街道），海曙区龙观乡；

温州蜜柑：宁海县长街、力洋等镇；

枇杷：宁海县一市镇、越溪乡，象山县鹤浦镇；

象山红柑桔：象山县晓塘、高塘岛乡；

果桑：鄞州区下应街道；

金柑：北仑区春晓镇；

名优茶：余姚市四明山、大岚、梁弄、鹿亭等镇，奉化市溪口、西坞、尚田、莼湖等镇（街道），宁海县深圳、黄坛等镇，象山县茅洋、泗洲头、贤庠、黄避岙等镇乡，

鄞州区横溪镇,北仑区春晓镇、柴桥街道;

竹笋:余姚市大岚、梁弄、鹿亭、陆埠、河姆渡等镇(街道),奉化市溪口、大堰、萧王庙、西坞、尚田等镇(乡),宁海县深圳、黄坛等镇,海曙区横街镇,江北区慈城镇;

樱花:余姚市四明山、大岚等镇;

花卉苗木:慈溪市龙山、附海等镇,奉化市溪口、萧王庙、江口、锦屏、岳林街道、西坞等镇(街道),镇海区九龙湖、澥浦镇,北仑区柴桥街道,江北区慈城镇;

杉木:宁海县长街镇;

桂花:海曙区龙观乡、章水镇;

浙贝:海曙区章水、龙观、鄞江等。

3.4.3　畜禽养殖特优区

宁波的畜禽类特产农产品主要包括奶牛、生猪、长毛兔、獭兔、蜜蜂、家禽等优势养殖品种,著名品种有浙东白鹅、宁海土鸡、余姚黄鸡、番鸭等。其产业带包括奶牛、生猪、蛋禽、肉禽等畜禽养殖产业,由西北部和东南部两大区域组成。西北部养殖区主要分布于余姚市临山、牟山、马渚、阳明、凤山、低塘、朗霞,慈溪市龙山、掌起等镇(街道)。东南部养殖区主要分布于海曙区横街、高桥、集仕港,奉化市尚田、西坞,宁海县岔路、前童、力洋、长街、胡陈以及象山县泗洲头、茅洋、东陈、丹东、大徐、贤庠等镇乡(街道)。其主要的特色农产品的优势区域分别是:

奶牛:奉化市尚田镇、西坞街道,宁海县长街镇,鄞州区云龙、横溪,海曙区横街、集仕港、高桥等镇;

肉猪:余姚黄家埠、临山、牟山、三七市、丈亭、马渚、泗门、陆埠、阳明等镇(街道),慈溪市龙山、新浦、庵东等镇,奉化市尚田、松岙等镇,宁海县梅林街道、长街镇,象山县茅洋、新桥镇,鄞州区瞻岐、塘溪、东吴、咸祥等镇,海曙区横街等镇,镇海区骆驼、九龙湖、澥浦等镇(街道);

獭兔:余姚市陆埠镇、朗霞街道,慈溪市庵东、龙山、掌起等镇,奉化市尚田、莼湖、江口、萧王庙等镇(街道),镇海区九龙湖、澥浦等镇;

长毛兔:象山县石浦镇,镇海区蛟川街道、骆驼镇,慈溪市周巷镇;

蛋禽:慈溪龙山、宗汉、观海卫、匡堰等镇,奉化市尚田、莼湖、裘村、松岙、江口、西坞、萧王庙、溪口等镇(街道),宁海县西店、大佳何、长街等镇,象山县晓塘镇、墙头、西周镇,镇海区九龙湖、骆驼等镇;

肉禽:余姚市阳明、凤山、兰江、梨洲、临山、黄家埠、泗门、低塘、马渚、朗霞、牟山、三七市、河姆渡、陆埠等镇(街道),慈溪市龙山、掌起、范市、观海卫等镇,宁海县胡陈、力洋、一市、大佳何、长街、前童等镇乡，象山县丹东、东陈、西周、大徐、贤庠、茅洋、泗洲头等镇(街道)，北仑白峰镇；

蜜蜂：慈溪周巷、新浦、横河等镇，宁海长街、力洋、茶院等镇。

3.4.4 水产养殖特优区

宁波市的水产养殖分为淡水养殖和海水养殖，以海水养殖最有优势，其主要的特色农产品为大黄鱼、南美白对虾、梭子蟹、紫菜、缢蛏、泥蚶、牡蛎等。其产业带主要分布于杭州湾南岸浅海滩涂区、象山港区和三门湾—大目洋沿海区。杭州湾南岸养殖区主要分布于余姚市黄家埠、马渚、牟山以及慈溪市庵东、崇寿、新浦、附海、观海卫等镇；象山港养殖区主要分布于宁海县大佳何、强蛟、西店，奉化市莼湖、裘村、松岙，鄞州区咸祥、瞻岐，北仑区春晓、梅山以及象山县墙头、黄避岙、贤庠、涂茨等镇乡；三门湾—大目洋养殖区主要分布于宁海县一市、越溪、茶院、长街以及象山县泗洲头、新桥、定塘、晓塘、高塘、鹤浦、石浦、东陈等镇乡。其中主要的特色农产品的优势区域主要集中在象山港和三门湾地区。其中：

象山港的养殖优势区域主要有：奉化市莼湖镇双山、鸿峙至裘村镇、松岙镇，以及奉化市象山港狮子口内海域，宁海县象山港强蛟海域，象山港棉花山海区、西沪港长坑海区、高泥村门前海区，鄞州区瞻岐、咸祥、塘溪镇等；

三门湾的养殖优势区域主要有：宁海县长街镇、一市镇旗门港、一市港、蛇盘涂，越溪镇群英塘，力洋镇三山涂，越溪乡双盘涂，长街镇满山岛，象山县新盐场、长大涂水域，三门口鹤浦、高塘岛、石浦、定塘等地，东部沿海昌国、新桥、东陈、爵溪、涂茨等地，大塘港沿岸狮子山及新桥、石浦、定塘、晓塘等地；

淡水养殖优势区：余姚市黄家埠、马渚、牟山镇、阳明等镇(街道)(生态鳖)，余姚市牟山、马渚镇(大闸蟹)，北仑区梅山、霞浦、春晓等镇乡(街道)等。

4. 实证分析：宁波市特色农产品优势区的特点和问题

4.1 宁波市特色农产品优势区的空间布局

截至 2021 年,宁波市下辖 6 个区、2 个县,代管 2 个县级市,有 73 个镇、10 个乡、73 个街道办事处、754 个居民委员会和 2169 个村民委员会。其中乡镇、街道合计 153 个①。我们把第三章所列的宁波市农产品优势区域细化到每个乡镇、街道,得出下表:

表 4-1 宁波市特色农产品优势区域(乡镇级)

县区	乡镇街道	国家级特色农产品优势区	国家级农业产业强镇	国家级"一村一品"示范村镇	省级特色农产品优势区	省级特色农业强镇	省级农业特色优势产业强县、强镇	宁波市农业优势特色产业区域
海曙区	县本级				浙贝母、樱花特色农产品优势区			
	南门街道							
	江厦街道							
	西门街道							
	月湖街道							
	鼓楼街道							
	白云街道							
	段塘街道							
	望春街道							

---

① 根据宁波市政府官网

县区	乡镇街道	国家级特色农产品优势区	国家级农业产业强镇	国家级"一村一品"示范村镇	省级特色农产品优势区	省级特色农业强镇	省级农业特色优势产业强县、强镇	宁波市农业优势特色产业区域
	石碶街道							西瓜
	高桥镇							奶牛
	横街镇						竹木产业强镇	竹笋、奶牛、肉猪
	集士港镇							奶牛、西瓜
	古林镇		2021					西瓜
	洞桥镇							西瓜
	鄞江镇					茶果特色农业强镇		浙贝
	章水镇			杖锡村高湾枇杷			中药材产业强镇	桂花、浙贝
	龙观乡			李岙村辣椒		茶果特色农业强镇	花卉产业强镇	水蜜桃、桂花、浙贝
江北区	县本级				奶牛特色农产品优势区			
	中马街道							
	白沙街道							
	孔浦街道							
	文教街道							
	甬江街道							
	庄桥街道							
	洪塘街道							早熟蜜梨
	慈城镇					果蔬盆景特色农业强镇		早熟蜜梨、竹笋、花卉苗木

县区	乡镇街道	国家级特色农产品优势区	国家级农业产业强镇	国家级"一村一品"示范村镇	省级特色农产品优势区	省级特色农业强镇	省级农业特色优势产业强县、强镇	宁波市农业优势特色产业区域
北仑区	县本级				苗木特色农产品优势区		花卉产业强县	
	大榭街道							
	新碶街道							
	小港街道							葡萄
	大碶街道							
	霞浦街道							水产
	柴桥街道						花卉产业强镇	名优茶、花卉苗木
	戚家山街道							
	春晓街道							金柑、名优茶、水产
	梅山街道							蔬菜、水产
	郭巨街道							
	白峰街道							肉禽
镇海区	县本级				水果番茄特色农产品优势区			
	招宝山街道							
	蛟川街道							长毛兔
	骆驼街道							肉猪、长毛兔、蛋禽
	贵驷街道							
	庄市街道							

县区	乡镇街道	国家级特色农产品优势区	国家级农业产业强镇	国家级"一村一品"示范村镇	省级特色农产品优势区	省级特色农业强镇	省级农业特色优势产业强县、强镇	宁波市农业优势特色产业区域
	澥浦镇							花卉苗木、肉猪、獭兔
	九龙湖镇						蔬菜强镇	蔬菜、花卉苗木、肉猪、獭兔、蛋禽
鄞州区	县本级				海淡水虾、雪菜特色农产品优势区		中药材强县	
	下应街道							果桑
	钟公庙街道							
	梅墟街道							
	中河街道							
	首南街道							
	潘火街道							
	百丈街道							
	东胜街道							
	明楼街道							
	白鹤街道							
	东柳街道							
	东郊街道							
	福明街道							
	新明街道							
	聚贤街道							
	瞻岐镇					渔业水果特色农业强镇		雪菜、肉猪、水产

续　表

县区	乡镇街道	国家级特色农产品优势区	国家级农业产业强镇	国家级"一村一品"示范村镇	省级特色农产品优势区	省级特色农业强镇	省级农业特色优势产业强县、强镇	宁波市农业优势特色产业区域
	咸祥镇					渔业特色农业强镇	水产养殖强镇	肉猪、水产
	塘溪镇							肉猪、水产
	东钱湖镇							
	东吴镇							肉猪
	五乡镇			钟家沙村天明琳芝葡萄				
	邱隘镇							雪菜
	云龙镇							奶牛
	横溪镇					林特、水果特色农业强镇		名优茶、奶牛
	姜山镇		2020					
奉化区	县本级				水蜜桃特色农产品优势区		果品强县，花卉产业强县	
	锦屏街道							水蜜桃、花卉苗木
	岳林街道							花卉苗木
	江口街道							花卉苗木、獭兔、蛋禽
	西坞街道			金峨村锦屏山奉化水蜜桃				名优茶、竹笋、花卉苗木、奶牛、蛋禽

县区	乡镇街道	国家级特色农产品优势区	国家级农业产业强镇	国家级"一村一品"示范村镇	省级特色农产品优势区	省级特色农业强镇	省级农业特色优势产业强县、强镇	宁波市农业优势特色产业区域
	萧王庙街道			林家村金峨花木		水蜜桃特色产业强镇	花卉产业强镇	奉化芋艿头、水蜜桃、竹笋、花卉苗木、獭兔、蛋禽
	方桥街道							
	莼湖街道						水产养殖强镇	水蜜桃、名优茶、獭兔、蛋禽、水产
	尚田街道		2018	冷西村溪口雷笋				草莓、水蜜桃、名优茶、竹笋、奶牛、肉猪、獭兔、蛋禽
	溪口镇			溪口镇双峰香榧,新建村第一泉茶叶,许江岸村慈溪蜜梨			果品产业强镇	水蜜桃、名优茶、竹笋、花卉苗木、蛋禽
	裘村镇							水蜜桃、蛋禽、水产
	大堰镇							竹笋
	松岙镇							肉猪、蛋禽、水产
象山县	县本级				柑橘特色农产品优势区、梭子蟹特色农产品优势区		综合强县,果品强县,水产养殖强县	

续 表

县区	乡镇街道	国家级特色农产品优势区	国家级农业产业强镇	国家级"一村一品"示范村镇	省级特色农产品优势区	省级特色农业强镇	省级农业特色优势产业强县、强镇	宁波市农业优势特色产业区域
	丹东街道							西瓜、无公害果蔗、肉禽
	丹西街道							西瓜
	爵溪街道							
	石浦镇							长毛兔、水产
	西周镇							西瓜、蛋禽、肉禽
	鹤浦镇						水产养殖强镇	枇杷、水产
	贤庠镇					石斛桂花特色农业强镇		名优茶、肉禽、水产
	墙头镇							蛋禽、水产
	泗洲头镇			里坑村甜瓜				杨梅、名优茶、肉禽、水产
	定塘镇		2019年	定塘镇柑橘,沙地村柑橘		柑橘特色农业强镇	蔬菜强镇	蔬菜、无公害果蔗、水产
	涂茨镇							水产
	大徐镇							杨梅、肉禽
	新桥镇			高湾村杖锡山樱花		枇杷、南美白对虾特色农业强镇		肉猪、水产
	东陈乡							肉禽、水产

县区	乡镇街道	国家级特色农产品优势区	国家级农业产业强镇	国家级"一村一品"示范村镇	省级特色农产品优势区	省级特色农业强镇	省级农业特色优势产业强县、强镇	宁波市农业优势特色产业区域
	晓塘乡			西边塘村李岙桂花		柑橘特色农业强镇	畜牧业强镇	象山红柑桔、蛋禽、水产
	黄避岙乡							杨梅、名优茶、水产
	茅洋乡							杨梅、名优茶、肉猪、肉禽
	高塘岛乡							象山红柑桔、水产
宁海县	县本级				海水贝藻类特色农产品优势区、望海茶特色农产品优势区			
	跃龙街道							
	桃源街道							
	梅林街道							肉猪
	桥头胡街道							
	长街镇			成塘村蔬菜			水产养殖强镇	蔬菜、西瓜、温州蜜柑、杉木、奶牛、肉猪、蛋禽、肉禽、蜜蜂、水产
	力洋镇						畜牧业强镇	蔬菜、温州蜜柑、肉禽、蜜蜂

续　表

县区	乡镇街道	国家级特色农产品优势区	国家级农业产业强镇	国家级"一村一品"示范村镇	省级特色农产品优势区	省级特色农业强镇	省级农业特色优势产业强县、强镇	宁波市农业优势特色产业区域
	一市镇			一市镇白枇杷				枇杷、肉禽、水产
	岔路镇							蔬菜
	前童镇							肉禽
	桑洲镇			桑洲镇望海茶茶叶		茶叶特色农业强镇		
	黄坛镇			里天河村锦屏山水蜜桃				蔬菜、名优茶、竹笋
	大佳何镇						水产养殖强镇	蛋禽、肉禽、水产
	强蛟镇						水产养殖强镇	水产
	西店镇							蛋禽、水产
	深甽镇			望海岗村水蜜桃				蔬菜、名优茶、竹笋
	胡陈乡					水蜜桃特色农业强镇		肉禽
	茶院乡							蜜蜂、水产
	越溪乡						水产养殖强镇	枇杷、水产
余姚市	县本级	余姚榨菜中国特色农产品优势区			杨梅特色农产品优势区		综合强县,蔬菜强县,花卉产业强县	

县区	乡镇街道	国家级特色农产品优势区	国家级农业产业强镇	国家级"一村一品"示范村镇	省级特色农产品优势区	省级特色农业强镇	省级农业特色优势产业强县、强镇	宁波市农业优势特色产业区域
	梨洲街道							肉禽
	凤山街道							杨梅、肉禽
	兰江街道							肉禽
	阳明街道							肉猪、肉禽、生态鳖
	低塘街道							早熟蜜梨、肉禽
	朗霞街道							獭兔、肉禽
	临山镇			兰海村古址荄白		葡萄特色农业强镇	果品产业强镇	榨菜、葡萄、肉猪、肉禽
	黄家埠镇			裴岙村味香园余姚葡萄				榨菜肉猪肉禽水产生态鳖
	小曹娥镇			人和村余姚杨梅				榨菜、早熟蜜梨
	泗门镇		2022年	泗门镇榨菜				榨菜、肉猪、肉禽
	马渚镇					生态水产特色农业强镇		肉猪、肉禽、水产、大闸蟹
	牟山镇							肉猪、肉禽、水产、生态鳖、大闸蟹

续　表

县区	乡镇街道	国家级特色农产品优势区	国家级农业产业强镇	国家级"一村一品"示范村镇	省级特色农产品优势区	省级特色农业强镇	省级农业特色优势产业强县、强镇	宁波市农业优势特色产业区域
	丈亭镇							杨梅、肉猪
	三七市镇			石步村骆驼珠茶				茭白、杨梅、肉猪、肉禽
	河姆渡镇			河姆渡镇钟家沙茭白			蔬菜强镇	茭白竹笋肉禽
	大隐镇							
	陆埠镇							竹笋、肉猪、獭兔、肉禽
	梁弄镇					小水果特色农业强镇		名优茶竹笋
	大岚镇						茶叶产业强镇	名优茶、竹笋、樱花
	四明山镇						花卉产业强镇	名优茶、樱花
	鹿亭乡							名优茶、竹笋
慈溪市	县本级				杨梅特色农产品优势区、花椰菜特色农产品优势区		综合强县, 蔬菜强县, 果品强县	
	宗汉街道							蛋禽
	坎墩街道					果蔬特色农业强镇		蔬菜、大白蚕豆

县区	乡镇街道	国家级特色农产品优势区	国家级农业产业强镇	国家级"一村一品"示范村镇	省级特色农产品优势区	省级特色农业强镇	省级农业特色优势产业强县、强镇	宁波市农业优势特色产业区域
	浒山街道							
	白沙路街道							
	古塘街道							
	掌起镇							蔬菜、獭兔、肉禽
	观海卫镇							杨梅、早熟蜜梨、蛋禽、肉禽、水产
	附海镇							花卉苗木、水产
	桥头镇							蔬菜、杨梅
	匡堰镇							杨梅、蛋禽
	逍林镇					果蔬特色农业强镇		
	新浦镇			新浦镇葡萄		果蔬特色农业强镇		大白蚕豆、葡萄、肉猪、蜜蜂、水产
	胜山镇							
	横河镇			横河镇慈溪杨梅			果品产业强镇	杨梅、蜜蜂
	崇寿镇							水产
	庵东镇							肉猪、獭兔、水产
	长河镇						蔬菜强镇	蔬菜

县区	乡镇街道	国家级特色农产品优势区	国家级农业产业强镇	国家级"一村一品"示范村镇	省级特色农产品优势区	省级特色农业强镇	省级农业特色优势产业强县、强镇	宁波市农业优势特色产业区域
	周巷镇			新缪路村奉冠草莓		果蔬特色农业强镇		蔬菜、早熟蜜梨、长毛兔、蜜蜂
	龙山镇							花卉、苗木、肉猪、獭兔、蛋禽、肉禽
合计		1	5	28	15	20	36	104

从这个表可以看到,全市 153 个乡镇、街道中,除了 49 个没有特色农产品外,其他的 104 个都有自己的特色农产品,其中,特色农产品品种最多的为宁海县长街镇达 10 个。没有特色农产品的,只有下表的 49 个街道。

表 4－2　宁波市没有特色农产品的乡镇、街道

县区	乡镇街道	县区	乡镇街道
海曙区	南门街道	鄞州区	钟公庙街道
	江厦街道		梅墟街道
	西门街道		中河街道
	月湖街道		首南街道
	鼓楼街道		潘火街道
	白云街道		百丈街道
	段塘街道		东胜街道
	望春街道		明楼街道
江北区	中马街道		白鹤街道
	白沙街道		东柳街道
	孔浦街道		东郊街道
	文教街道		福明街道
	甬江街道		新明街道
	庄桥街道		聚贤街道

续 表

县区	乡镇街道	县区	乡镇街道
北仑区	大榭街道	宁海县	东钱湖镇
	新碶街道		五乡镇
	大碶街道		姜山镇
	戚家山街道		跃龙街道
	郭巨街道		桃源街道
镇海区	招宝山街道	慈溪市	桥头胡街道
	贵驷街道		浒山街道
	庄市街道		白沙路街道
余姚市	大隐镇		古塘街道
奉化区	方桥街道		胜山镇
象山县	爵溪街道	合计	49

暑假期间,我们组织学生对上表中的 49 个街道进行调研,发现这些街道有如下三种类型:

(1)农业经济比较发达,但不属于特色农产品优势地区。这些乡镇走了另外一条农业经济的发展之路。典型的如鄞州区的东钱湖镇,走了休闲农业的发展道路,余姚市的大隐镇则先后入选 2022 年度浙江省美丽城镇建设样板创建名单(文旅特色型)、2018 年度浙江省美丽乡村示范乡镇、2011 年度国家级生态乡镇称号。

(2)有自己的特产,但规模不够,所以没有列入宁波市的特色农产品。如鄞州区的五乡镇,其自身的特产有沙堰金鱼,何家洋黄鸽、明堂岙萝卜等。这些特产,在当地非常有名,但因为规模小,没能成为宁波市的特色农产品;

(3)因整体规划导致农业用地萎缩,难以形成特色农产品。如奉化区方桥街道,2001 年并入江口镇,2018 年 5 月 11 日单设方桥街道,且管辖的 24 个行政村只保留 6 个,其余全部拆迁,方桥镇原来的特色农产品如奉化水蜜桃等都因此消失。

因此,就宁波市的农业优势特色区域的空间布局而言,其基本特点可以归纳为:宁波市每个有农用土地的乡镇都有自己的特色农产品,整体空间布局达到了全覆盖。

4.2　宁波市特色农产品优势区的产业规模

根据宁波市农业农村局的统计,我市具有宁波优势的农业产业,主导产业产值占比达到 80% 以上[①]。同时,通过对 308 个国家级、114 个浙江省省级特色农产品优势区的横向比较,我们发现,在宁波市总体发展优势直接带动下,宁波市特色农产品优势区的总体发展水平,都处于全国、全省的前列。

表 4-3　宁波市主要特色农产品的生产与销售情况

县区	特色农产品	发展潜力	生产规模 (亩/头…)	总产值/销售 收入(万元)	主要销售方式
北仑区	莲花	保持现有规模	200.0000	310.00	直配零售
	杨梅		5200.0000	5269.00	
	葡萄		2190.0000	4505.00	
	花卉		63000.0000	210879.00	批发
	铁皮石斛	扩大生产	93.0000	465.00	直配零售
	洋蓟		300.0000	240.00	
	蘑菇		173.0000	180.00	
	番茄		755.0000	2283.00	
	草莓		534.0000	1930.00	
	柑橘		6410.0000	5790.00	
	盆景		692.0000	1324.00	
	年糕		13428.0000	9204.00	批发
	盆栽植物		1565.0000	3370.00	
	猪		2.8424	59544.00	
	茶叶		6400.0000	2250.00	直配零售
慈溪市	麦冬	有保护价值	2000.0000	2000.00	
	杨梅		83000.0000	45000.00	
	南美白对虾	保持现有规模	16673.3300	31110.00	批发
	泥螺		35505.0000	33210.00	其他

[①] 宁波市农业农村局《宁波"土特产"发展情况》,2023 年 4 月 23 日。

县区	特色农产品	发展潜力	生产规模 （亩/头…）	总产值/销售 收入(万元)	主要销售方式
	兔		21000.0000	151.42	直配零售
	蛋鸭		354100.0000	5958.54	批发
	蜜蜂		42700.0000	6100.00	直配零售
	草莓		3000.0000	1.20	
	西兰花		50000.0000	20000.00	
	雪菜		29000.0000	6000.00	
	鲜食大豆	扩大生产	40000.0000	10000.00	
	葡萄		56000.0000	51000.00	批发
	蜜梨		27500.0000	14200.00	
	桃子		9500.0000	7500.00	
	柑橘		5100.0000	3000.00	
奉化区	奉化千层饼	有保护价值	10000.0000	20000.00	直配零售
	竹笋		42000.0000	50291.00	批发
	观赏苗木		100000.0000	61700.00	
	茶叶	保持现有规模	15600.0000	14205.00	直配零售
	芋艿头		2000.0000	2000.00	
	水蜜桃		48000.0000	49100.00	批发
	草莓	扩大生产	3200.0000	10560.00	直配零售
	杏鲍菇		15157.0000	11000.00	批发
	贝类		8500.0000	36000.00	
海曙区	蔺草		16500.0000	260000.00	网络销售
	浙贝母	有保护价值	6000.0000	18000.00	批发
	锦鲤		10000.0000	500.00	直配零售
	汤圆		10.0000…	500.00	
	竹笋		23000.0000	16000.00	批发
	白茶	保持现有规模	10000.0000	8000.00	
	八戒西瓜		5000.0000	8000.00	直配零售
	葡萄		3800.0000	5000.00	

续　表

县区	特色农产品	发展潜力	生产规模（亩/头…）	总产值/销售收入（万元）	主要销售方式
	切面	扩大生产	50.0000	800.00	网络销售
	樱花		10000.0000	15000.00	批发
	小青龙		1500.0000	3000.00	
	樱花红茶		1200.0000	200.00	直配零售
	豆芽		2000.0000	1000.00	
	稻虾米		1500.0000	300.00	
	草莓		1600.0000	3500.00	
江北区	慈城年糕		2500.0000	10000.00	批发
宁海县	茶叶	有保护价值	54500.0000	24510.00	
	缢蛏		30675.0000	76000.00	直配零售
	枇杷		15000.0000	6000.00	批发
	优质黄鸡		116700.0000	3000.00	直配零售
	黑猪		3519.0000	2000.00	
	牡蛎		27000.0000	19000.00	
	望海茶		30000.0000	17140.00	批发
	黑茶		2000.0000	3900.00	直配零售
	牛角雕			800.00	
	柑桔	保持现有规模	41500.0000	13000.00	批发
	西甜瓜		36000.0000	17300.00	
	竹笋		231800.0000	10660.00	
	南美白对虾		60945.0000	50000.00	直配零售
	香榧		20000.0000	5280.00	
	水蜜桃		13500.0000	7000.00	
	油茶	扩大生产	3800.0000	1198.00	
	黄精		1500.0000	1050.00	
	胡陈麻糍		70000.0000	305.00	
	宁海泥金彩漆		35.0000	700.00	
	前童三宝		6.0000	3126.00	

县区	特色农产品	发展潜力	生产规模（亩/头…）	总产值/销售收入（万元）	主要销售方式
象山县	象山米馒头	有保护价值	1000.0000	1000.00	
	竹根雕			5000.00	
	大黄鱼	保持现有规模	230000.0000	15000.00	批发
	梭子蟹		57000.0000	180000.00	
	南美白对虾		14000.0000	29360.00	
	坛紫菜		55000.0000	52000.00	
	象山柑橘		120000.0000	25.00	网络销售
	象山白鹅	扩大生产	500000.0000	64500.00	批发
鄞州区	宁波朱金漆木雕	有保护价值	1.0000	500.00	其他
	宁波金银彩绣		862.0000	700.00	直配零售
	鄞州雪菜	保持现有规模	20250.0000	9995.85	批发
	铁皮石斛	保持现有规模	320.0000	983.00	网络销售
	西甜瓜		5000.0000	6000.00	批发
	草莓		500.0000	1500.00	
	茶叶	扩大生产	14000.0000	3850.00	直配零售
	南美白对虾		1240.0000	4600.00	批发
	梭子蟹		3842.0000	1845.00	直配零售
	紫菜		3750.0000	2000.00	批发
	番茄		1000.0000	3000.00	
	水蜜桃		2000.0000	1528.00	
	葡萄		2000.0000	2650.00	
	杨梅		5500.0000	1416.00	
余姚市	榨菜	保持现有规模	51000.0000	455000.00	
	甲鱼		30100.0000	30000.00	直配零售
	茭白		18000.0000	30000.00	批发
	铁皮石斛		3000.0000	5000.00	直配零售
	杨梅	保护性发展	98300.0000	102000.00	直销、采摘游
	早熟蜜梨		18500.0000	8700.00	批发

县区	特色农产品	发展潜力	生产规模 (亩/头…)	总产值/销售 收入(万元)	主要销售方式
	葡萄		14500.0000	10950.00	
	短柄樱桃	更新现有规模	5500.0000	6600.00	直销、采摘游
	大闸蟹	扩大生产	500.0000	1500.00	
镇海区	葡萄	保持现有规模	1600.0000	3000.00	批发
	草莓		1200.0000	6000.00	直配零售
	番茄	扩大生产	1500.0000	12000.00	

注:1. 资料来源:宁波市农业农村局;

　2. 表中特色农产品为斜体字的,相关数据为 2023 年,其他数据为 2022 年。

4.3　宁波市特色农产品优势区发展中面临的难点与问题

但这些成绩是基于横向比较,如果我们把比较的维度从宏观上扩大到国际视角,从微观上集中到某个产品,我们就会发现,宁波市在发展特色农产品优势区中,还面临着不少难点或问题。

4.3.1　重手段(农业),轻目的(共同富裕)

特色农产品优势区和粮食生产功能区、重要农产品生产保护区一起共同组成了我国发展区域农业经济的核心抓手。我们理解,这"三区"的功能是完全不同的。由于功能不同,最终的目的也会出现差异。粮食功能区是保吃饭,保稳定;重要农产品生产保护区是促发展、提效益;特色农产品优势区是抓亮点、促共同富裕。因此,发展特色农产品优势区是手段,其最终目的是促进共同富裕。

在本报告调研中,我们发现,宁波的特色农产品可以分为三大类:一是受生产环境影响,当地历史上一直种植养殖的农产品,如海曙区章水镇的浙贝种植历史就有 700 年以上;二是受当地生活习惯影响历史上形成的农业初级加工品,即土特产,如三北年糕其渊源可以追溯到秦汉;三是改革开放后引进、并形成规模化生产的农产品,如奉化尚田镇的草莓种植始于 1983 年,1992 年木吉岭村村民应永成从浙江省农科院引进适宜大棚种植的草莓品种——丰香,尚田镇的草莓得到了快速发展。上述三大类特色农产品中,第一类、第二类的优势区都在经济相对落后地区(从另外一个角度看,也只有经济相对落后,才能保留了这些传统的农业品种和土特产,一旦经济发展,这些土特产都将被淹没在市场经济的海洋中)。因此,发展特色农产品优势区,不仅是推进特色农业的一项重要抓手,而且还承担着传承区域非物质文化、扶贫促共同富裕的功能[1]。

从调查情况看,宁波市特优区的建设在一定程度上并没有实现促进共同富裕的目的。以章水镇的浙贝为例,具体地体现在两个方面:

一是特色农产品缺乏促进共同致富的比较优势。疫情前(2019年)浙贝平均亩产鲜货650公斤,卖价8元,亩收入5200元,减去种植成本3600元,亩净收益1600元左右,如果包地种植,就基本上不挣钱;如果折成干货大约200公斤,卖价60元计算,可实现亩收入1.2万元左右,每亩毛收益可以达到5000—7000元左右。这样的亩产收益,有很多经济作物都可以超越。在宁海县胡陈乡西翁村,村民王回做的秋土豆每亩收益超万元。像这种每亩毛收益超过浙贝、并且适合在章水镇种植的农产品还有很多,如花椒、茶叶、猕猴桃、秋葵、西瓜、特种玉米、蘑菇、紫薯、牧草玉米等等。因此,如果单纯从促进共同致富的角度讲,章水镇完全可以放弃浙贝,改种其他特色农产品。

二是由于产业链短,宁波的特色农产品缺乏竞争优势。据农业农村部官网数据,2019年测算全国浙贝总需求量只有3000吨,但浙江产区总产量已达6500吨,湖北恩施利川、建始,湖南益阳、邵阳及安徽宣城等从浙江引种的新产区总产量也将超过千吨,加上陈货,2019年浙贝母总供应货源达万吨以上,生产过剩已成事实。受新产区竞争的影响(新产区的价格比浙江产区低几元钱),章水镇的浙贝市场受到了挤压,影响了共同致富。

缺乏竞争优势加上为维持特色农产品品牌而不能改种亩产收入更高的其他经济作物,使章水镇的特色区建设,不但没有促进共同富裕,反而影响了共同富裕。

因此,建设农业"三区",固然是宁波市农业经济发展的核心任务,但在建设过程中,有必要对"三区"有一个精准的定位,在抓"三区"的同时,不忘这些区域所承载的功能和目的,从而在政策力度、产业引导等方面,更具有针对性。

4.3.2 重产业,轻产品

2022年,宁波市财政"三农"支出108.94亿元,其中,市本级12.97亿元,分别完成年度预算的104.8%和115.4%。从总体上讲,宁波市政府对农业领域的

---

[1] 2021年5月20日,党中央、国务院印发《关于支持浙江高质量发展建设共同富裕示范区的意见》,标志着浙江省经济相对落后地区的发展目标,已经从扶贫转向了共同富裕。

投入是产业为主线,以产业的产业效率、产业竞争力为依据进行投资的。这种投资方式对于提升区域经济的发展的确起到了较强的推进作用。这种投资路径的选择,也决定了宁波市把国家创建特色农产品优势区的政策调整为创建农业优势特色产业区的内在原因之一。

但通过比较分析,我们发现,特色农产品优势区建设首先要落地在"特色农产品"这个关键词上。这和宁波市以产业主线的政策路径是矛盾的。在特色农产品优势区只有把特色农产品做大做强,才能达到"一村一品",通过一个产品把一个村、一个镇做强的目标。

即使是宁波这样发达地区,以产品促共同富裕这条道路仍然是非常必要的。如宁波市西部山区,仍有一部分村镇面临着相对落后的生产环境。在这些地区要把农产品的优势转化为产业优势,难度非常大。如:西部山区的竹笋特色农产品优势区几乎只承担竹笋的生产功能,以竹笋为基础的加工、销售等基本上都在平原区。因此,如果以产业为导向,政策的侧重点就会落到投入产出效率高、资金需求量比较大的从事加工、销售的平原区,真正从事特色农产品竹笋生产的西部山区的农民就很难享受这些政策带来的红利。

把特色农产品的产品优势转化为产业优势是特色农业发展的一个趋势,但一个产品的优势只有达到了一定的水平,才能真正实现向产业优势的飞跃。在条件不够成熟的情况下,首先把产品优势做好显得更为必要。

从调研情况看,宁波市的政策引导以及特色农产品发展的过程中,重产业导向,轻产品开发的情况仍然比较突出。这需要根据宁波市不同地区的情况,有针对性地调整相应的政策,提高对产品开发的投入力度。

4.3.3　重产业端,轻市场端

随着农业科技的发展,原来只能在一个特定地区种植的农产品现在几乎可以在任何地方种植。一个极端例子是:西藏那曲是全国唯一不能长树的地方,唯一的一棵树,当地财政每年要投入70多万元资金来维护。但浙江省对口援助的那曲地区智能温室大棚(原名百亩连栋智能温室),已先后种植蔬果60多种,生产销售蔬果200吨、花卉苗木10000多盆(株)。由此说明,从产业端来看,特色农产品的区域优势将随着科技的发展逐渐消失。因此,即使宁波市对章水镇投入再多的财力提高浙贝的产量,只会增加市场的供求矛盾,导致浙贝的销售困难或销售价格下降。

同时,特色农产品几乎都不是自然垄断性产品,基本上属于完全竞争性产品,因此,它面临着巨大的市场竞争:由于宁波地处中国东部地区的最中间,因此,上市的鲜活农产品都会迟于广东、福建甚至云贵川,我们引以为豪的慈溪杨梅等鲜果,只能跟在福建杨梅之后上市,几乎没有价格及市场优势;即使是海鲜类农产品,也受到同处一个纬度的舟山地区、台州地区的竞争压力。同样的带鱼、海螃蟹,打舟山牌子的价格、市场优势要大大高于打宁波牌子。可以说,在国内市场,宁波的特色农产品受到了来自南北的夹击。因此,即使有着很好的区域产业优势,也不一定会带来市场竞争优势。

除了面临着市场竞争外,宁波的特色农产品还面临着市场需求不足的问题。宁波菜曾经是上海十大菜系中独树一帜的重要菜系。但宁波菜的总体市场在萎缩,相反原来不上大雅之堂的火锅等却越来越火爆。原因并不是宁波菜不好吃,而是宁波菜讲究通过鲜嫩的原料、清淡的口味品尝到食材的原始味道。随着农业领域各种污染的增加,目前生产的农产品再也烧不出其原始的味道。在这样的背景下,麻辣等重品味的菜系才得以快速发展。就在 2023 年"诗画浙江·百县千碗"数字化平台评选 2022 年度菜品年度销售额,宁波以41.37％拔得省内头筹。中国饭店协会的一份调查报告显示,苏浙菜在整个餐饮市场的份额已经一路下跌到了 3.6％,原来市场份额极少的新疆菜(3.3％)已迎头赶上[①]。

"宁波菜"市场份额的萎缩从一个侧面反映了宁波市特色农产品需求不足的问题。一方面,受传统饮食习惯影响,很多宁波的土特产,只有宁波籍人士喜欢,其他地区的人根本没有这个消费习惯。如:尽管宁波菜中的"臭"是特色,但其消费的比例已经越来越低,宁波市的新生代尚不一定喜欢这种食品。另一方面,受餐饮多元化的影响,在外来菜系的冲击下,要推广宁波菜品又面临着更多的难度。因此,一些宁波土特产只能在宁波市或宁波籍人士较多的地区销售。由于需求不足,很多宁波特色农产品如年糕等都面临着销售的瓶颈。

因此,在产业区域优势日益弱化的形势下,发展特色农产品优势区的核心,将不是种植面积之争、产品质量之争,而是市场份额之争,只有做好了市场,才能做大做强特色农产品,做大做强特色农产品优势区。

4.4.4　重区域品牌,轻产品品牌

利用区域品牌发展特色农产品优势区,宁波市在这方面走在全省前列,并取得了喜人的成绩。余姚榨菜、奉化芋头等区域品牌已经成为区域发展中的一个重要的无形资产。

---

① 中国饭店协会:《中国餐饮行业报告 2022》

但不可否认,宁波市在区域品牌建设上,仍然存在着两个问题:

一是用行政区域替代经济区域,使宁波市的特色农产品在区域内就形成了制度割据。这次 2022 年度"百县千碗"评选中,宁波市在热菜、凉菜上都领先于全省。但仔细分析这 14 道宁波菜,我们却发现,这些菜的食材(农产品)和我们使用的区域名牌是矛盾的。排在第一名的奉化咸齑黄鱼汤所使用的咸齑,实际上可以归属到鄞州雪菜这一区域品牌中,但由于奉化与鄞州分属两个行政区,因此,奉化的咸齑就很难通过鄞州雪菜这一区域品牌推广其影响力。另外,在宁波市规划的特色农产品优势区中,北仑没有水产却出了白蟹、鄞州区没有肉禽却出了红烧鸡、白斩鹅,这些都从一个侧面反映了区域品牌与产品品牌之间的矛盾。

表 4 - 4　"百县千碗"热菜、凉菜销售额排行

排名	县(市、区)	热菜名称	排名	县(市、区)	冷盘名称
1	宁波市奉化区	奉化咸齑黄鱼汤	1	宁波市鄞州区	红膏咸炝蟹
2	宁波市北仑区	倒笃白蟹	2	宁波市鄞州区	姜山白斩鹅
3	宁波市慈溪市	葱油海瓜子	3	台州市玉环市	鸡山鱼鲞
4	宁波市鄞州区	妈妈红烧鸡	4	宁波市慈溪市	烤白虾
5	宁波市江北区	美宴古法酒酿大鲗鱼	5	杭州市上城区	杭州卤鸭
6	杭州市临平区	红烧羊肉	6	宁波市奉化区	干贝拌羊尾笋
7	金华市磐安县	玉竹炖老鸭	7	宁波市奉化区	奉城腌双拼
8	宁波市江北区	走马楼慢炖猪脚圈	8	衢州市柯城区	兔头、鸭头、鸭掌
9	宁波市慈溪市	菜卤蒸杭湾梅鱼	9	宁波市慈溪市	糟鸡
10	台州市玉环市	明炉望潮	10	宁波市慈溪市	醉白玉蟹

类似的例子很多,从四明山地区(奉化、鄞州、余姚)的毛笋,到余姚、慈溪的杨梅(中国地理标志产品为余姚杨梅,但宁波市十大特色农产品却是慈溪杨梅),因区域分割,导致同一品种、同一发展水平的农产品不能享受区域公共品牌带来的无形资产,在市场上受到了不同的待遇,影响了特色农产品发展。

二是好的区域品牌没有好的产品品牌,直接降低了区域品牌的含金量。经济学上有一个"公地悲剧"理论,指的是由于某些资源的产权不明,使得企业和个人使用资源的直接成本小于社会所需付出的成本,而使资源被过度使用。享用

者从自己私利出发,争取从中获取更多收益,而付出的代价由大家承担。在特色农产品优势区建设中,区域品牌就是一块公地,无论是优势区的区域内还是区域外,无论是达标产品还是不达标产品,都共同使用这个区域品牌,其最终的结果,就是农业农村部等三部委颁发的《特色农产品优势区建设规划纲要》里提到的特优区建设面临的主要挑战:**一些地方政府、企业和农民对品牌认识不到位,区域品牌和企业品牌资源缺乏有效整合,普遍缺少对公用品牌的有效保护,滥用品牌、假冒产品的现象尤其突出,品牌作用未充分发挥。**

这种区域品牌贬值的情况已经在其他地区产生了极大的负面效应:正宗阳澄湖大闸蟹被 5 至 10 倍的外地蟹、洗澡蟹等击败;五常大米、平谷大桃、新疆库尔勒香梨、阿克苏核桃、和田大枣都遭受到了同样的命运。面对知名的区域品牌中泛滥成灾的劣质产品(有些还真不能说是冒牌产品,因为即使是洗澡蟹,也真的来自阳澄湖),消费者最终选择不选不吃。区域品牌在使用中出现一点问题,就可能导致一损皆损的局面。

可以预见,如果不解决好区域品牌的公地悲剧,章水镇的浙贝就很快会被湖北等地打败。制度经济学强调的是产权清晰,区域品牌如何做到产权清晰,如何把区域品牌优势转变成产品品牌优势,在优势区培养优势企业,形成企业品牌,可能是下一步宁波市发展特色农产品优势区所面临的重大问题。

4.4.5 重管理,轻服务

宁波市特优区建设是由市、县(区)两级政府的农业管理部门主抓,各行业协会协同推进的,并且取得了较好的效果。但对照国家九部委的文件,在抓好管理的同时,仍然可以通过加大服务力度,形成更大的完善空间。其中突出地表现在如下几个方面:

一是需要通过服务,改农业管理部门单兵作战为政府各项资源协同推进

国家三部委《规划》已就政府各部门促进特优区建设提出了具体要求。我们理解,这些要求的核心,是以各地编制《特色农产品优势区发展规划》为抓手,协同各方面的政府资源,服务于特优区的建设。

宁波市在 2006 年编制过《农业产业布局规划》。在 2017 年国家三部委出台国家规划后,还没有形成宁波特优区规划,因此,各县区在特优区建设中,很难把政府的各项资源集中起来,协同推进特优区的建设。

国家三部委《规划》出台后,各地政府在特优区建设中采取了很多积极有效的措施。为此,建议宁波市做好"十四五"特优区规划的编制工作,并在编制过程中,发挥后发优势,结合各地的经验,通过强化服务和协调,把政府的各项资源应用于特优区的建设中。

二是需要通过服务和协调,改行政区域管理为经济区域管理

在前面分析中,我们已就区域分割对特色农产品的影响作了说明。目前这种以行政区域为核心的管理模式已经很难适应当前特优区发展的需要,需要通过服务和协调,改行政区域管理为经济区域管理。

从总体上讲,宁波市特色农产品优势区的经济区域还是相对集中的。沿海地区发展水产,西部山区发展山货,经济相对发达地区发展规模化养殖、种植,经济欠发达地区发展传统土特产。但受计划单列市政策的影响,宁波市的行政区划在这改革开放的四十多年中发生了多次变化,原来可能归属于一个行政区的特色农产品优势区也会被人为地分割为两个行政管理区。同时,随着农业高新科技的应用,很多只适合于某一地区种植养殖的特色农产品在其他地区也可以得到快速发展。因此,如果囿于行政区域,宁波市的特色农产品优势区将会受到较大的限制。

以经济区域管理替代行政区域管理是农业"三区"建设中普遍面临的问题。特优区因为有特色农产品这个抓手,因此,在推进经济区域管理上比其他"两区"更有优势。在行政部门难以实现跨行政区域管理的情况下,建议在以下三个层面推进这方面的工作。一是强化上级局的功能,由宁波市农业局协调各县区的相关政策。二是强化协会的功能,由宁波市各种专业协会如雪菜协会等来协调各区域之间的关系。三是强化标准的功能,通过标准的制定以及标准的考核,来协调各县区特色农产品的发展。

三是需要通过服务和协调,提升特优区各项市场资源的综合配置能力

市场是促进特优区发展的核心动力,如何提升各项市场资源综合配置能力,是特优区发展中面临的核心问题。

宁波市各乡镇、街道经济结构中,农业比重普遍较低,特色农产品的比重更低。这就使得各特优区有条件把相关的市场资源应用于特优区建设。宁波市正在推进一二三产融合发展,特色农产品更需要通过这种融合发展,将各项市场资源向特色农产品的发展倾斜。

市场资源的流动是以利益驱动为前提的。特色农产品自身的盈利能力本身就可以吸收一些市场资源。同时,还可以拉长特色农产品的产业链,使各项市场资源在这个产业链中找到盈利点。

国家、省级的特优区规划都强调了产业链的建设,从而使特色农产品达到农工贸一体化。而特色农产品产业在向工业、商业、服务等领域拓展的过程,有很多功能是可以与其他商品共享的。如:目前网上销售、直播带货,既可以应用于工业用品,同样也可以用于特色农产品。其他如金融、保险、物流、商标等市场化工具,也可以应用到特色农产品的建设中,政府的任务,是采取政府补贴、提供公共服务等方式,给这些市场要素足够的利益空间。

5. 要素分析：优化宁波市特色农产品优势区发展方案中的相关要素

5.1 基本逻辑：优化方案要解决的核心问题

前面四章，我们已就宁波市特优区的现状和问题进行了细化分析，并就下一步的发展提出了一些建设性的建议。这些分析，实际上已经勾画出了宁波市特优区发展优化方案要解决的基本逻辑：

1. 宁波市优化特色农产品优势区的标的物，是在"三品一标"农产品中选择更为精准的具有地方发展优势的特色农产品。

2. 宁波市优化特色农产品优势区的目标，是通过做大做强被选中的该优势特色农产品，使该特色农产品优势区发展成农业优势特色产业区。

3. 实现这一目标的核心要素，是把产品优势转化为产业优势，并进而把产业优势转化为市场优势。

4. 上述三种转变，形成了宁波市推进特色农产品优势区发展的三条技术路线。即：通过产品升级、产业升级和市场升级来发展特色农产品优势区。

5. 要使上述三条技术路线能符合宁波市的实际，需要考虑三个因素，即自然和人文资源、政府资源、市场资源，只有三要素协同推进，才能保证这三条技术路线最终实现发展的目标。

6. 上述三要素能否协同推进，除了发挥市场在资源分配中的主体作用外，还需要政府的理论指导、政策引导和服务协调。因此，最终的优化方案，将转化为市场资源的行动计划和政府引导的行动计划。

按照这样的总体框架，在本章，我们重点就优化方案所涉及的相关核心要素作细化分析。

上述六条优化方案中，涉及的核心因素包括：理论指导、自然和人文资源、政府资源、市场资源。为此，分述如下：

5.2　理论指导:优化方案的理论依据

好的优化方案都需要正确的理论作为指导。优化宁波市特色农产品优势区建设的优化方案,需要以习近平新时代中国特色社会主义思想为指导,以增长极理论和产业链理论为主线,构建我市优化特色农产品优势区发展的目标和路径。

5.2.1　马克思主义理论

马克思在《资本论》[①]等专著中对农业经济的基本评价是:小农经济、资本主义大农业的生产组织形式都不利于农业的发展,必须通过集体化道路,避免农业经济的相关弊端。

资本主义大农业所带来的"市场化与社会化"、"规模化与科学化"以及"工厂化或企业化"使资本主义的农业生产方式发生了全面深刻的变革,因而也就极大地促进了农业生产力的发展。使资本主义在自己不到一百年的时间内创造了比过去一切时代要多、还要大的生产力,创造了人类历史上的一大奇迹。但同时,资本主义大农业切断了农民与土地的关系,使世世代代生活在农村的农民失去了赖以生存的最后领地,并面临着产业资本家(大农场主)和大土地所有者的双重剥削,而资本主义的经营方式又导致了投资者的短期行为,对土地的掠夺式经营,使土地肥力减退、生产力下降,并严重破坏了人和自然之间的物质变换,打破了人与自然之间的平衡与和谐。因此,只有通过革命,根除资本主义大农业的弊端,才能从根本上促进农业经济的发展。

马克思主义理论对宁波市优化特色农产品优势区的发展仍然有着十分积极的意义。他在《资本论》中提出的资本主义大农业的四大弊病(农民与土地关系的割断、资金投资人与土地所有者对农民的双重压力、投资人对土地的掠夺性开发导致的地力下降、人与自然平衡被打破后环境的恶化)尽管通过目前的农业管理体系得到了缓解,但这四大问题,在一定程度上为优化特色农产品优势区发展提供了四个重要的切入点:必须明晰产权,使农民对土地、对特色农产品的品牌等都有明确的权利、责任与义务;必须解决好分配关系,使农民、集体(土地所有者)、投资商、政府的分配关系符合区域发展的实际;必须解决短期投资带来的弊端;必须处理好经济与环境的关系。

---

① 见《资本论》相关章节

5.2.2　习近平新时代中国特色社会主义思想

习近平新时代中国特色社会主义思想是马克思主义中国化的最新成果,也是指导宁波市优化特色农产品优势区发展最有力的思想武器。

习近平总书记指出:"我国是一个农业大国,没有农业现代化,国家现代化是不完整、不全面、不牢固的。"[①]"要适应城乡居民消费需求,顺应产业发展规律,立足当地特色资源,拓展乡村多种功能,向广度深度进军,推动乡村产业发展壮大。……要通过全产业链拓展产业增值增效空间,创造更多就业增收机会。要积极发展农产品加工业,优化产业布局,推动农村由卖原字号向卖制成品转变,把增值收益更多留在县域。"[②]"要按照客观经济规律调整完善区域政策体系,发挥各地区比较优势,促进各类要素合理流动和高效集聚,增强创新发展动力,加快构建高质量发展的动力系统,增强中心城市和城市群等经济发展优势区域的经济和人口承载能力,增强其他地区在保障粮食安全、生态安全、边疆安全等方面的功能,形成优势互补、高质量发展的区域经济布局"[③]。

除了上述重要讲话,习近平总书记还在不同场合就乡镇振兴、区域优化布局等方面作了重要指示。结合特色农产品优势区建设,这些指示的核心思想可以归纳为如下几点:

1. 必须清醒认识特色农产品优势区的发展是区域优势布局的一项重大措施及当前的形势。 正如习近平总书记指出的,当前"区域经济发展分化态势明显,发展动力极化现象日益突出,部分区域发展面临较大困难"[④]。特色农产品优势区的建设同样面临着上述三大问题。

2. 必须清醒认识区域经济发展的核心要求是:"按照客观经济规律调整完善区域政策体系,发挥各地区比较优势,促进各类要素合理流动和高效集聚,增强创新发展动力,加快构建高质量发展的动力系统,增强中心城市和城市群等经济发展优势区域的经济和人口承载能力,增强其他地区在保障粮食安全、生态安全、边疆安全等方面的功能,形成优势互补、高质量发展的区域经济布局。"

3. 必须清醒地认识区域经济发展的核心要求是"尊重客观规律、发挥比较优势、完善空间治理、保障民生底线"这 24 字要求。就特色农产品优势区建设而

---

① 2014 年 12 月 13 日至 14 日,习近平总书记在江苏调研时的讲话
② 习近平:坚持把解决好"三农"问题作为全党工作重中之重 举全党全社会之力推动乡村振兴(习近平总书记 2020 年 12 月 28 日在中央农村工作会议上的讲话)
③ 习近平:《推动形成优势互补高质量发展的区域经济布局》
④ 同上注

言,尊重客观规律就是要求尊重宁波市农业经济发展的实际,因地制宜地制定相关政策;发挥比较优势就是要求精准定位某一地区的优势特色农产品,使产品优势转化为区位优势;完善空间治理就是要把主体功能区战略和经济结构优化战略有机结合,在推进特色农产品优势区的同时,促进优势特色农业与其他产业的空间上布局合理;在产业结构上相互融合;保障民生底线就是要求在优化特色农产品优势区的过程中,必须牢牢把握共同富裕这一核心理念,把促进农民增收放在首位。

4. 必须清醒地认识特色农产品优势区建设的核心手段是在党的领导下,实现市场资源与政府资源的优化配置。

5.2.3 经济学的相关理论

优化宁波市特色农产品优势区的建设,既需要用先进的基础理论引导,更需要用先进的应用理论作为支撑。结合宁波市优化特色农产品优势区的发展要求,我们精选了如下两个经济学的基本理论,来服务于优化方案的建设。

1. 增长极理论:增长极对整个经济的拉动作用

增长极理论最初由法国经济学家佩鲁(francois perroux)[①]提出,他认为,如果把发生支配效应的经济空间看作力场,那么位于这个力场中推进性单元就可以描述为增长极。增长极是围绕推进性的主导工业部门而组织的有活力的高度联合的一组产业,它不仅能迅速增长,而且能通过乘数效应推动其他部门的增长。因此,增长并非出现在所有地方,而是以不同强度首先出现在一些增长点或增长极上,这些增长点或增长极通过不同的渠道向外扩散,对整个经济产生不同的最终影响。他借喻了磁场内部运动在磁极最强这一规律,称经济发展的这种区域极化为增长极。

自佩鲁之后,经过不断地完善,增长极理论成为区域经济学的一个重要分支,并按照产业增长极、城市增长极、潜在的经济增长极三个维度形成了不同的理论体系。它的核心观点包括:1. 某一地理空间内必然存在着一个推进该地区经济发展的主导产业,2. 该主导产业通过扩散和回流效应,带动着区域内其他经济的增长,3. 这种增长最终使这一地理空间成为一种新的增长极,带动整个国民经济的增长。4. 增长极作用的过程是由某具体的物质载体来完成的,先从产品,再到产业、再到部门,最后到工业园、经济协作区,整个经济也从区位经济向规模经济发展,并形成了外部经济效应,使得区域内整体收益增加。

---

① 〔法〕佩鲁:《推进型区域与区域推进型厂商》,应用经济科学研究所备忘录,1961 年 3 月。

经济增长极作为一个区域的经济发展的新的经济力量,它自身不仅形成强大的规模经济,对其他经济也产生着支配效应、乘数效应和极化与扩散效应。这三种效应的产生,充分显示了经济增长极的重大意义。

增长极理论提出后,被许多国家用来解决不同的区域发展和规划问题,成为指导经济发展的重要工具,许多国家试图运用这一理论消除落后地区的贫困,促进各地区经济协调发展。其中取得较大成功的国家有巴西和马来西亚。但法国、意大利、西班牙、加拿大等国应用时却并不理想。其核心原因是政府能否有效引导、是否充分考虑农业和中小企业、区域经济与当地自有资源的关系。

增长极理论以及该理论在各国的应用,对于制定优化宁波市特色农产品优势区发展方案有着很强的指导意义。首先,增长极理论要求打破行政界限的分割造成的经济割据、资源浪费、项目重叠等问题。其次,培育增长点需要"自下而上"推进,既可以按照城镇等级体系,也可以按照产品、产业、部门、开发区等逐步升级,只有这样增长极带来的扩散效应才会发挥更大的作用。第三,要提高政府管理能力,为增长极推进经济发展提供良好的外部环境。因此,加强基础设施建设、基础制度建设是政府的重要任务。增长极有自然增长极和人工增长极,发达的地区拥有的是自然增长极,欠发达地区就需要政策制定者的公共投资,对基础设施进行足够的投资而创造增长点。

就宁波而言,宁波的特色农产品既有"自然增长极"的属性(如沿海地区的水产),也有"人工增长极"的属性(如草莓、葡萄等改革开放后引进的新品种),在特色农产品优势区的发展路径上,也和增长极理论不谋而合,是从产品到产业再到区域经济。因此,在制订优化宁波市特色农产品优势区发展优化方案时,需要充分利用增长极理论的观点,特别是强化增长点的规模效应,提升其外部经济效应、支配效应、乘数效应和极化与扩散效应。

2. 产业链理论:产业链发展的基本路径

产业链理论是特色农产品优势区发展中最常用的一个理论。2017 年三部委的《规划》,对特色农产品优势区的定义中,就有"拥有较好产业基础和相对完善的产业链条"这样的概念,同时明确指出,特优区建设中要解决的难点问题之一就是特色农产品产业链较短的问题。

产业链理论属于产业经济学范畴。现代化的产业链理论,不仅包含产业链的构建完善,更包括供应链的安全保障和价值链的创造实现,产业链、价值链、供应链三位一体构建形成了产业链现代化的分析视角和实现维度。三部委《规划》中提出的"到 2020 年,……创建并认定 300 个左右国家级特优区,区内形成以**特**

色农产品生产、加工、流通、销售产业链为基础，集科技创新、休闲观光、配套农资生产和制造融合发展的特色农业产业集群"目标，实际上已经集中体现了产业链（由供需关系组成的供需链，即生产、加工、流通、销售）、价值链（一个企业或产品创造价值过程中所形成的价值叠加过程，除了特色农产品的本身价值，通过特优区建设，特色农产品还叠加了"科技创新、休闲观光、配套农资生产"等创造价值）和供应链（一个产品从生产者到消费者所形成的供应链条，即"农业生产和制造融合发展"）含义。

综合相关研究成果，可以得到如下结论：优化特色农产品优势区发展的主要出路在于拉长产业链建设，其核心点在于：

1. 通过价值链的延伸，提升特色农产品的价值含量。 目前宁波市的特色农产品，基本上属于"原字号"和初加工产品，只有通过不断的产品升级，生产出更多基于初级农产品的特色商品，才能实现价值量的最大化。在价值链延伸中，宁波传统文化的挖掘和科技创新同样重要。

2. 通过产业链延伸，提升特色农产品在优势区的比重。 目前宁波市特色农产品优势区的经济结构中，特色农产品的生产与加工所形成的产值在整个经济总量的比例并不高。如：鄞州雪菜优势区已经被列入浙江省级的特优区，但整个鄞州区的常年种植雪菜面积也只有 1.6 万亩左右，年产鲜菜 5 万多吨、咸菜近 4 万吨，产值近亿元。连鄞州区农业总产值中的一个零头都不到。而雪菜生产的范围遍及 11 个镇（街道）、78 个村、9000 多户农户。1 亿元产值分摊到 9000 个农户中，户均只有 1.1 万元。因此，鄞州雪菜除了专业生产企业外，当地农民只能作为一个副业来经营。仅卖雪菜这种初级加工品，很难使鄞州雪菜特优区做大做强。唯一的办法，就是通过产品业务的细化，通过专业化合作模式，在区域内拉大产业链，提升雪菜这一特色农产品区域内的比重。

3. 通过延伸供应链，提升特色农产品的市场占有率。 特色农产品其实对应的是特色消费人群，可以说，除了宁波人，很少有人愿意吃臭冬瓜。因此，特色农产品的市场应该划分为传统消费市场和新拓展的市场。其中，传统消费市场是指宁波当地的市场需求，目前宁波的特色农产品，新拓展的市场则包括了在外地甬籍消费群（类似于传统消费市场的拓展）、非甬籍消费群（需要创新拓展）。供应链理论就供应源到消费源之间的发展，形成了一套完整的理论体系，只有把特色农产品优势区的发展与特色农产品市场的开拓结合起来，特优区的建设才会真正产生价值，真正实现共同富裕的目标。

5.3　自然和人文资源:农业优势特色产业区域形成的客观因素

宁波市特优区的形成,是在自然要素(如经纬度等)、人文要素(如消费习惯)综合作用下,通过政府的有效引导后形成和发展的。因此,理清宁波市的自然和人文资源,对于优化宁波市特优区的建设有着积极意义。

5.3.1　自然要素

与农业相关的自然要素包括:气候资源、国土资源、土地资源、水资源、生物资源五个方面。宁波市的这些自然要素[①]基本情况如下:

1. 气候资源

宁波市地处中国海岸线中段,长江三角洲南翼,位于东经120°55′—122°16′,北纬28°51′—30°33′之间,纬度适中,属亚热带季风气候,温和湿润,四季分明。平均气温16.4℃,无霜期一般为230天至240天,平均降水量为1480毫米,平均日照时数1850小时,作物生长期300天。

2. 国土资源

宁波市东有舟山群岛为天然屏障,北濒杭州湾,西接绍兴市的嵊州、新昌、上虞,南临三门湾,并与台州的三门、天台相连。陆域总面积9816平方千米,地势西南高,东北低,地貌分别为山脉(占24.9%)、丘陵(占25.2%)、盆地(占8.1%)、平原(占40.3%);海域总面积为8355.8平方千米,岸线总长为1594.4千米,约占全省海岸线的24%。全市共有大小岛屿614个,面积255.9平方千米。

3. 土地资源

宁波市的土地资源禀赋并不理想,耕地资源少、优质资源少、后备资源少。据最新年度变更调查,截至2015年11月30日,我市土地面积为1459.4万亩,具体分类为:农用地1013.8万亩,占土地总面积的69.5%。其中:耕地276.9万亩。建设用地276.9万亩,占土地总面积的19.0%。其中:城镇村及工矿用地215.54万亩,交通运输用地(扣除农村道路)29.27万亩,水利设施用地18.32万亩。未利用地168.7万亩,占土地总面积的11.5%。按我市2014年底户籍人口计算,人均占有耕地0.57亩,与全省0.56亩的平均数基本持平,约占全国人均1.52亩的平均数的三分之一,低于联合国粮农组织确定的人均耕地0.795亩的安全警戒线。

[①] 本部分的相关数据,是从宁波市的相关官方数据库中精选出来的,每个指标的出处不一一列明。

但宁波市的土地利用水平却高于全国平均水平。据统计,我市亿元 GDP 增长耗用建设用地量、亿元固定资产投资增长耗用建设用地量、亿元财政收入增长耗用建设用地量分别从 2006 年的 257.4 亩/亿元、660.4 亩/亿元、1161.2 亩/亿元降低至 2011 年 93.7 亩/亿元、397.7 亩/亿元、305.3 亩/亿元,分别降低了63.6%、39.8%和 73.7%。2011 年末我市万元生产总值耗地量为 29.3 平方米,低于全省平均数 37.5 平方米;万亩建设用地生产总值为 22.8 亿元,高于全省平均数 17.8 亿元,节约集约用地水平在全省排名前列。

4. 水资源

宁波市是浙江省八大水系之一,河流有余姚江、奉化江、甬江,余姚江发源于上虞区梁湖;奉化江发源于奉化区斑竹。再加上充实的降水量,宁波市的水资源情况良好。

5. 生物资源

宁波市域内植物种类繁多,现有裸子植物 9 科 22 属 59 种,被子植物 151 科 677 属 1407 种;境内野生动物资源较为丰富,陆生野生动物共有 438 种、16 亚种,约占全省陆生野生动物总种数的 68%。

宁波市的农业生物资源也十分丰富。在浙江省农业农村厅公布的 2023 年浙江省优异农业种质资源推选活动结果中,农作物、畜禽、水产三个行业的十大优异种质资源清单中,宁波共有 4 个农业种质资源上榜,分别是农作物的奉化平顶玉露桃,畜禽的岔路黑猪、象山白鹅,水产的岱衢族大黄鱼。

但随着气候环境变化以及农业种养方式的转变,宁波的本土蔬菜种质资源的数量和区域分布发生了很大变化,部分资源消失的风险加剧,一旦灭绝,其蕴含的优异基因、承载的传统农耕文化也将随之消亡。如今,皱叶黑油冬、鄞州水芋等一些地方特色品种已基本灭绝。

5.3.2　人文要素

如果说自然要素是农业经济的客观因素,那么人文要素则是农业经济中的主观因素。人文因素包括社会因素和文化因素。社会因素包括历史因素和人文因素两大类。历史因素中有时代因素,民族因素、地域因素,这些因素比较稳定,不经常变化;人文因素包括人的习俗性格、宗教信仰、文化素养、审美观念等,是社会因素中最活跃的也是经常变化的因素。

农业发展的历史是一部科技与人文互动的历史。宁波市是全国历史文化名城,七千年前的河姆渡文化就是建立在农业基础之上的。宁波特优区的发展同样伴随着宁波特色人文要素的相互作用。人文因素对农业经济的影响,特别是对特色农产品及特色农产品优势区的影响是多方面的。因为不是研究的重点,这里仅作简要分析。

1. 特色农产品是宁波市特色文化元素的载体

宁波很多特色农产品中实际上就是宁波市特色文化的载体,有些甚至是宁波市特有的农产品。如宁波汤团、鄞州雪菜、炝蟹、黄泥螺①等。这些独特的农产品(含初级加工品),是宁波独特的自然因素加上独特的文化因素共同形成的产物,既包含着宁波市地理优势,更包含着宁波市的文化优势。

2. 特色农产品是宁波帮商帮文化的载体

"南货店"已经退出历史舞台,它是宁波帮商人最早的主要的经营对象。南货店中所销售的商品,大多为江浙两地的特色农产品。从宁波帮商人发展的历史看,很多宁波商人,从事的就是以销售宁波特色农产品起家的。宁波土特产(特色农产品)既是宁波商人赚取第一桶金的载体,更成为宁波商帮文化的载体。

3. 特色农产品是宁波市基本生活习惯的载体

青金团是宁波市清明期间的一种独特食品,长面是宁波产妇坐月子期间的独特食品。像这种带着宁波人基本生活习惯的特色农产品,宁波可以列出很多。这些特色农产品有些已经融入了市场,如年糕原来只是宁波人过年时的食品,但目前已经走向市场,长年供应;可惜的是,很多带有宁波人生活痕迹的特色农产品正慢慢地被历史淘汰。

4. 特色农产品优势区的发展同样离不开人文因素的作用

市场经济使很多商品都趋于同质化。而区域人文因素的差异,也直接导致了商品的多样化。特色农产品既要在质量上符合同质化的要求,还要通过人文因素的作用体现区域特点,以多样化盈利市场占用率。同样是绿茶,宁波市特殊的人文因素所形成的绿茶工艺,却生产出了有别于江浙其他地区的绿茶产品;同样是东海沿海地区,但宁波市的海产品却因加工方法的不同,和其他相邻地区有着很大的区别;湖北引种了海曙的浙贝,但价格却比海曙贝母低,原因就在于海曙区的浙贝中融入了章水镇、鄞江镇等浙贝优势区的文化因素。

5.3.3　自然因素、人文因素对特优区的作用

上述列举的相关自然因素的指标、人文因素,大都是宁波人所熟知的。这些自然因素和人文因素是影响宁波市特色农产品优势区发展的最基础性因素。这些基础性因素,将促进特优区走向如下的"五化":

---

① 泥螺尽管在沿海地区都有生长,但以宁波地区的最佳。

1. 差异化

市场经济既要求商品的标准化,更要求商品的差异化。只有在众多的标准化产品中突出自身产品的特色,才能抓住消费者,形成自己的市场。在浙江省已经评选出来的114个省级特优区中,茶叶的特优区达到了19个,杨梅的特优区达到了7个。其中19个茶叶特优区中,形成了龙井茶、香茶、早茶、黄茶、佛茶等差异化的品种,而7个杨梅特优区生产的杨梅却没有品牌,属于同质化产品。尽管这两个品种有着各自的资源禀赋,但从总体上讲,浙江省的茶产业好于杨梅产业,其产品差异化的区别是一个核心的原因。

宁波的两个省级杨梅特优区余姚和慈溪其实是一个产区。"余姚杨梅"历史上最出名主产区就是现在的慈溪横河的新岙、竹山一带(1979年之前横河属于当时的余姚县)。因此,如果从发展的角度讲,这两个特优区完全可以合并在一起申报国家级特优区。但换一个思维,在余姚和慈溪杨梅上加上各自的人文因素或自然因素,把这两个区生产的杨梅差异化,可能不但解决了这两个产区的相互竞争问题,而且也可能推进这两个特优区的发展。

根据网上的相关资料,河姆渡遗址发现的杨梅属花粉,说明在7000多年以前该地区就有杨梅生长,余姚是当仁不让的杨梅发源地。目前,余姚和慈溪的杨梅都以"荸荠种"为主,余姚可分为白种、红种、粉红种、乌种四类。慈溪杨梅有17个品种,即荸荠种、早大种、迟大种、早小种、迟小种、尖刺种、风欢种、红种、水晶种、粉红种、松浆种、荔枝种、早荠蜜梅、晚荠蜜梅、东魁种、晚稻种、丁岙种。

由于品种的同一化,余姚、慈溪两个杨梅特优区除了通过地名、商标等进行区分实现差异化策略外,还可通过产品的初级加工实现差异化。该两市实际上已经在这方面作了有益的尝试:余姚走了一条佐料路线,开发出了包括杨梅汁、杨梅酱、杨梅酒、杨梅干、杨梅果冻佐料,慈溪则探索了一条食材路线,以杨梅食材,开发出了包括梅汁烤小排、梅山花生米、水晶杨梅糕、杨梅色拉果、原味杨梅干、杨梅酒醉虾等冷菜,梅汁淋大黄鱼、梅味香烤河鳗、杨梅红美滋蟹、梅酒旺焖鸡翅、家乡珍珠杨梅、梅露焗捞鲍鱼、清凉冰糖杨梅、杨梅桃酱锅巴、私房小炒杨梅、梅兰养生山药等热菜,再加两道杨梅点心(杨梅仙子、梅宴麦糊烧)的"杨梅宴"。按照这样的思路,除了生吃时余姚、慈溪的杨梅都按照标准化要求生产经营外,在农业初级加工品上,该两个特优区实现差异化策略,分别形成余姚杨梅佐料、慈溪杨梅宴两个品牌,对于推进这两个同质化的特优区,还是有很大效果的。

2. 个性化

个性化其实是特色农产品的一个最重要的特点,在浙江省114个特优区中生产的个性化产品就有浙贝、雪菜、芋艿、文旦、紫菜等 23 个品种。这些品种以其个性化的唯一性优势,在市场上产生了强大的竞争力。而茶,由于品种多,尽管在省内实现了差异化,但由于进入的是一个大市场,因此,竞争仍然很激烈。

个性化其实是产品创新的一个趋势。如果没有明显的个性化特色,即使是地理标志产品,在现代科学面前仍然会被同质化。浙贝就面临着这样的问题。湖北从浙江引种后其产量已经达到了千吨以上,且价格低于浙贝。在这种情况下,浙贝如果仍以地理优势自居,不做一些个性化的增值,就很容易被湖北取代。

鲜浙贝、干浙贝都属初级产品,似乎很难加上宁波人文因素。但韩国却在和浙贝物理属性差不多的人参中植入了韩国文化。有百年历史的韩国"正官庄"高丽参,1951 年到 1956 年在忠南扶余(韩国重要的人参产地)发起了"人参试作五年计划",其"6 年根"等标准产品,由韩国政府监制,这就为正官庄植入了韩国文化,从而使正官庄高丽参成了韩国特色农产品的一个国际品牌。韩国人参公社已向 27 个国家和地区出口"正官庄"高丽参产品,以 71% 的市场占有率远超其他品牌,稳居第一位。我们宁波市能不能学习韩国经验,在浙贝上植入宁波文化,这是值得探讨的。

3. 增值化

除了改革开放后引进的新品种(如草莓),几乎所有的特色农产品首先是当地的土特产,然后扩大生产能力后发展成商品。土特产除要保持原始风味外,还必须根据市场的需要植入新的价值,实现增值化。而增值的最核心,在于在商品中植入本地的自然因素或人文因素。

在农产品市场上这样的成功案例很多。余姚是中国唯一的榨菜特色农产品优势区,但余姚竞争不过同是国家级的"重庆市涪陵区涪陵青菜头中国特色农产品优势区"。涪陵号称"拥有全球规模最大、最集中的榨菜产区",不但培养出了上市公司"重庆市涪陵榨菜集团股份有限公司",到 2027 年,涪陵青菜头种植面积还将达到 75 万亩,总产量 190 万吨,产业总产值 200 亿元[①]。而余姚市 2023 年的榨菜全产业链年总产值才近 50 亿元,联结基地 12 万余亩[②]。2009 年,余姚市的榨菜在全国的市场占有率达到了 60%,但 2021 年安信证券研究中心资料显示,榨菜的市场占有率中,**余姚榨菜铜钱桥、备得福加起来才 7%**。涪陵榨菜以 31% 位居行业龙头。仅仅过了十几年,余姚榨菜在全国已经走向了边缘化,原因很多,但我们理解,核心原因是余姚榨菜没有植入宁波市特有的人文因素,

① 见涪陵区 2023 年政府工作报告
② 见环球网 2023 年 4 月 16 日报道

涪陵榨菜则相反,是川渝文化助力了涪陵榨菜的发展。

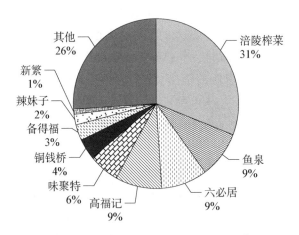

图 18　2021 年涪陵榨菜市占率为 31%

4. 区域化

正如三部委《规划》中所讲的,特色农产品首先是土特产,带有浓郁的区域化特色。只有宁波特殊的自然和人文因素,才能培育出宁波特殊的特色农产品。优化宁波市特色农产品优势区,首先要让宁波市自身的自然要素和人文要素真正发挥作用,不然就极容易丧失优势。

舟山渔场的四大鱼类(大黄鱼、小黄鱼、带鱼和墨鱼),在品质上都属于世界一流水平,其中大黄鱼还是我国产量最高的海水鱼类养殖品种之一。宁波市8355.8 平方千米的海域总面积,是这四大鱼类的最佳养殖基地。但据《2021中国渔业统计年鉴》,2020 年,我国大黄鱼福建省为 21.62 亿尾,占全国总产量 90.80%。宁波、舟山的自然资源优势,被福建宁德地区的人工养殖优势所取代,大黄鱼不再是宁波的优势特色农产品,变成了宁德地区的优势特色农产品。

5. 多元化

特色农产品在生产地区域化的同时,还有一个特点就是消费的多元化。土特产如果仅仅依靠当地消费市场肯定不能快速发展。宁波土特产之所以扬名全中国甚至全世界,归功于宁波帮商人开设的南货店。

这些宁波历史上拓展土特产的方法,其实非常值得我们在优化特优区建设中借鉴。南货店中宁波的土特产,实际上都可以归类到食品中的"佐料"。面对上海十里洋场的多元化市场需求,宁波商人开发了多元化的产品,迎合了不同区域消费群体的某种专项需求,从而打开了市场。

面对多元化的市场,特色农产品要既可以走专一化、个性化道路,也可以做针对性的开发,还可以通过市场的细分,提升产品价值形成高端消费市场。

宁波菜系原来是上海八大菜系之一,曾经的十里洋场,有四分之一都是宁波菜。而宁波的特色农产品也随着宁波菜馆的发展走进了高档消费的行列。目前,无论是京上广深一线城市,还是浙江省内的地级市,都很难看到宁波菜的辉煌。某一地区的特色农产品如果没有相应的菜馆来培养消费群体,是很难打入新的市场的。从调查情况看,我市特色农产品中宁波自然和人文因素的含量不高,在一定程度上影响了多元化市场的开拓。

5.4 市场资源:农业优势特色产业区域发展的内生动力

市场资源可以理解为市场经济发展中能为企业带来收益的各种要素。按照马克思主义的观点,这些要素既包括了生产力要素,也包括了生产关系的要素。

宁波市的市场资源比较充裕的,我们不作细化分析。我们的研究重点是这些充裕的市场资源能否转化为发展特优区的内生动力。

无论是已经评上国家级、省级的特优区,还是宁波市农业结构布局中确定的特优区,它的一个基本特点是在各项经济指标中(如 GDP),农业经济所占的比重都很低,特色农产品所占的比重更低。换言之,在特优区区域内,有很多市场资源是可以为优化特优区的建设服务的。在暑期调研中,我们重点调研了市场资源对特优区的影响。

劳动力是最主要的市场资源。但这些市场资源并没有充分地应用到特优区建设。特别是土地、劳动力、资金这三大资源的不足,影响了包括特优区在内的区域经济的建设。

专栏 10

宁波大学暑假调研组访谈实录摘要

2023/6/29

采访人:吴永星   马学富

被采访者:茅洋乡乡长韩天山;副乡长闻忠祥;象山县蟹钳港旅游发展公司经理丁宁

问:您觉得目前茅洋乡发展存在的主要问题有哪些?

闻忠祥：最大的问题就是政策问题，国家推行下来的大政策是支持的，但是到具体执行落实的过程中比较困难。比如土地指标把控严格，比如：基本农田、低保地、水源保护地是不能动用的等。

问：韩乡长您认为茅洋乡要解决的最大问题是什么？

韩天山："三大牙齿"问题，一是土地指标问题，如何提高资源盘活力度；二是空巢老人问题，比如南充村的发展问题，水源保护地不能进行开发、老年人全部迁移安置到哪里等问题；三是资金问题，资金投入都靠政府是不现实的，主要还是依靠村民众筹、社会资金。

2023/6/30 下午

采访人：实践组全员

被采访者：韩天山（浙江省宁波市象山县茅洋乡党委副书记、乡长）

问：如何解决南充村集体经济的问题？例如：留守老人多、水源地保护。

韩：第一，我们政府考虑过整村迁移，但是这样财政成本太高，需要好几亿的财政资金支持。第二，通过当地的竹产品加工促进村民就业，我们政府可以对其进行补助。村集体要发展存在着多方面的问题，首要的就是土地指标不能动，国家实施耕地非粮化整治，政府要站在国家角度考虑问题，首先得考虑人民群众吃饱饭的问题，马斯洛需求层级讲到要先满足温饱才能到自我实现阶段，中国人的饭碗里一定要端自己的粮食。针对南充村的问题时机很重要。**可以用时间换空间，通过战略留白来进行整合。**南充村问题的解决也可以通过自然流亡来实现。

问：目前我们所在的火龙果基地通过服务外包、提供场地、中间商赚差价等形式来获取经济效益，获得了一定的成功，那么这种成功模式在我们茅洋能否大规模开展呢？

韩：我们政府目前很希望能有社会资本投入，使得闲置土地有效利用，通过招商引资，把土地变活。而社会资本与乡村振兴需要满足社会资本的要求：第一有一定的投资回报率；第二营商环境好，要有项目补助。火龙果基地这个情况比较特殊，这边原来300多亩土地都是荒地，周边有170多户人家，政府通过招商引资、土地流转来共同建设火龙果基地才获得了成功。这种大型产业首先要有项目，其次可以通过农业工业化、科技化来进行产品孵化。具体到这个火龙果庄园本身，水果本身是生态价值链中价值最低的部分,加工的产品能够发挥更大的经济效益,以及衍生出来的其他各项产业为庄园带来了经济收益。

2023/6/29

采访人:陈忆铭   陈贤昕

被采访者:村民C

问:您认为茅洋适合搞文化旅游业吗?

答:我们茅洋乡是个好地方,但是知晓的人比较少,同时资源虽然多但是比较散、比较难整合。想要发展成一个旅游小镇,有民宿和红色资源还不够,还需要有人来投资,我们缺领头羊。

采访人:陈忆铭   陈贤昕

被采访者:村口老人

问:您能介绍一下南充现在的发展情况吗?

答:南充位于水库源头,发展工业、农业都比较困难。村里现在留下的都是我们这种年纪的老人,年轻人多去城里谋生。村里近两年来,的确有人来搞过开发、投过钱,但是由于效益不高,项目多半途而废。虽然当地风景较好,但是由于茅洋南充村位于水库源头,为保障当地饮用水资源的品质,不能引入工厂或者民宿改造项目,因此,想在村内发展的大部分方案都行不通,当地的交通并不发达,去往县城或者隔壁乡的路并不是四通八达的。

农产品的生产和一般工商企业的生产有着很大的差异性。一般工商企业的劳动时间固定,但特色农产品的生产却有着明显的季节性,农忙时需要大量的劳动力完成种植、采摘、收割等工作,其劳动力需求量甚至可能需要农闲时的十几倍。尽管工厂化农业在一定程度上弱化了农业生产的季节性,但这种完全和一般工商企业不同的用工方式,却一直阻碍了特色农产品生产企业的用工质量。除了一些已经达到大中型企业标准的种植大户外,一般的特色农产品生产企业、合作社或农户,要么仅仅依靠自身的劳动力,要么在农忙时临时雇佣散工。这样做的结果是,特色区很难培养出长期从业的熟练工,很难提升企业的科技含量。

市场资源是以利润或收益率为标准在市场上进行自动配置的。而特色农产品的生产特点,很难形成类似一般工商企业的利益驱动机制,这导致了特色农产品缺乏较好的用工机制。而企业自身的利益驱动机制又不可能为这些临时劳动力提供一个稳定的利益保障机制,致使用工问题成为制约特优区发展的一个关键问题。在企业和劳动力都不能形成良好的利益驱动机制,妥善解决用工问题的情况下,只有依靠外在动力,利用政府的相关政策来解决这一问题。

5.5　政府资源:农业优势特色产业区域发展的外在动力

与市场资源的追求效益相对应,政府资源可以理解为由政府(指公共权力部门,包括党委、政府、人大、政协等)提供、以追求公平为目标的各项资源。政府资源可以包括政治资源(行政权力)、政策资源(政策导向)、人力资源(公务员)、客户资源(包括企业、事业单位、公民)、财政资源、资产资源(房产、车辆、办公设备等)、信息资源(公文、申报材料、统计数据)等。在特优区建设中,政府资源起着十分重要的作用。其中,核心的政府资源就是政府的政策导向。

5.5.1　中央政府对特优区的政策

根据 2017 年中央一号文件,农业农村部等中央有关部委一共颁布了三份纲领性文件,再加上农业部编制《特色农产品区域布局规划(2013—2020)》,共有四份文件指导着我国的特优区建设。

专栏 11

农业部 中央农村工作领导小组办公室 国家发展和改革委员会 财政部
国家林业局 科技部 国土资源部 环境保护部 水利部
关于开展特色农产品优势区创建工作的通知

各省、自治区、直辖市及新疆生产建设兵团农业(农牧、农村经济、畜牧、农垦、农产品加工、渔业)厅(局、委、办)、发展改革、财政、林业、科技、国土、环境保护、水利主管部门,黑龙江农垦总局、广东省农垦总局,内蒙古、吉林、黑龙江、大兴安岭、长白山森工(林业)集团公司:

为贯彻落实中央 1 号文件和中央农村工作会议关于开展特色农产品优势区(以下简称"特优区")建设的要求,加快特色农业产业发展,促进农业提质增效和农民增收,经农业部、中央农村工作领导小组办公室、国家发展改革委、财政部、国家林业局、科技部、国土资源部、环境保护部、水利部研究决定,在全国开展特优区创建工作。现将有关事项通知如下。

一、充分认识创建特优区的重要意义

创建特优区,是顺应农业发展新趋势,培育发展新动能,提高市场竞争力的重大举措,对促进农村一二三产业融合发展,带动传统农业区和贫困地区脱贫致富具有重大意义。创建特优区,有利于优化生产力布局,促进区域分工,推动产业结构调整,推进农业供给侧结构性改革;有利于开发特色农业潜力,发挥区域比较优势,提高特色产品附加值和溢价能力,拓宽农民增收路径;有利于加强特色品种保护,加速成果转化应用、产品结构优化和组织管理创新,做大做强特色农业品牌,提高农产品市场竞争力;有利于保护和弘扬中华农耕文化,推动自然生态、历史人文、民族特色、传统工艺与农业产业的融合发展,丰富特色产业内涵,让传统产业焕发新的活力。

二、准确把握创建特优区的总体思路

(一)指导思想。全面贯彻党的十八大和十八届三中、四中、五中、六中全会精神,认真落实发展新理念,以资源禀赋为基础、经济效益为中心、农民增收为目的,紧抓"特色、质量、品牌、电商、双创"关键点,坚持市场带创建、创建促发展,高起点、高标准、高水平创建一批特优区,建立评价标准,完善技术体系,培育新型主体,突出品牌效应,促进三产融合,打造特色鲜明、优势集聚、产业融合、市场竞争力强的特色产业。

(二)基本原则。创建特优区应坚持以下原则:

坚持市场导向。瞄准市场消费需求,选择产业特色鲜明、市场潜力大、具有核心技术和独特工艺的特色产业,广泛吸引社会资本投入,提升特色产业竞争力。

坚持标准引领。建立特优区评价标准,对特色农产品生产、加工、仓储、物流、营销等环节进行标准化管理和评价,引领特色农产品产业化、规模化、品牌化发展。

坚持品牌号召。根据资源禀赋和产业基础,突出区域、企业和产品特色,将资源向优势区、品牌企业、品牌产品集聚,辐射带动新型经营主体集群发展。

坚持主体作为。着眼于特色农产品的产业整体开发和整体竞争力的提高,发挥新型经营主体的示范带动作用,完善特色农产品产业链,提升价值链。

坚持地方主抓。从农业农村经济发展全局出发,指导地方编制规划,出台相关扶持政策,调动社会各界的积极性,大力发展特色产业。

(三)发展目标。力争用3—5年的时间,原则上以县(市、区)或垦区、林区为单位,创建形成一批特色优势明显、产业基础好、发展潜力大、带动能力强的特优区;在特优区内,培育一批经济效益好、辐射带动强的新型经营主体,打造一批特色农业的区域公用品牌、企业品牌和产品品牌,将特色农业培育成农村经济的重要支柱产业、农民持续增收的重要战略产业,提升我国特色农产品的产品优势、产业优势和竞争优势,更好满足城乡居民多样化的消费需求。

三、自主选择特优区主导品种和区域

坚持经济效益、生态效益和社会效益相统一的原则,支持各地结合区域自然、人文和工艺特色,自主选择园艺产品、畜产品、水产品、林特产品等特色主导品种及区域,促进杂粮杂豆、蔬菜瓜果、茶叶蚕桑、花卉苗木、食用菌、中药材和特色养殖产业提档升级,大力发展木本粮油等特色经济林、珍贵树种用材林、花卉竹藤、森林食品等绿色产业。原则上对已划入粮食生产功能区和重要农产品生产保护区的稻谷、小麦、玉米、大豆、油菜、棉花、糖料蔗、天然橡胶等大宗农产品及其具体细分品种不再纳入创建范围。

四、重点任务

(一)促进产业融合发展。推动特优区建设与现代农业产业园、农业科技园区、特色村镇等建设的结合,统筹空间布局,集聚要素资源,激发市场新活力,培育发展新动能,实现特色产业与其他园区建设有机融合。

(二)积极助推精准扶贫。围绕种植业结构调整、养殖业提质增效、农产品加工升级、市场流通顺畅高效、资源环境有序利用等重点任务,发挥各地各部门优势,协同推进特色产业发展,带动贫困偏远地区农民脱贫致富。

(三)完善科技支撑体系。依托高等院校、科研院所、创新型企业等各类主体,聚合创新资源,构筑先发优势,强化现代农业产业技术体系支撑,加快特色农产品全产业链研发、创新和示范,推进成果转化应用。

(四)建立评价标准体系。围绕特优区的内涵与主要特征,针对研发、生产、加工、仓储、物流、营销等全产业链各环节,制定标准评价体系,引领特色农产品标准化、产业化、规模化、品牌化发展。

(五)培育新型经营主体。积极培育新型经营主体和新型职业农民,发展多种形式的适度规模经营,优化经营结构,强化支持和示范引导,推动创业创新,提高各类资源要素的配置效率,促进特色产业发展。

（六）强化品种资源支撑。加强特色农作物种质资源的保护与利用,加快优势特色品种培育和登记,加大新品种保护力度,大力推进区域性良种繁育基地建设,为多样化、优质化的特色农产品市场提供优质种源保障。

（七）深化信息技术应用。充分利用互联网理念,结合信息进村入户工程,加强物联网、云计算、大数据、移动互联等信息技术在特优区建设中的应用,大力推广电子商务等新型流通方式,有力推进特色产业发展。

（八）打造特色农业品牌。立足区域资源特色,准确定位品牌发展策略,加快区域特色农业品牌培育、发展、营销,构建支持评价体系,完善监管保护机制,打造一批区域特色明显、市场竞争力强的特色农业品牌。

五、保障措施

（一）指导规划编制工作。根据全国《特色农产品优势区建设规划》,推动争创特优区的县(市、区)、垦区和林区编制本区域的建设规划,总结特色产业发展经验,明确特优区建设的指导思想、基本原则、发展目标、建设内容和工作重点,提出建设的支持体系和保障措施。

（二）构建工作推进机制。各地要成立特优区创建工作领导小组,统筹谋划工作,明确各部门职责任务和工作分工,把握好创建工作重点,制定工作计划和实施方案,加强协调配合,形成工作合力,切实抓好创建工作。

（三）研究出台扶持政策。鼓励各地在党中央、国务院相关规定基础上,研究出台投资、财政、金融、科技、土地、环保、水利、林业等扶持政策,支持相关项目向特优区倾斜。发挥政府资金的撬动作用,激活民间投资,引导社会资本有序投入,形成多元化投入机制。

（四）营造创建工作氛围。各地要加强特优区创建工作的宣传,总结交流建设经验和做法,综合利用传统媒体、新媒体等多种传播方式,注重典型带动,推广先进经验,扩大社会影响,为特优区建设营造良好的社会环境。

国家发展改革委、农业部等部门将牵头制定《特色农产品优势区建设规划》,建立评价标准,完善技术支撑体系,并对各地创建特优区的申报和认定工作作出部署。各地要高度重视,将特优区创建作为发展农业、造福农村、富裕农民的一项重要工作,抓紧落实。请各省(区、市)相关部门认真总结本地特色农产品优势产业发展情况,提出创建工作措施、建议和方案(参见附件),并附3—4个本地区不同类型特色产业发展的典型案例,于4月

30 日前将加盖公章的纸质材料和电子文本分别报送农业部市场与经济信息司、国家林业局林业产业办公室,抄送国家发展改革委农村经济司、财政部农业司。

农业部市场与经济信息司

联系人:沈国际

电　话:010—59193102,010—59193147(传真)

电子邮件:nybscc@126.com

国家林业局林业产业办公室

联系人:李　斌

电　话:010—84238203,010—84239372(传真)

电子邮件:lxjj8203@163.com

国家发展改革委农村经济司

联系人:杨凌志

电　话:010—68501678,010—68502631(传真)

电子邮件:ny68502631@163.com

财政部农业司

联系人:王　祚

电　话:010—68551893,010—68551431(传真)

电子邮件:zuzuwang9988@163.com

农业部　中央农村工作领导小组办公室

国家发展和改革委员会　财政部　国家林业局

科技部　国土资源部　环境保护部　水利部

2017 年 4 月 14 日

专栏 12

国家发展改革委、农业部、国家林业局
特色农产品优势区建设规划纲要
2017 年 10 月

一、背景与重大意义

我国陆海兼备,幅员辽阔,南北跨越多个热量带,东西跨越多个地形台

阶,多种多样的气候和地貌类型适宜众多种类的农业生物类群生长发育。经过长期发展,各地涌现出一批具有独特品种、特殊品质、特定区域的特色农产品,达到了一定生产规模,在市场上享有较高的知名度。为了进一步优化特色农产品生产布局,做大做强优势特色农业产业,在今后一段时期内,大力推进特色农产品优势区建设,集中力量打造一批特色农产品生产优势区和产业发展聚集区,具有十分重要的意义。

(一) 规划编制背景

新世纪以来,各地抓住农业结构调整的机遇,立足当地特色和资源优势,大力发展特色农业,取得了一定成效。但从总体上看,我国特色农业产业发展水平不高,市场竞争力不强,生产布局有待进一步优化,全国上规模、成体系的特色产业聚集区不多,难以满足日益增长的消费需求,对农民增收和区域经济发展的带动作用尚未充分发挥出来。《中共中央国务院关于深入推进农业供给侧结构性改革加快培育农业农村发展新动能的若干意见》(即 2017 年中央一号文件)提出,要做大做强优势特色产业,把地方土特产和小品种做成带动农民增收的大产业。文件明确要求,制定特色农产品优势区建设规划,建立评价标准和技术支撑体系,鼓励各地争创园艺产品、畜产品、水产品、林特产品等特色农产品优势区。为贯彻落实中央一号文件精神,发挥区域农业比较优势,加快形成国内外知名的特色农产品优势区,国家发展改革委、农业部、国家林业局会同科技部、财政部、国土资源部、环境保护部、水利部编制了本规划纲要,旨在引导各地创建特色农产品优势区,也为国家层面认定特色农产品优势区作指导,以此促进优化特色农产品生产布局,推进特色农业产业做大做强,提升特色农业产业发展绿色化、产业化、品牌化水平,增加农产品供给的多样性和有效性,实现农业提质增效和农民增收,增强农业的国际竞争力。

特色农产品优势区既要强调"特色",更要突出"优势"。本规划纲要中,特色农产品归类为特色粮经作物、特色园艺产品、特色畜产品、特色水产品、林特产品五大类,特色农产品优势区(以下简称"特优区"),是指具有资源禀赋和比较优势,产出品质优良、特色鲜明的农产品,拥有较好产业基础和相对完善的产业链条、带动农民增收能力强的特色农产品产业聚集区。特优区主要在粮食生产功能区和重要农产品生产保护区(以下简称"两区")之外创建,"两区"内个别具备传统优势、地理标志认证、较强市场竞争力和全国知名度的区域特色产品，也可创建特优区。

规划期限为 2017—2020 年。

（二）建设特优区的重大意义

建设特优区发展特色农产品产业，是顺应农业发展新趋势，培育农村发展新动能的重要内容，对推进农业现代化具有重大意义。

一是推进农业供给侧结构性改革的客观要求。 深入推进农业供给侧结构性改革，要求不断优化农产品生产结构，着力推进农业提质增效。发展特色农产品，建设特优区，可以充分利用各地资源禀赋和独特的人文历史，发挥比较优势，极大丰富和优化我国农业结构，促进差异竞争、错位发展，引导特色农产品生产形成聚集区，吸引现代农业各项要素不断注入，加快形成科学合理的农业生产力布局，从整体上提高我国农业供给体系的质量和效率，满足国民多样化的消费需求。

二是推进农业绿色发展的有效途径。 推进农业绿色发展，是贯彻新发展理念、加快农业现代化和可持续发展的重大举措。特色农产品多分布于资源环境较好区域，生产方式相对绿色，因其特色、优质而具有较高经济价值，生产主体提高产品品质、打造特色品牌的积极性高，发展绿色生产的基础较好。通过建设特优区，推广应用绿色生产方式，有序开发优质特色资源，增加绿色优质农产品和生态产品的供给，有利于打造资源利用更加节约高效、产地环境更加清洁、绿色供给能力更加突出的特色农产品生产基地，促进特色产业实现绿色发展。

三是促进农民增收、带动贫困地区发展的重要抓手。 特色农产品生产大都属于劳动密集型产业，产品价值较高，对农民增收带动作用明显，是增加农民收入重要来源。通过建设特优区，发展适度规模生产和全产业链经营，能够有效扩大农村就业，拓宽农民增收渠道，让农民合理分享二三产业收益，把地方土特产和小品种做成带动农民持续增收的大产业。同时，我国特色农产品产区与贫困地区高度重合。根据农业部、国家林业局编制的相关特色农产品区域布局规划，特色农产品所涉及的区域覆盖国家扶贫重点县、集中连片特困区贫困县的 94％，在一些山区县，农民来自优势特色种养殖收入占比达到 60％ 以上。建设特优区，加快培育区域特色农业产业，有利于将产业扶贫落到实处，推动贫困地区特别是中西部贫困地区经济发展。

四是提高我国农业竞争力的必然选择。我国特色农产品在国际市场上具有一定竞争优势,是我国农产品出口的主力。2016 年,在我国农产品贸易逆差达 2500 亿元的情况下,特色农产品仍然实现较大顺差,其中蔬菜 920 亿元、水产品 730 亿元、水果 85 亿元、茶叶 98 亿元。通过特优区建设,不断提高特色农产品品质,做大做强特色农产品品牌,可以将特色资源优势持续转化为现实的出口竞争优势,扩大出口,优化出口产品结构,提高我国农业的整体竞争力,更加广泛地参与国际农业竞争。

二、发展和建设基础

我国特色农产品资源丰富,通过多年发展和建设,已经形成了一些特色农产品生产聚集区,部分特色农产品在国内外市场上已有一定影响力,但整体规模不大、发展水平不高。推进特优区建设既有较好基础,也面临着新的机遇与挑战。

(一) 特色农业产业发展具备一定基础

经过多年努力,我国特色农产品总量不断增加,质量不断提高,生产规模不断扩大,一批特色农产品产加销龙头企业快速成长,形式多样的农民合作组织和行业协会不断涌现,形成了众多特色鲜明、分工合理、协调发展的优势产业区,产生了许多知名品牌产品,极大带动了当地特色农业发展和市场拓展。据不完全统计,我国各类特色农产品产值达到 5 万亿元左右,约为我国农业总产值的 50%,占据我国农业的"半壁江山"。一些产品形成了较强的市场影响力,创出了国际知名的大品牌,得到国内外广大消费者的广泛赞誉。

(二) 特色农产品区域品牌建设初见成效

上世纪 90 年代以来,我国先后开展了无公害农产品、绿色食品、有机农产品、地理标志农产品认证工作,大量特色农产品获得"三品一标"认证。截至目前,全国累计有效使用绿色标志的企业 9600 家、产品 2.3 万个,绿色食品标准化生产基地 1.7 亿亩,有机农业示范基地总面积 1000 万亩,无公害农产品认证产品 7.6 万个,农产品地理标志 2117 个。"三品一标"区域品牌逐渐成为产品质量和信誉的重要象征,为特优区建设奠定了重要基础。

(三) 优质特色农产品市场潜力巨大

当前,随着我国经济社会的发展,城乡居民消费结构持续升级,对农产品的营养功能、保健功能和优质、独特等个性化、多样化需求快速增加,丰富多样的特色农产品越来越得到消费者青睐。同时,城乡居民收入不断增长,对特色、优质农产品的价格承受能力明显提高,特色农产品市场呈现出购销两旺的态势。今后一段时期,大量特色农产品将逐渐从区域性消费向全国性消费转变,从少数群体消费向全民性消费转变,从季节性消费向全年性消费转变,特色农产品产业将成为我国农业发展的支柱产业。

(四) 各方投资特色农业的积极性较高

我国经济发展进入新常态后,农业始终是投资领域的一片热土,特别是特色农业因产业开发程度相对较低、发展潜力大,得到社会各界的广泛关注。在我国大宗农产品供需相对稳定的背景下,地方政府把发展特色农业产业作为带动农民持续增收的重要抓手,引导农民积极调整生产结构,发展本地特色农产品生产。同时,大量社会资本进入特色农产品的生产、加工、仓储、物流、营销等各个环节,促进特色农业产业增值增效。在政府、新型经营主体和广大农户的合力推动下,特色农业产业逐步形成以投入促进发展、以发展吸引投入的良性循环。

(五) 特优区建设面临的主要挑战

尽管我国特色农业产业已经取得了长足发展,特色产业布局已基本形成,但是形成大而强、特而强的特色优势区域并不多,已有特优区雏形的产业聚集区还存在以下不足和挑战。**一是**发展规模受限。与大宗农产品相比,特色农产品目标市场区域相对集中,产业发展规模难以做大。盲目扩大生产规模导致市场过度饱和、价格大幅下跌、产业效益急剧下降的案例多有发生。**二是**科技支撑能力不足。大部分高校及科研院所的研发重心在于大宗农产品,对特色农产品生产、加工、流通领域科技支撑不够,企业研发能力普遍不强。**三是**产业链条较短。加工业普遍以中小企业、家庭作坊为主,产品以"原字号"、初加工为主,精深加工、高附加值产品少。**四是**品牌建设和管理滞后。一些地方政府、企业和农民忽视"特色"的价值,对品牌认识不到位,区域品牌和企业品牌资源缺乏有效整合,普遍缺少对公用品牌的有效保护,滥用品牌、假冒产品的现象尤其突出,品牌作用未充分发挥。**五是**基础设施和配套产业发展滞后。很多特色农产品产区分布在丘陵、山区、高原等欠发达地区,农业基础设施保障程度不高,交通运输不便,鲜活产品外销困难,当地机械制造、产品包装、专用化肥农药、加工、仓储物流等配套产业发展难以满足特色农业产业发展的需求。

三、特优区建设的总体思路

(一) 指导思想

全面贯彻党的十八大和十八届三中、四中、五中、六中全会精神,深入贯彻习近平总书记系列重要讲话精神和治国理政新理念新思想新战略,统筹推进"五位一体"总体布局和协调推进"四个全面"战略布局,牢固树立创新、协调、绿色、开放、共享的发展理念,认真落实党中央、国务院决策部署,坚持市场导向和绿色发展,以区域资源禀赋和产业比较优势为基础,以经济效益为中心,以农民增收为目的,完善标准体系,强化技术支撑,改进基础设施,加强品牌建设和主体培育,打造一批特色鲜明、优势聚集、产业融合、历史文化厚重、市场竞争力强的特色农产品优势区,促进优势特色农业产业做大做强,建立农民能够合理分享二三产业收益的长效机制,提高特色农产品的供给质量和市场竞争力,推动农业供给侧结构性改革,辐射带动农民持续增收。

(二) 基本原则

1. **坚持品质优先、绿色发展。**严把农产品质量安全关,以质立足、以质创优,把特色农产品优势区打造成为优质安全农产品生产区。坚持资源节约,依托青山绿水发展绿色农产品,加强资源环境保护,推动形成保护与开发并重、生产与生态协调发展的绿色发展方式。

2. **坚持市场导向、有序发展。**瞄准市场消费需求,以市场带动创建,以创建促进发展,不断提升特色农业产业的竞争力。合理规划特优区的区域布局和产业规模,推进区域内产品结构、品种结构、经营结构的调整优化,保障特色农业产业健康持续发展。

3. **坚持三产融合、农民增收。**推进特色农产品生产"接二连三",延长产业链,培育壮大新产业、新业态,与现代农业产业园、农业科技园区、农村产业融合发展示范园、特色村镇等建设有机结合,实现一二三产业深度融合和全链条增值。完善利益联结机制,让农民更多分享产业链增值收益。

4. **坚持标准引领、科技支撑。**因地制宜、因品施策建立生产标准和产品评价标准,对特色农产品生产、加工、仓储、流通等环节进行标准化管理,提高专业化发展水平。强化技术研发和推广体系,深化产学研融合,将特有品种、技术与工艺作为核心竞争力,提升特色农产品的科技含量。

5. **坚持品牌号召、主体作为。**培育区域公用品牌,鼓励发展企业品牌,完善品牌维护与保障机制,提升特优区品牌的市场知名度、美誉度,引导特色农产品品牌化发展,发挥新型农业经营主体在特优区建设中的核心作用,促进集群化发展,鼓励合作互惠和良性竞争。

6. 坚持地方主抓、合力推进。各地要从区域经济发展实际出发,因地制宜编制规划,出台扶持政策措施,大力推进特优区建设。中央有关部门结合现有渠道予以积极支持,汇聚多方资源,形成凝心聚力的良好氛围,合力推进特色农业产业提档升级、做大做强。

(三)总体架构

我国特色农产品品种类型多、产业规模差异大、发展水平不一。为此,特优区创建必须因地制宜,因品施策,突出特色,突出优势,实行分级创建,分级认定,分级管理。综合考虑我国特色农产品特征、产业现状以及管理效率等因素,按照国家级特优区和省级特优区两级架构,分别创建、认定和管理。

国家级特优区:选择特色明显,对全国影响力大、辐射带动能力强、在国际国内市场具有竞争力、出口优势明显的特色农产品品种,确定重点区域。原则上以县(或市、区、垦区、林区,下同)为单位创建国家级特优区,鼓励产业发展水平相当、产业链条联系紧密的相邻县联合创建。按照先创建、后认定的程序,由国家有关部门负责制定国家级特优区的创建条件、认定标准与管理办法,成熟一批、认定一批。认定时坚持从严把关、宁缺毋滥,认定后实行动态管理,建立退出机制,确保国家级特优区名副其实。

省级特优区:各省(含自治区、直辖市,下同)结合自身实际,选择在省内影响力大、区域性竞争力强、在全国具有一定知名度的特色农产品品种,创建并认定省级特优区。各省要依据本规划纲要编制省级特优区规划,明确创建范围、创建条件和认定标准,制定相应的管理办法。各特优区建设要依据本规划纲要明确的内容,编制特优区发展建设规划或实施方案。

(四)建设目标

到 2020 年,围绕特色粮经作物、特色园艺产品、特色畜产品、特色水产品、林特产品五大类,创建并认定 300 个左右国家级特优区,区内形成以特色农产品生产、加工、流通、销售产业链为基础,集科技创新、休闲观光、配套农资生产和制造融合发展的特色农业产业集群,打造一批"中国第一、世界有名"的特色农产品优势区,培育特色品牌,增强绿色优质中高端特色农产品供给能力,丰富和满足城乡居民的餐桌,促进特色农产品出口,持续带动区域经济增长和农民增收。各省要积极推进省级特优区创建和认定工作。着力打造"全国知名、区域畅销"特色品牌。推动形成国家级、省级两级特优区体系,基本覆盖全国特色农产品主产区,以此为核心引领带动整个特色优势产业做大做强,逐步打造世界闻名的特色农业产业带,推动农业供给侧结构调整和农民增收。

四、特优区主要建设内容

创建特优区是一项系统工程,要在完善标准体系、强化技术支撑、改善基础设施、加强品牌建设、培育经营主体、强化利益联结等方面统筹推进,按照填平补齐的原则,重点建设和完善"三个基地"、"三个体系"和"一个机制",构建产业链条相对完整、市场主体利益共享、抗市场风险能力强的特色农产品优势区。

(一) 标准化生产基地

建设标准化生产示范基地,推进品种选择、生产过程、终端产品的标准化,把标准化生产示范基地建设成为原料供应基地、名特产品的第一车间,因地制宜发展休闲农业、观光农业,实现农旅互动、融合发展,提高特色农产品的产业化水平。

1. **特色粮经标准化基地。** 加强农田水利等基础设施建设,根据生产需要,建设标准化生产田块、田间道路、排灌沟渠、水利和电力设备设施。推广特色粮经作物良种,加快品种改良与更新换代,提高良种覆盖率。集成组装绿色高产高效技术模式,推广物理防治和生物防治病虫害、测土配方施肥、节水灌溉、施用有机肥等技术。

2. **特色园艺标准化基地。** 推进水、电、路、渠、土地平整等田间工程,温室大棚、集约化育苗、田头预冷等生产基础设施建设。应用防虫网、粘虫板、杀虫灯、性诱剂等绿色防控技术,集成避雨栽培、水肥一体化、有机肥替代化肥等绿色栽培模式。推广生物肥料等生态栽培技术。加强品种改良与更新换代。推行生产档案统一编制,详细记载农事操作。

3. **特色畜禽标准化养殖场。** 建设特色畜禽标准化养殖圈舍、配备标准化饲养设备、环境控制设备。更新特色畜禽品种,淘汰生产能力低、经济效益差的品种。促进生产流程标准化,制定并实施科学规范的畜禽饲养管理规程,严格遵守饲料、饲料添加剂和兽药使用有关规定,生产过程实行信息化动态管理。促进防疫制度化,完善防疫设施,科学实施畜禽疫病综合防控措施,对病死畜禽实行无害化处理。建设养殖废弃物资源化利用设施装备。

4. **特色水产标准化生产基地**。推进养殖池塘标准化改造,推进工厂化循环水养殖、池塘工程化循环水养殖、外海深水网箱养殖、内陆环保型网箱养殖、滩涂养殖、筏式养殖和稻渔综合种养,完善循环用水、水质净化、废水资源化处理等设施设备。配备水质监控、疫病防控、质量检测装备,推广物联网技术和相关设施设备建设。完善养殖管理制度,细化养殖设施设备管理、水产品生产记录、投入品使用记录和安全使用、病害防控、养殖废水处理、水产品质量安全自检等制度规范等。

5. **林特产品标准化生产基地**。实施整地、土壤改良和培肥,加快品种改良、栽植,推进抚育管护改造等。建设灌溉与排水、输配电、道路、管护房、围栏、标识牌、有害生物防控、森林防火等基础设施。推进标准化生产技术,鼓励适度采用大苗、大穴、大肥建设,加强抚育管理,促进较快成林。

(二) 加工基地

根据不同区域、不同产业的发展情况,因地制宜,以发展具有地方和民族特点的特色农产品产地初加工和精深加工为重点,积极整合和规范发展各类农产品加工产业集聚园区,加快实现加工园区化、园区产业化、产业集聚化,最大限度挖掘特色农产品的增值潜力。

1. **特色农产品产地初加工**。支持农户和农民合作社改善储藏、保鲜、烘干、清选分级、包装等设施装备条件,促进商品化处理,减少产后损失。积极推广适用技术,因地制宜建设初加工设施,提升农产品初加工水平。

2. **特色农产品精深加工**。科学集成应用生物、工程、环保、信息等技术发展特色农产品精深加工,推动非热加工、新型杀菌、高效分离、节能干燥、清洁生产等新技术在农产品加工领域的应用,提升特色农产品利用的便利度和效率。积极开发以特色农产品为原料的功能性食品。

3. **特色农副产品及加工副产物综合循环利用**。推动特色农产品及其加工副产物循环利用、全值利用、梯次利用,采取先进的提取、分离与制备技术,集中建立副产物收集、运输和处理渠道,加快推进秸秆、油料饼粕、果蔬皮渣、畜禽皮毛骨血、水产品皮骨内脏等副产物综合利用,开发新能源、新材料、新产品等,不断挖掘农产品加工潜力、提升增值空间。

(三) 仓储物流基地

在现有农产品流通体系的基础上,因地制宜依托公路网、铁路网、新增支线机场、电商企业布局,完善仓储物流设施,不断提高特色农产品流通效率。

1. **产地收储设施。**在充分利用现有收储设施的基础上,在产地就近建设预选分级、加工配送、包装仓储等基础设施,完善收购网点,配套建设仓储、物流、冷链设施。根据本地现有集散基础,规范建设一批田头市场。鼓励各大农产品电商平台在产地建设电商服务站点。

2. **产地批发市场。**建设完善专业批发市场,推动现有产地批发市场转型升级,完善标准化交易专区、集配中心、冷藏冷冻、电子结算、检验检测等设施设备,加强废弃物循环利用与处理、安全监控等设施建设,提升农产品批发市场综合服务功能。

3. **冷链物流体系。**加强分级、包装、预冷等设施建设,提高商品化处理能力。发展保温、冷藏运输,稳定商品质量、减少损耗。完善冷链配送设施建设,发展具有集中采购、跨区域配送能力的现代化配送中心。

(四) 科技支撑体系

把新品种培育和技术创新作为提升特色农产品市场竞争力的战略措施,加大特色农产品品种资源保护等基础工作,加强新品种培育和提纯复壮,完善良种繁育体系和科技支撑体系。

1. **新品种培育与良种繁育。**加强特色农产品品种资源基因原生地保护,收集名、特、优、稀农产品品种资源,加大野生资源的驯化和品种创新工作力度。持续培育特色农产品新品种,进行品种提纯、复壮,保持和改良特色农产品的优良品质特性。根据特色农产品良种需求,建设和布局良种繁育基地,发展多种形式的良种生产供应体系,大幅度提高良种覆盖率。

2. **生产与加工技术创新。**依靠企业、高校及科研院所、新型经营主体等,重点解决特色种养技术、专用农资、专用机械、病虫害防治、疫病防控、储藏保鲜等关键问题。支持果品、蔬菜、茶叶、菌类、道地药材、水产品等营养功能成分提取技术研究,开发营养均衡、养生保健的加工食品。开展精深加工技术和信息化、智能化、工程化装备研发,提高关键装备国产化水平。

3. **生产技术培训与推广。**充分发挥农业技术(畜牧、水产)推广体系优势,采取田间指导和集中授课的方式,对农户加强特色农产品生产指导,通过网络、手机APP等方式强化与农户的沟通反馈,及时对新技术、新品种生产效果进行收集,有计划、分层次地向农户传授新技术、新技能。加强科技示范,培育示范农户、树立示范基地,通过鲜活的例子带动农户掌握和推广运用新技术,提高生产效率和产品品质。

(五) 品牌建设与市场营销体系

遵循品牌发展规律,充分发挥品牌引领作用,重点抓好"创新、品质、管理、诚信"等重点环节,完善市场营销体系,提高特色农业品牌的知名度和美誉度,扩大消费市场容量,不断提升产业效益。

1. **特色品牌培育。**支持绿色食品、有机农产品、地理标志农产品和森林生态标志产品等的申请认证和扩展。依托特优区创建,加强传统品牌的整合,集中建设一批叫得响、有影响的区域公用品牌作为特优区的"地域名片",提升管理服务能力,培育和扩大消费市场,实现优势优质、优质优价。紧盯市场需求,坚持消费导向,擦亮老品牌,塑强新品牌,努力打造一批国际知名的企业品牌。运用地域差异、品种特性,创建一批具有文化底蕴、鲜明地域特征"小而美"的特色农产品品牌。做好品牌宣传推介,充分利用各种媒体媒介做好形象公关,讲好品牌故事,传播品牌价值,扩大品牌的影响力和传播力。

2. **品牌管理与保护。**切实提升品牌管理水平,建立特色品牌目录制度,优化品牌标识,建立区域公用品牌的授权使用机制和品牌危机预警、风险规避和紧急事件应对机制。构建完善品牌保护体系,实时监控、评估品牌状态,综合运用协商、舆论、法律等手段打击各种冒用、滥用公用品牌行为。确保诚信合法经营,以树立"百年品牌"、打造"百年企业"为目标,营造良好品牌建设环境。

3. **市场营销体系。**立足特色产业发展实际,借助农产品博览会、农贸会、展销会等渠道,充分利用电商平台、线上线下融合、"互联网十"等各种新兴手段,灵活运用拍卖交易、期货交易等方式,加强特色农产品市场营销,扩大特色农产品市场占有率。支持新型经营主体发展特色农产品的物流运输、快递配送,开展"农批对接"、"农超对接"、"农社对接"、"农校对接"等各种形式的产销对接,以委托生产、订单农业等形式形成长期稳定的产销关系。

(六) 质量控制体系

质量是特色农产品的生命线。通过加强质量控制体系建设,确保特色农产品高品质与质量安全,控制产业发展风险,促进特色农产品品牌创建和特色产业持续发展。

1. **生产和产品标准体系**。按照与国家、国际标准接轨的要求,完善特色农产品标准体系,形成从生产、加工、仓储、物流等系列标准,加强标准的贯彻落实,做到有标必依,组织标准化生产技术和管理措施的示范推广。推行产地标识管理、产品条码制度,做到质量有标准、过程有规范、销售有标志、市场有监测。

2. **投入品和产品检测能力建设**。加强确保农产品质量安全的实验室、检验监测设备等基础设施建设。定期对特优区内特色农产品生产资料监督检查,确保特色农产品生产投入品的安全。加强特色农产品检测机构建设和人员培训,在农产品质检机构完善的区域增加特色农产品检测业务,重点加强检测人员培训,提高业务水平。

3. **产品追溯和质量监管体系**。运用互联网和大数据等技术,搭建信息化追溯平台,统一追溯模式、统一业务流程、统一编码规则、统一信息采集,实现对特色农产品生产投入品、生产过程、流通过程进行全程追溯,规范生产经营行为。加强对特优区内特色农产品质量的监督抽查,突出产地环境监控、投入品监管、生产技术规范、市场准入、市场监测等关键环节,构建从田间到餐桌全程控制、运转高效、反应迅速的特色农产品质量管理体系。

(七) 建设和运行机制

按照政府支持、企业运营的基本原则,处理好政府与各类市场主体的关系,形成分工明确、各司其职的体制机制。特优区所在地的地方政府及行业主管部门作为创建主体,要根据地区实际,科学确定特色优势品种和重点区域,组织申报创建特优区,加强对特优区建设的指导、服务和监督,加大对特优区建设的支持力度。要强化特优区公用品牌的管理,维护品牌的权威性,提升品牌价值。特优区内各类龙头企业、合作社、家庭农场、种养大户等是自主经营的市场主体,按照市场化原则开展生产经营。鼓励新型经营主体发展特色农产品标准化生产,提升生产技术和产品品质,采用资源节约型、环境友好型生产模式,推动特优区可持续发展。引导特优区内新型经营主体与农民建立合理、长期、稳定的利益联结机制,带动特优区内农民持续增收,保障农民合理分享产业发展收益。

五、国家级特优区的重点品种与布局

我国特色农产品种类多、产业发展不均衡、市场需求差异大。为突出国家级特优区的辐射带动作用,统筹考虑农业资源禀赋、环境承载力、产业基础及发展潜力等,按照既要强调"特色"、更要突出"优势"的原则,聚焦发展五大类特色农产品中的 29 个重点品种(类)。其中,对生产规模比较大、区域分布广、带动农户多的,选择具体品种创建,包括马铃薯、苹果、茶叶等;对单个品种产业规模小、产品功能相似、适生区域相近的,按多个品种归类创建,包括特色粮豆、道地药材、食用菌等;由于特殊的生产销售模式,难以细分品种的,按照生产销售模式创建,包括特色出口蔬菜及瓜类、季节性调运大宗蔬菜及瓜类等(全国特优区创建重点品种及区域见附表)。省级特优区不局限于这 29 个品种(类),可根据本地实际,自行选择创建品种,确定创建区域。

(一)特色粮经作物

积极创建马铃薯、特色粮豆、特色油料、特色纤维、道地药材特优区。**马铃薯**重点推进加工产品多元化,延长产业链,着重加强种薯基地建设、种薯资源管理,推广绿色高产高效栽培技术,大力发展马铃薯加工业。**特色粮豆**突出其品质优良、营养丰富的特征,加快功能性食品开发,促进出口,着重加强品种选育,推广绿色高产高效栽培技术,加强加工出口基地建设和品牌建设。**特色油料**突出其油用性,兼顾多种休闲营养食品开发,着重加强高产高油品种培育,推广绿色高产高效栽培技术,推进加工品开发和品牌培育。**蚕茧、麻类**等特色纤维突出其历史传承价值,重铸"丝绸之路"辉煌,着重加强优质品种选育和推广、标准化生产基地建设、加工设备研制、副产品综合利用。**道地药材**突出为中医药事业传承发展提供物质基础,加强道地药材的保护,建立种质资源保护体系,推动道地药材区域化、规范化、生态化生产,规范栽培和加工,推进原产地认证,建设现代生产物流体系。

(二)特色园艺产品

积极创建特色出口蔬菜及瓜类、季节性外调大宗蔬菜及瓜类、苹果、柑橘、梨、桃、葡萄、热带水果、猕猴桃、食用菌、茶叶、咖啡、花卉特优区。**特色出口蔬菜及瓜类**突出提升产品国际竞争优势,带动区域经济发展,着重加强良种繁育和推广、质量标准体系建设、采后处理和深加工。**季节性外调大**

宗蔬菜及瓜类突出利用不同区域自然资源优势,满足各地淡季瓜菜需求,形成错位竞争,着重加强标准化瓜菜基地、产地批发市场和冷链物流设施建设。**苹果**突出提升生产技术水平,完善市场营销和生产合作组织,延长产业链条,着重加强标准化果园、采后处理、仓储物流和精深加工等设施建设。**柑橘**突出发展轻简绿色栽培技术,拓展鲜果加工业,着重加强能适应机械化、高产优质和多抗品种的推广,病虫害绿色防控、标准化果园建设、加工产品开发、培育知名品牌。**梨**突出提升品种品质,强化市场营销和产品加工,着重加强品种保护、推广省力化和优质化栽培技术、提升采后分级包装和商品化处理能力。**桃**突出发展早晚熟品种,提升产品均衡上市能力,着重发挥各产区优势,调整优化内部品种结构,开发低糖、高酸等差别化、个性化品种,推行标准化、绿色生产,延长产业链条。**葡萄及特色浆果**突出品种品质的提升,适应市场需求,扩大出口,着重加强无核、优质、抗病、耐储运品种培育,推广农艺农机结合的轻简化栽培技术,采后商品化处理,推进葡萄及特色浆果的精深加工。**热带水果**突出产品的多元化开发,加强市场营销和产品商品化处理,着重加强品种改良、标准化种植、产后处理、贮藏保鲜和精深加工,打造热带水果全产业链。**猕猴桃**突出提升产品品质,培育知名品牌,拓展国际市场,着重加强良种繁育基地建设和高标准核心示范基地建设,发展果品采后商品化的初加工业、果品精深加工业。**食用菌**突出优质新品种的开发驯化和标准化生产,提升产品效益,着重加强食用菌菌种繁育基地建设和设施升级,提升产品质量,开发多样性产品和市场。**茶叶**突出国际高端市场的开拓,提升出口产品竞争力,着重加强茶树品种改良、提高茶园机械化水平,标准化生产基地建设、初制茶厂改造与加工环境整治,打造区域公用品牌。**咖啡**突出产品品质提升,扩大生产规模和技术水平,着重加强优质咖啡豆原料基地、精加工生产基地和市场营销体系建设,培育咖啡知名品牌,提升产业国际市场竞争力与影响力。**花卉**突出新品种的开发培育,加强国际市场的开发,着重加强品种创新、栽培与繁殖技术研发、专利申请和保护、完善鲜切花行业标准、市场体系和花卉供销网络建设。

（三）特色畜产品

积极创建特色猪、特色家禽、特色牛、特色羊、特色马驴特优区。**特色猪**突出提升特色品种的经济价值,推进特色产品及副产品精深加工业发展,着重加强地方猪品种保护和开发利用,加快品种改良创新,提升产品品质,加快市场培育,进一步推进产业发展。**特色家禽**突出强化生产模式和生产技术提升,着重加强特色品种保护,推进标准化生产,区域性公用品牌建设,构建产品加工和冷链物流配送体系,提升产业化水平。**特色牛**突出开发地方牛品种高档牛肉和牛肉制品,促进特色产品加工业发展,着重加强品种繁育,推广标准化规模养殖,推行精细分割和精深加工,打造优质安全绿色的牛肉品牌。**特色羊**突出提升个体繁殖性能和产肉、产毛(绒)和羊毛(绒)品质,推广适度放牧和舍饲相结合的养殖技术,保护草地,缓解草畜矛盾,着重加强品种保护和改良,发展标准化规模养殖,培育和推广特色品牌。**特色马、驴**突出优良品种选育,发展特色产品精深加工业,特色马、驴优势区着重加强马和驴品种繁育体系建设,推行标准化规模养殖,稳定基础母畜存栏,逐步扩大生产能力,培育和推广特色品牌。

(四)特色水产品

积极创建淡水养殖产品和海水养殖产品特优区。**淡水养殖**产品突出提升病害监测防控水平,提高水产品品质,着重加强水产种质资源保护,推进生态健康养殖,推动淡水养殖产品深加工,延长产业链,提升价值链。**海水养殖**产品突出扶持养殖和加工龙头企业,提高养殖加工比例与产业化水平,着重加强水产种质资源保护,发展工厂化循环水养殖、海洋牧场和深水抗风浪网箱养殖,推进海水养殖产品深加工,推动一二三产业融合发展。

(五)林特产品

积极创建木本油料、特色干果、木本调料、竹子特优区。**木本油料**突出提升良种化水平,优化品种结构,强化生产能力建设,着重形成相对完备的木本油料类产、供、销产业链条,提高副产品的综合利用。**特色干果**突出生产能力提升,加强优质高附加值的特色产品开发和精深加工,扶持产业龙头企业发展,着重加强良种繁育与优良品种鉴选,加强基地建设,推进生产技术与产品的标准化,开发优质特色果品系列产品,培育一批名牌产品,加强特色果品质量安全管理。**木本调料**突出特色产品的标准化生产,强化产品开发和市场营销,提升产品附加值,拓展国际市场,着重加强良种繁育和推广,以加工企业为龙头带动产业发展,实现木本调料标准化生产,开发系列特色木本调料产品,做精做强名牌产品。**竹子**突出加强产品精深加工业的发展,扩大竹产品市场,着重是提升竹林经营水平,促进原竹和竹笋产量质量双增长,增加竹产业直接就业人数,提高竹资源综合利用率,促进一二三产业融合发展。

附表:国家级特优区的品种(类)与重点区域

类别	品种	区　　　域
特色粮经作物	马铃薯	黄土高原、西南地区、黄淮海地区、东北地区
	特色粮豆	黄土高原区、内蒙古及长城沿线区、东北地区
	特色油料	黄淮海平原、内蒙古高原、黄土高原、新疆
	特色纤维	长江上中游地区、华南地区、西南地区、东北地区
	道地药材	西南地区、黄土高原、内蒙古高原区、大小兴安岭长白山、黄淮海地区、南方丘陵地区
特色园艺产品	特色出口蔬菜及瓜类	黄淮海、西北、华东、西南地区
	季节性外调蔬菜及瓜类	华南、长江上中游、云贵高原、黄土高原、东北地区
	苹果	渤海湾、黄土高原区
	柑橘	长江上中游、赣南—湘南—桂北、浙—闽—粤、鄂西—湘西
	梨	环渤海、黄河故道、西北、长江流域产区、黄土高原
	桃	华北、黄河流域、长江流域
	葡萄及特色浆果	西北、东北、环渤海、西南、华东
	热带水果	海南、广东、广西、云南、贵州、福建、四川
	猕猴桃	西北及华北、西南、华中、华东和东南、华南产区
	食用菌	东北、冀鲁豫、闽浙、川陕、秦巴伏牛山区、长江中上游
	茶叶	长江流域、东南沿海、西南地区
	咖啡	云南南部、海南
	花卉	云南、浙江、福建、青海、甘肃、辽宁

续　表

类别	品种	区　　域
特色畜产品	特色猪	东北、江苏、湖南、广东、广西、浙江、重庆、云南
	特色家禽	河南、广东、广西、海南、江西、辽宁、北京、江苏、浙江、四川
	特色牛	东北和内蒙古地区、陕西、云南、青藏高原
	特色羊	内蒙古、山东、江苏、宁夏、陕西、新疆、辽宁、山西、青藏高原
	特色马、驴	新疆、广西、山东、内蒙古(特色马);山东、河北、山西、甘肃、内蒙古、辽宁、新疆(特色驴)
特色水产品	淡水养殖产品	长江流域、珠江流域、黄河中下游;东北、西北、西南(冷水鱼及特色鱼类)
	海水养殖产品	各沿海地区
林特产品	木本油料	江西、湖南等南方油茶产区,山东、山西等北方油用牡丹产区,甘肃等油橄榄产区
	特色干果	东北、西北、西南、华中和华东地区
	木本调料	黄淮海地区、西北、西南
	竹子	浙江、福建、江西、湖南、广西、安徽、四川、江苏、湖北、贵州

六、国家级特优区的管理

国家级特优区按照先创建、后认定的程序,突出"特色"和"优势",在具备创建条件的基础上,通过深入创建达到认定标准,授予相应称号,同时纳入常态化监督与管理。

(一) 国家级特优区创建条件

国家级特优区创建应具备以下基本条件:符合国家有关部门明确的创建认定标准,具有独特的生态条件和资源禀赋,品种特色鲜明、生产技术或加工工艺独特,有一定的生产传统;建立了质量安全保障体系,产品品质优良;产品品牌具有较好的知名度和美誉度,形成了区域公用品牌;特色农产品产值达到一定规模,有一定数量的新型经营主体,生产组织化、标准化程度高,产业链条相对完整,加工、流通环节基本齐备,相关产业产值占当地农业总产值的比重高;技术支撑有力,品种和关键技术研发方面有持续投入,与相关高校及科研院所建立合作机制,初步建立了特色产业的标准体系;带动农民增收作用明显,农民能从分享产业增值收益;采用绿色生态的特色农业生产方式,农业废弃物资源化利用率及林业剩余物综合利用率较高。

(二) 国家级特优区认定标准

国家级特优区创建单位通过创建补齐短板,需在资源禀赋、产业发展、科技支撑、质量控制、品牌建设、利益联结、绿色发展、管理保障等八个方面达到要求。

——资源禀赋方面。特优区具有优越的特色农产品种质资源和优良的生态环境,生产相对集中连片。特优区建设规模和布局与环境承载能力相匹配。

——产业发展方面。特色农产品产业规模居全国前列,标准化水平高,产业链条完整,建立了从种苗供应、生产加工、仓储物流、营销推介等关键环节的产业配套服务体系,一二三产业融合发展效果显著。具有以特色主导品种生产经营为主要业务的国家级、省级农业产业化龙头企业(含林业重点龙头企业)、农民合作社示范社等。

——科技支撑方面。特色主导产业技术研发和推广体系稳定高效、成果显著,良种覆盖率高。特色农产品生产、加工、流通等标准齐全。

——质量控制方面。特优区构建了严格高效的特色农产品质量安全管控机制,实现特色农产品生产、加工、流通全程可监控、风险可评估、事件可处置。近3年,没有发生农产品质量安全事件。

——品牌建设方面。特色主导产品获得地理标志认证或有较长的种养历史,建立了特色农产品区域公用品牌创建、发展、监管和保护制度,品牌特色农产品市场规模大、收益高,品牌影响力和知名度不断提升。

——利益联结方面。龙头企业、合作社和农户等市场主体间构建了股份合作、二次返利、委托生产、订单生产等稳定的利益联结机制,各市场主体能公平地分享特色农产品产业发展成果。

——绿色发展方面。绿色生态防治技术、清洁化生产技术和农业资源循环利用模式广泛应用,农业投入品管理制度健全,废弃物资源化利用率高,特色农产品区域生态环境得到有效保护。

——管理保障方面。成立特色产业的管理机构，制定规章制度，印发区域特色产业发展规划，出台相关扶持政策，并将特色主导产业发展纳入政府年度绩效考核目标。

(三) 国家级特优区的申报与认定

农业部、国家林业局会同国家有关部门组织成立特优区认定专家委员会，针对特色粮经作物、特色园艺产品、特色畜产品、特色水产品、林特产品5大类特色农产品，明确创建条件，制定认定标准，定期组织申报和开展认定工作。对脱贫攻坚任务重、带动农民增收效果突出的中西部地区和贫困地区予以倾斜支持，创建条件和认定标准可以适当放宽。

省级主管部门按照本规划确定的品种和重点区域，组织符合条件的县创建国家级特优区，编制申报材料。对于一个区域内有多个符合创建条件的县，可以联合申报。对于符合多个品种区域布局的县，按照先主后辅的原则进行申报，每个县申报的主导品种不超过2个。省级主管部门审核各创建单位的申报材料后，报送国家有关部门。特优区认定专家委员会对申报材料进行评估，符合认定标准的，直接认定为国家级特优区，给予"中国特色农产品优势区"称号并授牌，区域内经评估授权的经营主体生产的指定特色农产品可以使用该称号，对进一步做强产业、塑强品牌、提升国际影响力予以支持。经评估认定，对符合创建条件、尚未达到认定标准的，对产业发展的关键环节和短板领域予以支持，在达到认定标准后，再认定为国家级特优区，给予"中国特色农产品优势区"称号并授牌。

(四) 国家级特优区的监管与考核

国家级特优区实行"动态管理、能进能退"的管理机制。农业部、国家林业局负责制定国家级特优区的管理和考核办法。省级农业、林业部门负责对本省(区、市)国家级特优区的运行情况进行跟踪与监管。农业部、国家林业局负责组织对国家级特优区的考核工作，会同地方相关部门每两年考评一次。对考评不达标的特优区，撤销"中国特色农产品优势区"称号并摘牌，并通过传统媒体和新媒体上予以公告，摘牌期间区域内经营主体不得再使用该称号。对特色主导产业非农化严重，特色品牌使用特别混乱，发生严重侵犯农民利益、重大生态环境破坏、重大生产安全和质量安全事件等情形的国家级特优区，直接撤销"中国特色农产品优势区"称号。被撤销"中国特色农产品优势区"称号的国家级特优区，3年内不得再次申报。

七、保障措施

(一) 加强组织领导

各地要高度重视,将推动特色农业产业发展和争创特优区作为发展农业、造福农村、富裕农民的一项重要工作,加强协调,抓好落实。各省(区、市)要统筹推进国家级特优区的创建与申报、省级特优区的创建与认定工作。各地要成立政府负责同志牵头、行业部门具体落实、相关部门支持配合的组织协调机制,编制特优区发展建设规划或实施方案,制定特优区管理细则,出台相关配套政策,加大对特优区建设的支持。要积极引导特优区内的各类企业、农民合作社、家庭农场和普通农户充分参与特优区创建工作,形成高位推动、上下联合、多方共建的创建机制。

(二) 加大政策支持

1. 加大对特优区建设的投入。建立健全与事权和责任相适应的财政资金投入保障机制。鼓励地方按照政策规定整合相关涉农资金,集中力量支持特色产业发展的关键领域、关键环节、关键区域,完善产业链条,补短板、强优势。鼓励各省充分利用已有的相关投资基金,引导社会资本加大投入,重点支持特优区建设和特色产业发展。以特优区为重点,打造优势特色农业产业集群,大力实施优势特色农业提质增效行动和森林生态标志产品建设工程。

2. 创新特色产业金融政策。鼓励开发性金融、政策性金融结合职能定位,在业务范围内对特优区内基础设施建设予以支持,鼓励商业银行针对特优区内新型经营主体开发低息、中长期贷款产品,对授权使用"中国特色农产品优势区"称号的企业予以增信。鼓励地方设立风险补偿基金、担保基金,为特优区内的龙头企业提供融资服务。将特色农产品纳入地方农业保险支持范围,探索开展特色农产品生产收入保险试点。

3. 完善特优区用地政策。特优区内用于特色产业发展的生产设施、附属设施和配套设施用地,符合国家有关规定的按设施农用地管理。特优区各县(市、区、旗)根据实际情况,将年度新增建设用地计划指标优先用于特优区内特色主导产品的加工、仓储、物流等设施建设,并优先审批。

(三) 完善支撑体系

1. 培育新型经营主体。落实国家关于支持新型农业经营主体发展的财政税收、项目支持、用地、金融、保险等政策。在特优区内,重点鼓励、扶持和引导一批从事特色农业产业的新型经营主体和服务主体,带动普通农户连片种植、规模饲养,提供专业服务和生产托管等全程化服务。培育壮大农业产业化龙头企业,支持优势企业通过兼并收购、联合重组及合资合作等方式,整合中小企业。发挥龙头企业的资金、技术、品牌和管理优势,鼓励有实力的企业跨区域组建产业协会、产业联盟和产销集团,形成资源集中、生产集群、营销集约的格局。深入推进示范家庭农场、农民合作社示范社、产业化示范基地、农业示范服务组织创建,发挥示范带动作用。

2. 强化技术研发推广。落实新修订的《种子法》,做好特色农产品品种登记和保护,鼓励科研机构和企业开展新品种的引进和选育。国家现代农业产业技术体系要加强对特色农产品的技术研发,通过国家科技计划加强对特色农产品的科技支持。整合国家和地方高校及科研院所的力量,加强基础性、公益性科研和共性技术、关键技术攻关。促进高校及科研院所与特优区生产经营主体共建技术创新平台,加快成果转化应用,面向市场需求合作开发新产品。

3. 完善标准体系。实施特色农产品生产标准制定和提升行动,突出优质、安全、绿色导向,涵盖特色农产品生产的产前、产中、产后各个环节,加快制定修订一批与特优区内特色主导产品相关的标准。特优区要率先执行国家标准,鼓励企业制订和完善企业标准。优先实施农业标准化战略,加强国际标准的跟踪、研究和转化,推动与国际标准的接轨。鼓励新型经营主体实行标准化生产,带动标准化生产进村入户。

4. 着力强化人才建设。加强农村实用人才带头人、现代青年农场主和新型农业经营主体带头人培训工作。通过新型职业农民培育工作,充分利用农业广播电视学校培训力量,提升特优区内生产者的科学生产、绿色生产观念,提高生产者科技素质、管理水平和经营能力。在特优区内,建立创业就业服务平台,引导有志投身特色农业产业建设的农村青年、返乡农民工、农村大中专毕业生创办领办家庭农场、农民合作社和农业企业(含林业企业),为特色农业发展注入"新鲜血液",提升发展活力。

(四)维护公平竞争

根据特色农产品市场监管特点,完善市场监管法律法规体系,加强市场监管和执法力度,维护公平公正的市场环境和良好的市场秩序。严厉打击不符合强制性标准、掺杂掺假、以假充真、以次充好等违法行为,加大对困积居奇、串谋涨价等价格违法行为惩处力度,维护特色农产品市场正常运行秩序。将假冒、故意侵犯特优区公用品牌商标行为纳入全国信用信息共享平台和国家企业信用信息公示系统,加大失信惩戒力度。落实产品质量法、消费者权益保护法等法律法规,健全消费者权益保障机制,加大对虚假宣传、违法广告的整治力度,加强特色农产品的抽查检验力度,提高企业违法侵权成本。整合特色农产品市场信息资源,建立健全特优区和特色农产品市场信息平台,定期发布市场、生产、加工、科技和政策法规等相关信息,对特色农产品供求形势开展风险监测与预警,促进特色产业持续健康发展。

(五) 加强宣传推广

认真总结各地创建特优区的好经验好做法,建立交流平台,注重典型带动,推广先进经验,扩大社会影响,为特优区创建工作营造良好的发展氛围。充分利用报刊、广播、电视等传统宣传途径,灵活运用物联网、大数据、互联网等现代信息技术,实现传统媒体和新媒体的有机融合,全方位、多角度、立体化地宣传特优区创建工作,提升特优区的知晓率、美誉度。加大对"中国特色农产品优势区"品牌的宣传和推介力度,推进在各大电商开辟特优区品牌专栏,每年开展各种类型的品牌宣传推介活动,鼓励各类特优区品牌参加国内外的展览展示和推选评比,扩大宣传范围,提升品牌价值,逐步形成培育品牌、推介品牌、塑强品牌的良性循环,提高消费者对特优区品牌的认可度。

专栏 13

农业农村部办公厅 国家林业和草原局办公室 国家发展改革委办公厅
财政部办公厅 科技部办公厅 自然资源部办公厅 水利部办公厅
关于印发《中国特色农产品优势区管理办法(试行)》的通知

根据《特色农产品优势区建设规划纲要》的要求,为推进中国特色农产品优势区规范化管理,农业农村部、国家林业和草原局、国家发展改革委、财政部、科技部、自然资源部、水利部研究制定了《中国特色农产品优势区管理办法(试行)》,现印发给你们,请贯彻执行。

农业农村部办公厅 国家林业和草原局办公室 国家发展改革委办公

厅财政部办公厅 科技部办公厅 自然资源部办公厅 水利部办公厅

2020 年 7 月 15 日

中国特色农产品优势区管理办法(试行)

第一章　总则

第一条　为加强中国特色农产品优势区(以下简称"中国特优区")管理,做大做强特色农业产业,塑强中国农业品牌,提升农业竞争力,促进农民增收致富,助力乡村振兴,根据《中共中央、国务院关于实施乡村振兴战略的意见》《乡村振兴战略规划(2018—2022 年)》《特色农产品优势区建设规划纲要》等文件要求,制定本管理办法。

第二条　中国特优区立足区域资源禀赋,以经济效益为中心、农民增收为目的,坚持市场导向、标准引领、品牌号召、主体作为、地方主抓的原则,以发展特色鲜明、优势集聚、产业融合、市场竞争力强的农业产业为重点,打造"中国第一,世界有名"的特色农产品优势区。具备以下特征:

——比较优势明显,特色主导产业资源禀赋好、种养规模适度、市场化程度高,安全、绿色、品牌产品比例高;

——产业融合发展,特色主导农产品生产、加工、储运、销售集群式发展,全产业链开发水平较高;

——现代要素集聚,土地、资本、人才、科技、装备等要素集聚,劳动生产率、土地产出率、资源利用率较高;

——利益链条完整,企业、协会、农民合作社、农户形成紧密利益联结关系,合理分享产业发展收益;

——运行机制完善,形成政府引导、市场主导、主体多元、协会服务、农民参与的齐抓共建、协同推进的发展格局。

第三条　中国特优区所在地政府应加强组织领导,可将当地农业特色产业纳入本地经济建设重点,制定相应扶持政策。农业农村、林草等部门牵头负责做好规划建设。

第四条　鼓励农业产业化龙头企业、林业重点龙头企业、农民合作社和协会等主体积极参与,承担相关工作,推进特色产业高效发展,构建紧密型的利益联结机制,有效带动农民增收致富。

第五条　本办法适用于农业农村部、国家林草局、国家发展改革委会同有关部门组织认定的中国特优区,各省级特优区可参照执行。

第二章　申报与认定

第六条　原则上以县(市、区,林区,垦区)为单位申报。区域内特色主导品种相同、获得同一地理标志认证(登记)的地级市可单独申报,地级市区域内的部分县(场)也可联合申报。对"三区三州"地区认定标准适当放宽。

第七条　各地以《特色农产品优势区建设规划纲要》对重点品种(类)和区域布局的总体要求为指导,立足本地产业实际,充分挖掘资源优势,综合考虑市场需求,统筹兼顾粮经产品、园艺产品、畜产品、水产品和林特产品等五大类特色农产品,自主选择品种。

第八条　凡申报中国特优区应具备以下条件:

(一)产业竞争力突出。产业资源特色鲜明、品质优势明显、生产历史悠久,产品市场认可度高,特色主导产品在全国具有较强代表性和竞争力,产量或产值在全国同级地区位居前列,具备发展"中国第一,世界有名"的基础条件。

(二)市场建设有力。产加销、贸工农一体化协调推进,特色主导产品市场供销稳定,市场主体创新能力强,管理机制健全,拥有较高影响力的农(林)产品区域公用品牌。

(三)推进措施务实。地方人民政府高度重视特色产业发展,在产业扶持政策、土地保障、金融支持、人才引进、价格机制和品牌创设等方面措施有力,取得较好成效。

(四)示范作用明显。在特色产业生产基地、加工基地、仓储物流基地、科技支撑体系、品牌与营销体系、质量控制体系等方面示范作用明显,具有较强带动作用。

(五)符合相关法律法规和国家政策要求。特色农产品种养要符合农业、森林、草原、环境保护、耕地保护和永久基本农田保护等法律法规,以及国土空间规划、产业发展等方面的政策要求。

第九条　中国特优区按照"地方人民政府自愿申报,省级农业农村、林草、发展改革会同有关厅局组织推荐,农业农村部、国家林草局、国家发展改革委会同有关部门组织专家评估认定"的程序开展。申报主体和省级农业农村部门、林草部门按要求填写报送相关材料。

第十条　农业农村部、国家林草局会同有关部门成立中国特优区认定专家委员会,依据标准对各地申报材料进行评审,提出中国特优区认定建议名单。经农业农村部、国家林草局等部门同意后,公示中国特优区认定建议名单。公示无异议后,农业农村部、国家林草局、国家发展改革委会同有关部门发文认定。

第三章 组织与管理

第十一条 由农业农村部、国家林草局牵头负责中国特优区规划,制定有关政策。省级农业农村、林草部门牵头负责指导本省(区、市)中国特优区的建设,跟踪与监管运行情况。

第十二条 由农业农村部、国家林草局牵头负责中国特优区评价认定、组织管理及监测评估等工作。

第十三条 中国特优区认定专家委员会对中国特优区的创建、申报、认定、监测、评估等开展技术支撑和咨询论证。

第四章 监测和评估

第十四条 中国特优区实行"监测评估、动态管理"的管理机制。由农业农村部、国家林草局牵头负责中国特优区的监测和评估,省级农业农村、林草部门牵头负责跟踪与监管本地区中国特优区运行情况。

第十五条 建立中国特优区动态监测制度。中国特优区所在地人民政府组织农业农村、林草等相关部门,按照监测指标体系,采集、整理、报送有关数据,每年将中国特优区总结报告和监测数据于11月底前报送省级农业农村和林草部门。省级农业农村、林草部门于12月中旬前将审核后的总结报告及监测数据分别报送农业农村部、国家林草局。农业农村部、国家林草局牵头组织有关单位对中国特优区报送的数据和材料进行分析,发布发展报告。

第十六条 建立中国特优区综合评估制度,每四年评估一次。农业农村部、国家林草局牵头组织有关单位对中国特优区发展情况进行综合评估,对评估达标的中国特优区,继续保留资格。对评估不达标的中国特优区给予警示并限期整改,整改后仍不能达标的,撤销"中国特色农产品优势区"称号,并通过媒体予以公告。

第十七条 对特色主导产业非农化严重,特色品牌使用特别混乱,发生严重侵犯农民利益、重大生态环境破坏、重大生产安全和质量安全事件等情形的中国特优区,经农业农村部、国家林草局、国家发展改革委等部门联合研究,撤销已经认定的"中国特色农产品优势区"称号,且 3 年内不得再次申报。

第五章   附则

第十八条   中国特优区及申报中国特优区的地区应按要求如实提供有关材料,不得弄虚作假。如存在舞弊行为,一经查实,经农业农村部、国家林草局、国家发展改革委等部门联合研究,撤销已经认定的"中国特色农产品优势区"称号;未经认定的取消申报资格,3 年内不得再行申报。

本管理办法适用于中国特优区,各省、自治区、直辖市农业农村部门会同有关部门可根据本办法,制定省级特优区管理办法。

第二十条   本管理办法自公布之日起实施。

专栏 14

农业部特色农产品区域布局规划(2013—2020 年)

我国《特色农产品区域布局规划》是《优势农产品区域布局规划》的重要补充,是优化我国农业生产力布局的重要指导性文件。《优势农产品区域布局规划》的实施,对于形成大宗作物产业带、提高产业化水平、保障国家粮食安全发挥了重要作用。《特色农产品区域布局规划》是发挥资源比较优势、形成优质特色农产品产区、推进农业综合开发、促进农民增收的重要抓手。2007 年《特色农产品区域布局规划(2006—2015 年)》发布以来,取得了重要进展,为促进农业农村经济发展和农民持续增收打下了坚实基础。

随着工业化、城镇化和农业现代化的快速推进,特色农产品新产品、新品牌、新品种大量涌现,生产的专业化、规模化、标准化、市场化水平越来越高,特色农产品的品种品质、技术条件、空间布局、市场竞争力均发生较大变化,迫切需要对《特色农产品区域布局规划(2006—2015 年)》进行修编,进一步充实调整特色农产品品种范围和优势区布局,完善相关扶持政策,推进产业化进程,切实增加农民收入,推动现代农业发展。

修编后的规划重点发展 10 类 144 种特色农产品,结合《全国主体功能区规划》中"七区二十三带"农业战略格局要求,规划了一批特色农产品的优势区,并细化到县。规划期为 2013—2020 年。

一、《特色农产品区域布局规划(2006—2015年)》实施的基本情况

(一) 主要成效

自《特色农产品区域布局规划(2006—2015年)》发布以来,各级各地农业部门加强规划实施力度,区域特色农产品产业快速发展,农业基础设施建设加强,农业科技成果应用开发加快,重大农业项目支持加大,重点特色农产品优势区基本形成,专业化生产水平进一步提高,建成了一批现代农业产业基地强县,特色农产品的品种、品质结构进一步优化,优势产业带(区)规模化、专业化、市场化水平显著提升,对周边地区的辐射和带动能力明显增强。

1. 区域农业发展格局有新突破。特色农产品生产的区域化、规模化、专业化水平显著提升,一批新的优势产业区稳步发展壮大,区域资源得到合理高效利用,比较优势进一步巩固,各区域农业主体功能不断强化,分工合理、优势互补、各具特色、协调发展的特色农产品区域布局正在形成。四川省已初步形成川西"稻菜""稻菇"轮作产业带、川西南茶叶产业带、龙门山脉优质红心猕猴桃集中发展区。浙江省基本形成了沿杭州湾加工蔬菜产业带,沿海钜缘青蟹等特色水产养殖带,会稽山脉和天目山脉的香榧、山核桃等特色干果产业区,丘陵山地的杨梅、枇杷、名优茶、食用笋、山茶油等特色农产品产业区,并形成了珍珠、中药材、食用菌、花卉、龟鳖、蛋鸭等特色农产品产业集聚区。云南省初步形成了以滇中、滇东北为主的花卉、中药材产业区,以滇南、滇西南为主的茶叶、咖啡等特色饮料产业区,以滇西、滇西北为主的畜牧、药材产业区,以滇南、滇东南为主的热带水果、中药材产业区。重庆市初步形成了以涪陵、黔江为主的蚕桑产业区,以永川、荣昌为主的笋竹产业带,以九龙坡、北碚为主的花卉苗木产业区。安徽省形成以皖南和皖西为主的蚕茧产业区。陕西省强力实施果业提质增效工程,建成秦岭北麓、渭河以南百万亩猕猴桃优势产业带,面积、产量居世界第一。

2. 现代农业产业体系构建有新发展。依托现代农业产业技术体系,围绕特色农产品发展,部分高校、科研机构积极开展种质资源收集、整理、培育,推广优良品种和优质高效标准化种养技术,加大现代设施技术在生产中的应用,提高了生产的集约化水平,农产品产量和质量得到了提升。尤其是特色农产品深加工技术、功能性食品的开发,使特色农产品的增值效益十分显著。江苏省的河蟹产业已发展成为全国产值最大的水产之一,

年产值超过 200 亿元,占全国河蟹产值的 60% 以上。浙江省的铁皮石斛产业已发展成为全国产销量最大的保健食品之一,产品产值达到 20 多亿元,占全国铁皮石斛产品产值的 80% 以上。部分发展良好的特色农产品产业现代经营理念深入人心,现代农业服务业快速发展,农产品产加销、贸工农一体化步伐明显加快。

3. **产业化水平有新提高。** 通过特色农产品基地建设的带动,在优势主产区一批龙头企业快速成长,极大带动了当地特色农产品加工和市场拓展,推动了特色农业快速发展。同时,围绕特色农产品开发,形式多样的农民合作组织或协会纷纷建立,形成了基地农户+合作社(协会)+龙头企业的基本组织格局。云南的红葡萄酒、啤酒、花卉、茧丝绸、制药、果品等一批龙头企业或名牌产品快速成长。山东省各类果、菜、茶加工企业发展到 2215 家,其中国家级龙头企业 13 家、省级龙头企业 180 家、较大规模的批发市场 567 个、农业部鲜活农产品定点批发市场 60 个。内蒙古油料加工企业 104 家、加工油料 97 万吨、加工率达 76%。

4. **农产品品质提升有新保障。** 随着特色农产品产业发展壮大,各地越来越重视质量监管体系建设。部分地区已初步建立了农产品质量安全标准、监管、执法、检测、追溯"五大体系",着手组织制定修订省级农业地方标准,成立质量安全监管机构,积极开展无公害农产品产地、绿色食品和有机农产品原料基地的认证。截至 2012 年底,四川省累计认定无公害农产品产地面积 4315 万亩,绿色食品、有机农产品原料基地 1577 万亩和 411 万亩;累计认证"三品一标"农产品 3010 个,其中无公害农产品 1737 个、绿色食品 1005 个、有机农产品 187 个。甘肃省通过制定蔬菜质量标准体系,推广无公害蔬菜标准化生产技术,建成蔬菜标准化生产基地 420 个、面积 287 万亩、总产量 565 万吨、总产值 71.54 亿元,创建了 10 个国家级、37 个省级无公害蔬菜标准化生产示范基地县,产品质量显著提高。

5. **地理标志产品保护工作有新进展。** 地理标志是产品质量和信誉的重要象征。近年来,随着特色农产品的发展,地理标志产品保护的"打造一个品牌,带活一个产业,富裕一方农民"作用得到有效彰显,有力地提升了我国特色农产品在国内和国际市场的竞争力。截至 2012 年,云南省已有 52 种产品成功获得国家工商总局颁发的地理标志证明商标,浙江省获地理标志商标的农产品有 142 个,内蒙古获国家地理标志保护农产品 36 个,四川省农产品地理标志产品(原产地)81个。

(二) 主要问题

1. **产业化水平不高。**目前,多数特色农产品生产还处在粗放、分散经营阶段,产品质量不稳。农民合作组织和行业协会覆盖面小、带动力不强、内部管理不规范、人才短缺,特别是带头人少、抵御市场风险的能力弱等问题依然突出。龙头企业数量少、规模小,主要以原料生产和初级加工为主,深加工、精加工等高附加值产品少,产业链条短,带动能力弱,公司加农户的利益联结机制不完善,带动农户增收能力有限,品牌小而散的状况依然未有较大改观,缺乏整合优势,影响市场竞争力。

2. **产品科技含量低。**支撑特色农产品发展的科技创新和新技术储备不足,应用落后,良种工程及技术推广体系不够完善,一些名特优产品因品种混杂、品质退化、质量下降而面临优势产品失去优势的危险。生产规模小而粗的现象仍然存在,整体上仍以原料出售为主,精深加工技术等后续技术研发落后、能力不足,影响着经济效益的提高。

3. **市场发育滞后。**特色农产品生产销售的国内外市场信息不灵,不能按市场需求生产。特色农产品资源多在边远山区,交通不便,生产资料供应、优良品种繁育、产品销售互相脱节,一些鲜活产品受道路和运输时间的限制,经常出现蔬菜、特色水果因外销滞阻,价格下跌,市场风险明显,挫伤农民积极性。部分特色农产品优质优价难以充分实现,阻碍了生产的发展和市场机遇的抢占。

4. **发展资金缺乏。**近年来,国家不断加大强农惠农富农政策支持力度。但是,国家已有的农业投资主要目标是保供增收,依据农产品优势区域布局来安排项目,丰富百姓的"米袋子""菜篮子",而投向特色农产品的资金总量偏小,难以满足发展的需要。政策性金融支持力度不够。政府引导、农民主体、多方参与的特色农产品产业建设的长效机制尚未形成。

5. **部分产品发展过度。**随着人们对特色农业产业增收作用认识程度的不断加深,受到部分农产品价格持续上涨的刺激,有些地方对于发展特色农业积极性空前高涨,对国内外消费市场的理性分析不足,导致部分产业开发过度,比如受茶叶价格不断提高的影响,部分西南山区的地方政府都在大力鼓励发展茶产业。目前我国茶叶消费以内销为主,产量过快上升引起效益下降的可能性增大,一旦市场波动,将对农民收入造成巨大影响。

二、深入推进特色农产品区域布局的战略意义

(一) 有利于全面优化农业生产力空间布局。

两轮《优势农产品区域布局规划》的颁布实施,对我国各地调整发挥地区比较优势、优化我国大宗农产品区域布局和建立现代农业产业体系发挥了重要作用。在此基础上,进一步选择地域性强、品质优和市场前景好的特色农产品,制定和实施《特色农产品区域布局规划(2013—2020 年)》,对指导各地充分利用资源比较优势,发展特色农业,引导特色农产品向最适宜区集中,加快培育优势产区,深化全国农业区域专业分工,深化农业结构战略性调整,加快形成科学合理的农业生产力布局具有重大意义。

(二) 有利于形成农民收入的新增长点

目前我国特色农产品规模化和集约化开发程度不高,多处于原料型和初加工型生产阶段,附加值低,未能很好地形成"一村一品"优势,影响农业增效、农民增收。推进特色农产品区域化布局,引导特色农产品进一步向优势区集聚,发展适度规模生产,有利于吸引加工企业进入特色农产品产业化经营,带动加工、储藏、运输、营销等关联产业发展,全面提升特色农产品的品质和市场竞争力,加快培育区域特色产业。特别是特色农产品的生产大都为劳动密集型农业,产品的商品价值较高,发展特色农业有利于挖掘农业内部潜力,扩大农村就业,开拓农民增收渠道,形成农民收入的新增长点,实现产业富村,夯实新农村建设的经济基础。

(三) 有利于满足市场多样化需求

当前,农业发展进入新阶段,农产品市场需求结构呈现多元化和优质化趋势。随着城乡居民收入的增长,人们对农产品的营养功能、保健功能和食用安全性等个性化特殊需求旺盛,丰富多样的特色农产品备受市场青睐。优化特色农产品区域布局,加速现代生产要素向优势区定向聚集,有利于用现代高新技术改造传统特色农业,加快优势区现代农业建设,充分挖掘区域特色资源潜力,尽快形成新的特色农产品生产能力,增加优质特色农产品供给,满足日益细分的市场需求,提高人们的生活质量。

(四) 有利于提高农业产业市场竞争力

进入 21 世纪以来,我国农业在更大范围和更高层次上参与国际竞争。从总体上看,我国特色农产品多是劳动密集型,具有较强竞争优势,大力发展特色农业是我国农业参与国际竞争,促进贸易平衡的重要手段。加快推

动优势区特色农产品生产基地建设,全面推行标准化生产,提高产品品质,做强做大优势区特色品牌产品,可以将特色资源优势转化为现实的出口竞争优势,扩大出口,优化出口结构,这对于提高农业整体竞争力,广泛参与国际农业竞争具有重要意义。

(五) 有利于保护生物多样性

生物多样性不仅为我们提供了食物、纤维、木材、药材和多种工业原料,而且在保持土壤肥力、保证水质以及调节气候等方面也发挥了重要作用。特色农业的关键之点就在于"特",错综复杂的地形地貌和复杂多样的气候环境,为不同类型的植物提供了不同的生长环境。尊重自然规律,应用现代高新技术,因地制宜地开发和保护地方特色种质资源,有序推进特色农业,有利于更好地维护生物多样性,实现可持续发展。

三、特色农产品发展总体思路

(一) 指导思想

以邓小平理论、"三个代表"重要思想、科学发展观为指导,落实"四化同步"的战略部署,以农业增效、农民增收为目标,以"完善布局、突破制约、升级产业"为主线,采取政府引导与市场运作相结合的方式,在产前和产后环节引入工商资本,深度挖掘区域特色资源潜力,加快培育一批特色明显、类型多样、竞争力强的知名品牌和专业村、专业乡镇,加快培育特色农产品知名品牌和优势产区,打造现代特色农业产业链,逐步形成合理的区域分工和专业化生产格局,拓展国内外市场,做精做强特色农产品产业,实现农民的农业经营收入稳步增长,为社会主义新农村建设奠定产业基础。

(二) 基本原则

资源依托原则。发展特色农产品要紧扣区域独特资源与生态条件,突出区域特色和地方特色,将特色农产品生产集中布局在最适宜区内。

市场导向原则。发展特色农产品必须坚持市场导向,既要瞄准现实需要,也要着眼潜在需求,既要占领国内市场,又要开发国外市场。在品种选择上突出品质特色、功能特色、季节特色,满足市场需求的多样化、优质化、动态化要求。

产业开发原则。发展特色农产品着眼于特色农产品产业整体开发和整体竞争力的提高,通过延伸产业链和产业化经营,建立完整的特色农产品产业链,提高特色农产品整体竞争力。

　　规模适度原则。发展特色农产品必须充分考虑资源与市场的特殊性,组织适度规模生产,以提高生产效率,保持产品自然特性和经济价值。

　　科技支撑原则。发展特色农产品要以科技进步来保障特色农产品特有的品质,加强种质资源驯化,改造传统生产经营方式,稳定和增强特色产品的品质优势,培育核心竞争力。

　　生态文明原则。发展特色农产品要防止过度开发,同时兼顾生态环境保护,建设生态文明特色产业村,促进特色农业可持续发展。

(三) 产品及其优势区选择

1. 产品选择

　　规划期内,选择一批特色农产品进行重点培育。产品选择的主要标准:

　　(1) 品质特色:产品品质独特,功能特殊,有一定认知度。

　　(2) 规模优势:产品具有一定的规模,产业可延伸性强,有进行市场开发的价值。

　　(3) 市场前景:目标市场相对明确,现实市场竞争优势明显或具有潜在市场需求。

2. 优势区确定

　　规划期内,规划一批特色农产品优势产区进行重点扶持。确定优势区的主要依据:

　　(1) 生产条件:原产地或区域具备最适宜的自然生态条件,能生产品质优良、风味独特的特色产品。

　　(2) 产业基础:有生产传统,技术成熟,相对集中连片,市场半径和市场份额大,具备形成知名品牌、组建区域特色农产品产业体系的基础。

　　(3) 区域分工:特色产品发展符合区域分工,有利于发挥比较优势,形成优势互补的农业区域格局。

(四) 发展目标

　　规划期内,重点发展 10 类 144 个特色农产品,制定和完善特色农产品有关的国家标准和行业标准,启动建设一批特色农产品标准化生产示范区,建立一批特色农产品原产地保护基地,开发驯化一批特色农产品名优品种,推广一批特色农产品的生产、加工、储藏适用技术,大力扶持特色农产品专业协会和农村合作经济组织,构建特色农产品质检体系、营销体系和信息平台,培育一批知名的特色农产品优势产区,逐步形成一批在国内外公认、拥有自主知识产权的知名品牌。

四、10 类特色农产品区域布局

规划期内,确定特色蔬菜、特色果品、特色粮油、特色饮料、特色花卉、特色纤维、道地中药材、特色草食畜、特色猪禽蜂、特色水产等 10 类特色农产品(见附件 1),重点予以扶持建设,尽快提高这些特色产品的市场竞争力,培植区域特色支柱产业。

(一) 特色蔬菜

目前我国蔬菜生产整体上供大于求,存在结构性、季节性、地域性过剩现象,国内外市场竞争日趋激烈。然而,随着人们生活水平的提高和营养保健意识的增强,对蔬菜中的特色菜的需求逐步增加。特色蔬菜因其特有的品质、营养价值及功效,具有广阔的市场空间。但特色蔬菜发展中存在品种混乱、种植分散粗放、产后商品化处理能力差等问题,不能满足市场需求。规划期内重点发展 14 种特色蔬菜。

主攻方向:

(1)加强特色蔬菜良种繁育和推广,发展优质特色蔬菜;(2)强化特色蔬菜产后处理,积极发展深加工,突出特色蔬菜的功能性开发,延长产业链,提高附加值;(3)加快特色蔬菜质量标准体系建设,规范行业标准,提升产品市场竞争力,培育名牌产品。

优势区域:

(1) 莲藕:江苏北部、浙江区、山东微山、江汉平原、广西中部

(2) 魔芋:秦巴武陵区、云贵川区

(3) 莼菜:江苏太湖区、浙江杭州、湖北武陵山区、重庆石柱、四川雷波

(4) 藠头:鄂湘赣区、云南区

(5) 芋头:浙闽区、山东、桂东北区、云南弥渡

(6) 竹笋:东南区、湖北区、西南区、陕南区

(7) 黄花菜:湘黔区、甘陕区

(8) 荸荠:浙江区、鄂中区、桂东北区、滇西区

(9) 山药:黄淮海区、云贵区、湖北区

(10) 黑木耳:东北区、浙闽区、秦巴伏牛山区、长江中上游地区、桂北区

(11) 银耳:福建区、秦巴山区、黔西北区

(12)辣椒[1]:东北区、黄淮海区、西南区、湖南区、西北区、海南区

(13)花椒:西南区、藏东南、陕甘青区

(14)大料:桂西南区、桂东南区、滇东南区

发展目标:

到2020年,优势区良种覆盖率达到96％以上,扶持建设一批特菜种植基地,以加工企业为龙头带动产业发展,实现高档蔬菜标准化生产,开发系列特色蔬菜产品,做精做强特菜名牌产品,提高特色蔬菜在国内外市场上的消费空间。

(二)特色果品

特色果品属于劳动和技术密集型农产品,市场竞争优势显著,国内外需求增量大,有着较大的发展空间。近年来我国特色果品快速发展,栽培面积、生产量和人均消费量都不断增加,出口大幅度增长,部分产品供不应求,已形成了一些特色果品产业化生产基地,且有加快发展的良好基础。但同时存在品种退化、品质下降、品种及熟期不合理、上市过于集中、市场压力过大、产业化程度低等问题。规划期内重点发展25种特色果品。

主攻方向:

(1)培育优良新品种,增加品种数量,发展早、晚熟品种,提高均衡上市能力;(2)开展技术示范和技术培训,提高产品品质和商品一致性,加强采后处理和保鲜技术研发,开发新加工产品、开拓新市场;(3)加强对引进品种和种苗的检疫性病虫害检疫管理工作,强化对重点病虫害的防患;(4)健全特色果品品质、安全标准和监督、管理机制,加强特色果品产地认证。

优势区域:

(1)葡萄:华北区、东北区、华东区、中南区、西南区、西北区

(2)特色梨:塔里木盆地北缘(库尔勒香梨)、山东莱阳(莱阳茌梨)、冀中和鲁西北(鸭梨)、冀中(雪花梨)、鲁苏皖黄淮平原(砀山酥梨、丰水)、河南南部(中梨1号、黄冠)、吉林延边(苹果梨)、辽宁沿海(南果梨、锦丰梨)、甘肃河西走廊(苹果梨)、京郊(京白梨)、云南中部(翠冠、满天红)

(3)特色桃:北京产区、河北产区、晋南产区、辽南产区、山东产区、陕甘高原产区、苏浙沪区、鄂北产区、成都产区、皖北产区、滇黔产区、桂北产区、东南产区

(4)樱桃:河北秦皇岛、辽南、江苏栖霞、山东胶东半岛和泰沂西部、关

中-天水产区、青海乐都

（5）石榴：河北元氏、安徽怀远、山东枣庄、琼东地区、川滇区、新疆绿洲区

（6）杨梅：浙闽大部、云南中东部

（7）枇杷：浙闽粤区、湘桂区、四川区、江苏吴中、安徽歙县

（8）特色柚：闽粤区、桂东北湘南区、浙江中南部、湖北宣恩

（9）猕猴桃：河北坝上、陕西关中、甘肃陇南、渝湘黔区、江西西北部、江苏沿海、川中区、豫西地区

（10）特色枣：冀鲁豫平原、黄土高原、甘肃民勤、新疆南部、辽西北区、闽南区、海南区

（11）特色杏：冀北山区（仁用杏）、辽西地区（仁用杏）、南疆地区（鲜食杏）

（12）特色核桃：云南中西部、晋冀区、青海东部、藏东南、南疆地区、鄂西、山东泰山，浙皖天目山区（山核桃）、辽东南

（13）板栗：京津冀区、辽东地区、鲁中低山丘陵、福建北部、鄂皖大别山区、陕南鄂西、云南中部

（14）柿子：京冀太行山区、陕甘区、桂北区、湖北罗田

（15）香榧：浙江会稽山脉

（16）龙眼：粤桂南部、福建沿海、海南、滇西南干热河谷

（17）荔枝：粤桂南部、福建沿海、海南、滇西南干热河谷、四川泸州

（18）香蕉：海南-雷州半岛、粤西-桂南、桂西南-滇南-滇西南、珠三角-粤东-闽南

（19）橄榄：闽粤沿海

（20）椰子：海南

（21）腰果：海南

（22）菠萝：桂西南、闽粤南部、海南东部、滇南和干热河谷

（23）芒果：粤桂南部、海南西部、滇南、川滇干热河谷、闽南

（24）番木瓜：粤桂南部、滇东南

（25）槟榔：海南、闽南

发展目标：

到2020年，培育80—100个具有我国独特品质、有市场竞争力的特色果

品品种;优化特色果品结构,加强果品采收技术研发;推进标准化生产,形成生产、加工、营销一体化的产业链,培育特色果品著名品牌,扩大国际市场份额。

(三) 特色粮油

我国特色粮油产品种类繁多,品质优良,市场需求增长空间大。特色粮油大部分属于抗旱作物,是我国半干旱地区的主要粮食作物。它不但可以食用,而且可广泛应用于化工和医药等领域,具有很高的营养保健功能和综合利用价值,在国际市场上具有明显的品质优势与价格优势,是我国重要的出口农产品,出口量约占世界出口量的10%。但是,目前我国特色粮油产品生产存在种植粗放、品种混杂、退化严重、加工开发不足、出口市场秩序混乱等突出问题。规划期内重点发展19种特色粮油。

主攻方向:

(1)加强良种繁育与优良品种鉴选,加快优质专用品种推广应用步伐;(2)加强出口基地、加工原料基地建设,推广保优节本高产栽培技术,推进生产技术与产品的标准化;(3)积极扶持龙头企业,推进产业化经营,开发优质特色粮油系列产品,培育一批名牌产品;(4)加强特色粮油产品质量安全管理,建立健全特色粮油相关的质量、技术和环境标准及全程质量安全控制体系。

优势区域:

(1)芸豆:河北、山西、内蒙古、吉林、黑龙江、山东、重庆、四川、贵州、云南、陕西、甘肃、新疆等地的部分县市

(2)绿豆:河北、山西、内蒙古、辽宁、吉林、黑龙江、江苏、安徽、山东、河南、湖北、广西、重庆、四川、贵州、陕西、新疆等地的部分县市

(3)红小豆:北京、天津、河北、山西、内蒙古、辽宁、吉林、黑龙江、江苏、山东、湖北、四川、贵州、云南、陕西、甘肃等地的部分县市

(4)蚕豆:河北、江苏、安徽、湖北、广西、重庆、四川、贵州、云南、陕西、甘肃、青海、宁夏等地的部分县市

(5)豌豆:河北、山西、江苏、山东、湖北、广东、重庆、四川、贵州、云南、甘肃、青海、宁夏等地的部分县市

(6)豇豆:大兴安岭南麓地区

(7)荞麦:河北、山西、内蒙古、安徽、广西、重庆、四川、贵州、云南、西藏、

陕西、甘肃、宁夏等地的部分县市

（8）燕麦：河北、山西、内蒙古、吉林、四川、贵州、云南、甘肃、宁夏等地的部分县市

（9）青稞：四川、云南、西藏、甘肃、青海等地的部分县市

（10）谷子：河北、山西、内蒙古、辽宁、吉林、黑龙江、山东、河南、陕西、甘肃等地的部分县市

（11）糜子：河北、山西、内蒙古、辽宁、吉林、黑龙江、陕西、甘肃、宁夏等地的部分县市

（12）高粱：河北、山西、内蒙古、辽宁、吉林、黑龙江、山东、湖北、重庆、四川、贵州、陕西、甘肃、新疆等地的部分县市

（13）薏苡：浙江、广西、贵州、云南等地的部分县市

（14）啤酒大麦：内蒙古、黑龙江、江苏、安徽、河南、云南、陕西、甘肃、新疆等地的部分县市

（15）啤酒花：甘肃、新疆等地的部分县市

（16）芝麻：吉林、江苏、安徽、福建、江西、河南、湖北、陕西、新疆等地的部分县市

（17）胡麻：河北、山西、内蒙古、陕西、甘肃、宁夏、新疆等地的部分县市

（18）向日葵：山西、内蒙古、辽宁、吉林、黑龙江、新疆等地的部分县市

（19）木本油料：浙江、湖北、湖南、贵州等地的部分县市

发展目标：

到 2020 年，培育 100 个以上特色粮油名牌产品，优势区产品优质率达到 96％以上；建成一批专用化生产基地，满足国内外细分市场的品质、规格需求。提高加工转化率，加强即食性食品研发，创造新的消费热点，增加市场占有份额，扩大出口规模。

（四）特色饮料

茶叶、咖啡是风靡世界的无酒精特色饮料。我国茶文化历史悠久，茶种资源丰富，有一批地方特色明显的名茶。但茶叶原产地保护力度不够，茶农缺乏必要的技术指导，产品质量安全生产技术和保证体系不健全等问题突出。我国云南和海南是世界高档咖啡豆适宜种植区，近年咖啡加工技术不断进步，咖啡国内消费需求和出口稳步增长。主要问题是咖啡园建设质量不高，品种混杂，生产技术和管理跟不上，精深加工和规模化程度不高，

出口企业无序竞争,直接影响国际市场竞争力。规划期内重点发展5种特色饮料。

主攻方向：

茶叶:改良茶树品种,稳步推进良种化进程;改善茶叶种植环境,加强茶树病虫害监控;全面推广茶叶标准化生产,加强初制茶厂改造与加工环境整治,确保茶叶优质安全。整合品牌,形成产业聚集。

咖啡:推广优良品种,提高单产;建立优质咖啡种植园和精品咖啡脱壳加工厂;研发咖啡深加工新产品,建立咖啡交易中心,做强咖啡品牌。

优势区域：

(1)红茶:皖南、滇西、赣西北、粤桂部分县、福建部分县市

(2)乌龙茶:闽西北、闽南、粤东、粤西

(3)普洱茶:滇西南

(4)绿茶:江苏、浙江、安徽、江西、福建、河南、湖北、湖南、广东、广西、海南、重庆、四川、贵州、云南、陕西、甘肃等地的部分县市

(5)咖啡:云南西南部、广东雷州半岛、海南北部

发展目标：

到2020年,优势区全面实现标准化生产,控制农药和重金属残留;加大资源原产地保护和新产品研发力度,扶持一批加工型龙头企业,改善加工工艺;整合品牌,规范市场;中西部优势区创建一批特色饮料地域性名牌,提高区域产品的认知度。

(五) 特色花卉

花卉消费正在由集团消费和节假日消费向家居日常消费发展,市场前景广阔。20世纪90年代以后,世界花卉贸易额每年以10%的速度递增。世界花卉生产格局正在由发达国家向资源较丰富、气候适宜、劳动力和土地成本低的发展中国家转移,这为我国花卉业的发展提供了良好的机遇。我国花卉产业已具雏形,具备进一步发展的基础。目前存在的主要问题是,种质资源保护不够,缺乏专利品种,品种结构不合理,生产方式落后,花卉市场建设滞后。规划期内重点发展4类特色花卉。

主攻方向：

(1)研发新品种和申请专利。(2)加强鲜切花的保鲜、盆栽花卉的栽培与繁殖等关键技术研发。(3)引进国外先进种球繁育、产后加工保鲜、质量

及病毒检测等技术,以及温室成套设备和采后处理生产工艺线等。(4)建立和完善鲜切花行业标准。(5)加强市场体系建设,建立发达的花卉供销网络。

优势区域:

(1)鲜切花:云南中部、浙江东北部

(2)种球花卉:福建漳州、青海东部、滇西北和滇东北、甘肃中部、辽宁凌源

(3)盆栽花卉:福建沿海、浙江中北部、广东珠江三角洲、江苏如皋、辽宁海城、天津东丽

(4)园林花卉:湖北、河南

发展目标:

到2020年,努力培育一批具有自主知识产权的特色花卉新品种,优化品种结构;建立技术推广和培训体系,实现产业升级,初步形成科研与生产互动互惠的研发机制;建设规范的花卉拍卖市场。

(六)特色纤维

我国特色纤维在世界占有重要的地位,茧丝和麻类两类特色纤维的生产总量居于世界前列。其中蚕茧和丝产量均占世界生产总量80%左右,是主导世界茧丝价格走势的茧丝绸原料大国;我国苎麻产量世界第一,出口量占世界苎麻出口的95%;亚麻、红麻和黄麻产量世界第二。同时,我国特色纤维在国际市场上具有较强的质量和价格竞争优势,是我国极为重要的出口创汇产品。目前存在的主要问题是,桑园分散,缺乏方便适用的蚕茧质量检测技术,国际市场的强烈影响和出口企业的无序竞争造成蚕茧收购价格波动比较大;麻类优质品种比重低,剥麻设备简陋,劳动强度大,综合利用能力低,麻类加工导致环境污染严重。规划期内重点发展4种特色纤维。

主攻方向:

蚕茧:控制规模,调整布局,蚕桑"西进";强化基础设施建设,推行标准化生产,建设优质高产稳产蚕桑新基地;推广优良桑、抗寒桑树新品种,蚕新品种和省力化养蚕等优质蚕茧生产技术,提高桑蚕生产水平及质量,增加蚕农收入。

麻类:积极培育优质麻类新品种,提高优质品种覆盖率;研制剥麻设备,

降低麻农劳动强度,提高剥麻效率和纤维质量。增加产品种类,提高产品的附加值。大力发展特色纤维(麻类)替代森林造纸,建立综合开发利用技术体系,提高麻类综合利用水平,减轻环境污染。

优势区域:

(1)蚕茧:广西中部、川东南、渝东南、云南、苏北、浙江中北部和西部、鄂北、粤西粤北、陕甘南部、皖南(桑蚕);豫南、东北地区(柞蚕)

(2)苎麻:湘鄂赣、川东-渝中南地区、桂北地区

(3)亚麻:黑龙江、新疆伊犁、甘肃中东部

(4)剑麻:华南南部

发展目标:

到 2020 年,综合开发利用特色纤维资源,发展集约高效生态型特色纤维业,形成生产-纺织-贸易一体化的产业体系,增强产业国际竞争力,全面提高优势区特色纤维生产的经济效益和生态效益。

(七) 道地中药材

随着大众健康意识的快速提升和国际社会对中国传统中药的认同和接受,我国中药材产业的发展赢得了良好的发展空间,中药材产品市场需求不断增长。中药材市场竞争力强,发展潜力大,在国际贸易中的份额逐年上升。目前存在的主要问题是,道地药材品种退化严重。种植组织化、产业化程度和科技含量较低。市场监管不力,伪劣药材产品充斥市场。中药材品种繁多,不同品种的需求量差异明显,市场价格年际波动很大。规划期内重点发展 25 种中药材。

主攻方向:

(1)推动中药材产品原产地认证工作,加强野生地道药材资源保护。(2)规范中药材栽培和产地加工技术,保证中药材质量。(3)降低农药残留和重金属对环境和药材的污染,保证中药材安全。(4)加快对中药材病虫害发生发展规律及防治技术的研究。

优势区域:

(1)三七:桂西南、滇东南

(2)川贝母:川西、藏东、甘肃南部

(3)天麻:云贵川、秦巴山区、武陵山区、皖西

(4)怀药:河南焦作

（5）杜仲：秦巴山区、武陵山区、大娄山区、湖南中东部部分县市

（6）枸杞：宁蒙河套地区、新疆精河、青海中西部

（7）黄芪：内蒙古中东部、辽宁东部、吉林长白山、黑龙江北部、川西北、山东半岛、陕西中部、甘肃南部、青海东部

（8）人参：长白山

（9）丹参：天津蓟县、四川中江和青川、湖北孝感、甘肃南部

（10）林蛙：长白山及大小兴安岭、辽西个别县市

（11）鹿茸：辽宁北部、吉林中南部、黑龙江中南部

（12）当归：滇西北、甘肃南部

（13）罗汉果：桂东北

（14）北五味子：东北区

（15）浙贝母：浙江中部

（16）川芎：四川成都

（17）金银花：河南新乡、山东平邑、四川巴中、广西忻城

（18）白术：贵州松桃县、河北安国市、河南、浙江

（19）藏药：藏区

（20）甘草：黑龙江西南部、新疆中西部

（21）黄芩：河北、山东

（22）桔梗：河北安国、鲁中地区、豫南-鄂北

（23）细辛：辽宁东部

（24）龙胆草：辽宁东部、黑龙江西南部

（25）山茱萸：豫西、浙西北

发展目标：

到2020年，建设一批优质道地中药材生产基地；大幅度提高优势区中药材标准化、产业化和组织化水平；建立中药材原产地种源基地保护区。

（八）特色草食畜

近年来，我国特色畜禽产品消费需求增长迅速，牛、羊和驴等特色草食畜发展前景广阔。（1）特色牛：延边牛、郏县红牛、复州牛、湘西黄牛、牦牛等优秀地方牛品种均具有肉质好、味道鲜美独特、感官好等特点，近些年市场需求快速增加。目前存在的主要问题是：生长速度慢，优质种牛群体规模小，肉牛生产和深加工技术落后于发达国家，牛肉在国际市场上缺乏竞争

力,高档牛肉产量低,质量及档次不能满足市场需求,大部分依赖进口。
(2)特用羊:在纺织产品出口拉动下,国产细羊毛市场需求逐步增加。我国羊绒衫占国际市场份额的75%左右,原绒产量占全球产量的80%。藏系绵羊毛具有弹性大、拉力强和光泽度高的特点,是纺织地毯的上等原料。滩羊是在特定生态环境条件下育成的独特名贵裘皮用绵羊品种。目前存在的主要问题是:特用羊品种退化,优质种羊规模小,舍饲技术不完善;羊绒和羊毛剪毛机械化程度低,产品混装混卖,质量及档次结构不能适应市场需求。(3)驴:随着人们生活水平的快速提高,对驴肉、阿胶的市场需求越来越大,部分优良地方驴品种的肉用、药用和乳用等多功能价值日渐凸显。目前存在的主要问题是:优质种驴规模小,驴肉及其产品深加工技术落后,高档驴肉产量低,质量及档次低,不能满足市场需求。
(4)兔:兔肉肉质细嫩、味美香浓、久食不腻,营养价值、药用价值都很高。
(5)鹿:鹿全身都是宝,可以开发出多种药品、滋补保健品、食品、化妆品和优质的有基肥,其医疗保健价值尤其显著。规划期内重点发展22种特色草食畜。

主攻方向:

特色牛:(1)加强优良地方牛品种原产地保种场、保护区建设,保护与开发相结合,遏制能繁母牛养殖数量下降趋势。(2)开发地方牛品种高档牛肉和牛肉制品,促进特色产品精深加工发展。(3)推广专业化育肥新技术,提高饲草料资源利用率。(4)因地制宜开展人工种草,建设饲草料储备和防灾减灾设施,稳定生产能力。(5)规范饲养技术,严格投入品和屠宰加工监管,确保牛肉和牛肉制品产品质量安全。

特用羊:(1)建设原种场、扩大种羊规模,提高个体繁殖性能和产肉、产毛(绒)和羊毛(绒)品质。(2)推广牧+舍饲养殖技术,控制存栏、提高母畜、加快周转、增快出栏,保护草地,缓解草畜矛盾。(3)加快建设机械化剪毛和毛、绒分级等基础设施。(4)建立滩羊保护区。

特色驴:(1)加强优良地方驴品种原产地保种场、保护区建设,进行本品种选育,品系繁育,保护与开发相结合。(2)培育壮大一批带动能力强的养殖、屠宰加工龙头企业,提升标准化、规模化、产业化发展水平。(3)开发高档驴肉产品、阿胶产品等,促进特色产品精深加工发展,完善产业链条,强化品牌创建。

优势区域：

（1）牦牛：青藏高原、南疆中部

（2）延边牛：东北三省东部

（3）渤海黑牛：山东北部

（4）郏县红牛：河南中西部

（5）复州牛：辽宁南部

（6）湘西黄牛：湖南湘西北地区

（7）奶水牛：广西、云南

（8）德州驴：鲁北平原

（9）关中驴：陕西关中平原

（10）晋南驴：山西南部

（11）广灵驴：山西东北部

（12）泌阳驴：河南南部

（13）福建黄兔：福建西南、福建东北

（14）闽西南黑兔：福建西南部

（15）九嶷山兔：湖南南部

（16）吉林梅花鹿：吉林省

（17）东北马鹿：东北三省东部地区、内蒙古赤峰

（18）细毛羊：新疆天山北坡及南坡地带、内蒙古中东部、甘肃祁连山区、青海中部

（19）绒山羊：西藏西部、内蒙古中西部、辽东半地区、辽西地区、新疆准噶尔盆地和塔里木盆地周边、青海柴达木

（20）藏系绵羊：青藏高原等藏区

（21）滩羊：宁夏中部、甘肃中部

（22）奶山羊：陕西中部、胶东半岛、四川中部

发展目标：

到2020年，健全和完善良种繁育、动物防疫、市场信息等支撑体系。建立新型的草地生态畜牧业发展机制。发展畜产品精深化加工，形成一批与国际标准接轨、具有较强竞争力的加工企业。创建10个特色草食畜产品名牌。

（九）特色猪禽蜂

我国猪禽肉市场供需基本平衡，但特色肉类需求增长势头强劲，发展潜

力大,市场前景看好。金华猪皮薄、骨细、肉嫩,是腌制金华火腿的原料;乌金猪肌肉发达,瘦肉比例高,是腌制"云腿"的原料;香猪体型矮小、肉质香嫩、皮薄骨细、早熟、乳猪无腥味,是加工制作高质量肉制品的原料;藏猪体型小、皮薄、瘦肉率高,风味独特。我国特色优质禽种质资源丰富,自然放养的地方优质地方鸡销售市场不断扩大,鹅、鸭等特色水禽正成为禽肉生产新的增长点;地方肉鸽品种有石岐鸽、塔里木鸽,石岐鸽肉质鲜嫩多汁,肉味鲜美,耐粗易养;塔里木鸽血、肉均可入药,具有治疗关节炎、风湿等疾病的功效。我国是世界蜂产品生产和出口大国,国内消费量日渐增加,50%蜂产品用于出口,蜂王浆产量占世界90%。目前存在的主要问题是,品种杂乱,缺乏系统选育,品质参差不齐;生产模式落后,缺乏综合防疫设施,滥用和盲目用药现象严重;生产规模偏小,加工产品开发不足。规划期内重点发展11种特色产品。

主攻方向:

(1)实施原产地保护,保护与开发相结合。(2)进行特色品种的保种与提纯。(3)改进养殖方式,扩大生产规模,建立标准化生产示范区,提高疫病监控水平,增强产业开发,形成产业链。(4)建设原产地保种场、保护区,保护与开发相结合。(5)进行特色品种的选育与提纯。(6)扩大生产规模,建立标准化生产示范区,增强产业开发,形成产业链。(7)推进特色产品及其副产品精深加工发展,强化品牌创建,完善产业链。

优势区域:

(1)金华猪:浙江中西部、江西东北部

(2)乌金猪:云贵川乌蒙山和大小凉山地区

(3)香猪:黔东南、桂西北

(4)藏猪:西藏东南部、云南西北部、四川西部、甘肃南部

(5)滇南小耳猪:滇西边境山区

(6)八眉猪:陕西泾河流域、甘肃陇东、青海东部

(7)太湖猪:江苏、浙江和上海交界的太湖流域

(8)优质地方鸡:北京、山西、辽宁、黑龙江、上海、浙江、安徽、福建、江西、山东、河南、湖北、湖南、广东、广西、海南、重庆、四川、贵州、云南、西藏、陕西、青海、新疆等地的部分县市

(9)特色水禽:长江中下游区、东南沿海区、西南区、黄淮海区、东北松

花江区

(10) 特色肉鸽:新疆塔里木盆地西部(塔里木鸽)、广东中南部、珠江三角洲地区(石岐鸽)

(11) 特色蜂产品:东北区(包括吉林和黑龙江 2 省)、中南区(包括河南、湖北、湖南、广东、广西、海南 6 省区)、华东区(包括江苏、浙江、安徽、江西、福建、山东 6 省市)、西北区(包括陕西、甘肃、青海、宁夏和新疆 5 省区)、西南地区(包括重庆、四川、云南和西藏 4 省市区市)和华北区(包括北京和河北 2 省市)

发展目标:

到 2020 年,建立规范化的保种、繁育基地,实施标准化生产,开展系统的保种选育,挖掘精深加工潜力,发展特色肉产品及其他制品,打造知名品牌。

(十) 特色水产

随着城乡居民消费水平的提高,国内特色水产的消费呈现大众化之势,其市场需求会逐步增加。鲍鱼、海胆、蟹、海参等特色水产,因味道鲜美、营养丰富而备受称誉,在国内外市场上十分畅销。目前存在的主要问题是,优良苗种覆盖率偏低,养殖标准化程度低,人工配给饲料的使用率低,养殖环境恶化,病害发生频繁,病害检测和防治技术滞后,养殖产业链条短,深加工比例较小,产业化与组织化程度低。规划期内重点发展 15 种特色水产。

主攻方向:

(1)加强苗种繁育与养殖技术研究,提高产品品质。(2)实施标准化养殖,建设安全生产基地。(3)合理控制养殖规模与密度,改善养殖生态环境。(4)提高相关病害监测、防控水平,确保水产品食用安全。(5)扶持养殖和加工龙头企业,提高养殖加工比例与产业化水平。

优势区域:

(1) 鲍鱼:辽宁、山东、福建、广东、海南等地沿海

(2) 海参:辽宁、河北、山东、江苏、福建等地沿海

(3) 海胆:辽宁、山东、广东等地沿海

(4) 珍珠:江苏、浙江、安徽、江西、湖北、湖南、广东、广西、海南等地的部分县市

(5)鳜鱼:江苏、浙江、安徽、江西、湖北、湖南、广东等地的部分县市

(6)鳟鲟鱼:北京、河北、山西、辽宁、黑龙江、山东、湖北、四川、贵州、云南、甘肃、青海等地的部分县市

(7)长吻鮠:江苏、安徽、江西、湖北、广东、重庆、四川等地的部分县市

(8)青虾(学名为日本沼虾):江苏、浙江、安徽、江西、山东、湖北的部分县市

(9)锯缘青蟹:浙江、福建、广东、广西、海南等地沿海

(10)黄颡鱼:辽宁、黑龙江、江苏、浙江、安徽、江西、湖北、湖南、四川等地的部分县市

(11)黄鳝:江苏、安徽、江西、湖北、湖南、四川等地的部分县市

(12)乌鳢:江苏、浙江、安徽、江西、山东、湖北、湖南、广东等地的部分县市

(13)鲶鱼:辽宁、江苏、安徽、江西、山东、湖北、湖南、广东、广西、四川等地的部分县市

(14)龟鳖:河北、江苏、浙江、江西、山东、河南、湖北、湖南、广东等地的部分县市

(15)海蜇:辽宁、河北、山东、江苏等地的沿海地区

发展目标:

到2020年,全面推行健康养殖和绿色加工,有效预防和控制重大养殖病害,提高产品产量和质量,建设一批特色水产品健康养殖示范区,培育一批加工贸易型龙头企业,巩固国际市场的地位,扩大出口。

五、特色农产品发展的建设重点

从强化关键薄弱环节入手,推进特色农产品区域布局,重点突破五大优先领域,整体打造区域特色农产品产业体系,全面提升特色农产品品质和市场竞争力,实现可持续发展。

(一)特色农产品品种选育

目前,我国现有农业育种投入主要面向大宗农产品,对特色农产品关注少,栽培品种以自选自留自用为主,特色农产品优种率低,影响特色资源的开发利用。应加快建立特色农产品品种繁育体系,把优良品种(种子、种苗、种球、种畜)作为提升特色农产品市场竞争力的先导措施。

1. **特色农产品品种保护。** 加强特色农产品品种资源基因原生地保护,

收集名、特、稀农产品品种资源，建设品种资源库，并进行品种提纯、复壮，保持特色农产品的优良品质特性，支撑特色农业可持续发展。

2. **特色农产品品种创新。** 在地方特色农产品品种保护的基础上，加大野生资源的驯化和品种创新工作力度，培育特色农产品新品种，为特色农产品发展提供品种资源储备，满足市场多样化、优质化需求。

3. **特色农产品良种繁育。** 建立特色农产品种苗繁育基地，重点强化基础设施，发展多种形式的种苗生产供应体系，保障特色农产品的种苗供给，大幅度提高良种覆盖率。

（二）特色农产品生产

1. **特色农产品生产示范区建设。** 在优势产区内选建一批特色农产品生产示范区，着力改善生产基础设施条件，保护生态环境。加强良种推广、病虫害防控和技术服务。推广标准化生产技术，通过产业化带动和辐射作用，促进产品集聚，提高市场竞争力，形成区域特色名牌产品。

2. **草地生态畜牧业生产基地建设。** 创新草地生态牧场建设，整合牦牛、藏羊、草地等生产资料，按生产组配套棚圈、配种点、划区围栏，发展特色草食畜适度规模经营，推进绿色、有机畜产品生产，在草原牧区形成畜牧业生产和草地资源保护协调发展的格局。

（三）特色农产品标准化

我国农产品标准化建设起步晚，特别是对具有明显地理区域特征的特色农产品缺乏保护措施与扶持力度，特色农产品市场比较混乱，缺乏统一的生产标准和技术规程，影响了产品质量和市场扩大。需要通过加快标准制定、标准化示范，全面提高我国特色农产品标准化生产水平。

1. **特色农产品标准制定与完善。** 加快制定和完善10类特色农产品的国家标准和行业标准，鼓励企业制定企业标准。建立一套适合我国国情、符合国际惯例的特色农产品生产和品质标准体系，对特色农产品生产、加工进行规范化管理。

2. **特色农产品的品质监控。** 建设和完善特色农产品质量监控体系，加强对特色农产品生产的监督、管理，提高检测水平和服务能力。建设特色农产品的质量认证体系，规范生产各环节管理。

（四）特色农产品技术创新与推广

特色农产品生产和加工缺乏科技支撑，新产品、新品种研发不足，科技推广和技术服务不到位,产品特而不优,影响市场竞争力和特色资源的有效开发。要大力推进特色农产品生产和加工技术的研发,加强农民技术培训。

1. **特色农产品生产技术研发**。加强特色农产品优质品种生产技术和设施的研发,着力解决特色种养业生产中的关键技术。重点推广优质特色新品种及配套技术。

2. **特色农产品加工、储藏技术研发**。用高新技术改造传统加工技术,开发特色农产品加工、储藏与保鲜等新工艺和新设备,加强特色农产品小型加工机械的研制,建立具有地方和民族特色的加工技术体系。

3. **特色农产品生产技术培训**。开展特色农产品技术培训,培养特色农产品生产的技术能手,让优势区农户掌握特色农产品生产技术和科学管理模式。

(五) 特色农产品加工

目前,我国特色农产品加工转化率低、集中度不高、精深度不足,影响特色农产品的多重增值。为此,要大力发展特色农产品加工业,延伸产业链,提高特色农产品附加值。

1. **特色农产品传统加工**。发展具有地方和民族特点的特色农产品传统加工业,保持和发扬特色传统加工工艺,突出加工产品的独特品质和风味,拓展特色农产品市场空间。

2. **特色农产品精深加工**。立足于现有加工业的技术改造,着力提高特色农产品的科技含量和精深加工能力。大力开发特色农产品的营养、保健和药用等多功能,满足市场均衡化、多样化需求,最大限度挖掘特色农产品的增值潜力。

(六) 特色农产品营销

目前,特色农产品市场流通不畅,营销手段落后,产品分级包装、保鲜储运薄弱,成为影响产品顺畅销售和市场竞争力的重要因素。要搞好特色农产品产销衔接,提高农民组织化程度,促进特色农产品流通,实现产品增值和产业增效。

1. **建设特色农产品专业市场**。通过农民合作组织,建立特色农产品产地分级包装以及配套发展保鲜储运设施。按照统筹规划、合理布局的原则,建设特色农产品产地集散中心及交易区。在有条件的地区,针对不同产品特性,推行产品拍卖、连锁经营、统一配送和电子商务等现代交易方式,建立农产品物流体系。

2. **建设特色农产品市场信息平台。**整合特色农业信息资源,健全农产品信息网络,建立公益性特色农产品信息平台,定期发布市场、生产、加工、科技和政策法规等相关信息,实现特色农产品生产、技术、供求等相关信息的共享,为企业和农户的经营活动提供服务。

3. **推进特色农产品精品建设。**整合现有特色农产品中的优质资源,培育发展一批优质、高端的精品,实现优质优价和满足中高档消费人群的消费,以高效益引导标准化生产,促进产业做大做强。

4. **培育知名特色品牌。**增强经营主体商标意识,鼓励有条件的企业或行业协会注册特色农产品商标。整合现有品牌资源,培育辐射带动力强、经济效益高的名牌特色农产品。规范特色农产品评比管理工作,加强品牌宣传,争创"中国名牌"和"中国驰名商标",发挥品牌效应,提高特色农产品市场认知度和美誉度。通过组织企业到境外参加产品展览和推介会等方式,支持特色农产品走出国门,拓展国际市场空间,广泛参与国际竞争。

六、促进特色农产品区域布局的保障措施

(一) 加强规划引导

各级有关部门要加强调查研究,摸清实际情况,准确认识和把握特色农产品发展客观规律,进一步统一思想,提高认识,把推进特色农产品区域化布局,作为建设社会主义新农村的一项重要措施。各地区要从当地实际出发,充分发挥规划的宏观指导作用,找准发展特色农产品的切入点,形成各具特色的发展模式,打造区域特色产业。要加强对国有农场特色产品发展的指导,使其成为所在区域发展特色农产品的重要力量。在推进特色农产品区域化布局过程中,要充分尊重农民意愿,不搞强迫命令,不急于求成,坚持市场取向,依靠产业政策,加快引导和推动。

(二) 创新发展机制与政策

创新特色农产品发展机制。建立特色农产品信贷保障机制,鼓励政府、企业和社会资金合作建立针对农户和中小企业的多种担保组织和基金,解决农户和中小企业的贷款难问题。积极探索建立政府引导、农民投保、企业参与、合作保险、市场运作的特色农产品保险机制,防范和化解特色农业发展的自然风险和市场风险。

完善特色农产品发展扶持政策。已经制定和实施的支农惠农政策，要尽可能把扶持区域特色产业、发展"一村一品"纳入其中，并逐步规范化。根据特色农产品的特点和发展实际需要，尽快制定相应的专项扶持政策。

(三) 加大投入力度

利用农业部现有项目和资金渠道，进一步加大对特色农产品发展的倾斜支持力度，重点扶持特色农产品的良种繁育、新产品研发、技术创新、市场建设、原产地维护和生产示范等关键环节。各省(区、市)要加强沟通协调和工作宣传，引导各部门资金加大投入，广泛吸引金融资本、企业资本、社会资本支持当地特色农产品发展。整合各类涉农资金，严格项目监管，提高资金使用效率，及时发挥投资效益。

(四) 发展新型农业经营主体

加快培育种养大户、家庭农场、农民合作社、农业产业化龙头企业等新型经营主体，推进特色农产品发展专业化生产、集约化经营和社会化服务。要根据新型经营主体的不同特性，加强分类指导，实行差别化扶持政策，因地制宜明确界定各类主体的规范标准、登记办法，制定出台相应倾斜政策。着力扶持建立特色农产品农民合作组织，努力促进农民合作社规范化建设，不断增强农民合作社市场竞争能力，提高农民的市场主体地位。支持农业产业化龙头企业在优势区建设特色农产品生产、加工和出口基地，充分发挥企业的引领带动作用，与农民建立稳定的产销关系。通过发展订单农业等多种形式，在农业产业化龙头企业、中介组织和农民合作组织(基地)之间建立稳定的利益联结机制，让农户更多分享加工销售收益。

(五) 建立健全法律法规体系

借鉴国际先进管理经验，尽快制定特色农产品原产地保护方面的法律、法规，保护提高特色产品的知名度，保证质量和特色。建立和完善特色农产品产地认证体系，实行原产地标识制度和产品质量追溯制度，引导促进优质特色农产品地理标识商标注册，制定地理标识产品生产技术规程和产品标准，规范地理标识使用和管理，维护原产地生产经营者的合法权益。加强生物多样性保护，建立濒危特色物种资源保护区和珍稀动植物品种繁育基地，实施严格保护制度，防止外来生物物种入侵，确保特色农产品发展的生态安全。

各地特色农产品丰富多样，一些地方品种未能纳入本规划。各地区可依据本规划，从当地实际出发，抓紧研究制定适合本地的特色农产品发展规划。

1. 辣椒:辣椒花椒和大料属于调味品,为叙述方便,将其列入特色蔬菜类。

附件:

特色农产品区域布局表

产品	省(市、区)	优势县(市、区)	备注
莲藕	江苏	淮安区、涟水县、金湖县、响水县、宝应县、兴化市	
	浙江	余杭区、建德市、鄞州区、长兴县、武义县、义乌市、龙游县、莲都区	
	山东	微山县	
	湖北	东西湖区、蔡甸区、江夏区、梁子湖区、华容区、鄂城区、孝南区、云梦县、应城市、汉川市、监利县、嘉鱼县、仙桃市、潜江市、天门市	
	广西	宾阳县、柳江县	
魔芋	湖北	竹山县、竹溪县、秭归县、长阳土家族自治县、五峰土家族自治县、恩施市、利川市、建始县、巴东县、咸丰县、鹤峰县	
	湖南	浏阳市、新邵县、平江县、石门县、慈利县、桑植县、嘉禾县、汝城县、东安县、双牌县、宁远县、新田县、江华瑶族自治县、沅陵县、新化县、保靖县、永顺县、龙山县	
	重庆	黔江区、城口县、武隆县、开县、云阳县、奉节县、巫山县、巫溪县、酉阳土家族苗族自治县、彭水苗族土家族自治县	
	四川	安县、宜宾县、屏山县、芦山县、金阳县、雷波县	
	贵州	花溪区、盘县、正安县、道真仡佬族苗族自治县、七星关区、大方县、纳雍县、威宁彝族回族苗族自治县、赫章县、天柱县、锦屏县、剑河县、台江县、荔波县、龙里县	
	云南	陆良县、富源县、昭阳区、盐津县、大关县、永善县、绥江县、镇雄县、彝良县、威信县、水富县、永胜县、思茅区、宁洱哈尼族彝族自治县、墨江哈尼族自治县、景东彝族自治县、景谷傣族彝族自治县、镇沅彝族哈尼族拉祜族自治县、江城哈尼族彝族自治县、孟连傣族拉祜族佤族、澜沧拉祜族自治县、西盟佤族自治县、蒙自县、屏边苗族自治县、红河县、文山市、景洪市、勐腊县、梁河县、陇川县	
	陕西	宁强县、镇巴县、汉滨区、紫阳县、岚皋县、旬阳县、镇安县	

续　表

产品	省(市、区)	优势县(市、区)	备注
莼菜	江苏	宜兴市、吴中区、相城区	
	浙江	上城区、下城区、江干区、拱墅区、西湖区、滨江区、萧山区、余杭区、桐庐县、淳安县、建德市、富阳市、临安市	
	湖北	房县、利川市	
	重庆	石柱土家族自治县	
	四川	雷波县	
藠头	江西	新建县	
	湖北	江夏区、梁子湖区、华容区、鄂城区、咸安区	
	湖南	湘阴县、汉寿县、临澧县、津市市	
	云南	西山区、马龙县、景谷傣族彝族自治县、澜沧拉祜族自治县、开远市、泸西县、红河县、丘北县	
芋头	浙江	奉化市、苍南县、婺城区、永康市	
	福建	永泰县、永定县、上杭县、福鼎市	
	山东	莱阳市、昌乐县	
	广西	柳城县、阳朔县、荔浦县、恭城瑶族自治县、藤县、八步区	
	云南	弥渡县	
竹笋	浙江	余杭区、富阳市、临安市、鄞州区、余姚市、奉化市、平阳县、苍南县、瑞安市、德清县、安吉县、绍兴县、诸暨市、嵊州市、衢江区、龙游县、遂昌县、庆元县、龙泉市	
	安徽	黄山区、徽州区、歙县、休宁县、黟县、祁门县、广德县、宁国市	
	福建	闽侯县、闽清县、永泰县、梅列区、三元区、明溪县、清流县、宁化县、大田县、尤溪县、沙县、将乐县、泰宁县、建宁县、永安市、安溪县、永春县、德化县、长泰县、南靖县、华安县、延平区、顺昌县、浦城县、光泽县、松溪县、政和县、邵武市、武夷山市、建瓯市、建阳市、新罗区、长汀县、上杭县、连城县、漳平市、蕉城区、古田县、屏南县、寿宁县、周宁县、柘荣县、福安市、福鼎市	

续　表

产品	省(市、区)	优势县(市、区)	备注
竹笋	江西	武宁县、修水县、章贡区、赣县、信丰县、大余县、上犹县、崇义县、安远县、龙南县、定南县、全南县、宁都县、于都县、兴国县、会昌县、寻乌县、石城县、瑞金市、南康市、吉安县、吉水县、永丰县、遂川县、井冈山市、奉新县、宜丰县、靖安县、铜鼓县、乐安县	
	湖北	阳新县、咸安区、通城县、崇阳县、通山县、赤壁市	
	广西	鹿寨县、融安县、融水苗族自治县、三江侗族自治县、全州县、资源县、田林县	
	贵州	桐梓县、习水县、赤水市、紫云苗族布依族自治县、铜仁市、江口县、黎平县、榕江县、从江县、荔波县、独山县、罗甸县、三都水族自治县	
	云南	新平彝族傣族自治县、墨江哈尼族自治县、澜沧拉祜族自治县、西盟佤族自治县、屏边苗族自治县、石屏县、红河县、金平苗族瑶族傣族自治县、河口瑶族自治县	
	陕西	略阳县、佛坪县	
黄花菜	湖南	湘潭县、湘乡市、韶山市、衡阳县、祁东县、邵阳县、沅江市	
	贵州	余庆县、江口县、石阡县、印江土家族苗族自治县、德江县、沿河土家族自治县、岑巩县	
	陕西	高陵县、大荔县、柞水县	
	甘肃	泾川县、灵台县、崇信县、华亭县、庄浪县、静宁县、西峰区、庆城县、环县、华池县、合水县、正宁县、宁县、镇原县	
荸荠	浙江	余杭区、苍南县、乐清市、南湖区、长兴县、诸暨市、上虞市	
	湖北	沙洋县、团风县、天门市	
	广西	阳朔县、临桂县、永福县、平乐县、荔浦县、八步区、钟山县	
	云南	施甸县、腾冲县、龙陵县、昌宁县	
山药	河北	磁县、任县、高阳县、蠡县、安平县	
	江苏	丰县、沛县、邳州市	
	山东	桓台县、昌乐县、青州市、诸城市、寿光市、嘉祥县、兖州市、岱岳区、宁阳县、苍山县、邹平县、单县、定陶县	

续　表

产品	省(市、区)	优势县(市、区)	备注
	湖北	襄城区、武穴市	
	贵州	西秀区	
	云南	富民县、石林彝族自治县、禄劝彝族苗族自治县、通海县、永胜县、华坪县、景谷傣族彝族自治县、元谋县、禄丰县、建水县、石屏县、文山市、永平县、梁河县	
黑木耳	内蒙古	科尔沁区、鄂伦春自治旗、扎兰屯市、额尔古纳市、根河市	
	辽宁	抚顺县、清原满族自治县	
	吉林	蛟河市、桦甸市、磐石市、图们市、敦化市、珲春市、和龙市、汪清县、安图县	
	黑龙江	尚志市、五常市、伊春区、南岔区、友好区、西林区、翠峦区、新青区、美溪区、金山屯区、五营区、乌马河区、汤旺河区、带岭区、乌伊岭区、红星区、上甘岭区、嘉荫县、铁力市、东宁县、林口县、海林市、宁安市、穆棱市	
	浙江	淳安县、武义县、磐安县、开化县、松阳县、云和县、庆元县、景宁畲族自治县、龙泉市	
	福建	尤溪县、永安市、松溪县、武夷山市、建阳市、古田县、屏南县	
	河南	栾川县、滑县、陕县、卢氏县、方城县、西峡县、内乡县、桐柏县、浉河区、西华县、泌阳县	
	湖北	房县、远安县、谷城县、保康县、东宝区、掇刀区、京山县、沙洋县、钟祥市、蕲春县、赤壁市、曾都区	
	广西	柳城县、三江侗族自治县、灵川县、兴安县、灌阳县、龙胜各族自治县、田林县、环江毛南族自治县、象州县、金秀瑶族自治县	
	四川	平武县、江油市、朝天区、旺苍县、青川县、剑阁县、宣汉县、通江县、南江县	
	陕西	西乡县、勉县、宁强县、略阳县、镇巴县、留坝县、佛坪县、宁陕县、紫阳县	
	甘肃	武都区、成县、文县、康县、徽县、两当县	
银耳	福建	闽侯县、闽清县、德化县、延平区、邵武市、建阳市、霞浦县、古田县、屏南县、寿宁县、周宁县、柘荣县、福安市、福鼎市	

续 表

产品	省(市、区)	优势县(市、区)	备注
	四川	万源市、通江县、南江县	
	贵州	遵义县、桐梓县、绥阳县、正安县、湄潭县、金沙县、福泉市	
	陕西	城固县、略阳县、镇巴县、平利县、镇坪县、白河县	
辣椒	河北	鸡泽县、望都县、冀州市	
	辽宁	法库县、海城市、黑山县、北镇市、北票市	
	吉林	农安县、长岭县、乾安县、洮北区、通榆县、洮南市	
	山东	山亭区、滕州市、汶上县、苍山县、武城县、乐陵市	
	河南	中牟县、杞县、通许县、新安县、鲁山县、滑县、内黄县、清丰县、鄢陵县、襄城县、临颍县、渑池县、方城县、内乡县、唐河县、新野县、邓州市、柘城县、夏邑县、扶沟县、西华县、淮阳县、太康县	
	湖南	长沙县、望城区、浏阳市、攸县、醴陵市、衡山县、邵东县、新邵县、邵阳县、隆回县、洞口县、绥宁县、新宁县、城步苗族自治县、君山区、南县、嘉禾县、汝城县、溆浦县、芷江侗族自治县、新化县、泸溪县、凤凰县、花垣县、保靖县、古丈县、永顺县、龙山县	
	海南	琼海市、儋州市、文昌市、万宁市、东方市、定安县、屯昌县、澄迈县、临高县	
	重庆	万盛区、巴南区、黔江区、南川区、潼南县、武隆县、开县、石柱土家族自治县、酉阳土家族苗族自治县	
	四川	金堂县、双流县、郫县、新津县、彭州市、沿滩区、荣县、米易县、江阳区、合江县、旌阳区、中江县、三台县、盐亭县、梓潼县、江油市、剑阁县、射洪县、市中区(内江市)、东兴区、威远县、资中县、高坪区、南部县、西充县、阆中市、宜宾县、珙县、达县、雁江区、安岳县、乐至县、简阳市、盐源县	
	贵州	花溪区、六枝特区、水城县、盘县、遵义县、桐梓县、绥阳县、凤冈县、湄潭县、余庆县、赤水市、仁怀市、西秀区、平坝县、镇宁布依族苗族自治县、关岭布依族苗族自治县、大方县、黔西县、金沙县、纳雍县、江口县、石阡县、思南县、沿河土家族自治县、贞丰县、望谟县、册亨县、安龙县、黄平县、施秉县、镇远县、台江县、榕江县、雷山县、福泉市、荔波县、瓮安县、独山县、平塘县、罗甸县、三都水族自治县	

续　表

产品	省(市、区)	优势县(市、区)	备注
辣椒	云南	马龙县、富源县、会泽县、宣威市、隆阳区、施甸县、昌宁县、昭阳区、鲁甸县、巧家县、大关县、永善县、绥江县、镇雄县、水富县、思茅区、宁洱哈尼族彝族自治县、元谋县、蒙自县、建水县、石屏县、泸西县、文山市、砚山县、丘北县、广南县、景洪市、勐海县、弥渡县	
	陕西	耀州区、陈仓区、凤翔县、岐山县、扶风县、眉县、陇县、千阳县、三原县、泾阳县、武功县、兴平市、临渭区、澄城县、蒲城县	
	青海	大通回族土族自治县、乐都县、循化撒拉族自治县、贵德县	
	新疆	焉耆回族自治县、和静县、和硕县、博湖县、拜城县、莎车县、沙湾县、农二师	
花椒	重庆	江津区	
	四川	三台县、盐亭县、安县、梓潼县、北川羌族自治县、平武县、江油市、名山区、荥经县、汉源县、石棉县、天全县、芦山县、宝兴县、汶川县、茂县、盐源县、德昌县、会理县、会东县、宁南县、普格县、布拖县、金阳县、昭觉县、喜德县、冕宁县、越西县、甘洛县、美姑县、雷波县	
	贵州	六枝特区、盘县、绥阳县、平坝县、普定县、镇宁布依族苗族自治县、关岭布依族苗族自治县、紫云苗族布依族自治县、贞丰县、望谟县、安龙县、都匀市、福泉市、荔波县、瓮安县、独山县、平塘县、罗甸县、长顺县、龙里县、惠水县	
	云南	西山区、陆良县、鲁甸县、巧家县、永善县、华坪县、宁蒗彝族自治县、景东彝族自治县、洱源县、维西傈僳族自治县	
	西藏	八宿县、左贡县、芒康县、察隅县、朗县	
	陕西	耀州区、陈仓区、凤县、合阳县、澄城县、富平县、韩城市、延长县、宜川县、黄龙县	
	甘肃	麦积区、秦安县、甘谷县、西峰区、正宁县、临洮县、武都区、成县、文县、康县、礼县、徽县、康乐县、永靖县、东乡族自治县、积石山保安族东乡族撒拉族县、舟曲县	
	青海	民和回族土族自治县、循化撒拉族自治县、贵德县	
大料	广西	苍梧县、藤县、岑溪市、上思县、钦北区、港南区、平南县、桂平市、容县、北流市、右江区、平果县、德保县、凌云县、金秀瑶族自治县、宁明县、龙州县、大新县、天等县、凭祥市	
	云南	文山市、西畴县、麻栗坡县、马关县、广南县、富宁县	

续　表

产品	省（市、区）	优势县（市、区）	备注
葡萄	北京	通州区、顺义区、昌平区、大兴区、平谷区、延庆县	
	天津	北辰区、武清区、滨海新区、静海县、蓟县	
	河北	桥东区、晋州市、鹿泉市、昌黎县、卢龙县、威县、定州市、宣化县、阳原县、怀来县、涿鹿县、广阳区、饶阳县	
	山西	清徐县、太谷县、稷山县、曲沃县	
	内蒙古	海勃湾区、喀喇沁旗	
	辽宁	瓦房店市、桓仁满族自治县、北镇市、鲅鱼圈区、盖州市	
	吉林	昌邑区、龙潭区、蛟河市、公主岭市、通化县、辉南县、柳河县、集安市、浑江区、抚松县、靖宇县、临江市、乾安县、安图县	
	黑龙江	松北区、香坊区、阿城区、双城市、五常市、大同区、孙吴县	
	上海	嘉定区、金山区、奉贤区、崇明县	
	江苏	江宁区、溧水县、锡山区、江阴市、宜兴市、张家港市、亭湖区、高邮市、句容市、高港区、泰兴市	
	浙江	余姚市、海宁市、长兴县、金东区、浦江县、温岭市	
	安徽	庐阳区、包河区、庐江县、三山区、歙县、砀山县、萧县	
	福建	晋安区、梅列区、顺昌县、建瓯市、建阳市、福安市	
	山东	平度市、沂源县、福山区、龙口市、莱阳市、蓬莱市、招远市、海阳市、临朐县、高密市、任城区、兖州市、临沭县	
	河南	管城回族区、中牟县、荥阳市、偃师市、长垣县、修武县、清丰县、灵宝市、民权县、宁陵县、商水县	
	湖北	江夏区、黄陂区、襄城区、樊城区、襄阳区、南漳县、谷城县、保康县、老河口市、枣阳市、宜城市、公安县、咸安区、曾都区	
	广西	江南区、西乡塘区、柳江县、七星区、灵川县、兴安县、资源县、平果县	
葡萄	海南	三亚市、乐东黎族自治县	
	四川	龙泉驿区、双流县、米易县、涪城区、西昌市	

续　表

产品	省(市、区)	优势县(市、区)	备注
	云南	红塔区、永仁县、元谋县、文山市、丘北县、宾川县	
	西藏	芒康县、林芝县	
	甘肃	安宁区、红古区、麦积区、民勤县、高台县、敦煌市	
	宁夏	西夏区、永宁县、贺兰县、同心县、青铜峡市	
	新疆	吐鲁番市、鄯善县、哈密市、昌吉市、呼图壁县、玛纳斯县、博乐市、焉耆回族自治县、新和县、阿图什市、石河子市、五家渠市、农二师、农四师、农五师、农六师、农八师、农十二师、农十三师、直属222团	
特色梨	北京	房山区、顺义区、大兴区	
	天津	蓟县	
	河北	赵县、辛集市、藁城市、晋州市、迁西县、玉田县、遵化市、魏县、宁晋县、曲阳县、雄县、定州市、东光县、肃宁县、南皮县、泊头市、任丘市、河间市、固安县、阜城县、深州市	
	辽宁	苏家屯区、千山区、海城市、黑山县、辽阳县、绥中县、兴城市	
	吉林	梨树县、公主岭市、集安市、延吉市、图们市、珲春市、龙井市、和龙市	
	江苏	泉山区、铜山区、丰县、睢宁县、大丰市	
	安徽	砀山县、萧县	
	山东	龙口市、莱阳市、冠县、阳信县	
	河南	民权县、宁陵县、虞城县、永城市	
	湖北	枝江市、老河口市、京山县、钟祥市、公安县、崇阳县、利川市、宣恩县	
	云南	安宁市、江川县、楚雄市、泸西县、祥云县	
	甘肃	景泰县、凉州区、甘州区、静宁县	
	新疆	库尔勒市、轮台县、尉犁县、阿克苏市、温宿县、库车县、沙雅县、新和县、阿瓦提县、农一师、农二师	
特色桃	北京	大兴区、平谷区	

续　表

产品	省(市、区)	优势县(市、区)	备注
	河北	乐亭县、邯郸县、顺平县、固安县、深州市	
	山西	夏县、永济市	
	辽宁	金州区、瓦房店市、普兰店市、宽甸满族自治县、东港市	
	上海	金山区、奉贤区	
	江苏	惠山区、贾汪区、泉山区、铜山区、新沂市、邳州市、武进区	
	浙江	桐庐县、淳安县、建德市、富阳市、奉化市、南湖区、嘉善县、长兴县、新昌县、诸暨市、嵊州市、金东区、莲都区、青田县、缙云县	
	安徽	砀山县	
	福建	古田县	
	山东	胶州市、沂源县、青州市、肥城市、环翠区、钢城区、蒙阴县	
	湖北	枣阳市、东宝区、孝昌县、广水市	
	广东	连平县	
	广西	灵川县、恭城瑶族自治县	
	四川	龙泉驿区	
	贵州	南明区、荔波县、平塘县	
	云南	富民县、宜良县	
	陕西	三原县	
	甘肃	秦州区、麦积区、秦安县	
樱桃	河北	山海关区	
	辽宁	旅顺口区、金州区、瓦房店市、普兰店市	
	江苏	栖霞区	
	山东	沂源县、山亭区、芝罘区、福山区、莱山区、蓬莱市、临朐县、安丘市、岱岳区、新泰市、五莲县、莱城区、钢城区	

续　表

产品	省(市、区)	优势县(市、区)	备注
	陕西	灞桥区、蓝田县、王益区、印台区、耀州区、宜君县、西乡县	
	甘肃	秦州区、麦积区、清水县、秦安县、甘谷县	
	青海	乐都县	
石榴	河北	元氏县	
	安徽	怀远县	
	山东	薛城区、峄城区	
	海南	琼海市、文昌市	
	四川	仁和区、西昌市、德昌县、会理县、会东县	
	云南	东川区、会泽县、巧家县、个旧市、开远市、蒙自县、建水县、石屏县、文山市、砚山县、丘北县	
	新疆	吐鲁番市、喀什市、疏附县、莎车县、叶城县、伽师县、皮山县、策勒县	
杨梅	浙江	萧山区、宁海县、余姚市、慈溪市、龙湾区、瓯海区、永嘉县、平阳县、苍南县、文成县、泰顺县、瑞安市、长兴县、上虞市、兰溪市、义乌市、定海区、黄岩区、路桥区、玉环县、三门县、天台县、仙居县、温岭市、临海市、青田县、缙云县	
	福建	永泰县、仙游县、大田县、尤溪县、永安市、安溪县、德化县、晋江市、南安市、漳浦县、诏安县、平和县、龙海市、延平区、顺昌县、政和县、建瓯市、建阳市、长汀县、永定县、连城县、蕉城区、霞浦县、福安市、福鼎市	
	云南	富民县、石林彝族自治县、蒙自县、石屏县	
枇杷	江苏	吴中区	
	浙江	余杭区、桐庐县、淳安县、建德市、宁海县、永嘉县、乐清市、兰溪市、衢江区、江山市、黄岩区、路桥区、温岭市、临海市、莲都区	
	安徽	歙县	
	福建	闽侯县、连江县、罗源县、闽清县、永泰县、福清市、荔城区、仙游县、尤溪县、永安市、洛江区、永春县、德化县、南安市、云霄县、漳浦县、诏安县、长泰县、南靖县、平和县、华安县、上杭县、武平县、蕉城区、霞浦县、古田县、福安市、福鼎市	

续　表

产品	省(市、区)	优势县(市、区)	备注
枇杷	湖南	洞口县、津市市	
	广东	大埔县、丰顺县	
	广西	鹿寨县、象山区、苍梧县、藤县、忻城县、象州县、武宣县、金秀瑶族自治县、合山市	
	四川	龙泉驿区、双流县、米易县、盐边县、资中县、仁寿县、西昌市、德昌县、宁南县、普格县	
特色柚	浙江	永嘉县、苍南县、常山县、玉环县、庆元县	
	福建	仙游县、漳浦县、诏安县、长泰县、南靖县、平和县、华安县、龙海市、新罗区、永定县、上杭县、福鼎市	
	湖北	宣恩县	
	湖南	江永县	
	广东	曲江区、仁化县、梅江区、梅县、大埔县、五华县、平远县、蕉岭县、兴宁市	
	广西	融水苗族自治县、象山区、阳朔县、平乐县、恭城瑶族自治县、容县	
猕猴桃	河北	康保县、尚义县、围场满族蒙古族自治县	
	江苏	通州区、海安县、如东县、启东市、海门市、射阳县、建湖县、东台市、大丰市	
	江西	九江县、武宁县、修水县、瑞昌市、奉新县、宜丰县、靖安县	
	河南	西峡县	
	湖南	浏阳市、绥宁县、城步苗族自治县、桂阳县、零陵区、双牌县、溆浦县、吉首市、凤凰县、保靖县、永顺县	
	重庆	万盛区、黔江区、江津区、南川区、武隆县、奉节县	
猕猴桃	四川	蒲江县、都江堰市、邛崃市、什邡市、苍溪县、雨城区	
	贵州	修文县、平坝县、江口县、石阡县、雷山县	
	陕西	灞桥区、周至县、户县、岐山县、眉县	
	甘肃	武都区、文县、康县	

续　表

产品	省(市、区)	优势县(市、区)	备注
特色枣	天津	滨海新区、静海县、蓟县	
	河北	行唐县、赞皇县、玉田县、邯郸县、临城县、新河县、阜平县、唐县、沧县、青县、东光县、海兴县、盐山县、南皮县、献县、泊头市、河间市、大城县、枣强县	
	山西	阳曲县、稷山县、交城县、兴县、临县、柳林县、石楼县	
	辽宁	阜新蒙古族自治县、双塔区、龙城区、朝阳县、凌源市、南票区	
	福建	漳浦县、南靖县、平和县	
	山东	垦利县、利津县、广饶县、宁阳县、乐陵市、无棣县、沾化县	
	河南	新郑市、内黄县、灵宝市	
	海南	文昌市、昌江黎族自治县、陵水黎族自治县、海南农垦	
	云南	河口瑶族自治县	
	甘肃	民勤县	
	新疆	托克逊县、哈密市、若羌县、且末县、阿克苏市、温宿县、库车县、沙雅县、新和县、阿瓦提县、疏附县、疏勒县、泽普县、麦盖提县、岳普湖县、伽师县、巴楚县、和田县、皮山县、策勒县、于田县、民丰县、农一师、农二师、农三师、农十三师、农十四师二二四团、农十四师皮山县农场	
特色杏	河北	巨鹿县、涞水县、下花园区、宣化县、蔚县、阳原县、怀安县、怀来县、涿鹿县、承德县、平泉县、滦平县、隆化县、丰宁满族自治县	
	辽宁	康平县、阜新蒙古族自治县、彰武县、龙城区、朝阳县、凌源市	
	新疆	托克逊县、哈密市、轮台县、和硕县、库车县、沙雅县、新和县、拜城县、乌什县、柯坪县、阿图什市、阿克陶县、疏附县、英吉沙县、泽普县、莎车县、叶城县、麦盖提县、岳普湖县、伽师县、巴楚县、墨玉县、皮山县、洛浦县、策勒县、于田县、伊宁县、察布查尔锡伯自治县、霍城县、巩留县、尼勒克县	
特色核桃	河北	平山县、元氏县、迁西县、遵化市、迁安市、涉县、邢台县、临城县、内邱县、涞水县、唐县、涞源县	

续　表

产品	省(市、区)	优势县(市、区)	备注
	山西	平定县、盂县、黎城县、壶关县、榆社县、左权县、垣曲县、夏县、交口县、孝义市、汾阳市	
	辽宁	岫岩满族自治县、海城市、桓仁满族自治县、凤城市	
	黑龙江	兴山区	
	浙江	桐庐县、淳安县、建德市、富阳市、临安市、安吉县	
	安徽	宁国市	
	山东	历城区、滕州市、邹城市、岱岳区、肥城市、莱城区、平邑县	
	湖北	郧西县、竹山县、竹溪县、秭归县、长阳土家族自治县、谷城县、保康县	
	云南	华宁县、隆阳区、施甸县、腾冲县、龙陵县、昌宁县、古城区、思茅区、宁洱哈尼族彝族自治县、墨江哈尼族自治县、景东彝族自治县、景谷傣族彝族自治县、镇沅彝族哈尼族拉祜族自治县、江城哈尼族彝族自治县、孟连傣族拉祜族佤族、澜沧拉祜族自治县、西盟佤族自治县、临翔区、凤庆县、云县、永德县、镇康县、双江拉祜族佤族布朗族傣族自治县、耿马傣族佤族自治县、沧源佤族自治县、大理市、漾濞彝族自治县、祥云县、宾川县、弥渡县、南涧彝族自治县、巍山彝族回族自治县、永平县、云龙县、洱源县、剑川县、鹤庆县、芒市、陇川县	
	西藏	左贡县、芒康县、加查县、米林县、察隅县、朗县	
	青海	循化撒拉族自治县、尖扎县、贵德县	
	新疆	阿克苏市、温宿县、泽普县、叶城县、和田县、墨玉县、农三师、农十四师二二四团	
板栗	北京	昌平区、怀柔区、平谷区	
	天津	蓟县	
	河北	迁西县、遵化市、迁安市、青龙满族自治县、承德县、兴隆县、滦平县、宽城满族自治县	
	辽宁	庄河市、岫岩满族自治县、宽甸满族自治县、东港市、凤城市	
	安徽	潜山县、岳西县、黄山区、歙县、休宁县、舒城县、金寨县、霍山县、广德县、泾县	

续　表

产品	省(市、区)	优势县(市、区)	备注
	福建	政和县、建瓯市、建阳市	
	山东	历城区、山亭区、海阳市、岱岳区、五莲县、莱城区、沂南县、莒南县	
	河南	山阳区	
	湖北	竹溪县、秭归县、大悟县、安陆市、罗田县、曾都区	
	云南	红塔区、易门县、峨山彝族自治县	
	陕西	洋县、西乡县、宁强县、佛坪县、商州区、商南县、镇安县、柞水县	
柿子	北京	房山区、昌平区、平谷区	
	天津	蓟县	
	河北	井陉县、灵寿县、平山县、元氏县、涉县、武安市、邢台县、内邱县、满城县、涞水县、唐县、易县、顺平县	
	湖北	罗田县	
	广西	阳朔县、临桂县、平乐县、恭城瑶族自治县、八步区、南丹县、宜州市、金秀瑶族自治县、合山市	
	陕西	灞桥区、临潼区、户县、乾县、礼泉县、富平县、丹凤县、镇安县、柞水县	
	甘肃	秦州区、麦积区、武都区、成县、文县、徽县	
香榧	浙江	绍兴县、诸暨市、嵊州市、浦江县、磐安县、兰溪市、东阳市、缙云县、遂昌县、松阳县	
龙眼	福建	闽侯县、连江县、罗源县、福清市、长乐市、荔城区、惠安县、永春县、晋江市、南安市、芗城区、云霄县、漳浦县、诏安县、长泰县、东山县、南靖县、龙海市、蕉城区、福安市	
	广东	廉江市、电白县、高州市、化州市、信宜市、惠阳区、博罗县、惠东县、江城区、阳东县、饶平县、揭东县、云城区、新兴县、揭阳农垦、茂名农垦、汕尾农垦、阳江农垦、湛江农垦	
	广西	武鸣县、苍梧县、合浦县、钦南区、钦北区、港南区、覃塘区、平南县、桂平市、容县、陆川县、博白县、兴业县、北流市、大新县	

续　表

产品	省(市、区)	优势县(市、区)	备注
	海南	琼山区、琼海市、文昌市、东方市、定安县、屯昌县、澄迈县、临高县、白沙黎族自治县、乐东黎族自治县、陵水黎族自治县、保亭黎族苗族自治县、琼中黎族苗族自治县、海南农垦	
	云南	元江哈尼族彝族傣族自治县、隆阳区、永胜县	
荔枝	福建	闽侯县、福清市、思明区、海沧区、湖里区、集美区、同安区、翔安区、荔城区、云霄县、漳浦县、诏安县、长泰县、东山县、南靖县、蕉城区、霞浦县	
	广东	增城市、从化市、南山区、台山市、开平市、鹤山市、恩平市、徐闻县、廉江市、电白县、高州市、化州市、信宜市、德庆县、惠阳区、博罗县、惠东县、阳东县、东莞市、惠来县	
	广西	邕宁区、武鸣县、横县、合浦县、防城区、钦南区、钦北区、灵山县、浦北县、桂平市、容县、博白县、兴业县、北流市	
	海南	琼海市、儋州市、文昌市、万宁市、东方市、定安县、屯昌县、澄迈县、白沙黎族自治县、陵水黎族自治县、保亭黎族苗族自治县、临高县农垦局	
	四川	江阳区、合江县、宜宾县	
	云南	新平彝族傣族自治县、元江哈尼族彝族傣族自治县、隆阳区、施甸县、腾冲县、龙陵县、昌宁县、永德县、屏边苗族自治县、元阳县	
香蕉	福建	南安市、芗城区、云霄县、漳浦县、诏安县、长泰县、南靖县、平和县、华安县、龙海市、永定县	
	广东	番禺区、南沙区、增城市、从化市、潮阳区、澄海区、高明区、新会区、开平市、遂溪县、徐闻县、廉江市、雷州市、吴川市、电白县、高州市、信宜市、鼎湖区、惠阳区、博罗县、惠东县、龙门县、阳东县、东莞市、中山市、潮安县、饶平县、榕城区、揭东县、普宁市、揭阳农垦、茂名农垦、汕尾农垦、阳江农垦、湛江农垦	
	广西	西乡塘区、邕宁区、武鸣县、隆安县、海城区、铁山港区、合浦县、防城区、上思县、东兴市、钦南区、钦北区、灵山县、浦北县、玉州区、容县、陆川县、博白县、北流市、右江区、田阳县、田东县、平果县、江州区、扶绥县、宁明县、龙州县、大新县、凭祥市	

续　表

产品	省(市、区)	优势县(市、区)	备注
橄榄	海南	五指山市、琼海市、儋州市、文昌市、万宁市、东方市、澄迈县、临高县、白沙黎族自治县、昌江黎族自治县、乐东黎族自治县、陵水黎族自治县、保亭黎族苗族自治县、海南农垦	
	云南	新平彝族傣族自治县、元江哈尼族彝族傣族自治县、隆阳区、景谷傣族彝族自治县、江城哈尼族彝族自治县、孟连傣族拉祜族佤族、澜沧拉祜族自治县、永德县、镇康县、耿马傣族佤族自治县、个旧市、屏边苗族自治县、元阳县、红河县、金平苗族瑶族傣族自治县、河口瑶族自治县、麻栗坡县、马关县、景洪市、勐海县、勐腊县、瑞丽市、盈江县	
	福建	闽侯县、闽清县、南安市、漳浦县、诏安县、长泰县、南靖县	
	广东	潮阳区、电白县、信宜市、湘桥区、潮安县、饶平县、揭西县、普宁市、揭阳农垦、汕尾农垦	
椰子	海南	五指山市、琼海市、儋州市、文昌市、万宁市、东方市、定安县、屯昌县、澄迈县、临高县、白沙黎族自治县、昌江黎族自治县、乐东黎族自治县、陵水黎族自治县、保亭黎族苗族自治县、琼中黎族苗族自治县、海南农垦	
腰果	海南	东方市、昌江黎族自治县、乐东黎族自治县、陵水黎族自治县	
菠萝	福建	云霄县、漳浦县、诏安县、长泰县、东山县、南靖县、平和县、龙海市	
	广东	徐闻县、雷州市、中山市、惠来县、湛江农垦	
	广西	邕宁区、武鸣县、隆安县、马山县、上林县、宾阳县、横县、上思县、右江区、田阳县、田东县	
	海南	琼海市、文昌市、万宁市	
	云南	元谋县、屏边苗族自治县、河口瑶族自治县、景洪市	
芒果	福建	云霄县、漳浦县、诏安县、南靖县	
	广东	赤坎区、霞山区、坡头区、麻章区、遂溪县、徐闻县、廉江市、雷州市、吴川市、茂名农垦、湛江农垦	
	广西	邕宁区、武鸣县、隆安县、马山县、上林县、宾阳县、横县、合浦县、东兴市、灵山县、浦北县、容县、陆川县、博白县、兴业县、北流市、右江区、田阳县、田东县、扶绥县、龙州县	

续　表

产品	省(市、区)	优势县(市、区)	备注
	海南	五指山市、儋州市、东方市、昌江黎族自治县、乐东黎族自治县、陵水黎族自治县、海南农垦	
	四川	仁和区、盐边县	
	云南	元江哈尼族彝族傣族自治县、隆阳区、昌宁县、永胜县、华坪县、景东彝族自治县、景谷傣族彝族自治县、永德县、双江拉祜族佤族布朗族傣族自治县、永仁县、元谋县、元阳县、陇川县	
番木瓜	广东	遂溪县、徐闻县、廉江市、雷州市、吴川市、茂港区、电白县、高州市、化州市、信宜市、高要市	
	广西	邕宁区、横县、灵山县	
	云南	富民县、石林彝族自治县、蒙自县、石屏县	
槟榔	福建	云霄县、漳浦县、诏安县	
	海南	五指山市、琼海市、文昌市、万宁市、定安县、屯昌县、澄迈县、白沙黎族自治县、乐东黎族自治县、陵水黎族自治县、保亭黎族苗族自治县、琼中黎族苗族自治县	
芸豆	河北	满城县、易县、张北县、康保县、沽源县、尚义县、万全县、涿鹿县	
	山西	阳高县、广灵县、山阴县、寿阳县、忻府区、定襄县、五台县、代县、繁峙县、宁武县、静乐县、神池县、五寨县、岢岚县、河曲县、保德县、偏关县、原平市、岚县、方山县	
	内蒙古	林西县、阿荣旗、莫力达瓦达斡尔族自治旗、鄂伦春自治旗、扎兰屯市、化德县、商都县、兴和县、凉城县、丰镇市	
	吉林	农安县、梨树县、公主岭市、敦化市、安图县	
	黑龙江	依兰县、木兰县、五常市、龙江县、依安县、甘南县、富裕县、克山县、拜泉县、讷河市、鸡冠区、恒山区、滴道区、梨树区、城子河区、麻山区、鸡东县、虎林市、密山市、富锦市、爱辉区、嫩江县、逊克县、北安市、五大连池市、庆安县、明水县、绥棱县、海伦市、呼玛县、塔河县、漠河县、宝泉岭农垦分局、北安农垦分局、红兴隆农垦分局、建三江农垦分局、九三农垦分局、牡丹江农垦分局、齐齐哈尔农垦分局	
	山东	平度市、胶南市、峄城区、宁阳县、五莲县、宁津县、临邑县、齐河县、平原县、单县	

续　表

产品	省(市、区)	优势县(市、区)	备注
	重庆	黔江区、石柱土家族自治县	
	四川	万源市、汉源县、天全县、芦山县、宝兴县、汶川县、理县、茂县、松潘县、九寨沟县、金川县、小金县、黑水县、马尔康县、壤塘县、阿坝县、若尔盖县、红原县、甘孜县、木里藏族自治县、盐源县、昭觉县、甘洛县、美姑县	
	贵州	开阳县、息烽县、修文县、六枝特区、水城县、盘县、遵义县、凤冈县、余庆县、平坝县、普定县、紫云苗族布依族自治县、七星关区、大方县、黔西县、金沙县、织金县、纳雍县、威宁彝族回族苗族自治县、赫章县、兴义市、兴仁县、普安县、晴隆县、贞丰县、安龙县	
	云南	禄劝彝族苗族自治县、师宗县、罗平县、富源县、宣威市、镇雄县、玉龙纳西族自治县、永胜县、宁蒗彝族自治县、南华县、大姚县、武定县、文山市、砚山县、麻栗坡县、丘北县、大理市、祥云县、弥渡县、巍山彝族回族自治县、云龙县、洱源县、剑川县、兰坪白族普米族自治县、维西傈僳族自治县	
	陕西	凤县、太白县、靖边县、定边县、洛南县	
	甘肃	清水县、秦安县、崆峒区、泾川县、灵台县、崇信县、武都区	
	新疆	奇台县、木垒哈萨克自治县、阿勒泰市、布尔津县、富蕴县、福海县、哈巴河县	
绿豆	河北	井陉县、迁西县、迁安市、青龙满族自治县、邢台县、宁晋县、巨鹿县、平乡县、威县、涞水县、定兴县、高阳县、易县、蠡县、顺平县、宣化县、蔚县、阳原县、怀来县、承德县、沧县、盐山县、肃宁县、吴桥县、泊头市、任丘市、黄骅市、河间市、文安县、枣强县、武邑县、景县、阜城县	
	山西	娄烦县、阳高县、天镇县、大同县、泽州县、盐湖区、临猗县、万荣县、闻喜县、新绛县、汾阳市	
	内蒙古	赛罕区、托克托县、和林格尔县、阿鲁科尔沁旗、敖汉旗、开鲁县、库伦旗、奈曼旗、扎鲁特旗、兴和县、凉城县、丰镇市、科尔沁右翼中旗、突泉县	
	辽宁	康平县、庄河市、黑山县、阜新蒙古族自治县、彰武县、建平县、喀喇沁左翼蒙古族自治县、北票市、凌源市	
	吉林	前郭尔罗斯蒙古族自治县、长岭县、乾安县、扶余县、洮北区、镇赉县、通榆县、洮南市、大安市	

续　表

产品	省(市、区)	优势县(市、区)	备注
	黑龙江	通河县、五常市、龙江县、泰来县、甘南县、富裕县、集贤县、肇州县、肇源县、林甸县、杜尔伯特蒙古族自治县、桦南县、同江市、明水县、肇东市、宝泉岭农垦分局、北安农垦分局、红兴隆农垦分局、九三农垦分局、牡丹江农垦分局、齐齐哈尔农垦分局	
	江苏	通州区、如东县、启东市、海门市、清浦区	
	安徽	长丰县、龙子湖区、蚌山区、禹会区、淮上区、怀远县、五河县、固镇县、濉溪县、枞阳县、太湖县、凤阳县、明光市、阜南县、寿县、金寨县、涡阳县、蒙城县、利辛县	
	山东	高青县、垦利县、利津县、临朐县、昌邑市、鱼台县、泗水县、东平县、肥城市、沂水县、临邑县、齐河县、夏津县、乐陵市、曹县、单县、巨野县	
	河南	唐河县、邓州市	
	湖北	江夏区、黄陂区、新洲区、阳新县、大冶市、郧县、郧西县、竹山县、竹溪县、枣阳市、梁子湖区、华容区、鄂城区、咸安区、赤壁市、巴东县、仙桃市	
	广西	横县、全州县、合浦县、钦北区、灵山县、桂平市、八步区、武宣县、江州区、扶绥县、宁明县、龙州县、大新县、天等县	
	重庆	潼南县、铜梁县	
	四川	嘉陵区、南部县、蓬安县、西充县、安岳县	
	贵州	遵义县、普定县、镇宁布依族苗族自治县	
绿豆	陕西	白水县、富平县、安塞县、宜川县、榆阳区、神木县、府谷县、横山县、绥德县、米脂县、佳县、子洲县、汉滨区	
	新疆	泽普县、莎车县、叶城县、察布查尔锡伯自治县	
	北京	房山区	
	天津	武清区、静海县、蓟县	
红小豆	河北	井陉县、平山县、迁西县、玉田县、遵化市、迁安市、青龙满族自治县、抚宁县、涞水县、易县、蠡县、雄县、蔚县、阳原县、万全县、涿鹿县、赤城县、承德县、兴隆县、滦平县、隆化县、宽城满族自治县、泊头市、任丘市、河间市、固安县、香河县、文安县、大厂回族自治县、三河市、枣强县、故城县、景县	

续　表

产品	省(市、区)	优势县(市、区)	备注
	山西	天镇县、广灵县、浑源县、和顺县、寿阳县、原平市、翼城县、浮山县、交口县	
	内蒙古	托克托县、和林格尔县、敖汉旗、库伦旗、奈曼旗	
	辽宁	康平县、庄河市、黑山县、阜新蒙古族自治县、彰武县、建平县、喀喇沁左翼蒙古族自治县、北票市、凌源市	
	吉林	农安县、前郭尔罗斯蒙古族自治县、长岭县、乾安县、扶余县、洮北区、镇赉县、通榆县、洮南市、大安市、敦化市	
	黑龙江	依兰县、双城市、尚志市、五常市、龙江县、依安县、甘南县、虎林市、密山市、兴山区、萝北县、绥滨县、集贤县、宝清县、大同区、肇州县、肇源县、林甸县、杜尔伯特蒙古族自治县、桦南县、桦川县、汤原县、同江市、富锦市、新兴区、桃山区、茄子河区、勃利县、北安市、兰西县、青冈县、明水县、安达市、肇东市、宝泉岭农垦分局、北安农垦分局、红兴隆农垦分局、九三农垦分局、牡丹江农垦分局、齐齐哈尔农垦分局	
	江苏	沛县、启东市、如皋市、海门市、东海县	
	山东	莱阳市、五莲县、沂水县	
	湖北	竹溪县、房县、江陵县、罗田县、英山县、浠水县、咸安区、建始县、巴东县	
	四川	顺庆区、高坪区、嘉陵区、南部县、营山县、蓬安县、仪陇县、西充县、阆中市、大竹县、万源市	
	贵州	仁怀市、紫云苗族布依族自治县、七星关区、大方县、金沙县、织金县	
	云南	宁蒗彝族自治县、凤庆县、云县、永德县、巍山彝族回族自治县	
红小豆	陕西	安塞县、吴起县、甘泉县、神木县、横山县、靖边县、定边县、佳县、子洲县	
	甘肃	环县、华池县	
蚕豆	河北	张北县、康保县、沽源县、蔚县、万全县、赤城县、崇礼县	
	江苏	通州区、如东县、启东市、如皋市、海门市、射阳县、大丰市	

续　表

产品	省(市、区)	优势县(市、区)	备注
	安徽	五河县、大通区、田家庵区、谢家集区、八公山区、潘集区、凤台县、金家庄区、花山区、雨山区、当涂县、含山县、和县、迎江区、大观区、宜秀区、怀宁县、枞阳县、潜山县、太湖县、宿松县、望江县、岳西县、桐城市、颍州区、颍东区、颍泉区、临泉县、太和县、阜南县、颍上县、界首市、涡阳县、蒙城县、利辛县	
	湖北	蔡甸区、江夏区、汉川市、公安县、监利县、蕲春县、赤壁市、曾都区	
	广西	苍梧县、桂平市、北流市	
	重庆	万州区、合川区、永川区、巫山县	
	四川	简阳市、西昌市、昭觉县	
	贵州	开阳县、息烽县、修文县、六枝特区、遵义县、凤冈县、余庆县、仁怀市、普定县、镇宁布依族苗族自治县、关岭布依族苗族自治县、七星关区、大方县、黔西县、金沙县、织金县、纳雍县、威宁彝族回族苗族自治县、玉屏侗族自治县、思南县、兴义市、兴仁县、晴隆县、凯里市、雷山县、独山县、惠水县	
	云南	宜良县、石林彝族自治县、嵩明县、禄劝彝族苗族自治县、麒麟区、陆良县、富源县、沾益县、江川县、易门县、隆阳区、施甸县、腾冲县、龙陵县、昌宁县、永胜县、凤庆县、楚雄市、双柏县、牟定县、南华县、姚安县、大姚县、禄丰县、开远市、蒙自县、建水县、弥勒县、大理市、祥云县、宾川县、弥渡县、南涧彝族自治县、巍山彝族回族自治县、永平县、洱源县、剑川县、鹤庆县、兰坪白族普米族自治县	
	陕西	汉台区、南郑县、城固县、洋县、西乡县、勉县、汉滨区、汉阴县、旬阳县	
	甘肃	永登县、榆中县、清水县、甘谷县、武山县、张家川回族自治县、华亭县、静宁县、通渭县、渭源县、临洮县、漳县、岷县、武都区、宕昌县、礼县、临夏市、临夏县、康乐县、永靖县、广河县、和政县、东乡族自治县、积石山保安族东乡族撒拉族县、临潭县、舟曲县、夏河县	
	青海	大通回族土族自治县、湟中县、湟源县、平安县、乐都县、互助土族自治县、共和县、兴海县、贵南县	
	宁夏	隆德县、泾源县	

续　表

产品	省(市、区)	优势县(市、区)	备注
豌豆	河北	乐亭县、昌黎县、高碑店市、张北县、康保县、沽源县、尚义县、固安县	
	山西	新荣区、左云县、平鲁区、右玉县、宁武县、偏关县	
	江苏	通州区、启东市、如皋市、海门市	
	山东	莱阳市、高密市	
	湖北	蔡甸区、江夏区、黄陂区、大冶市、竹山县、竹溪县、当阳市、老河口市、沙洋县、钟祥市、应城市、汉川市、公安县、监利县、洪湖市、松滋市、浠水县、咸安区、赤壁市、曾都区、利川市、巴东县、仙桃市、天门市	
	广东	连平县、饶平县	
	重庆	潼南县、巫山县	
	四川	金堂县、仁和区、合江县、平武县、剑阁县、资中县、嘉陵区、南部县、仪陇县、仁寿县、广安区、武胜县、达县、宣汉县、大竹县、渠县、雁江区、安岳县、乐至县、简阳市、会东县、宁南县	
	贵州	开阳县、息烽县、修文县、水城县、遵义县、道真仡佬族苗族自治县、凤冈县、湄潭县、余庆县、镇宁布依族苗族自治县、关岭布依族苗族自治县、七星关区、大方县、黔西县、金沙县、织金县、纳雍县、威宁彝族回族苗族自治县、赫章县、思南县、兴义市、兴仁县、晴隆县、凯里市、麻江县、独山县、惠水县	
	云南	宜良县、陆良县、师宗县、富源县、会泽县、沾益县、澄江县、易门县、永德县、南华县、蒙自县、建水县、丘北县、广南县、大理市、漾濞彝族自治县、祥云县、弥渡县、南涧彝族自治县、巍山彝族回族自治县、永平县、云龙县、洱源县、剑川县、鹤庆县	
	甘肃	永登县、皋兰县、榆中县、平川区、靖远县、会宁县、景泰县、秦安县、古浪县、天祝藏族自治县、民乐县、庄浪县、静宁县、环县、安定区、通渭县、陇西县、渭源县、临洮县、临潭县、卓尼县	
	青海	大通回族土族自治县、湟中县、平安县、乐都县、互助土族自治县、化隆回族自治县、共和县	
	宁夏	同心县、西吉县、隆德县、海原县	

产品	省(市、区)	优势县(市、区)	备注
豇豆	内蒙古	扎鲁特旗、科尔沁右翼中旗、扎赉特旗、突泉县	
	吉林	长岭县、乾安县、洮北区、镇赉县、通榆县、洮南市、大安市	
荞麦	河北	宣化县、张北县、沽源县、尚义县、蔚县、怀安县、万全县、赤城县、崇礼县	
	山西	广灵县、右玉县、和顺县、寿阳县	
	内蒙古	武川县、固阳县、达尔罕茂明安联合旗、松山区、林西县、翁牛特旗、敖汉旗、库伦旗、奈曼旗、四子王旗	
	安徽	枞阳县、太湖县	
	广西	柳江县、靖西县、兴宾区	
	重庆	酉阳土家族苗族自治县	
	四川	木里藏族自治县、盐源县、会东县、普格县、布拖县、金阳县、昭觉县、喜德县、冕宁县、越西县、美姑县	
	贵州	六枝特区、盘县、七星关区、纳雍县、威宁彝族回族苗族自治县、赫章县	
	云南	马龙县、富源县、会泽县、龙陵县、鲁甸县、巧家县、永善县、镇雄县、永胜县、华坪县、宁蒗彝族自治县、墨江哈尼族自治县、景东彝族自治县、澜沧拉祜族自治县、临翔区、凤庆县、云县、镇康县、双江拉祜族佤族布朗族傣族自治县、沧源佤族自治县、楚雄市、牟定县、南华县、姚安县、大姚县、泸西县、红河县、绿春县、祥云县、洱源县、鹤庆县、香格里拉县	
	西藏	贡觉县、芒康县、日喀则市、谢通门县、定结县、吉隆县	
	陕西	子长县、安塞县、志丹县、吴起县、榆阳区、横山县、靖边县、定边县、绥德县、米脂县、子洲县	
	甘肃	会宁县、秦州区、清水县、秦安县、甘谷县、武山县、张家川回族自治县、凉州区、古浪县、崆峒区、崇信县、华亭县、庄浪县、静宁县、环县、华池县、正宁县、宁县、镇原县、安定区、通渭县、陇西县、武都区、成县、文县、西和县、礼县、舟曲县	
	宁夏	盐池县、同心县、西吉县、彭阳县、海原县	
燕麦	河北	张北县、康保县、沽源县、尚义县、蔚县、怀安县、赤城县、崇礼县、丰宁满族自治县、围场满族蒙古族自治县	

续　表

产品	省(市、区)	优势县(市、区)	备注
	山西	左云县、平鲁区、右玉县、宁武县、神池县、五寨县、岢岚县	
	内蒙古	武川县、固阳县、克什克腾旗、卓资县、化德县、商都县、察哈尔右翼中旗、察哈尔右翼后旗	
	吉林	洮北区	
	四川	布拖县、金阳县、昭觉县、越西县、美姑县	
	贵州	威宁彝族回族苗族自治县、赫章县	
	云南	鲁甸县、巧家县、大关县、宁蒗彝族自治县、香格里拉县、德钦县、维西傈僳族自治县	
	甘肃	会宁县、庄浪县、静宁县、环县、安定区、通渭县、陇西县、渭源县、漳县、岷县	
	宁夏	西吉县、彭阳县、海原县	
青稞	四川	松潘县、黑水县、马尔康县、壤塘县、阿坝县、若尔盖县、康定县、道孚县、炉霍县、甘孜县、新龙县、德格县、白玉县、理塘县、稻城县、木里藏族自治县	
	云南	玉龙纳西族自治县、香格里拉县、德钦县、维西傈僳族自治县	
	西藏	林周县、曲水县、堆龙德庆县、达孜县、墨竹工卡县、昌都县、贡觉县、芒康县、乃东县、扎囊县、贡嘎县、桑日县、隆子县、日喀则市、南木林县、江孜县、拉孜县、白朗县、米林县、波密县	
	甘肃	金川区、天祝藏族自治县、肃南裕固族自治县、民乐县、岷县、合作市、临潭县、卓尼县、舟曲县、迭部县、碌曲县、夏河县	
	青海	湟源县、化隆回族自治县、门源回族自治县、海晏县、刚察县、同仁县、共和县、同德县、贵德县、兴海县、贵南县、玉树县、称多县、囊谦县、格尔木市、德令哈市、都兰县	
谷子	河北	赵县、辛集市、晋州市、邢台县、内邱县、隆尧县、宁晋县、巨鹿县、新河县、广宗县、威县、清河县、临西县、沙河市、唐县、涞源县、易县、曲阳县、宣化县、蔚县、怀安县、承德县、平泉县、丰宁满族自治县、黄骅市、文安县、饶阳县、冀州市、深州市	

续 表

产品	省(市、区)	优势县(市、区)	备注
	山西	阳曲县、娄烦县、古交市、大同县、平定县、盂县、长治县、壶关县、沁县、泽州县、榆次区、榆社县、左权县、和顺县、寿阳县、新绛县、临县、柳林县、汾阳市	
	内蒙古	喀喇沁旗、宁城县、敖汉旗、奈曼旗	
	辽宁	义县、阜新蒙古族自治县、彰武县、铁岭县、朝阳县、建平县、喀喇沁左翼蒙古族自治县、北票市、凌源市、建昌县	
	吉林	榆树市、舒兰市、前郭尔罗斯蒙古族自治县、长岭县、扶余县、镇赉县、大安市	
	黑龙江	呼兰区、阿城区、宾县、巴彦县、双城市、五常市、龙江县、依安县、泰来县、甘南县、富裕县、拜泉县、肇州县、肇源县、林甸县、杜尔伯特蒙古族自治县、望奎县、兰西县、青冈县、明水县、安达市、肇东市	
	山东	周村区、金乡县、泗水县、五莲县、沂水县、陵县、庆云县、平原县、夏津县、武城县、定陶县	
	河南	巩义市、荥阳市、新安县、宜阳县、洛宁县、伊川县、安阳县、林州市、渑池县	
	陕西	宝塔区、延长县、延川县、子长县、安塞县、志丹县、神木县、府谷县、横山县、绥德县、米脂县、佳县、清涧县、子洲县	
	甘肃	会宁县、秦安县、甘谷县、张家川回族自治县、庄浪县、静宁县、西峰区、环县、华池县、正宁县、宁县、镇原县、安定区、通渭县	
糜子	河北	怀安县、万全县、大城县	
	山西	和顺县、寿阳县	
	内蒙古	土默特左旗、托克托县、和林格尔县、清水河县、土默特右旗、东胜区、达拉特旗、准格尔旗、伊金霍洛旗、凉城县	
	辽宁	阜新蒙古族自治县、建平县、北票市	
糜子	吉林	双辽市、前郭尔罗斯蒙古族自治县、长岭县、乾安县、镇赉县、通榆县、洮南市	
	黑龙江	富裕县、拜泉县、兰西县、青冈县	
	陕西	安塞县、志丹县、吴起县、榆阳区、神木县、府谷县、横山县、靖边县、定边县、佳县	

续　表

产品	省(市、区)	优势县(市、区)	备注
	甘肃	会宁县、秦安县、甘谷县、武山县、张家川回族自治县、崆峒区、泾川县、灵台县、静宁县、西峰区、庆城县、环县、华池县、合水县、宁县、镇原县、安定区、通渭县、陇西县	
	宁夏	盐池县、同心县、西吉县、彭阳县、海原县	
高粱	河北	平山县、青县、海兴县、南皮县、献县、孟村回族自治县、任丘市、黄骅市、武邑县	
	山西	清徐县、沁县、榆次区、寿阳县、平遥县、介休市、定襄县、原平市、交城县、孝义市、汾阳市	
	内蒙古	巴林左旗、翁牛特旗、宁城县、敖汉旗、科尔沁区、科尔沁左翼中旗、开鲁县、库伦旗、奈曼旗、扎鲁特旗	
	辽宁	辽中县、康平县、义县、凌海市、阜新蒙古族自治县、彰武县、朝阳县、建平县、北票市、连山区、绥中县、建昌县	
	吉林	农安县、榆树市、双辽市、长岭县、乾安县、洮北区、镇赉县、通榆县、洮南市、大安市	
	黑龙江	龙江县、依安县、泰来县、富裕县、克山县、讷河市、肇源县、林甸县、桦川县、海伦市	
	山东	河口区、垦利县、利津县、庆云县、武城县、阳信县、沾化县	
	湖北	阳新县、枣阳市、监利县、浠水县	
	重庆	江津区、合川区、永川区、荣昌县	
	四川	富顺县、江阳区、纳溪区、龙马潭区、泸县、合江县、古蔺县、翠屏区、宜宾县、江安县、长宁县、高县	
	贵州	开阳县、清镇市、遵义县、习水县、仁怀市、平坝县、金沙县、平塘县	
	陕西	凤翔县、千阳县	
	甘肃	崆峒区、泾川县、灵台县、崇信县、华亭县、宁县、陇西县	
	新疆	和静县、伊宁市	
薏苡	浙江	泰顺县、缙云县	
	广西	乐业县、田林县、西林县、隆林各族自治县	

续 表

产品	省(市、区)	优势县(市、区)	备注
啤酒大麦	贵州	紫云苗族布依族自治县、兴义市、兴仁县、普安县、晴隆县、贞丰县、望谟县、安龙县、长顺县	
	云南	马龙县、师宗县、罗平县、富源县、宣威市、文山市、丘北县、广南县	
	内蒙古	武川县、海拉尔区、陈巴尔虎旗、新巴尔虎左旗、牙克石市、额尔古纳市、卓资县、察哈尔右翼中旗、太仆寺旗、多伦县、阿拉善左旗、阿拉善右旗、额济纳旗	
	黑龙江	龙沙区、建华区、铁锋区、昂昂溪区、富拉尔基区、碾子山区、梅里斯达斡尔族区、龙江县、依安县、泰来县、甘南县、富裕县、克山县、克东县、拜泉县、讷河市、友谊县、北林区、望奎县、兰西县、青冈县、庆安县、明水县、绥棱县、安达市、肇东市、海伦市、宝泉岭农垦分局、北安农垦分局、红兴隆农垦分局、建三江农垦分局、九三农垦分局、牡丹江农垦分局	
	江苏	连云区、新浦区、海州区、赣榆县、东海县、灌云县、灌南县、淮安区、亭湖区、盐都区、响水县、滨海县、阜宁县、射阳县、建湖县、东台市、大丰市、宝应县、高邮市、兴化市、姜堰市	
	安徽	瑶海区、庐阳区、蜀山区、包河区、长丰县、肥东县、肥西县、庐江县、龙子湖区、蚌山区、禹会区、淮上区、怀远县、五河县、固镇县、金家庄区、花山区、雨山区、当涂县、含山县、和县、琅琊区、南谯区、来安县、全椒县、定远县、凤阳县、天长市、明光市、颍州区、颍东区、颍泉区、临泉县、太和县、阜南县、颍上县、界首市、埇桥区、砀山县、萧县、灵璧县、泗县、金安区、裕安区、寿县、霍邱县、舒城县、金寨县、霍山县、谯城区、涡阳县、蒙城县、利辛县	
	河南	尉氏县、兰考县、安阳县、新乡县、解放区、中站区、马村区、山阳区、修武县、博爱县、武陟县、温县、沁阳市、孟州市、濮阳县、梁园区、睢阳区、民权县、睢县、宁陵县、柘城县、虞城县、夏邑县、永城市、川汇区、扶沟县、西华县、商水县、沈丘县、郸城县、淮阳县、太康县、鹿邑县、项城市	
啤酒大麦	云南	石林彝族自治县、嵩明县、寻甸回族彝族自治县、马龙县、沾益县、隆阳区、腾冲县、玉龙纳西族自治县、临翔区、云县、南华县、姚安县、泸西县、文山市、祥云县、弥渡县、南涧彝族自治县、巍山彝族回族自治县、洱源县、剑川县、鹤庆县	
	陕西	蓝田县、户县、岐山县、扶风县、眉县、兴平市、大荔县、富平县	

续　表

产品	省(市、区)	优势县(市、区)	备注
	甘肃	永登县、皋兰县、金川区、永昌县、景泰县、凉州区、民勤县、古浪县、天祝藏族自治县、甘州区、民乐县、山丹县、肃州区、玉门市	
	新疆	乌鲁木齐县、巴里坤哈萨克自治县、伊吾县、昌吉市、奇台县、吉木萨尔县、木垒哈萨克自治县、昭苏县、特克斯县、尼勒克县、塔城市、额敏县、农四师76团、农九师165团、农十三师红山农场、74团、77团	
啤酒花	甘肃	永昌县、凉州区、甘州区、临泽县、高台县、肃州区、玉门市	
	新疆	昌吉市、呼图壁县、拜城县、塔城市、沙湾县、福海县、直属222团	
	吉林	双辽市、长岭县、通榆县、洮南市、大安市	
	江苏	玄武区、白下区、秦淮区、建邺区、鼓楼区、下关区、浦口区、栖霞区、雨花台区、江宁区、六合区、溧水县、高淳县、淮阴区	
	安徽	定远县、临泉县、阜南县、颍上县、居巢区	
	福建	蕉城区	
芝麻	江西	进贤县、乐平市、都昌县、余干县、鄱阳县	
	河南	方城县、镇平县、邓州市、淮滨县、息县、商水县、项城市、上蔡县、平舆县、新蔡县	
	湖北	江夏区、襄城区、樊城区、襄阳区、南漳县、谷城县、保康县、老河口市、枣阳市、宜城市、梁子湖区、华容区、鄂城区、京山县、麻城市	
	陕西	蓝田县、扶风县、三原县、临渭区、大荔县、蒲城县、富平县、洋县、绥德县、佳县、商南县	
	新疆	阿克苏市、青河县	
	河北	张北县、康保县、沽源县、尚义县、万全县、赤城县、丰宁满族自治县	
胡麻	山西	阳曲县、娄烦县、古交市、南郊区、新荣区、广灵县、浑源县、左云县、沁源县、朔城区、平鲁区、山阴县、应县、右玉县、和顺县、昔阳县、寿阳县、宁武县、静乐县、神池县、岢岚县、偏关县、洪洞县、蒲县、汾西县、离石区、兴县、岚县、中阳县、交口县	

续 表

产品	省(市、区)	优势县(市、区)	备注
	内蒙古	和林格尔县、清水河县、卓资县、化德县、商都县、兴和县、凉城县、察哈尔右翼前旗、太仆寺旗	
	陕西	志丹县、吴起县、神木县、府谷县、横山县、靖边县、定边县	
	甘肃	永登县、皋兰县、榆中县、永昌县、平川区、靖远县、会宁县、景泰县、清水县、凉州区、古浪县、临泽县、高台县、山丹县、崆峒区、灵台县、崇信县、华亭县、庄浪县、静宁县、环县、华池县、安定区、通渭县、陇西县、渭源县、永靖县	
	宁夏	盐池县、同心县、原州区、西吉县、隆德县、泾源县、彭阳县、沙坡头区、海原县	
	新疆	木垒哈萨克自治县、温宿县、拜城县、乌什县、阿合奇县、疏附县、泽普县、莎车县、和田县、洛浦县、策勒县、于田县、察布查尔锡伯自治县、霍城县、巩留县、新源县、昭苏县、特克斯县、尼勒克县	
向日葵	山西	阳曲县、广灵县、应县、寿阳县、闻喜县、夏县、五寨县、原平市、曲沃县、侯马市、兴县	
	内蒙古	松山区、林西县、克什克腾旗、翁牛特旗、敖汉旗、杭锦旗、临河区、五原县、磴口县、乌拉特前旗、乌拉特中旗、杭锦后旗	
	辽宁	新民市、阜新蒙古族自治县、朝阳县、建平县、喀喇沁左翼蒙古族自治县、北票市	
	吉林	长岭县、乾安县、通榆县、洮南市	
	黑龙江	龙江县、依安县、泰来县、甘南县、克山县、拜泉县、讷河市、肇州县、肇源县、林口县、兰西县、青冈县、明水县	
	新疆	乌鲁木齐县、昌吉市、阜康市、呼图壁县、玛纳斯县、奇台县、吉木萨尔县、博乐市、温泉县、焉耆回族自治县、博湖县、叶城县、伊宁县、察布查尔锡伯自治县、霍城县、巩留县、新源县、昭苏县、特克斯县、塔城市、乌苏市、额敏县、沙湾县、阿勒泰市、布尔津县、富蕴县、福海县、哈巴河县、吉木乃县、农四师、农六师、农七师、农九师、农十师、直属222团	
木本油料	浙江	淳安县、建德市、苍南县、泰顺县、武义县、衢江区、常山县、开化县、江山市、天台县、仙居县、莲都区、青田县、缙云县、遂昌县、松阳县、云和县、景宁畲族自治县、龙泉市	
	湖北	阳新县、大冶市、竹山县、竹溪县、丹江口市、长阳土家族自治县、大悟县、安陆市、松滋市、嘉鱼县、通城县、通山县、曾都	

续　表

产品	省(市、区)	优势县(市、区)	备注
		区、广水市	
	湖南	宁乡县、浏阳市、株洲县、攸县、茶陵县、醴陵市、湘潭县、衡南县、衡东县、祁东县、耒阳市、常宁市、邵阳县、平江县、鼎城区、临澧县、桃源县、津市市、苏仙区、桂阳县、永兴县、安仁县、零陵区、祁阳县、道县、江永县、宁远县、蓝山县、江华瑶族自治县、会同县、冷水江市、永顺县	
	贵州	盘县、铜仁市、玉屏侗族自治县、石阡县、沿河土家族自治县、天柱县	
红茶	安徽	黟县、祁门县、贵池区、东至县、石台县	
	福建	松溪县、政和县、武夷山市、蕉城区、寿宁县、周宁县、福安市、福鼎市	
	江西	浮梁县、武宁县、修水县、铜鼓县	
	广东	曲江区、仁化县、新丰县、廉江市、高州市、信宜市、清新县、英德市	
	广西	灵山县、龙州县	
	云南	昌宁县、江城哈尼族彝族自治县、澜沧拉祜族自治县、临翔区、凤庆县、云县、镇康县、双江拉祜族佤族布朗族傣族自治县、沧源佤族自治县、芒市	
乌龙茶	福建	同安区、大田县、安溪县、永春县、南安市、诏安县、长泰县、南靖县、平和县、华安县、武夷山市、建瓯市、建阳市、漳平市	
	广东	廉江市、德庆县、梅县、大埔县、丰顺县、五华县、平远县、蕉岭县、兴宁市、陆河县、潮安县、饶平县	
普洱茶	云南	思茅区、墨江哈尼族自治县、景东彝族自治县、景谷傣族彝族自治县、澜沧拉祜族自治县、双江拉祜族佤族布朗族傣族自治县、景洪市、勐海县、勐腊县、芒市、陇川县	
绿茶	江苏	江宁区、溧水区、高淳区、锡山区、宜兴市、武进区、溧阳市、金坛区、吴中区、常熟市、丹徒区、句容市	
	浙江	上城区、下城区、江干区、拱墅区、西湖区、滨江区、萧山区、余杭区、桐庐县、淳安县、建德市、富阳市、临安市、宁海县、余姚市、永嘉县、泰顺县、长兴县、安吉县、绍兴县、新昌县、诸暨市、上虞市、嵊州市、武义县、磐安县、东阳市、开化县、天台县、临海市、遂昌县、松阳县、庆元县、景宁畲族自治县、龙泉市	

续　表

产品	省（市、区）	优势县（市、区）	备注
绿茶	安徽	潜山县、太湖县、岳西县、桐城市、黄山区、徽州区、歙县、休宁县、黟县、金安区、裕安区、舒城县、金寨县、霍山县、宣州区、郎溪县、广德县、泾县、宁国市	
	福建	连江县、罗源县、尤溪县、松溪县、政和县、邵武市、武平县、蕉城区、霞浦县、寿宁县、周宁县、福安市、福鼎市	
	江西	南昌县、新建县、新建县、进贤县、浮梁县、乐平市、庐山区、九江县、武宁县、修水县、永修县、德安县、星子县、都昌县、湖口县、彭泽县、瑞昌市、月湖区、余江县、贵溪市、上犹县、崇义县、宁都县、吉安县、永丰县、泰和县、遂川县、井冈山市、袁州区、奉新县、靖安县、铜鼓县、樟树市、乐安县、金溪县、资溪县、上饶县、玉山县、铅山县、婺源县、德兴市	
	河南	山阳区、卢氏县、西峡县、内乡县、淅川县、唐河县、桐柏县、邓州市、浉河区、平桥区、罗山县、光山县、新县、商城县、固始县、潢川县、确山县、泌阳县	
	湖北	阳新县、郧县、竹山县、竹溪县、房县、夷陵区、远安县、兴山县、秭归县、长阳土家族自治县、五峰土家族自治县、宜都市、南漳县、谷城县、保康县、枣阳市、孝南区、孝昌县、大悟县、红安县、罗田县、英山县、蕲春县、黄梅县、麻城市、咸安区、嘉鱼县、通城县、崇阳县、通山县、赤壁市、曾都区、恩施市、利川市、建始县、巴东县、宣恩县、咸丰县、来凤县、鹤峰县、神农架林区	
	湖南	长沙县、宁乡县、荷塘区、芦淞区、石峰区、天元区、株洲县、攸县、茶陵县、炎陵县、醴陵市、湘乡市、南岳区、衡山县、衡东县、隆回县、洞口县、君山区、岳阳县、湘阴县、平江县、汨罗市、临湘市、桃源县、石门县、永定区、武陵源区、慈利县、桑植县、桃江县、安化县、宜章县、嘉禾县、临武县、汝城县、桂东县、资兴市、零陵区、冷水滩区、祁阳县、东安县、双牌县、道县、江永县、宁远县、蓝山县、新田县、江华瑶族自治县、沅陵县、辰溪县、溆浦县、会同县、麻阳苗族自治县、新晃侗族自治县、芷江侗族自治县、吉首市、泸溪县、凤凰县、花垣县、保靖县、古丈县、永顺县、龙山县	
	广东	从化市、曲江区、始兴县、仁化县、翁源县、乳源瑶族自治县、乐昌市、徐闻县、雷州市、高州市、化州市、信宜市、广宁县、怀集县、封开县、博罗县、惠东县、梅县、大埔县、丰顺县、五华县、平远县、蕉岭县、兴宁市、陆河县、陆丰市、紫金县、连平县、东源县、佛冈县、阳山县、连南瑶族自治县、英德市、连州市、潮安县、饶平县、揭东县、揭西县、普宁市、新兴县、郁南县、罗定市	

续　表

产品	省(市、区)	优势县(市、区)	备注
绿茶	广西	武鸣县、隆安县、马山县、上林县、横县、柳江县、鹿寨县、融水苗族自治县、阳朔县、灵川县、全州县、资源县、平乐县、荔浦县、苍梧县、藤县、钦南区、钦北区、灵山县、浦北县、平南县、桂平市、容县、陆川县、博白县、北流市、凌云县、昭平县、钟山县、富川瑶族自治县、罗城仫佬族自治县、环江毛南族自治县、忻城县、武宣县、金秀瑶族自治县	
	海南	琼山区、琼海市、儋州市、文昌市、万宁市、定安县、屯昌县、澄迈县、临高县、白沙黎族自治县、琼中黎族苗族自治县	
	重庆	万州区、涪陵区、万盛区、巴南区、黔江区、江津区、合川区、永川区、南川区、潼南县、铜梁县、大足县、荣昌县、璧山县、梁平县、城口县、丰都县、垫江县、武隆县、忠县、开县、云阳县、奉节县、巫山县、巫溪县、石柱土家族自治县、秀山土家族苗族自治县、酉阳土家族苗族自治县、彭水苗族土家族自治县	
	四川	蒲江县、都江堰市、荣县、纳溪区、叙永县、古蔺县、北川羌族自治县、平武县、旺苍县、青川县、夹江县、沐川县、马边彝族自治县、峨眉山市、洪雅县、翠屏区、宜宾县、高县、珙县、筠连县、屏山县、宣汉县、万源市、雨城区、名山区、通江县、南江县、平昌县	
	贵州	花溪区、开阳县、清镇市、六枝特区、水城县、盘县、正安县、道真仡佬族苗族自治县、务川仡佬族苗族自治县、凤冈县、湄潭县、余庆县、西秀区、普定县、镇宁布依族苗族自治县、紫云苗族布依族自治县、大方县、黔西县、金沙县、纳雍县、铜仁市、江口县、石阡县、思南县、印江土家族苗族自治县、德江县、沿河土家族自治县、松桃苗族自治县、兴义市、兴仁县、普安县、晴隆县、贞丰县、安龙县、岑巩县、台江县、黎平县、雷山县、丹寨县、都匀市、贵定县、瓮安县、平塘县、罗甸县	
	云南	隆阳区、施甸县、腾冲县、龙陵县、昌宁县、思茅区、宁洱哈尼族彝族自治县、墨江哈尼族自治县、景东彝族自治县、景谷傣族彝族自治县、镇沅彝族哈尼族拉祜族自治县、江城哈尼族彝族自治县、孟连傣族拉祜族佤族、澜沧拉祜族自治县、西盟佤族自治县、云县、景洪市、瑞丽市、芒市、梁河县、盈江县、陇川县	
	陕西	南郑县、城固县、洋县、西乡县、勉县、宁强县、略阳县、镇巴县、汉滨区、汉阴县、石泉县、紫阳县、岚皋县、平利县、镇坪县、旬阳县、白河县、商南县、镇安县	

产品	省(市、区)	优势县(市、区)	备注
	甘肃	武都区、文县、宕昌县、康县、西和县、礼县、徽县	
咖啡	广东	赤坎区、霞山区、坡头区、麻章区、遂溪县、徐闻县、廉江市、雷州市、吴川市、茂南区、茂港区、电白县、高州市、化州市、信宜市	
	海南	琼山区、琼海市、儋州市、文昌市、万宁市、定安县、屯昌县、澄迈县、临高县、白沙黎族自治县、琼中黎族苗族自治县	
	云南	隆阳区、龙陵县、昌宁县、思茅区、宁洱哈尼族彝族自治县、墨江哈尼族自治县、景东彝族自治县、景谷傣族彝族自治县、镇沅彝族哈尼族拉祜族自治县、江城哈尼族彝族自治县、孟连傣族拉祜族佤族、澜沧拉祜族自治县、西盟佤族自治县、永德县、镇康县、双江拉祜族佤族布朗族傣族自治县、耿马傣族佤族自治县、沧源佤族自治县、景洪市、勐海县、勐腊县、瑞丽市、芒市、盈江县、陇川县	
鲜切花	浙江	临安市、嘉善县、海宁市、新昌县	
	云南	官渡区、呈贡县、晋宁县、富民县、嵩明县、安宁市、麒麟区、红塔区、江川县、澄江县、通海县、元江哈尼族彝族傣族自治县	
种球花卉	辽宁	凌源市	
	福建	平潭县、龙文区、龙海市	
	云南	马龙县、陆良县、师宗县、罗平县、富源县、会泽县、沾益县、宣威市、昭阳区、鲁甸县、巧家县、盐津县、大关县、永善县、绥江县、镇雄县、彝良县、威信县、水富县、古城区、玉龙纳西族自治县、永胜县、华坪县、宁蒗彝族自治县、香格里拉县、德钦县、维西傈僳族自治县	
	甘肃	永登县、皋兰县、榆中县、凉州区、临洮县、宕昌县、永靖县	
	青海	大通回族土族自治县、湟中县、湟源县、平安县、民和回族土族自治县、乐都县、互助土族自治县、化隆回族自治县、循化撒拉族自治县、同仁县、尖扎县、贵德县	
盆栽花卉	天津	东丽区	
	辽宁	海城市	
	江苏	如皋市	

续　表

产品	省(市、区)	优势县(市、区)	备注
	浙江	江干区、西湖区、宁海县、慈溪市、奉化市、嘉善县、海盐县、海宁市、绍兴县、新昌县、诸暨市、上虞市、嵊州市、武义县、浦江县、磐安县、兰溪市、义乌市、东阳市、永康市	
	福建	闽侯县、连江县、罗源县、福清市、长乐市、同安区、翔安区、鲤城区、洛江区、南安市、芗城区、龙文区、漳浦县、南靖县、龙海市、漳平市、蕉城区	
	广东	番禺区、花都区、增城市、从化市、南海区、顺德区、三水区、高明区、蓬江区、江海区、新会区、台山市、开平市、鹤山市、恩平市、高要市、四会市、惠城区、惠阳区、博罗县、惠东县、东莞市、中山市	
	广西	象山区	
园林花卉	河南	孟津县、偃师市、鄢陵县、宛城区、卧龙区	
	湖北	江夏区、孝南区、通山县	
	辽宁	庄河市、岫岩满族自治县、抚顺县、宽甸满族自治县、东港市、凤城市、盖州市、开原市	
	吉林	昌邑区、龙潭区、船营区、丰满区、永吉县、蛟河市、桦甸市、舒兰市、磐石市、龙山区、西安区、东丰县、东辽县、通化县	
	黑龙江	佳木斯市区、东安区、阳明区、爱民区、西安区、东宁县、林口县、绥芬河市、海林市、宁安市、穆棱市	
	江苏	吴江市、通州区、海安县、如东县、启东市、如皋市、海门市、盐都区、响水县、滨海县、阜宁县、射阳县、建湖县、东台市、大丰市	
蚕茧	浙江	桐庐县、淳安县、建德市、富阳市、临安市、秀洲区、海盐县、海宁市、桐乡市、吴兴区、南浔区、德清县、长兴县、安吉县、新昌县、诸暨市、上虞市、嵊州市、武义县、兰溪市、开化县、缙云县	
	安徽	岳西县、黟县、霍山县、泾县	
	河南	鲁山县、舞钢市、南召县、方城县	
	湖北	郧县、远安县、英山县	
	广东	曲江区、始兴县、翁源县、遂溪县、徐闻县、廉江市、雷州市、化州市、德庆县、阳春市	

续 表

产品	省(市、区)	优势县(市、区)	备注
	广西	邕宁区、上林县、宾阳县、横县、柳江县、柳城县、鹿寨县、融安县、蒙山县、合浦县、钦北区、灵山县、浦北县、港南区、覃塘区、平南县、凤山县、东兰县、罗城仫佬族自治县、环江毛南族自治县、都安瑶族自治县、宜州市、忻城县、象州县	
	重庆	黔江区、江津区、丰都县、武隆县、云阳县、奉节县、巫溪县	
	四川	金堂县、大邑县、邛崃市、荣县、富顺县、米易县、盐边县、中江县、涪城区、游仙区、三台县、朝天区、射洪县、东兴区、资中县、隆昌县、井研县、嘉陵区、南部县、仪陇县、西充县、阆中市、东坡区、仁寿县、洪雅县、丹棱县、青神县、宜宾县、高县、珙县、兴文县、武胜县、达县、大竹县、安岳县、乐至县、西昌市、德昌县、会东县、宁南县、普格县、冕宁县	
	云南	麒麟区、陆良县、沾益县、隆阳区、施甸县、巧家县、镇雄县、威信县、思茅区、墨江哈尼族自治县、景东彝族自治县、祥云县、鹤庆县	
	陕西	千阳县、汉台区、南郑县、城固县、洋县、西乡县、勉县、略阳县、镇巴县、汉滨区、汉阴县、石泉县、宁陕县、紫阳县、岚皋县、平利县、旬阳县、白河县、镇安县	
	甘肃	徽县	
苎麻	江西	九江县、渝水区、分宜县、袁州区、上高县、临川区、南城县、黎川县、南丰县、崇仁县、乐安县、宜黄县、金溪县、资溪县、东乡县、广昌县、上饶县	
	湖北	咸安区、赤壁市、华容县、湘阴县、平江县、汨罗市、鼎城区、安乡县、汉寿县、桃源县、赫山区、南县、桃江县、沅江市	
	广西	阳朔县、平乐县、荔浦县	
	重庆	涪陵区、江津区、南川区、荣昌县、梁平县、丰都县、武隆县、忠县	
	四川	邻水县、达县、宣汉县、大竹县、渠县、巴州区	
亚麻	黑龙江	延寿县、宝清县、嫩江县、孙吴县、北安市、兰西县、青冈县、明水县	
	甘肃	平川区、靖远县、会宁县、秦州区、麦积区、清水县、秦安县、甘谷县、武山县、张家川回族自治县、民乐县、山丹县、崆峒区、泾川县、灵台县、崇信县、华亭县、华池县、合水县、正宁县、宁县、镇原县、安定区、通渭县、陇西县、永靖县	

续　表

产品	省(市、区)	优势县(市、区)	备注
	新疆	拜城县、伊宁县、巩留县、新源县、昭苏县、特克斯县、尼勒克县	
剑麻	福建	芗城区、龙文区、云霄县、漳浦县、诏安县、长泰县、东山县、南靖县、平和县、华安县、龙海市	
	广东	禅城区、南海区、顺德区、三水区、高明区、徐闻县、揭阳农垦局、茂名农垦局、汕尾农垦局、阳江市农垦局、湛江农垦局	
	广西	武鸣县、隆安县、玉州区、博白县、兴业县、田阳县、平果县、江州区、扶绥县、龙州县、大新县	
	海南	东方市、昌江黎族自治县	
三七	广西	德保县、靖西县、那坡县	
	云南	文山市、砚山县、西畴县、马关县、丘北县	
川贝母	四川	汶川县、理县、茂县、松潘县、九寨沟县、金川县、小金县、黑水县、马尔康县、壤塘县、阿坝县、若尔盖县、红原县、康定县、泸定县、丹巴县、九龙县、雅江县、道孚县、炉霍县、甘孜县、新龙县、德格县、白玉县、石渠县、色达县、理塘县、巴塘县、乡城县、稻城县、得荣县	
	西藏	昌都县、乃东县、扎囊县、贡嘎县、桑日县、琼结县、曲松县、措美县、洛扎县、加查县、隆子县、错那县、浪卡子县、林芝县、工布江达县、米林县、墨脱县、波密县、察隅县、朗县	
	甘肃	陇西县、渭源县、漳县、岷县	
天麻	安徽	潜山县、岳西县、舒城县、金寨县、霍山县	
	湖北	郧县、郧西县、竹山县、竹溪县、房县、建始县、巴东县、宣恩县、咸丰县、来凤县、鹤峰县、神农架林区	
	湖南	绥宁县、洪江市	
	四川	叙永县、古蔺县、安县、平武县、青川县、金口河区、沐川县、峨边彝族自治县、马边彝族自治县、峨眉山市、汶川县、茂县、九寨沟县、金川县、康定县、泸定县、丹巴县、木里藏族自治县、盐源县、布拖县、昭觉县、喜德县、冕宁县、越西县、甘洛县、美姑县、雷波县	

续　表

产品	省(市、区)	优势县(市、区)	备注
	贵州	乌当区、开阳县、息烽县、修文县、清镇市、六枝特区、水城县、盘县、遵义县、桐梓县、绥阳县、正安县、道真仡佬族苗族自治县、务川仡佬族苗族自治县、凤冈县、湄潭县、余庆县、习水县、赤水市、仁怀市、大方县、黔西县、金沙县、织金县、纳雍县、威宁彝族回族苗族自治县、赫章县、铜仁市、印江土家族苗族自治县、德江县、沿河土家族自治县、都匀市、福泉市、荔波县、贵定县、瓮安县、独山县、平塘县、罗甸县、长顺县、龙里县、惠水县、三都水族自治县	
	云南	鲁甸县、巧家县、盐津县、大关县、永善县、绥江县、镇雄县、彝良县、威信县、水富县、漾濞彝族自治县、祥云县、宾川县、弥渡县、南涧彝族自治县、巍山彝族回族自治县、永平县、云龙县、洱源县、剑川县、鹤庆县、香格里拉县、德钦县、维西傈僳族自治县	
	陕西	南郑县、城固县、洋县、西乡县、勉县、宁强县、略阳县、镇巴县、留坝县、佛坪县、汉阴县、石泉县、宁陕县、紫阳县、岚皋县、平利县、镇坪县、旬阳县、白河县、商州区、镇安县	
	甘肃	武都区、文县、康县	
怀药	河南	武陟县、温县、沁阳市、孟州市	
	湖北	竹山县、竹溪县、兴山县、长阳土家族自治县、利川市、建始县、巴东县、咸丰县、鹤峰县、神农架林区	
	湖南	炎陵县、绥宁县、平江县、慈利县、桑植县、桂东县、双牌县、涟源市、永顺县、龙山县	
	重庆	黔江区、武隆县、巫溪县、酉阳土家族苗族自治县	
杜仲	四川	古蔺县、平武县、旺苍县、青川县、万源市、通江县	
	贵州	绥阳县、正安县、道真仡佬族苗族自治县、务川仡佬族苗族自治县、湄潭县、习水县、赤水市、仁怀市、大方县、黔西县、金沙县、印江土家族苗族自治县、贵定县	
	陕西	南郑县、城固县、洋县、宁强县、略阳县、镇巴县、石泉县、岚皋县、平利县、镇坪县、商南县	
	内蒙古	土默特左旗、托克托县、达拉特旗、乌拉特前旗、杭锦后旗	
枸杞	青海	格尔木市、德令哈市、乌兰县、都兰县	
	宁夏	兴庆区、惠农区、平罗县、同心县、原州区	

续　表

产品	省(市、区)	优势县(市、区)	备注
	新疆	精河县	
黄芪	内蒙古	土默特右旗、固阳县、阿鲁科尔沁旗、巴林左旗、巴林右旗、林西县、克什克腾旗、翁牛特旗、喀喇沁旗、宁城县、敖汉旗、海拉尔区、阿荣旗、莫力达瓦达斡尔族自治旗、鄂伦春自治旗、鄂温克族自治旗、陈巴尔虎旗、新巴尔虎右旗、满洲里市、牙克石市、扎兰屯市、额尔古纳市、根河市	
	辽宁	铁东区、立山区、千山区、台安县、岫岩满族自治县、海城市、新抚区、东洲区、望花区、顺城区、抚顺县、新宾满族自治县、清原满族自治县、平山区、溪湖区、明山区、南芬区、本溪满族自治县、桓仁满族自治县、元宝区、振兴区、振安区、宽甸满族自治县、东港市、凤城市	
	吉林	蛟河市、桦甸市、通化县、柳河县、浑江区、江源区、抚松县、靖宇县、长白朝鲜族自治县、临江市、和龙市、安图县	
	黑龙江	龙江县、依安县、泰来县、甘南县、富裕县、克山县、克东县、拜泉县、讷河市、爱辉区、嫩江县、逊克县、孙吴县、北安市、五大连池市、呼玛县、塔河县、漠河县、	
	山东	莱阳市、泰山区、岱岳区、宁阳县、东平县、新泰市、肥城市、文登市、莒县、莱城区、钢城区	
	四川	理县、茂县、松潘县、金川县、小金县、黑水县、壤塘县、阿坝县、若尔盖县	
	陕西	陇县、凤县、太白县、白水县、略阳县、留坝县、商州区、丹凤县	
黄芪	甘肃	清水县、秦安县、甘谷县、武山县、张家川回族自治县、泾川县、灵台县、崇信县、华亭县、静宁县、陇西县、渭源县、漳县、岷县、武都区、宕昌县、礼县、临夏市、临夏县、康乐县、永靖县、广河县、和政县、东乡族自治县、积石山保安族东乡族撒拉族县、临潭县、卓尼县、舟曲县、迭部县、玛曲县、碌曲县、夏河县	
	青海	大通回族土族自治县、湟中县、湟源县、平安县、民和回族土族自治县、乐都县、互助土族自治县、化隆回族自治县、循化撒拉族自治县	
人参	辽宁	新宾满族自治县、桓仁满族自治县、宽甸满族自治县	
	吉林	蛟河市、桦甸市、磐石市、通化县、辉南县、集安市、抚松县、靖宇县、长白朝鲜族自治县、临江市、敦化市、珲春市、汪清县、安图县	

续　表

产品	省(市、区)	优势县(市、区)	备注
	黑龙江	铁力市、东宁县、林口县、宁安市、绥棱县、农垦总局	
丹参	天津	蓟县	
	湖北	孝南区、大悟县、云梦县、安陆市、广水市	
	四川	中江县、青川县	
	甘肃	武山县、临洮县、漳县、岷县、宕昌县、临夏市、临夏县、临潭县、卓尼县	
林蛙	辽宁	新宾满族自治县、清原满族自治县、桓仁满族自治县、宽甸满族自治县、东港市、凤城市、北镇市、铁岭县、西丰县、凌源市	
	吉林	蛟河市、桦甸市、舒兰市、磐石市、通化县、柳河县、集安市、浑江区、江源区、抚松县、靖宇县、长白朝鲜族自治县、临江市、敦化市、珲春市、和龙市、汪清县、安图县	
	黑龙江	阿城区、方正县、通河县、尚志市、五常市、带岭区、铁力市、桦南县、汤原县、同江市、富锦市、宁安市、穆棱市、呼玛县、塔河县	
鹿茸	辽宁	新宾满族自治县、清原满族自治县、本溪满族自治县、桓仁满族自治县、宽甸满族自治县、凤城市、西丰县	
	吉林	双阳区、九台市、伊通满族自治县、东丰县、通化县、柳河县、敦化市、安图县	
	黑龙江	依兰县、乌马河区、铁力市、东宁县、林口县、绥芬河市、海林市、宁安市、穆棱市、庆安县、明水县、绥棱县、宝泉岭分局、红兴隆分局、牡丹江分局	
当归	云南	兰坪白族普米族自治县、香格里拉县、德钦县、维西傈僳族自治县	
	甘肃	武山县、渭源县、漳县、岷县、武都区、文县、宕昌县、西和县、礼县、康乐县、临潭县、卓尼县	
罗汉果	广西	融安县、融水苗族自治县、临桂县、灵川县、全州县、兴安县、永福县、龙胜各族自治县、资源县、桂平市、八步区、金秀瑶族自治县	
北五味子	辽宁	新宾满族自治县、清原满族自治县、本溪满族自治县、桓仁满族自治县、宽甸满族自治县、凤城市、西丰县	

续　表

产品	省(市、区)	优势县(市、区)	备注
	吉林	九台市、蛟河市、桦甸市、通化县、江源区、抚松县、靖宇县、长白朝鲜族自治县、临江市、龙井市、汪清县、安图县	
	黑龙江	阿城区、依兰县、木兰县、通河县、五常市、伊春区、铁力市、庆安县、呼玛县	
浙贝母	浙江	淳安县、鄞州区、磐安县、兰溪市	
川芎	四川	新都区、都江堰市、彭州市	
金银花	山东	平邑县	
	河南	原阳县、封丘县	
	广西	忻城县	
	四川	通江县、南江县	
白术	河北	安国市	
	浙江	新昌县、嵊州市、磐安县、东阳市、天台县、景宁畲族自治县	
	河南	郸城县、鹿邑县、项城市	
	贵州	松桃苗族自治县	
藏药	西藏	林周县、当雄县、尼木县、曲水县、堆龙德庆县、达孜县、墨竹工卡县、昌都县、江达县、贡觉县、类乌齐县、丁青县、察雅县、八宿县、左贡县、芒康县、洛隆县、边坝县、江孜县、定日县、萨迦县、拉孜县、昂仁县、谢通门县、白朗县、仁布县、康马县、定结县、仲巴县、亚东县、吉隆县、聂拉木县、萨嘎县、岗巴县、那曲县、嘉黎县、比如县、聂荣县、安多县、申扎县、索县、班戈县、巴青县、尼玛县	
	甘肃	临潭县、卓尼县、舟曲县	
	青海	泽库县、玛沁县、班玛县、玉树县、称多县、囊谦县	
甘草	黑龙江	北林区、肇东市	
	新疆	昌吉市、和硕县、沙雅县、乌什县、阿瓦提县、泽普县、莎车县、伽师县、和田市、和田县、墨玉县、策勒县、巩留县、新源县、塔城市、富蕴县、福海县、农三师、直属222团	
黄芩	河北	邢台县、安国市、隆化县	

续　表

产品	省(市、区)	优势县(市、区)	备注
	山东	沂源县、临朐县、莒县、沂水县、平邑县	
桔梗	河北	安国市	
	山东	博山区、沂源县、临朐县、费县、平邑县、蒙阴县	
	河南	嵩县、桐柏县	
	湖北	大悟县、英山县	
细辛	辽宁	苏家屯区、岫岩满族自治县、海城市、抚顺县、新宾满族自治县、清原满族自治县、南芬区、桓仁满族自治县、宽甸满族自治县、凤城市、西丰县、开原市、连山区	
龙胆草	辽宁	苏家屯区、岫岩满族自治县、清原满族自治县、凤城市、西丰县、连山区	
	黑龙江	杜尔伯特蒙古族自治县、肇东市	
山茱萸	浙江	淳安县、临安市、安吉县	
	河南	栾川县、嵩县、卢氏县、南召县、西峡县	
牦牛	四川	汶川县、理县、茂县、松潘县、九寨沟县、金川县、小金县、黑水县、马尔康县、壤塘县、阿坝县、若尔盖县、红原县、泸定县、丹巴县、九龙县、雅江县、道孚县、炉霍县、甘孜县、新龙县、德格县、白玉县、石渠县、色达县、理塘县、巴塘县、乡城县、稻城县、得荣县	
	云南	玉龙纳西族自治县、宁蒗彝族自治县、香格里拉县、德钦县、维西傈僳族自治县	
	西藏	林周县、当雄县、尼木县、曲水县、堆龙德庆县、达孜县、墨竹工卡县、昌都县、江达县、贡觉县、类乌齐县、丁青县、察雅县、八宿县、左贡县、芒康县、洛隆县、边坝县、江孜县、定日县、萨迦县、拉孜县、昂仁县、谢通门县、白朗县、仁布县、康马县、定结县、仲巴县、亚东县、吉隆县、聂拉木县、萨嘎县、岗巴县、那曲县、嘉黎县、比如县、聂荣县、安多县、申扎县、索县、班戈县、巴青县、尼玛县	
	甘肃	天祝藏族自治县、肃南裕固族自治县、康县、合作市、临潭县、卓尼县、迭部县、玛曲县、碌曲县、夏河县	
	青海	大通回族土族自治县、平安县、民和回族土族自治县、乐都县、互助土族自治县、化隆回族自治县、循化撒拉族自治县、	

续　表

产品	省(市、区)	优势县(市、区)	备注
		门源回族自治县、祁连县、海晏县、刚察县、同仁县、尖扎县、泽库县、河南蒙古族自治县、共和县、同德县、贵德县、兴海县、贵南县、玛沁县、班玛县、甘德县、达日县、久治县、玛多县、玉树县、杂多县、称多县、治多县、囊谦县、曲麻莱县、格尔木市、乌兰县、都兰县、天峻县	
	新疆	和静县、和硕县	
延边牛	辽宁	宽甸满族自治县	
	吉林	集安市、长白朝鲜族自治县、延吉市、图们市、珲春市、龙井市、和龙市、汪清县	
	黑龙江	依兰县、通河县、延寿县、尚志市、五常市、桦南县、桦川县、汤原县、勃利县、东安区、阳明区、爱民区、西安区、东宁县、林口县、绥芬河市、海林市、宁安市、穆棱市	
渤海黑牛	山东	垦利县、利津县、广饶县、寒亭区、寿光市、宁津县、庆云县、滨城区、阳信县、无棣县、沾化县	
郏县红牛	河南	宝丰县、鲁山县、郏县、汝州市、襄城县、禹州市	
复州牛	辽宁	金州区、普兰店市、庄河市	
湘西黄牛	湖南	慈利县、桑植县、凤凰县、花垣县、永顺县	
奶水牛	广西	邕宁区、武鸣县、上林县、宾阳县、横县、柳城县、临桂县、苍梧县、合浦县、防城区、上思县、东兴市、钦南区、灵山县、浦北县、港北区、港南区、容县、北流市、田阳县、富川瑶族自治县、兴宾区、武宣县、江州区	
	云南	师宗县、沾益县、腾冲县、昌宁县、蒙自县、建水县、弥勒县、泸西县、马关县、丘北县、广南县、富宁县、宾川县、巍山彝族回族自治县、鹤庆县、芒市、梁河县、盈江县、陇川县	
德州驴	河北	沧县、盐山县、黄骅市	
	山东	庆云县、阳信县、无棣县、沾化县	
关中驴	陕西	陈仓区、凤翔县、陇县、千阳县、大荔县、合阳县、蒲城县、白水县	
晋南驴	山西	盐湖区、临猗县、闻喜县、夏县、永济市	

续　表

产品	省(市、区)	优势县(市、区)	备注
广灵驴	山西	广灵县、灵丘县	
泌阳驴	河南	舞钢市、方城县、社旗县、唐河县、桐柏县、确山县、泌阳县、遂平县	
福建黄兔	福建	闽侯县、连江县、罗源县、闽清县、福清市、长乐市、连城县、漳平市	
闽西南黑兔	福建	德化县、长汀县、上杭县、武平县	
九嶷山兔	湖南	桂阳县、嘉禾县、道县、宁远县、蓝山县、新田县	
吉林梅花鹿	吉林	南关区、宽城区、朝阳区、二道区、绿园区、双阳区、农安县、九台市、榆树市、德惠市、昌邑区、龙潭区、船营区、丰满区、永吉县、蛟河市、桦甸市、舒兰市、磐石市、梨树县、伊通满族自治县、公主岭市、双辽市、龙山区、西安区、东丰县、东辽县、浑江区、江源区、抚松县、靖宇县、长白朝鲜族自治县、临江市	
东北马鹿	内蒙古	红山区、元宝山区、松山区、阿鲁科尔沁旗、巴林左旗、巴林右旗、林西县、克什克腾旗、翁牛特旗、喀喇沁旗、宁城县、敖汉旗	
	辽宁	桓仁满族自治县、宽甸满族自治县、凤城市	
	吉林	通化县、浑江区、江源区、抚松县、靖宇县、长白朝鲜族自治县、临江市、延吉市	
	黑龙江	鸡冠区、恒山区、滴道区、梨树区、城子河区、麻山区、鸡东县、虎林市、密山市、新兴区、桃山区、茄子河区、勃利县、东安区、阳明区、爱民区、西安区、东宁县、林口县、绥芬河市、海林市、宁安市、穆棱市	
细毛羊	内蒙古	阿鲁科尔沁旗、巴林右旗、克什克腾旗、翁牛特旗、宁城县、敖汉旗、鄂托克前旗、乌审旗、阿荣旗、扎兰屯市、五原县、乌拉特前旗、察哈尔右翼后旗、科尔沁右翼前旗、科尔沁右翼中旗、扎赉特旗、镶黄旗、正蓝旗	
	甘肃	金川区、永昌县、天祝藏族自治县、肃南裕固族自治县、山丹县、金塔县	
	青海	湟源县、门源回族自治县、海晏县、共和县、贵德县、格尔木市、德令哈市、乌兰县、都兰县	

续　表

产品	省(市、区)	优势县(市、区)	备注
	新疆	昌吉市、阜康市、呼图壁县、玛纳斯县、奇台县、博乐市、温泉县、博湖县、温宿县、拜城县、察布查尔锡伯自治县、霍城县、巩留县、新源县、特克斯县、塔城市、乌苏市、额敏县、沙湾县、农一师、农四师、农五师、农六师、农七师、农八师、农九师	
绒山羊	内蒙古	土默特右旗、阿鲁科尔沁旗、巴林左旗、巴林右旗、林西县、翁牛特旗、科尔沁区、科尔沁左翼后旗、开鲁县、库伦旗、奈曼旗、扎鲁特旗、达拉特旗、鄂托克前旗、鄂托克旗、杭锦旗、伊金霍洛旗、阿荣旗、莫力达瓦达斡尔族自治旗、新巴尔虎右旗、乌拉特前旗、乌拉特中旗、乌拉特后旗、四子王旗、科尔沁右翼前旗、科尔沁右翼中旗、突泉县、阿巴嘎旗、苏尼特左旗、苏尼特右旗、东乌珠穆沁旗、西乌珠穆沁旗、阿拉善左旗、阿拉善右旗、额济纳旗	
	辽宁	苏家屯区、于洪区、甘井子区、普兰店市、庄河市、千山区、岫岩满族自治县、抚顺县、清原满族自治县、明山区、南芬区、本溪满族自治县、宽甸满族自治县、东港市、凤城市、老边区、盖州市、阜新蒙古族自治县、弓长岭区、辽阳县、灯塔市、盘山县、铁岭县、西丰县、建平县、喀喇沁左翼蒙古族自治县、凌源市、连山区、绥中县	
	西藏	达孜县、萨迦县、昂仁县、仲巴县、吉隆县、萨嘎县、申扎县、班戈县、尼玛县、普兰县、噶尔县、日土县、革吉县、改则县、措勤县	
绒山羊	青海	湟中县、湟源县、互助土族自治县、化隆回族自治县、循化撒拉族自治县、门源回族自治县、尖扎县、共和县、贵德县、兴海县、贵南县、玉树县、称多县、囊谦县、格尔木市、德令哈市、乌兰县、大柴旦行委、茫崖行委	
	新疆	木垒哈萨克自治县、博乐市、尉犁县、温宿县、库车县、沙雅县、拜城县、乌什县、柯坪县、阿合奇县、额敏县、托里县、和布克赛尔蒙古自治县、青河县	
藏系绵羊	四川	汶川县、理县、茂县、松潘县、九寨沟县、金川县、小金县、黑水县、马尔康县、壤塘县、阿坝县、若尔盖县、红原县、泸定县、丹巴县、九龙县、雅江县、道孚县、炉霍县、甘孜县、新龙县、德格县、白玉县、石渠县、色达县、理塘县、巴塘县、乡城县、稻城县、得荣县、西昌市、木里藏族自治县、盐源县、德昌县、会理县、会东县、宁南县、普格县、布拖县、金阳县、昭觉县、喜德县、冕宁县、越西县、甘洛县、美姑县、雷波县	
	云南	玉龙纳西族自治县、宁蒗彝族自治县、香格里拉县、德钦县、	

续　表

产品	省(市、区)	优势县(市、区)	备注
		维西傈僳族自治县	
	西藏	林周县、当雄县、尼木县、曲水县、堆龙德庆县、达孜县、墨竹工卡县、昌都县、江达县、贡觉县、类乌齐县、丁青县、察雅县、八宿县、左贡县、芒康县、洛隆县、边坝县、乃东县、扎囊县、贡嘎县、桑日县、琼结县、曲松县、措美县、洛扎县、隆子县、错那县、浪卡子县、日喀则市、南木林县、江孜县、定日县、萨迦县、昂仁县、谢通门县、白朗县、仁布县、康马县、定结县、仲巴县、亚东县、吉隆县、聂拉木县、萨嘎县、岗巴县、那曲县、嘉黎县、比如县、聂荣县、安多县、申扎县、索县、班戈县、巴青县、尼玛县、普兰县、札达县、噶尔县、日土县、革吉县、改则县、措勤县、工布江达县	
	甘肃	康县、合作市、临潭县、卓尼县、舟曲县、迭部县、玛曲县、碌曲县、夏河县	
	青海	大通回族土族自治县、湟中县、湟源县、平安县、民和回族土族自治县、乐都县、互助土族自治县、化隆回族自治县、循化撒拉族自治县、门源回族自治县、祁连县、海晏县、刚察县、同仁县、尖扎县、泽库县、河南蒙古族自治县、共和县、同德县、贵德县、兴海县、贵南县、玛沁县、班玛县、甘德县、达日县、久治县、玛多县、玉树县、杂多县、称多县、治多县、囊谦县、曲麻莱县、格尔木市、乌兰县、都兰县、天峻县、大柴旦行委	
滩羊	宁夏	盐池县、同心县、沙坡头区、中宁县、海原县	
	甘肃	榆中县、白银区、平川区、靖远县、会宁县、景泰县、民勤县、环县、华池县、镇原县	
奶山羊	山东	市南区、市北区、四方区、黄岛区、崂山区、李沧区、城阳区、胶州市、即墨市、平度市、胶南市、莱西市、芝罘区、福山区、牟平区、莱山区、长岛县、龙口市、莱阳市、莱州市、蓬莱市、招远市、栖霞市、海阳市、潍城区、寒亭区、坊子区、奎文区、临朐县、昌乐县、青州市、诸城市、寿光市、安丘市、高密市、昌邑市、环翠区、文登市、荣成市、乳山市	
	四川	锦江、青羊区、金牛区、武侯区、成华区、龙泉驿区、青白江区、新都区、温江区、金堂县、双流县、郫县、大邑县、蒲江县、新津县、都江堰市、彭州市、邛崃市、崇州市、雨城区、名山区、荥经县、汉源县、石棉县、天全县、芦山县、宝兴县	
	陕西	阎良区、临潼区、蓝田县、扶风县、陇县、千阳县、秦都区、杨陵区、泾阳县、乾县、武功县、大荔县、蒲城县、富平县	

产品	省(市、区)	优势县(市、区)	备注
金华猪	浙江	婺城区、金东区、武义县、浦江县、磐安县、兰溪市、义乌市、东阳市、永康市、柯城区、衢江区、常山县、开化县、龙游县、江山市	
	江西	乐平市、上饶县、广丰县、玉山县、弋阳县、婺源县	
乌金猪	四川	米易县、盐边县、得荣县、西昌市、木里藏族自治县、盐源县、德昌县、会理县、会东县、宁南县、普格县、布拖县、金阳县、昭觉县、喜德县、冕宁县、越西县、甘洛县、美姑县、雷波县	
	贵州	大方县、黔西县、纳雍县、威宁彝族回族苗族自治县、赫章县	
	云南	麒麟区、马龙县、陆良县、师宗县、罗平县、富源县、会泽县、沾益县、宣威市、昭阳区、鲁甸县、巧家县、盐津县、大关县、永善县、绥江县、镇雄县、彝良县、威信县、水富县	
香猪	广西	环江毛南族自治县、巴马瑶族自治县	
	贵州	剑河县、榕江县、从江县、三都水族自治县	
藏猪	四川	金川县、小金县、黑水县、马尔康县、雅江县、新龙县、德格县、理塘县、乡城县、稻城县	
	云南	香格里拉县、德钦县、维西傈僳族自治县	
	西藏	江达县、贡觉县、察雅县、左贡县、芒康县、边坝县、嘉黎县、林芝县、工布江达县、米林县、墨脱县、波密县、朗县	
	甘肃	合作市、临潭县、卓尼县、舟曲县、迭部县、碌曲县	
滇南小耳猪	云南	临翔区、凤庆县、云县、永德县、镇康县、双江拉祜族佤族布朗族傣族自治县、耿马傣族佤族自治县、沧源佤族自治县、景洪市、勐海县、勐腊县、瑞丽市、芒市、梁河县、盈江县、陇川县	
八眉猪	陕西	永寿县、彬县、长武县、吴起县、定边县	
	甘肃	崆峒区、泾川县、灵台县、崇信县、华亭县、静宁县、西峰区、庆城县、环县、华池县、合水县、正宁县、宁县、镇原县	
	青海	大通回族土族自治县、湟中县、湟源县、平安县、民和回族土族自治县、乐都县、互助土族自治县、门源回族自治县、海晏县	
太湖猪	上海	嘉定区、金山区、崇明县	

续 表

产品	省(市、区)	优势县(市、区)	备注
太湖猪	江苏	江阴市、宜兴市、贾汪区、铜山县、溧阳市、金坛市、常熟市、昆山市、吴江市、太仓市、盱眙县、丹阳市	
	浙江	秀洲区、嘉善县、海盐县、平湖市	
优质地方鸡	北京	大兴区、密云县	
	山西	古交市、沁水县、阳城县、陵川县、泽州县、高平市、榆次区、太谷县、祁县、平遥县、介休市、尧都区	
	辽宁	金州区、瓦房店市、普兰店市、庄河市、岫岩满族自治县、宽甸满族自治县、东港市、凤城市	
	黑龙江	呼兰区、依兰县、宾县、巴彦县、通河县、双城市、昂昂溪区、梅里斯达斡尔族、泰来县、甘南县、克山县、拜泉县、虎林市、绥滨县、宝清县、汤原县、同江市、北安市、五大连池市、望奎县、青冈县、庆安县、明水县、绥棱县、安达市	
	上海	浦东新区、奉贤区、崇明县	
	浙江	富阳市、宁海县、秀洲区、海宁市、吴兴区、南浔区、德清县、柯城区、衢江区、常山县、开化县、江山市、仙居县、温岭市、莲都区	
	安徽	大通区、田家庵区、谢家集区、八公山区、潘集区、凤台县、铜陵县、大观区、太湖县、埇桥区、金安区、霍邱县、舒城县、霍山县、涡阳县、蒙城县、宣州区、郎溪县、广德县、泾县、绩溪县、旌德县、宁国市	
	福建	闽清县、荔城区、泰宁县、德化县、芗城区、长汀县、武平县	
	江西	安义县、修水县、上犹县、宁都县、吉安县、泰和县、万载县、崇仁县、东乡县、广丰县、余干县	
	山东	淄川区、张店区、博山区、临淄区、周村区、桓台县、高青县、沂源县、汶上县、泗水县、莱城区、钢城区、兰山区、罗庄区、河东区、沂南县、郯城县、沂水县、苍山县、费县、平邑县、莒南县、蒙阴县、临沭县、牡丹区、曹县、单县、成武县、巨野县、郓城县、鄄城县、定陶县、东明县	
	河南	新郑市、舞钢市、武陟县、卢氏县、固始县、正阳县	
	湖北	新洲区、郧县、竹山县、房县、丹江口市、枣阳市、孝昌县、汉川市、麻城市、曾都区、广水市、建始县、潜江市、天门市	

续　表

产品	省(市、区)	优势县(市、区)	备注
优质地方鸡	湖南	衡阳县、衡南县、衡东县、桃源县、永兴县、祁阳县、东安县、鹤城区、中方县、沅陵县、辰溪县、溆浦县、会同县、麻阳苗族自治县、新晃侗族自治县、芷江侗族自治县、靖州苗族侗族自治县、通道侗族自治县、洪江市	
	广东	荔湾区、越秀区、海珠区、天河区、白云区、黄埔区、番禺区、花都区、南沙区、萝岗区、增城市、从化市、禅城区、南海区、顺德区、三水区、高明区、蓬江区、江海区、新会区、台山市、开平市、鹤山市、恩平市、茂南区、茂港区、电白县、高州市、化州市、信宜市、惠城区、惠阳区、博罗县、惠东县、龙门县、清城区、佛冈县、阳山县、连山壮族瑶族自治县、连南瑶族自治县、清新县、英德市、连州市、湘桥区、潮安县、饶平县、云城区、新兴县、郁南县、云安县、罗定市	
	广西	兴宁区、青秀区、江南区、西乡塘区、良庆区、邕宁区、武鸣县、隆安县、马山县、上林县、宾阳县、横县、城中区、鱼峰区、柳南区、柳北区、柳江县、柳城县、鹿寨县、融安县、融水苗族自治县、三江侗族自治县、秀峰区、叠彩区、象山区、七星区、雁山区、阳朔县、临桂县、灵川县、全州县、兴安县、永福县、灌阳县、龙胜各族自治县、资源县、平乐县、荔浦县、恭城瑶族自治县	
	海南	文昌市、定安县、澄迈县、昌江黎族自治县、乐东黎族自治县、保亭黎族苗族自治县	
	重庆	南川区、城口县	
	四川	彭州市、米易县、梓潼县、平武县、船山区、安居区、蓬溪县、射洪县、大英县、沐川县、峨眉山市、万源市、石棉县、冕宁县、美姑县、雷波县	
	贵州	七星关区、大方县、黔西县、威宁彝族回族苗族自治县、兴义市、黎平县、榕江县、从江县	
	云南	腾冲县、盐津县、大关县、威信县、西畴县、景洪市、云龙县	
	西藏	林周县、当雄县、尼木县、曲水县、堆龙德庆县、达孜县、墨竹工卡县、昌都县、江达县、贡觉县、察雅县、八宿县、左贡县、芒康县、边坝县、乃东县、扎囊县、贡嘎县、桑日县、琼结县、曲松县、措美县、洛扎县、加查县、隆子县、错那县、浪卡子县、日喀则市、那曲县、嘉黎县、林芝县、工布江达县、米林县、墨脱县、波密县、察隅县、朗县	
	陕西	泾阳县、柞水县	

续　表

产品	省(市、区)	优势县(市、区)	备注
	青海	乐都县、互助土族自治县、化隆回族自治县	
	新疆	乌鲁木齐县、克拉玛依区、昌吉市、博乐市、精河县、喀什市、疏勒县、英吉沙县、泽普县、莎车县、巴楚县、额敏县、沙湾县、托里县、裕民县、和布克赛尔蒙古自治县、阿勒泰市、福海县	
特色水禽	河北	广宗县、高阳县、容城县、安新县、雄县、涿州市、肃宁县、献县、任丘市、河间市	
	辽宁	康平县、法库县、新民市、瓦房店市、普兰店市、庄河市、台安县、凌海市、阜新蒙古族自治县、彰武县、盘山县、昌图县、开原市、朝阳县、喀喇沁左翼蒙古族自治县	
	吉林	农安县、九台市、榆树市、德惠市、通化县、辉南县、柳河县、集安市、前郭尔罗斯蒙古族自治县、通榆县、大安市	
	黑龙江	巴彦县、延寿县、依安县、友谊县、宝清县、肇州县、肇源县、桃山区、望奎县、兰西县、青冈县、庆安县、明水县、绥棱县、安达市、肇东市、海伦市	
	江苏	江宁区、溧水县、高淳县、丰县、沛县、铜山县、睢宁县、新沂市、如皋市、盱眙县、阜宁县、宝应县、仪征市、高邮市、江都市、兴化市、宿城区、宿豫区、沭阳县、泗阳县、泗洪县	
	浙江	萧山区、象山县、宁海县、余姚市、慈溪市、奉化市、平阳县、苍南县、海盐县、桐乡市、南浔区、长兴县、越城区、绍兴县、诸暨市、金东区、兰溪市、永康市、江山市、定海区、普陀区、缙云县	
	安徽	长丰县、庐江县、南陵县、无为县、凤台县、和县、铜陵县、大观区、枞阳县、望江县、桐城市、徽州区、来安县、砀山县、金安区、裕安区、寿县、霍邱县、舒城县、金寨县、霍山县、宣州区、郎溪县、广德县、宁国市	
	福建	闽侯县、连江县、福清市、长乐市、城厢区、涵江区、荔城区、秀屿区、沙县、漳浦县、长泰县、南靖县、平和县、华安县、龙海市、延平区、浦城县、新罗区、长汀县、永定县、上杭县、连城县、漳平市、蕉城区、古田县	
	江西	南昌县、新建县、莲花县、永修县、德安县、渝水区、分宜县、赣县、大余县、兴国县、南康市、吉水县、遂川县、袁州区、宜丰县、丰城市、樟树市、临川区、南城县、南丰县、广丰县、余干县	

续　表

产品	省(市、区)	优势县(市、区)	备注
特色水禽	山东	胶州市、平度市、莱西市、临淄区、高青县、沂源县、滕州市、利津县、广饶县、莱阳市、临朐县、昌乐县、青州市、寿光市、微山县、兖州市、邹城市、东平县、新泰市、文登市、荣成市、五莲县、莒县、莱城区、钢城区、沂南县、沂水县、平邑县、庆云县、临邑县、茌平县、高唐县、滨城区、无棣县、博兴县、邹平县、单县、郓城县、定陶县	
	河南	尉氏县、博爱县、柘城县、罗山县、光山县、商城县、固始县、潢川县、息县、新蔡县	
	湖北	江夏区、黄陂区、阳新县、大冶市、京山县、沙洋县、孝昌县、云梦县、安陆市、汉川市、公安县、监利县、江陵县、石首市、洪湖市、嘉鱼县、崇阳县、仙桃市、潜江市、天门市	
	湖南	攸县、湘潭县、衡阳县、新宁县、武冈市、临湘市、澧县、石门县、慈利县、资阳区、赫山区、南县、安化县、沅江市、桂阳县、宜章县、临武县、汝城县、桂东县、安仁县、资兴市、宁远县、蓝山县、新田县、鹤城区、中方县、沅陵县、辰溪县、溆浦县、会同县、麻阳苗族自治县、新晃侗族自治县、芷江侗族自治县、靖州苗族侗族自治县、通道侗族自治县、洪江市、新化县、冷水江市、永顺县、龙山县	
	广东	南雄市、龙湖区、潮南区、澄海区、三水区、台山市、开平市、恩平市、雷州市、高要市、江城区、阳西县、阳东县、阳春市、清城区、清新县、饶平县、揭东县、揭西县、普宁市	
	重庆	合川区、永川区、铜梁县、大足县、荣昌县、梁平县、垫江县、酉阳土家族苗族自治县	
	四川	温江区、大邑县、邛崃市、崇州市、富顺县、旌阳区、广汉市、什邡市、绵竹市、游仙区、盐亭县、安县、蓬溪县、射洪县、大英县、隆昌县、犍为县、井研县、夹江县、沐川县、峨边彝族自治县、马边彝族自治县、峨眉山市、彭山县、宜宾县、南溪县、广安区、达县、开江县、雨城区、名山区、简阳市、西昌市、德昌县	
	贵州	平坝县、织金县、铜仁市、印江土家族苗族自治县、松桃苗族自治县、凯里市、黄平县、三穗县、天柱县、麻江县	
	云南	晋宁县、宜良县、峨山彝族自治县、元江哈尼族彝族傣族自治县、腾冲县、广南县、漾濞彝族自治县、祥云县、宾川县、弥渡县、南涧彝族自治县、巍山彝族回族自治县、永平县、云龙县、洱源县、剑川县、鹤庆县	

续　表

产品	省(市、区)	优势县(市、区)	备注
特色鸽	广东	端州区、鼎湖区、广宁县、怀集县、封开县、德庆县、高要市、四会市、中山市	
	新疆	新和县、莎车县	
特色蜂产品	北京	门头沟区、顺义区、怀柔区、平谷区、密云县	
	河北	乐亭县、遵化市、黄骅市	
	吉林	宽城区、集安市、长岭县、安图县	
	黑龙江	虎林市、饶河县、林口县	
	江苏	溧水县、盱眙县	
	浙江	桐庐县、平湖市、江山市、缙云县	
	安徽	肥东县、黄山区、徽州区、歙县、宣州区、绩溪县	
	福建	同安区、城厢区、涵江区、荔城区、秀屿区、仙游县、芗城区、龙文区、云霄县、漳浦县、诏安县、长泰县、东山县、南靖县、平和县、华安县、龙海市、光泽县、政和县	
特色蜂产品	江西	修水县、遂川县、宜丰县、高安市、上饶县	
	山东	沂源县、临朐县、泰山区、岱岳区、宁阳县、东平县、新泰市、肥城市、沂水县、蒙阴县	
	河南	林州市、长葛市、卢氏县、平舆县	
	湖北	西陵区、伍家岗区、点军区、猇亭区、夷陵区、远安县、兴山县、秭归县、长阳土家族自治县、五峰土家族自治县、宜都市、当阳市、枝江市、襄城区、樊城区、襄阳区、南漳县、谷城县、保康县、老河口市、枣阳市、宜城市、梁子湖区、华容区、鄂城区、京山县、云梦县、曾都区、广水市	
	湖南	宁乡县、浏阳市、安乡县、澧县、永定区、武陵源区、慈利县、桑植县	
	广东	龙门县、蕉岭县、东源县	
	广西	武鸣县、阳朔县、灵山县、桂平市、北流市、昭平县、巴马瑶族自治县、扶绥县、宁明县、大新县	
	海南	五指山市、白沙黎族自治县、琼中黎族苗族自治县	

续　表

产品	省(市、区)	优势县(市、区)	备注
	重庆	江津区、南川区、荣昌县、云阳县	
	四川	邛崃市、江阳区、纳溪区、龙马潭区、泸县、合江县、叙永县、古蔺县、平武县、仪陇县、东坡区、九寨沟县、小金县、马尔康县、若尔盖县	
	云南	罗平县、腾冲县、大姚县、广南县、景洪市、勐海县、勐腊县	
	西藏	曲水县、昌都县、洛隆县、边坝县、乃东县、扎囊县、林芝县、波密县	
	陕西	周至县、凤翔县、定边县、绥德县	
	甘肃	金川区、清水县、凉州区、民勤县、古浪县、天祝藏族自治县、岷县、两当县	
	青海	湟源县、互助土族自治县、门源回族自治县	
	宁夏	中宁县	
	新疆	阿克苏市、阿瓦提县、莎车县、和田市、伊宁市、奎屯市、伊宁县、察布查尔锡伯自治县、霍城县、巩留县、新源县、昭苏县、特克斯县、尼勒克县、阿勒泰市	
鲍鱼	辽宁	旅顺口区、金州区、长海县、龙港区	
	福建	连江县、罗源县、平潭县、福清市、秀屿区、漳浦县、东山县、蕉城区、霞浦县	
	山东	黄岛区、崂山区、即墨市、胶南市、芝罘区、福山区、牟平区、莱山区、长岛县、龙口市、莱阳市、莱州市、蓬莱市、招远市、栖霞市、海阳市、荣成市	
	广东	南澳县、麻章区、徐闻县、惠来县	
	海南	陵水黎族自治县	
海参	河北	乐亭县、昌黎县	
	辽宁	旅顺口区、金州区、瓦房店市、普兰店市、东港市、盖州市、兴城市	
	江苏	赣榆县	
	福建	连江县、城厢区、秀屿区、漳浦县、蕉城区、霞浦县	

续　表

产品	省(市、区)	优势县(市、区)	备注
	山东	黄岛区、崂山区、城阳区、即墨市、胶南市、河口区、垦利县、芝罘区、福山区、牟平区、莱山区、长岛县、龙口市、莱阳市、莱州市、蓬莱市、招远市、栖霞市、海阳市、昌邑市、环翠区、文登市、荣成市、乳山市、东港区、岚山区、五莲县、莒县、沾化县	
海胆	辽宁	旅顺口区、金州区、长海县	
	山东	芝罘区、福山区、牟平区、莱山区、长岛县、龙口市、莱阳市、莱州市、蓬莱市、招远市、栖霞市、海阳市、荣成市	
	广东	台山市、惠东县、陆丰市	
珍珠	江苏	浦口区、六合区、吴中区、相城区、昆山市、吴江市、丹阳市、泗洪县	
	浙江	越城区、绍兴县、诸暨市、上虞市、婺城区、金东区、武义县、兰溪市、义乌市、柯城区、衢江区、龙游县、江山市	
	安徽	芜湖县、铜陵县、迎江区、大观区、宜秀区、怀宁县、枞阳县、潜山县、太湖县、宿松县、望江县、岳西县、桐城市、阜南县、贵池区、宣州区、郎溪县、广德县、泾县、绩溪县、旌德县、宁国市	
	江西	南昌县、新建县、进贤县、九江县、永修县、德安县、星子县、都昌县、彭泽县、吉安县、上高县、丰城市、临川区、南城县、余干县、鄱阳县、万年县	
珍珠	湖北	阳新县、大冶市、梁子湖区、华容区、鄂城区、沙洋县、钟祥市、荆州区、江陵县、石首市、松滋市、黄梅县、武穴市	
	湖南	岳阳县、华容县、湘阴县、汨罗市、武陵区、鼎城区、安乡县、汉寿县、澧县、临澧县、桃源县、石门县、津市市、资阳区、赫山区、南县、桃江县、安化县、沅江市	
	广东	罗湖区、福田区、南山区、宝安区、龙岗区、盐田区、龙湖区、澄海区、南澳县、遂溪县、徐闻县、雷州市	
	广西	银海区、铁山港区、防城区、钦南区	
	海南	三亚市、儋州市、临高县、陵水黎族自治县	
鳜鱼	江苏	六合区、高淳县、金坛市、吴江市、通州区、海安县、如皋市、丹阳市、兴化市	
	浙江	余姚市、苍南县、南湖区、秀洲区、嘉善县、海盐县、海宁市、平湖市、桐乡市、南浔区、德清县、长兴县、江山市	

续　表

产品	省(市、区)	优势县(市、区)	备注
	安徽	大通区、潘集区、凤台县、枞阳县、望江县、颍上县、金安区、寿县、金寨县、贵池区、宣州区、郎溪县	
	江西	南昌县、进贤县、武宁县、永修县、湖口县、分宜县、吉水县、袁州区、南城县、鄱阳县	
	湖北	江夏区、黄陂区、阳新县、大冶市、梁子湖区、华容区、鄂城区、沙洋县、钟祥市、汉川市、监利县、石首市、洪湖市、蕲春县、嘉鱼县、赤壁市、仙桃市、天门市	
	湖南	鼎城区、安乡县、澧县	
	广东	南海区	
鳟鲟鱼	北京	怀柔区、平谷区	
	河北	涉县、涞源县、蔚县、涿鹿县、赤城县、丰宁满族自治县	
	山西	沁水县、朔城区、平鲁区、山阴县、应县、右玉县、怀仁县、汾阳市	
	辽宁	中山区、西岗区、沙河口区、甘井子区、旅顺口区、金州区、长海县、瓦房店市、普兰店市、庄河市、南芬区、站前区、西市区、鲅鱼圈区、老边区、盖州市、大石桥市	
	黑龙江	五常市、龙沙区、建华区、铁锋区、昂昂溪区、富拉尔基区、碾子山区、梅里斯达斡尔族区、龙江县、依安县、泰来县、甘南县、富裕县、克山县、克东县、拜泉县、讷河市、伊春区、西林区、东安区、阳明区、爱民区、西安区、东宁县、林口县、绥芬河市、海林市、宁安市、穆棱市	
鳟鲟鱼	山东	章丘市、临朐县、青州市、泗水县、曹县	
	湖北	蔡甸区、长阳土家族自治县、宜都市、枝江市、荆州区、公安县、监利县、江陵县、石首市、洪湖市、松滋市	
	四川	都江堰市	
	贵州	花溪区、乌当区、修文县、盘县、遵义县、西秀区、镇宁布依族苗族自治县、关岭布依族苗族自治县、铜仁市、江口县、兴义市、兴仁县、锦屏县、都匀市、惠水县	
	云南	寻甸回族彝族自治县、会泽县、古城区、玉龙纳西族自治县、洱源县、剑川县	

续　表

产品	省(市、区)	优势县(市、区)	备注
	甘肃	永登县、榆中县、永昌县、甘州区、临泽县、崆峒区、玉门市、庆城县、环县、华池县、合水县、正宁县、宁县、镇原县、漳县、临夏市、临夏县、康乐县、永靖县、广河县、和政县、东乡族自治县、积石山保安族东乡族撒拉族县、临潭县、卓尼县、舟曲县、迭部县、玛曲县、碌曲县、夏河县	
	青海	化隆回族自治县、循化撒拉族自治县、尖扎县、共和县、贵德县、格尔木市、德令哈市	
长吻鮠	江苏	武进区、张家港市、通州区	
	安徽	凤台县、寿县	
	江西	庐山区、万安县	
	湖北	江夏区、新洲区、大冶市、梁子湖区、华容区、鄂城区、东宝区、汉川市、监利县、石首市、洪湖市、嘉鱼县	
	广东	斗门区、南海区、廉江市	
	重庆	万州区、涪陵区、北碚区、巴南区、长寿区、永川区、綦江县、铜梁县、荣昌县	
	四川	合江县、东坡区、仁寿县、长宁县	
青虾	江苏	江宁区、溧水县、新沂市、邳州市、溧阳市、金坛市、张家港市、昆山市、吴江市、如皋市、建湖县、兴化市、姜堰市、宿城区、宿豫区、泗阳县、泗洪县	
	浙江	余杭区、富阳市、余姚市、秀洲区、嘉善县、吴兴区、南浔区、德清县、长兴县、安吉县、绍兴县、上虞市	
	安徽	芜湖县、五河县、大通区、谢家集区、潘集区、凤台县、含山县、宣秀区、枞阳县、宿松县、颍上县、寿县、霍邱县、东至县	
	江西	南昌县、新建县、九江县、武宁县、德安县、都昌县、瑞昌市、丰城市、余干县、鄱阳县	
	山东	滕州市、任城区、微山县、东平县	
	湖北	江夏区、阳新县、大冶市、梁子湖区、华容区、鄂城区、沙洋县、监利县、洪湖市、浠水县、黄梅县、嘉鱼县、赤壁市、仙桃市	
锯缘青蟹	浙江	象山县、宁海县、余姚市、慈溪市、奉化市、龙湾区、苍南县、瑞安市、乐清市、椒江区、路桥区、玉环县、三门县、温岭市、临海市	

续　表

产品	省(市、区)	优势县(市、区)	备注
	福建	罗源县、福清市、翔安区、城厢区、涵江区、荔城区、秀屿区、仙游县、石狮市、漳浦县、诏安县、龙海市、福鼎市	
	广东	番禺区、斗门区、金湾区、龙湖区、金平区、濠江区、潮阳区、潮南区、澄海区、南澳县、廉江市、雷州市、电白县、化州市、惠东县、江城区、阳西县、阳东县、阳春市	
	广西	合浦县、东兴市、灵山县、浦北县	
	海南	琼山区、万宁市、陵水黎族自治县	
黄颡鱼	辽宁	辽中县、辽阳县、灯塔市、盘山县	
	黑龙江	通河县、讷河市、虎林市、肇东市	
	江苏	淮安区、盐都区、滨海县、阜宁县、建湖县、大丰市、宝应县、兴化市、泗阳县	
	浙江	嘉善县、海盐县、吴兴区、南浔区、德清县	
	安徽	肥东县、芜湖县、繁昌县、无为县、凤台县、当涂县、和县、宜秀区、怀宁县、枞阳县、望江县、明光市、寿县、霍邱县、贵池区、宣州区	
	江西	南昌县、武宁县、星子县、都昌县、湖口县、袁州区、丰城市、鄱阳县	
	湖北	江夏区、新洲区、沙洋县、汉川市、荆州区、公安县、监利县、洪湖市、松滋市、黄梅县、武穴市、潜江市、天门市	
	湖南	华容县、鼎城区、安乡县、汉寿县、赫山区、南县、沅江市	
	四川	新津县、乐山市中区、东坡区、彭山县	
黄鳝	江苏	高淳县、江阴市、新沂市、邳州市、武进区、常熟市、如东县、海门市、淮安区、响水县、阜宁县、建湖县、东台市、宝应县、句容市	
	安徽	庐江县、无为县、当涂县、含山县、和县、怀宁县、太湖县、宿松县、望江县、桐城市、全椒县、定远县、天长市、明光市、裕安区、霍邱县、贵池区	
	江西	南昌县、进贤县、丰城市、高安市、余干县、鄱阳县	
	湖北	梁子湖区、华容区、鄂城区、沙洋县、孝南区、汉川市、监利县、江陵县、洪湖市、咸安区、嘉鱼县、赤壁市、仙桃市、潜江市、天门市	

续　表

产品	省(市、区)	优势县(市、区)	备注
乌鳢	湖南	望城区、华容县、湘阴县、临湘市、鼎城区、安乡县、澧县、赫山区、南县、沅江市	
	四川	泸县、营山县、仁寿县、简阳市	
	江苏	沛县、新沂市、金坛市、海门市、赣榆县、东海县、滨海县、阜宁县、建湖县、东台市、高邮市、兴化市	
	浙江	萧山区、余杭区、桐乡市、南浔区、德清县	
	安徽	庐江县、无为县、怀远县、五河县、凤台县、当涂县、含山县、和县、天长市、明光市、颍上县、埇桥区、寿县、霍邱县、谯城区、利辛县、贵池区	
	江西	南昌县、进贤县、樟树市、余干县、鄱阳县	
	山东	利津县、诸城市、安丘市、高密市、微山县、鱼台县、东平县	
	湖北	东西湖区、蔡甸区、阳新县、大冶市、梁子湖区、华容区、鄂城区、钟祥市、汉川市、沙市区、监利县、洪湖市、团风县、黄梅县、嘉鱼县	
	湖南	华容县、安乡县、汉寿县、南县、沅江市	
	广东	番禺区、增城市、南海区、顺德区、台山市、开平市、鼎湖区、高要市、惠阳区、博罗县、惠东县、中山市、新兴县	
鲶鱼	辽宁	辽中县、新民市、灯塔市	
	江苏	邳州市、如皋市、响水县、东台市	
	安徽	芜湖县、繁昌县、南陵县、凤台县、和县、铜陵县、宜秀区、怀宁县、枞阳县、宿松县、望江县、桐城市、明光市、颍上县、寿县、霍邱县、贵池区	
	江西	南昌县、九江县、永修县、都昌县、赣县、崇义县、峡江县、新干县、永丰县、泰和县、万安县、安福县、樟树市、金溪县、鄱阳县	
	山东	胶州市、平度市、寿光市、安丘市、高密市、微山县、鱼台县	
	湖北	阳新县、丹江口市、长阳土家族自治县、宜都市、枝江市、监利县、洪湖市、团风县、麻城市、曾都区、仙桃市、潜江市、天门市	
	湖南	浏阳市、洞口县、华容县、湘阴县、安乡县、澧县、津市市、南县、沅江市	

续　表

产品	省(市、区)	优势县(市、区)	备注
	广东	南海区、顺德区、台山市、鹤山市、鼎湖区、高要市、博罗县、惠东县、中山市	
	广西	西乡塘区、良庆区、邕宁区、柳南区、柳北区、雁山区、临桂县、兴安县、长洲区、苍梧县、岑溪市、港北区、平南县、桂平市、玉州区、北流市、右江区、田阳县、田东县	
	四川	安县、内江市市中区、资中县、雁江区、简阳市	
龟鳖	河北	鹿泉市、玉田县、阜平县	
	江苏	宜兴市、铜山县、邳州市、武进区、相城区、昆山市、吴江市、赣榆县、阜宁县、宝应县、兴化市	
	浙江	余杭区、南湖区、嘉善县、海宁市、吴兴区、德清县	
	江西	永修县、南康市、吉州区、黎川县、南丰县、玉山县、弋阳县	
	山东	微山县、鱼台县、东阿县、临清市	
	河南	荥阳市、获嘉县、镇平县、固始县、潢川县	
	湖北	江夏区、东宝区、京山县、应城市、汉川市、沙市区、监利县、洪湖市、浠水县、嘉鱼县、天门市	
	湖南	望城区、宁乡县、衡阳县、湘阴县、鼎城区、安乡县、汉寿县、澧县、南县	
	广东	顺德区、惠城区、博罗县、东莞市、中山市	
海蜇	河北	丰南区、滦南县、乐亭县、唐海县	
	辽宁	庄河市、东港市、凌海市、老边区、大洼县、盘山县	
	江苏	如东县、亭湖区、盐都区、响水县、滨海县、阜宁县、射阳县、建湖县、东台市、大丰市	
	山东	即墨市、莱阳市、海阳市、文登市、荣成市、沾化县	

5.5.2　乡村振兴的相关政策

特优区建设是乡村振兴计划的重要组成部分,因此,很多乡村振兴计划中的政策,也可直接间接地用于特优区的建设。这些政策,包括但不限于如下几项:

1. 乡村振兴专项债

由地方政府发行的项目收益债,起到引导其他信用债分支市场配合乡村振兴战略的作用。农业农村部、国家乡村振兴局印发《社会资本投资农业农村指引(2022年)》,明确鼓励投资的13个重点产业领域。此前打赢脱贫攻坚战,各类资金投入超过12万亿元。乡村振兴专项债重点支持高标准农田、现代种业提升、农产品仓储保鲜冷链物流、现代农业园区、农村人居环境整治、乡镇污水处理、智慧农业和数字乡村等符合条件,且有一定收益的乡村公益性项目的建设。

(1)分类:地方政府专项债券(省级地方政府发行),"三农"专项金融债(商业银行发行),乡村振兴公司债(四)乡村振兴票据;

(2)项目主管部门和项目单位根据本行业事业发展规划、项目前期准备等情况筛选具备专项债发行条件的项目,分别通过财政部门"地方政府债务管理系统"和发改部门"国家重大项目库",将项目需求逐级上报至财政部、国家发展改革委审核后,财政部、国家发展改革委将审核结果反馈至地方;

(3)支持领域:高标准农田、现代种业提升、农产品仓储保鲜冷链物流、现代农业园区、农村人居环境整治、乡镇污水处理、智慧农村和数字乡村、事关农业稳产保供、种业创新提升、农民生产生活急需、农村基础设施升级、村庄整治、农业全产业链优质品种、专用农资和基地建设、返乡入乡创业园建设、乡村产业及其他符合条件有一定收益的乡村公益性项目。

2. 中央财政衔接推进乡村振兴补助资金

(1)资金总额:1650亿

(2)审批权限:下放到县级,强化县级管理责任,县级可统筹安排不超过30%的到县衔接资金,支持非贫困村发展产业、补齐必要的基础设施短板及县级乡村振兴规划相关项目。

(3)使用范围

A. 支持巩固拓展脱贫攻坚成果

a. 健全防止返贫致贫监测和帮扶机制,加强监测预警,强化及时帮扶,对监测帮扶对象采取有针对性的预防性措施和事后帮扶措施。安排产业发展、小额信贷贴息、生产经营和劳动技能培训、公益岗位补助等支出。

b. "十三五"易地扶贫搬迁后续扶持。对规划内的易地扶贫搬迁贷款和调整规范后的地方政府债券按规定予以贴息补助。

c. 外出务工脱贫劳动力(含监测帮扶对象)稳定就业,可对跨省就业的脱贫劳动力适当安排一次性交通补助。采取扶贫车间、以工代赈、生产奖补、劳务补助等方式。继续向符合条件的脱贫家庭(含监测帮扶对象家庭)安排"雨露计划"

补助。

B. 支持衔接推进乡村振兴

a. 支持农业品种培优、品质提升、品牌打造。支持必要的产业配套基础设施建设。支持脱贫村发展壮大村级集体经济。

b. 补齐必要的农村人居环境整治和小型公益性基础设施建设短板。主要包括水、电、路、网等农业生产配套设施,垃圾清运等小型公益性生活设施。

c. 实施兴边富民行动、人口较少民族发展、少数民族特色产业和民族村寨发展、困难群众饮用低氟边销茶,以工代赈项目,欠发达国有农场和欠发达国有林场巩固发展,"三西"地区农业建设。

C. 巩固拓展脱贫攻坚成果同乡村振兴有效衔接的其他相关支出。

3. 国家级农业产业强镇

(1) 主管部门:农业农村部乡村产业发展司

(2) 申报时间:每年 3—4 月

(3) 申报主体:县(市、区)级人民政府(乡镇人民政府为实施主体)

(4) 激励政策:1000 万元资金支持(分 2 年奖补,第一年安排 30%补助资金;第二年对达到建设标准的,安排后续奖补资金,对达不到建设标准的取消示范资格,不再安排奖补资金)

(5) 项目要求:

A. 主导产业应明确为 1 个优势明显的农业产业,东、中、西部地区镇域主导产业全产业链产值应分别达到 2 亿元、1.5 亿元、1 亿元(新疆、西藏及其他地区的已摘帽国家级贫困县可放宽条件)。

B. 东、中、西部农产品加工业产值与农业产值比分别达到 2∶1、1.8∶1、1.6∶1 以上(对国家级贫困县,新疆维吾尔自治区、西藏自治区及新疆生产建设兵团不作要求)。

C. 城关镇、开发区、街道办事处、国家现代农业产业园所在地不列入推荐范围。

D. 中央财政通过以奖代补等方式对农业产业强镇示范建设予以适当支持,按照填平补齐的原则,集中用于扶持壮大乡土经济、乡村产业,推进产业融合发展,推动建立现代农业产业体系。

4. 国家级现代农业产业园

现代农业产业园,是推进乡村产业振兴、实施农业农村现代化、脱贫攻坚与该村振兴有效衔接的重要载体。农业农村部、财政部发布《2022 年重点强农惠农政策》,要求统筹布局建设一批国家现代农业产业园。每年的"中央一号"文件都对此做出部署,要求加快建设国家、省、市、县现代农业产业园。创建工作由各省(自治区、直辖市)负责,中央财政对符合创建条件的安排部分补助资金。

(1) 主管部门:农业农村部发展规划司

(2) 申报时间:每年 3—4 月

(3) 申报主体:县(市、区)级人民政府

(4) 激励政策:1 亿元资金支持(批准创建下发 30%,通过中期评估安排 30%,通过评价认定后下达剩余奖补资金)

(5) 项目要求:

A. 主导产业特色优势明显,原则上数量为 1~2 个,产值占产业园总产值的比重达 50%以上。

B. 规划布局科学合理,已制定产业园专项规划,形成园村一体、产村融合的格局。

C. 建设水平区域领先,高标准农田占比较高,主要农作物耕种收综合机械化率高于本省平均水平,现代要素集聚能力强,生产经营体系完善。

D. 绿色发展成效突出,生产标准化、经营品牌化、质量可追溯,产品优质安全,绿色食品认证比重较高。

E. 带动农民作用显著,园区农民可支配收入原则上应高于当地平均水平的 30%。

F. 政策支持措施有力,政策含金量高,有针对性和可操作性。

G. 组织管理健全完善,形成了产业园持续发展的动力机制。

5. **国家级优势特色产业集群**

(1) 主管部门:农业农村部乡村产业发展司

(2) 申报时间:每年 3—4 月

(3) 申报主体:省(自治区、直辖市)级人民政府

(4) 激励政策:每个集群 1.5 亿元资金支持(省厅统筹分配)

(5) 项目要求:

A. 所选产业应是省级政府确定重点发展的主导产业,已列入省级"十四五"农业农村发展规划优先支持范围。

B. 主导产业省内全产业链产值应达到 100 亿元及以上,新疆、西藏可放宽至 50 亿元。

C. 全省范围内应有多家从事主导产业的国家级或省级农业产业化重点龙头企业带动。

D. 优势特色产业集群应将其主导产业落实到具体品种类别,不得笼统地将

水果、畜禽、水产等综合性行业作为主导产业。

E. 涉及国家现代农业产业园、优势特色产业集群、农业产业强镇布局区域有重合的,原则上使用中央财政资金叠加投资比例累积不超过20%。

6. 全国乡村旅游重点村

(1) 发布部门:文化和旅游部、国家发改委。

(2) 申报主体:全国乡村旅游重点村遴选对象为行政村或自然村。全国乡村旅游重点镇(乡)的遴选对象为乡、民族乡、镇等乡级行政区划单位。

(3) 扶持政策:在旅游规划、创意下乡人才培训宣传推广、资金支持等方面对全国乡村旅游重点村和精品项目予以支持。

未来5年,中国农业银行将向重点村提供人民币1000亿元意向性信用额度。

(4) 遴选标准:

A. 文化和旅游资源富集:具有一定的历史价值、文化价值或科学价值。有自然或人文的乡村旅游核心吸引物。

B. 自然生态和传统文化保护较好:对自然生态、田园风光、传统村落、历史文化、民族文化等资源的保护较好,注重文化挖掘和传承,建筑风貌具有地域特征、民族特色。

C. 乡村民宿发展较好:乡村民宿,注重创意设计,凸显地域文化特色。民宿产品能够在特色餐饮、文化体验、休闲娱乐等方面满足游客需要。

D. 旅游产品体系成熟、品质较高:已开发出乡村民宿、观光度假、农事体验、乡土美食或文创产品等具有独特风格的成熟旅游产品。

E. 基础设施和公共服务较完善:交通设施完善,村内游览路线布局合理、顺畅,标识标牌系统相对完善。有信息咨询、智慧旅游、旅游投诉、宣传展示、游客游憩、便民服务等游客服务设施。村内公共厕所布局合理。

F. 就业致富带动经济、社会、发展效益明显:能够较好吸纳本地村民就业。

7. 国家森林乡村

(1) 发布部门:国家林业和草原局

(2) 申报主体:行政村

(3) 激励政策:挂牌宣传,专有标语标识

(4) 认定程序:采取推荐、评审和认定相结合的方式

(5) 项目要求:

A. 乡村自然生态风貌保护。采用村庄风貌原真性、生物多样性保护、自然景观保护、人文历史遗迹保护等4项指标进行评价。

B. 山水林田湖草系统治理。采用村庄规划布局、生态修复治理、生态防护功能 3 项指标进行评价。

C. 森林绿地建设。采用林木覆盖率、四旁绿化、宜林地绿化、庭院绿化、乡村公园绿地 5 项指标进行评价。

D. 森林质量效益。采用森林健康状况、森林结构、树种丰富度、涉林收入水平、涉林就业情况 5 项指标评价森林质量及其生态经济社会效益。

E. 乡村绿化管护。采用制定村规民约、林业有害生物防控、森林火灾防控、防止乱砍滥伐 4 项指标进行评价。

F. 乡村生态文化。采用挖掘保护生态文化历史、继承弘扬传统生态文化、植绿爱绿保护生态环境意识、人居环境整治效果 4 项指标进行评价。

8. 国家级农业现代化示范区

2022 年 4 月,三部委印发《关于开展 2022 年农业现代化示范区创建工作的通知》,继续推进农业现代化示范区创建。"十四五"时期,以县为单位创建 500 个左右农业现代化示范区。按照总体平衡、兼顾各方的思路,设计基础性指标、政策性指标和竞争性指标。建设布局统筹考虑区域差异、发展水平等因素,分区分类建设农业现代化示范区,涵盖以粮食产业为重点的示范区、以优势特色产业为重点的示范区、以都市农业和智慧农业为重点的示范区、以高效旱作农业为重点的示范区、创建一批以"小而精"特色产业为重点的示范区。

(1) 主管部门:农业农村部发展规划司

(2) 申报时间:每年 7—8 月

(3) 申报主体:县(市、区)级人民政府

(4) 激励政策:择优给奖补资金;整县申报、其他优惠政策优先向其倾斜

(5) 项目要求:

A. 分区分类建设示范区在黄淮海平原粮食主产区,创建一批以粮食产业为重点的示范区。特色农产品优势地区,创建一批以优势特色产业为重点的示范区。在大中城市郊区和东部沿海发达地区,创建一批以都市农业和智慧农业为重点的示范区。在脱贫地区,创建一批以"小而精"特色产业为重点的示范区。

B. 创建条件生产基础较好、装备水平较高、产业链基本健全、经营体系较为完备、农业环境较为友好、政策支持保障有力的示范区。

9. 国家级农业科技园区

(1) 主管部门:科技部

(2) 申报时间:每年 10—11 月份

(3) 申报主体:园区所在地人民政府

（4）激励政策:其他优惠政策优先向其倾斜

（5）项目要求:

A. 园区申报单位要落实好主体责任,统筹推动园区建设,形成长效管理机制;

B. 有明确的主导产业,注重发展区域特色优势产业,积极引进培育高新技术企业和龙头企业;

C. 核心区、示范区、辐射区规划合理,核心区四至范围明确、总面积 1 万亩以上、区块数量不超过 2 个;

D. 建设有科技创新创业创造服务平台,应具有较强的科技创新、成果转化和创业服务能力;

E. 强化园区对创新型县(市)和扶贫等工作的支撑作用,同等条件下,优先支持建设核心区位于创新型县(市)或国家级贫困县的园区。

10. 国家级田园综合体

田园综合体以农民合作社为主要载体,是集现代农业、休闲旅游、田园社区为一体的乡村综合发展模式,农民充分参与和受益,集循环农业、创意农业、农事体验于一体,促进三产融合可持续。田园综合体分为国家级、省级、市级田园综合体,符合条件,申报成功的田园综合体将获得相应的政策支持及资金补助。

（1）主管部门:财政部农业司协同国家农发办

（2）申报时间:每年 6 月底前

（3）申报主体:县(市、区)人民政府

（4）激励政策:以奖代补,三年每年 6000—8000 万元政策支持

（5）项目要求:

A. 七大必备条件功能定位准确、基础条件较优、生态环境良好、政策措施有力、投融资机制明确、运行管理顺畅、带动作用显著。

B. 不予立项的六类情况未突出以农为本,项目布局和业态发展上与农业未能有机融合,以非农业产业为主导产业;不符合产业发展政策;资源环境承载能力较差;违反国家土地管理使用相关法律法规,违规进行房地产开发和私人庄园会所建设;乡、村举债搞建设;存在大拆大建、盲目铺摊子等情况。

11. 国家农村产业融合发展示范园

（1）主管部门:国家发展改革委主导,会同其他六部委发布

（2）申报时间:每年 2—4 月

（3）申报主体:区县或地市人民政府(视所属级别)

（4）激励政策:4000 万元政策支持

（5）项目要求：按照"当年先创建、次年再认定"的原则。

A. 原则上县（市）级政府是拟创建示范园的申报主体；优先支持农村产业融合发展试点示范县创建农村产业融合发展示范园；

B. 已成立由本级政府主要领导挂帅的领导小组，并明确具体的示范园管理机构；

C. 具备较好的产业融合发展基础或特色产业优势，且建设示范园的意愿明确；

D. 示范园发展思路清晰、功能定位明确，用地符合国土空间规划，具有较强的示范、引导和带动作用；

E. 各省（区、市）根据上述要求，结合本地实际细化确定的具体创建条件。

12. 国家级绿色种养循环试点

（1）主管部门：农业农村部种植业管理司肥料与节水处

（2）申报时间：每年4—6月份

（3）申报主体：县（市、区）人民政府

（4）激励政策：1000万元资金支持

（5）项目要求：

A. 耕地、水、气候、生物等重要农业资源底数清晰，基本形成与资源环境承载力相匹配、与生产生活生态相协调的农业发展格局。

B. 科学使用化肥农药，推进农业投入品减量增效，实现农药化肥使用负增长。实行种养结合，发展循环农业，推进畜禽粪污、秸秆、农膜等农业废弃物资源化利用，畜禽粪污资源化利用率、秸秆综合利用率高于本省及全国平均水平，分别达到70%和83%以上。

C. 近两年农产品质量安全例行监测总体抽查合格率不低于97%，没有发生重大农产品质量安全事件；绿色、有机、地理标志农产品认证比例达到10%以上。

D. 有稳定的技术依托单位，在技术模式引进、集成创新、先行先试、示范推广等方面路径清晰、科学合理。

E. 政府重视，建立先行区建设组织领导及部门间分工协作协调机制，编制完成先行区建设规划及实施方案，出台支持先行区建设的政策性文件，整合资源用于先行区建设。

13. 中国特色农产品优势区

（1）主管部门：农业农村部主导，会同国家林业和草原局六部委

（2）申报时间：每年8—9月份

（3）申报主体:原则上以县(市、区,林区,垦区)人民政府为单位申报。区域内特色主导品种相同、获得同一地理标志认证(登记)的地级市可单独申报,地级市区域内的部分县(场)也可联合申报。

（4）激励政策:加大对特优区建设的投入、创新特色产业金融政策、完善特优区用地政策等。

（5）项目要求:

A. 产业竞争力突出。特色主导产品在全国具有较强代表性和竞争力,产量或产值在全国同级地区位居前列,具备发展"中国第一,世界有名"的基础条件。

B. 市场建设有力。产加销、贸工农一体化协调推进,拥有较高影响力的农(林)产品区域公用品牌。

C. 推进措施务实。地方人民政府高度重视特色产业发展,在产业扶持政策等方面措施有力,取得较好成效。

D. 示范作用明显。在特色产业生产基地、加工基地、科技支撑体系等方面示范作用明显,具有较强带动作用。

E. 符合相关法律法规和国家政策要求。

14. 全国休闲农业重点县

（1）主管部门:农业农村部乡村产业发展司休闲农业处

（2）申报时间:每年 4—6 月份

（3）申报主体:县(市、区)人民政府

（4）激励政策:统筹资金安排,加大支持力度

（5）项目要求:

A. 资源优势明显。具有世界知名自然文化资源、全国独特自然文化资源、区域鲜明自然文化资源。

B. 设施条件良好。基础设施完备、融入活态元素、村容村貌整洁。

C. 产业发展领先。产业规模成型(东部地区年接待游客 200 万人次以上,中部地区 150 万人次以上,西部地区 100 万人次以上,近三年游客接待数和营业收入年均增速均超 6%)、业态活跃丰富(农家乐、乡村民宿、休闲观光园区、休闲农庄、休闲乡村、康养和教育基地等业态至少具有五项上述类型,分布在县域 1/3 以上乡镇,全国具有较高知名度的休闲农业和乡村旅游点 5 个以上)、富民兴农明显(从业人员中农民就业比例达 60% 以上,农民人均收入高于省内平均水平 5% 以上)。

D. 组织保障有力。规划布局合理、政策体系完善、管理制度健全。

15. 国家农村综合性改革试点

(1) 主管部门:财政部农业司

(2) 申报时间:每年 5 月份

(3) 申报主体:县(市、区)人民政府

(4) 激励政策:通过农村综合改革转移支付,每个试点给予 1 亿元奖补资金。

(5) 项目要求:聚焦乡村振兴战略目标任务,在确定的试点试验区域内,依托项目建设和运行载体,促进乡村产业高质量发展,建设数字乡村,促进农民增收,改善乡村治理,积极探索创新推动乡村全面振兴的机制和模式。

16. 国家数字农业试点

(1) 主管部门:农业农村部市场与信息化司

(2) 申报时间:以每年公布文件为准

(3) 申报主体:以县为单位组织实施,由县(市、区)级农业(渔业)局或其下属法人单位作为建设单位牵头申报。

(4) 激励政策:中央预算内投资不超过 2000 万元,且不超过项目总投资的 50%。

(5) 项目要求:

A. 实施主体为区域内具有数字农业建设需求的农民合作社、家庭农场、农业产业化龙头企业等新型经营主体。支持国家农业遥感应用等公益性科研单位开展农业遥感数字农业建设试点。

B. 实施主体自筹不低于项目总投资 40%,并提供出资承诺书。试点项目县市应已通过项目整合或财政配套等方式整合资金支持项目建设。

C. 可行性研究报告的编制,应严格按照《农业基本建设项目管理办法》以及相关行业建设标准进行编制。上报可行性研究报告时附带相应材料复印件或说明材料。

17. 国家级农业绿色发展先行区

(1) 主管部门:农业农村部

(2) 申报时间:每年 3—5 月

(3) 申报主体:县(区、市)人民政府

(4) 激励政策:其他优惠政策优先向其倾斜

(5) 项目要求:

A. 耕地、水、气候、生物等重要农业资源底数清晰,基本形成与资源环境承载力相匹配、与生产生活生态相协调的农业发展格局。

B. 科学使用化肥农药,推进农业投入品减量增效,实现农药化肥使用负增长。实行种养结合,发展循环农业,推进畜禽粪污、秸秆、农膜等农业废弃物资源化利用,畜禽粪污资源化利用率、秸秆综合利用率高于本省及全国平均水平,分别达到 70％和 83％以上。

C. 近两年农产品质量安全例行监测总体抽查合格率不低于 97％,没有发生重大农产品质量安全事件;绿色、有机、地理标志农产品认证比例达到 10％以上。

D. 有稳定的技术依托单位,在技术模式引进、集成创新、先行先试、示范推广等方面路径清晰、科学合理。

E. 政府重视,建立先行区建设组织领导及部门间分工协作协调机制,编制完成先行区建设规划及实施方案,出台支持先行区建设的政策性文件,整合资源用于先行区建设。

18. 中国休闲美丽乡村

(1) 主管部门:农业农村部乡村产业发展司休闲农业处

(2) 申报时间:每年 8 月份

(3) 申报主体:行政村或涉农社区

(4) 激励政策:统筹资金安排,加大土地、财税等多方面支持力度

(5) 项目要求:

A. 特色优势明显。自然环境优美,生态资源丰富,村落民居原生状态保持完整,产业特色突出,一二三产业加快融合,乡村休闲旅游成为乡村经济发展的主导产业之一,就地吸纳农民创业就业容量大。

B. 服务设施完善。吃住行游购娱学等休闲旅游要素聚集,观光、餐饮、住宿、体验、康养、文化展示等基础设施功能齐全。

C. 乡风民俗良好。制定了村规民约。近 3 年无群体性上访、恶性治安案件以及集体资产债务纠纷等情况发生,无擅自占用耕地和基本农田行为,未发生破坏生态环境的事件,未发生安全生产事故。

D. 品牌效应明显。已获得省级美丽休闲乡村、农家乐聚集村等荣誉,村域内具有不可替代的稀缺资源优势,休闲农业和乡村旅游示范带动作用强。已成为中小学及各类大专院校的培训实训基地或获得省级以上奖励和荣誉称号的优先推荐。

19. 国家级生态农场

农业农村部《推进生态农场建设的指导意见》,提出到 2025 年,通过科学评价、跟踪监测和指导服务,在全国建设 1000 家国家级生态农场,带动各省建设

10000 家地方生态农场。遴选培育一批现代高效生态农业市场主体,总结推广一批生态农业建设技术模式,探索构建一套生态农业发展扶持政策,持续增加绿色优质农产品供给,不断提高农业质量效益和竞争力,让生态农场建设成为推动农业生产"三品一标"的重要平台和有力抓手。为加快农业绿色转型、乡村生态振兴和农业农村减排固碳做出更大贡献。

(1) 主管部门:农业农村部科教司

(2) 申报时间:3—5 月

(3) 申报主体:申请主体须为具有独立法人资格的家庭农场、农民专业合作社、农业企业等新型经营主体,或为从事农产品生产经营的其他类型独立法人

(4) 激励政策:资金、土地、科技、人才等政策倾斜

(5) 项目要求:

A. 基本要求:申请主体登记注册 5 年以上,无不良信用、违法记录,边界应清晰,土地应集中连片,面积不小于 2 公顷,要有合法的土地使用权和经营权,具备相应证明文件。

B. 环境要求:与污染源的距离应大于 2 千米,要位于非农产品禁止生产区,且近 5 年内未发生过污染事故或生态环境破坏事件。农场生态用地面积应占农场总生产面积的 5%—15%。养殖区与人居敏感区应符合卫生防护距离要求或采取有效措施。

C. 种植要求、养殖要求:生态农场宜使用本农场或本地的有机废弃物进行堆肥,氮肥用量(折合纯氮)比当季作物高产推荐化肥氮用量减少 10% 以上;氮肥用量应有 25% 以上来自有机肥料。应采取合理措施培肥和改良土壤,稳定或提高土壤有机质含量。应采用综合防控措施处理病、虫、草害及外来入侵物种等。

D. 种养结合要求:畜禽养殖数量与种植土地面积的配比应符合规定。稻渔综合种养应符合规定。同时种植要求和养殖要求应符合上文提到的相关规定。

E. 产品要求:应以农产品生产为主,即农产品生产、加工和销售收入占总销售收入的 50% 以上,拥有自主品牌,农产品质量应符合食品安全国家标准的规定。如有绿色农产品认证、有机农产品认证和其他认证等应提供认证报告。

F. 过程记录要求:应对农业投入品的购买和使用,以及农事操作进行详细记录,初步建立农场质量管理体系和追溯体系。宜配备相关记录人员进行信息记录,并配备监管人员对信息记录进行监管审核。

20. 双碳助力乡村振兴

国家乡村振兴局动员引导企业,通过开发农村新能源和农业产业,助力巩固

脱贫攻坚成果和全面推进乡村振兴。遴选部分国家乡村振兴重点帮扶县,开展新能源助力乡村振兴项目试点。国务院《关于加快建立健全绿色低碳循环发展经济体系的指导意见》,指出全方位全过程推行绿色规划、绿色设计、绿色投资、绿色建设,确保实现碳达峰、碳中和目标。三部委印布《加快农村能源转型发展助力乡村振兴的实施意见》,提出积极培育新能源＋产业,鼓励发展绿色低碳新模式新业态,培育壮大农村绿色能源产业。

21. EOD 项目

EOD项目模式重点推动收益性差的生态环境治理项目,与收益较好的关联产业有效融合,生态引领贯穿规划、建设、运营全过程,从生态环境、产业结构、基础设施、城市布局等方面综合考虑。申报方式转为项目储备入库。

22. 高标准农田

全面提高农田综合生产能力,开展田块整治、灌溉排水、田间道路等活动。财政部、农业农村部《农田建设补助资金管理办法》,扶持对象包括小农户、家庭农场、农民合作社、专业大户、涉农企业与单位、农村集体经济组织。农业农村部《全国高标准农田建设规划(2021—2030 年)》,提出 2022 年我国高标准农田亩数要达到 10 亿亩。

23. 水美乡村

水美乡村试点按县域为单位,以河流为脉络、以村庄为节点,集中连片,统筹规划,与相关部门形成合力,水域岸线并治。建设河畅、水清、岸绿、景美的水美乡村,改善河湖生态环境、优化区域水资源配置、恢复河湖自然面貌、提升区域综合竞争力。各省级水利部、财政部负责,开展试点县申报和竞争立项等工作。

24. 三产融合先导区申报

鼓励各地拓展农业多种功能、挖掘乡村多元价值,重点发展农产品加工、乡村休闲旅游、农村电商等产业。支持农业大县聚焦农产品加工业,引导企业到产地发展粮油加工、食品制造。并且,加快落实保障和规范农村一二三产业融合发展用地政策。国家对于创建通过的先导区将给予最高 3000 万的补助资金。

25. 乡村振兴专项补贴

(1) 农商互联项目补贴额度:每省 2 亿元

(2) 国家农村产业发展融合示范园,科技园,文旅项目:补贴资金 5000 万

(3) 畜禽粪污资源化利用项目补贴额度:最高 5000 万

(4) 农业产业化联合体项目:5000 万元

(5) 中药材生产扶持及药材基地项目补贴额度:100 万—3000 万元

(6) "特色小镇"工程申报项目补贴额度:500 万—2000 万

（7）区域生态循环农业项目补贴额度：1000万—1500万元

（8）现代种业提升工程（农作物种子、畜禽良种）项目补贴额度：800万—1500万元

26. 观光采摘休闲农业类补贴

承包山林地的林果业及观光农业，则可以申请造林补贴、退耕还林补贴、水利和道路建设补贴等。

（1）农业局的农业综合开发园艺类生产示范基地项目，扶持资金一般约为200万元。

（2）林业局的农业综合开发名优经济林示范项目，扶持资金约150万～300万。

（3）农业部主管的园艺作物标准化创建项目，扶持资金在50万～100万之间。

（4）农业局的水果蔬菜标准园创建项目，扶持资金在25万～100万之间。

（5）农业局的高产创建项目，扶持资金约50万～100万。

27. 科技示范园、观光科普一体化、休闲农业项目补贴

这类休闲农业项目包括科技示范园、物流商贸园等形式，既可以申报技术方面的扶持，也能申请农业方面的扶持，因此可申报的资金扶持种类包括：

（1）发改委的冷链物流项目。

（2）商贸流通重点支持项目。

（3）农业局农产品产地初加工补助项目。

（4）农业科技推广示范项目。

（5）科技成果转化项目。

（6）现代农业园区试点项目。

（7）农业综合开发产业化经营财政补贴、贴息贷款、一县一特和龙头企业带动项目。

（8）农业产业化财政扶持项目

（9）现代农业发展资金果蔬产业项目，大宗商品项目。

（10）供销社的农业综合开发供销合作示范项目

（11）农业局与文旅局联合主管的休闲农业与乡村旅游示范点创建项目以及农产品加工业休闲农业农民新创业项目。

28. 农产品产地初加工补助项目

（1）支持范围：重点扶持农户和农民专业合作社建设马铃薯贮藏窖、果蔬通风库、冷藏库和烘干房等产地初加工设施。

（2）申报部门:农业农村部、财政部。

29. **物质能综合利用示范项目**

（1）支持范围:生物质成型燃料,畜禽养殖场沼气发电场等,对废弃物利用的项目。

（2）申报部门:发改委。

30. **中小企业技术创新基金现代农业领域项目**

（1）支持范围:技术创新专利。

（2）申报部门:科技部。

31. **农业综合开发产业发展项目**

（1）支持范围:扶持专业大户、家庭农场、农民合作社和涉农企业。

（2）申报部门:国家农业综合开发办公室。

32. **现代青年农场主项目申报**

（1）支持范围:关于现代青年农场主培育项目。

（2）申报部门:农业部,科技教育司。

33. **国家中药材生产扶持项目**

如果是以中药材种植为基础的乡村旅游项目,可向国家经济贸易委员申报项目包括:

（1）**野生药材资源保护和野生药材变家种家养的科研开发及成果推广应用;**

（2）中药材种植养殖先进技术研究和推广应用;

（3）大宗、紧缺品种的中药材基地建设;

（4）中药材种子种苗基地建设;

（5）中药材仓储技术及改善中药材仓储设施;

（6）中药饮片加工技术研究和推广应用。

34. **国家农业综合开发产业融合项目**

（1）支持范围:产业融合、土地托管、有机肥和低残农药、农膜项目。

（2）申报部门:农业农村部、国家农业综合开发办公室,国家乡村振兴局等。

35. **乡村振兴衔接示范区、乡村振兴集中推进区**

（1）主管部门:省乡村振兴局、财政厅;

（2）申报时间:每年12—4月,建议提前2—3个月准备;

（3）申报主体:县(市、区)级人民政府(乡村振兴局);

（4）激励政策:5000万元资金支持,当年支持;巩固拓展脱贫攻坚成果同乡村振兴有效衔接资金。

（5）项目要求：

A. 衔接示范区面积一般不低于 10 个行政村、不低于 5000 亩，核心区面积不低于规划面积的 20%，且在巩固拓展脱贫攻坚成果、乡村发展、乡村建设、乡村治理等方面，有较好的工作基础和发展潜力。

B. 县级自主申报，编制申报书。市级择优推荐，省级竞争评审。

5.5.3 和特优区有关的税收政策

2022 年 5 月，国家税务总局整理形成了《支持乡村振兴税费优惠政策指引》，共列出了支持农村基础设施建设、推动乡村特色产业发展、激发乡村创业就业活力、推动普惠金融发展、促进区域协调发展、鼓励社会力量加大乡村振兴捐赠等六个方面梳理形成了 109 项针对乡村振兴的税费优惠政策。在这些政策中，很多方面都是和特优区建设有关的，由于内容较多，在此不一一列举。

5.5.4 其他地区的特优区政策

在充分掌握国家层面的政府资源基础上，宁波市在优化特优区建设的过程中，还需要充分学习其他地区政府的经验。为此，我们分别选择了宁波市周边的上海、江苏、江西、安徽、福建省，以及同样属于计划单列市的青岛、大连、厦门、深圳，对这些地区的省级及地市级政府的特优区的相关政策进行了搜集分析。通过分析，我们发现，除了深圳市没有就特色农产品优势区采取具体措施外，其他地区都按照中央有关部门的政策分别有针对性地制定了特优区的发展规划，并形成了相应的支持政策，但创新性较强、值得宁波市借鉴的经验不多。

5.5.5 宁波市的特优区政策

从调研情况看，宁波市和其他地区一样，还没有形成针对特优区的专项政策。2017 年三部委《规划》出台后，宁波市没有出台针对性的特色农产品优势区的发展规划，只是在《十四五宁波市乡村发展规划》以及相关的附件中对特优区的建设进行了相应的部署。

以《宁波市高质量推进"4566"乡村产业振兴行动方案》为主体，宁波市实际上已经出台了很多推进三农发展的政策。但由于缺乏针对性的政策，致使在特优区建设中，政府支持的力度和精准度还没能达到预期的目标。

为了让读者了解宁波市"十四五"乡村发展规划的基本内容，现将这一规划全文附上。

专栏 15

宁波市乡村产业发展"十四五"规划
宁波市农业农村局

为贯彻落实党中央、国务院和省委、省政府关于实施乡村振兴战略、促进乡村产业振兴的决策部署,进一步推进全市乡村产业高质量发展,率先基本实现农业农村现代化,助力共同富裕先行市建设,根据《全国乡村产业发展规划(2020—2025年)》《浙江省农业农村现代化"十四五"规划》《宁波市国民经济和社会发展第十四个五年规划和二〇三五年远景目标纲要》《宁波高质量发展建设共同富裕先行市行动计划(2021—2025年)》《宁波市农业农村现代化"十四五"规划》《高质量推进"4566"乡村产业振兴行动方案》等文件,编制本规划。规划期限为2021—2025年。

第一章　发展基础

"十三五"时期,市委市政府高度重视"三农"工作,坚持把解决"三农"问题作为全党工作重中之重,对标"农村改革探路者、城乡融合先行者、乡村振兴排头兵、农业农村现代化领跑者"总目标,落实农业农村优先发展总方针,积极践行新发展理念,大力推进农业供给侧结构性改革,实施绿色都市农业示范区"152211"工程,高水平建设绿色都市农业强市,全市现代农业发展保持良好态势,多项工作走在全省全国前列,为"十四五"时期加快推进乡村产业振兴奠定了坚实基础。

第一节　取得成效

农业综合实力稳步提升。2020年,全市实现农林牧渔业总产值534.6亿元,完成农林牧渔业增加值352.4亿元;农村居民人均可支配收入39132元,城乡居民收入比缩小到1.74∶1。2020年乡村振兴指数89.9分,居全省前列。整市开展国家现代农业示范区建设,率先进入农业现代化基本实现阶段。累计创建国家现代农业产业园1个,国家农业产业强镇4个,省级现代农业园区9个,省级特色农业强镇20个,年销售10亿元以上的省级示范性农业全产业链12条。创建全国主要农作物生产全程机械化示范市,全市农机总动力达255.6万千瓦。农产品出口额23.2亿美元,涉及20多类产品。

农业产业结构持续优化。粮食等重要农产品生产能力高位跃升,2020年全市粮食面积和产量分别达166.94万亩和67.45万吨,产量连续5年稳定在 60 万吨以上,肉类总产量 9.51 万吨,其中猪肉产量 7.82 万吨,禽蛋产量 4.06 万吨,牛奶产量 3.34 万吨,水产品总产量 102.51 万吨,蔬菜 129.4 万吨。培育形成了甬优系列水稻、余姚榨菜、慈溪葡萄、慈溪蜜梨、慈溪杨梅、象山红柑橘、宁海白枇杷、奉化水蜜桃、岱衢族大黄鱼、象山梭子蟹、象山紫菜、一市青蟹、南美白对虾、宁海蛏子、宁海牡蛎、余姚甲鱼等一大批特色产业。余姚榨菜入选中国特色农产品优势区,创建第一批省级特色农产品优势区 8 个。实施"种业强市"战略,甬优系列杂交水稻、微萌系列瓜菜、宁波獭兔、振宁黄鸡、郭斌锦鲤等特色种业已形成较强影响力。

乡村新型业态全面兴起。坚持点线面联动、农旅文同步、一二三产融合,涌现出天宫庄园等休闲观光农业点和黄古林草编博物馆、雪菜博物馆等一批农业农村文化博物馆。海曙蔺草-水稻轮作系统成为全市首个中国重要农业文化遗产,创建国家农村产业融合发展示范园 2 个、全国农村一二三产业融合发展先导区 2 个。创建全国休闲农业和乡村旅游示范县 6 个、省级休闲农业和乡村旅游示范县 2 个、示范乡镇 2 个,中国美丽休闲乡村 12 个、全国休闲农业与乡村旅游示范点 6 个,中国美丽田园 3 个、省级休闲农业与乡村旅游示范点 5 个、省级最美田园 21 个、省级农家乐示范村 47 个、示范点 33 个,入选全国和省级休闲农业精品线路 30 多条。建成城郊美丽乡村综合体 10 个(城郊十园),多彩农业美丽田园示范基地 107 个、现代农业庄园 107 个。实施农家小吃振兴工程,大力推进"互联网＋农业",认定农产品电商示范村镇 108 个,农产品网络销售额 100.8 亿元。

农业经营体系更加健全。农村承包地流转率和规模经营率分别达到 69.5％和 71.2％。培育家庭农场 5913 家、农民专业合作社 3780 家、市级以上农业龙头企业 305 家(其中国家级 10 家、省级 39 家)。农业社会化服务体系加快发展,为农服务能力不断增强,粮食、生猪等主要农产品生产已基本实现全程社会化服务,基层农业公共服务中心覆盖全部涉农乡镇。全市农村实用人才总量 18.3 万人,市级以上大学生创业园 19 家,全国农村创新创业园区 4 个,青创农场 72 家,回乡创业人数 1500 多人,国家级星创天地 13 家,省级 11 家,市级 9 家。

绿色循环农业扎实推进。农业绿色发展先行创建有序推进,鄞州、慈溪、宁海、海曙率先建成农业绿色发展先行县,创建农业绿色发展先行区 101 个,其中省级 21 个、市级 80 个,海曙天胜"四不用"农场成为全国六大区域现代生态循环农业模式之一。创建慈溪、奉化、宁海和象山 4 个省级畜牧业绿色发展示范县,累计建成美丽牧场 118 家。象山县创建为国家级渔业健康养殖示范县,余姚市、慈溪市鄞州区创建为省级渔业健康养殖示范县,创建国家级水产健康养殖示范场 54 家、省级水产健康养殖示范场 110 家。整市成功创建国家农产品质量安全市,象山、奉化获评国家农产品质量安全放心县,10 个县(市、区)均成为省级农产品质量安全放心县。2020 年底,全市农作物秸秆、畜禽粪污综合利用率分别达 95%、98% 以上,农药废弃包装物回收率和处置率分别达 80% 和 90%。

农业品牌建设卓有成效。余姚榨菜、浙东白鹅、宁海土鸡、甬优杂交水稻、奉化水蜜桃、余慈杨梅、黄古林草席等一批具有较高知名度的品牌产品已崭露头角。2020 年,全市建成全国"一村一品"示范村镇 26 个,绿色食品 163 个、有机农产品 4 个,地理标志农产品 18 个,实施地理标志保农产品保护工程 4 个。共有农产品商标 2.16 万件,其中市级以上名牌农产品 360 个。慈溪葡萄、慈溪蜜梨、慈溪杨梅 3 个特色种植产品和岔路黑猪、余姚甲鱼、象山梭子蟹、长街蛏子 4 个养殖产品入选 2020 年全国乡村特色产品。深入实施农业品牌"11122"工程,涌现出半岛味道、慈农优选、宁海珍鲜、江北农好、四明山珍等一批全品类农产品区域公用品牌及余姚榨菜、慈溪杨梅等产业区域公用品牌,宁波市级农产品区域公用品牌建设有序推进。

第二节　存在问题

产业发展提升面临瓶颈。国内外环境复杂严峻,重要农产品增产保供压力较大。农业生产资料价格持续上涨、劳动力和土地价格刚性上涨而农产品价格上涨相对较缓已成常态。种植业受面积、比较效益等因素影响,提升潜力相对有限。畜牧业受非洲猪瘟、环境治理以及发展用地不足影响,生猪等一批养殖项目建设进度缓慢。各地农产品同质化倾向明显,部分农产品"卖难"问题屡有出现。新产业新业态发展缓慢,农业功能形态拓展不够,农村第三产业拉动经济增长的潜力尚未充分释放。受新冠疫情等影响,果蔬、苗木花卉等高效生态农业发展受到一定冲击。人民币升值压力较大,影响农产品加工出口和企业效益。

生态环境保护约束趋严。随着生态文明建设的日益推进,农村传统发展模式和产业结构受到生态红线、饮用水源保护、农村面源污染控制等生态环境保护的约束和影响也日益增大。传统分散式畜牧养殖业被禁,对农户增收特别是低收入农户增收带来较大影响。如何探索形成"绿水青山就是金山银山"的良性循环机制和资源节约型、环境友好型产业体系并建立完善生态补偿机制,加快推进乡村产业发展和生态环境保护的和谐统一,成为乡村产业发展面临的重大新课题。

农技人才支撑有待加强。乡村产业发展项目多、任务重,对各类专业人才需求量大、要求高,但目前各地不仅相关农技人员配备不足、专业不对口,而且很多时间都在从事乡镇安排的其他非农工作。农村许多中青年劳动力选择了非农就业,农业兼业化、农民老龄化、农村空心化问题较为突出。受到年龄、知识结构等要素的影响,老龄农业劳动者对新技术、新品种接受较慢,综合劳动素质技能下降。

发展体制机制有待创新。土地资源要素瓶颈制约日益突出,乡村产业发展所需设施用地和建设用地指标难以有效保障,落地困难。在宏观经济形势复杂严峻、经济下行压力较大、实体经济较为困难的情况下,各级财政持续增加农业投入难度加大,迫切需要进一步拓展投资渠道,增加投资来源。

第二章 机遇挑战

实现现代化和共同富裕,突出的短板在"三农"、深厚基础也在"三农"。"十四五"期间,宁波农业农村发展内外部环境将发生深刻变化,乡村产业发展面临着新要求、新机遇和新挑战。

第一节 新要求

新阶段提出新要求。"十四五"时期,是我国实现巩固拓展脱贫攻坚成果同乡村振兴有效衔接的五年过渡期。乡村振兴,关键是产业要振兴。产业兴旺是乡村振兴的重要基础,是解决农村一切问题的前提。根据十九大报告明确的发展战略安排,2021年起在全面建成小康社会的基础上进入建设社会主义现代化国家的新阶段,这对全市"三农"如何开创城乡融合发展新局面、加快推进产业振兴和农业现代化建设提出了新要求。

新格局提出新要求。形成国内大循环为主体、国际国内双循环相互促进的新发展格局,潜力和后劲在"三农",关键在产业发展,"三农"战略后院作用进一步凸显,对全市农业如何深化供给侧结构性改革、开拓新市场、培植新价值、培育新业态提出了新要求。

新定位提出新要求。习近平总书记赋予浙江"重要窗口"的新目标新定位,在宁波建设"重要窗口"模范生中对全市乡村产业发展如何体现宁波担当,如何走前列当标兵、提供更多经验、贡献更多力量提出了新要求。

新目标提出新要求。《中共中央国务院关于支持浙江高质量发展建设共同富裕示范区的意见》提出了浙江率先探索建设共同富裕美好社会的新目标,宁波将高质量发展建设共同富裕先行市。宁波乡村产业较为发达,经济社会发展协调度高,对全市如何加快乡村产业高质量发展,在建设共同富裕先行市方面提出了新要求。

碳达峰提出新要求。2020年9月,习近平总书记提出了二氧化碳排放力争于2030年前达到峰值,努力争取2060年前实现"碳中和"的中国减碳新目标和愿景,这对全市农业领域如何实现碳达峰碳中和目标提出了新要求。

第二节　新机遇

新发展格局为乡村产业发展打开广阔天地。"一带一路"、区域全面经济伙伴关系协定(RCEP)、长三角一体化等一批重大国家战略的深化实施,国内国际双循环新发展格局的加快构建,宁波农业传统优势、人文底蕴优势和体制机制优势进一步彰显,将为放大优势、补齐短板,给全市乡村产业发展和农业现代化建设带来新的机遇。

综合积聚优势为乡村产业发展奠定坚实基础。随着"一带一路"枢纽城市、浙江大湾区、长三角一体化、宁波都市区、义甬舟开放大通道等重大项目建设推进,宁波在全省及至全国的区位优势、交通优势和物流优势进一步彰显,战略地位日益凸显,给全市乡村产业发展特别是绿色都市农业发展带来新的机遇。

信息化快速发展为乡村产业发展锻造强大引擎。随着5G技术、物联网和人工智能的快速发展,"十四五"时期必将给乡村产业发展带来革命性的变化。农业大数据正由技术创新向应用创新转变,农业丰富的数据类型,与应用场景不断进行深度融合,实现应用创新层面的大爆炸。而5G也将为农业带来海量的原始数据,不断推动种植技术智能化、农业管理智能化、种植过程公开化、劳力管理智能化,未来农业将会更加智能、更加精准。这必然会给全市深入实施智慧农业和数字乡村建设带来新的机遇。

消费需求结构升级为乡村产业发展厚植发展动能。随着收入和生活水平的不断提高,消费者对农产品需求不仅仅是满足于基本的生存需求,而是强调吃得更有营养、更加安全。特别是新冠疫情后消费者将更加关注于食品安全问题。随着城乡居民食品消费需求升级,消费者会进一步弱化对食品价格的关注度,对优质农产品的需求必将进一步增加。余姚榨菜、浙东白鹅、宁海土鸡、奉化水蜜桃、余慈杨梅、象山梭子蟹、宁海蛏子、象山紫菜、一市青蟹、南美白对虾、宁海牡蛎、余姚甲鱼等大批农产品越来越受"长三角"居民的喜爱,这就为"十四五"时期宁波深化农业供给侧改革,推动农业产业转型升级和发展优质农产品生产提供了巨大的市场空间。

农村消费需求增长为乡村产业发展拓宽提升空间。全民旅游时代正在来临,城市居民生活观念改变和老年人群体数量增多,休闲旅游和养生养老等服务需求将有较大增长,这就为宁波加快发展乡村旅游和养生养老等产业提供了良好契机。

第三节　新挑战

外部环境复杂多变。当今世界正处于百年未有之大变局,新冠肺炎疫情持续在全球蔓延,国内面临较大的输入性风险,整个国际形势发展不确定因素增多,农产品供应链的稳定性可靠性受到冲击,给全市重要农产品增产保供、农产品出口等带来新挑战。

农业发展环境欠佳。目前,国内农产品价格与国际市场价格存在"倒挂"现象,国内主要农产品价格支持呈减弱态势。多种因素叠加,水稻种植效益明显下降,农户种粮积极性受到影响。同时,受中美贸易摩擦影响,中美之间全面竞合将贯穿"十四五"时期甚至更长时间,给相关农产品生产带来一定压力。乡村产业发展用地困难,以农业基地为依托的休闲观光农业用地很难符合设施农用地审批要求,在较大程度上挫伤了工商资本投资农业的积极性。

持续发展后劲不足。农业用地面临"量减质降"问题,大量优质耕地被征用占用,而新补充耕地质量亟需提高。由于经济结构调整和减税降费政策叠加,全市财政增收困难加大,收支平衡压力不断增大,财政对乡村产业发展的扶持力度难以有效增加。乡村产业发展人才规模还需壮大,农技人才青黄不接,市场化运作的各类农技服务主体发展较为缓慢,农业兼业化和种养殖业主体老龄化趋势越来越明显。

风险防范困难重重。各种风险叠加，给乡村产业可持续发展带来新挑战。一是市场风险难以把控。农业生产还是以小农户为主，农业生产和购销信息不够畅通，市场风险较难把控。二是生物安全风险时有发生。病虫害会对农作物生长造成潜在威胁，动物疫病也是禽畜养殖的"隐形杀手"。三是自然风险影响巨大。台风、洪涝等自然灾害风险对农户影响巨大。四是食品安全风险偶有发生。一旦发生农产品质量安全事故，对整个相关产业都会带来致命性打击。

第三章　总体要求

第一节　指导思想

以习近平总书记关于"三农"工作的重要论述为指导，深入贯彻落实新发展理念，立足时代特色和宁波实际，围绕"保供固安全、振兴畅循环"，以"优质高效、特色精品、绿色生态、健康养生、田园美丽、产业融合"为抓手，以农业高质量发展和共同富裕为导向，以"三产三生"融合为路径，推动农业供给侧结构性改革，深入实施科技强农、机械强农"双强行动"，高质量推进"4566"乡村产业振兴，着力延长产业链、提升价值链、构建创新链、完善服务链，贯通产加销、融合农文旅，建设新时代"都市乡村、田园城市"，打造绿色都市农业强市 2.0 版，更好发挥农业基本盘和"三农"压舱石作用，为全市高水平实施乡村振兴战略，高质量发展建设共同富裕先行市提供有力支撑。

专栏一　"4566"乡村产业振兴行动

"4"指做实 4 个绿色基础产业，即粮食、蔬菜、畜牧、渔业等。

"5"指做精 5 个特色优势产业，即现代种业、精品果业、茶产业、花卉竹木、中药材等。

第一个"6"指做强 6 个现代加工流通产业，即农产品初加工、精深加工、综合利用加工、主食加工、出口加工、商贸流通等。

第二个"6"指做深 6 个新型融合产业，即乡村休闲旅游业、乡村文体康养业、乡土特色产业、乡村能源环保产业、乡村数字产业、乡村现代化服务业等。

第二节　基本原则

坚持利农为民。坚持农民主体和富民导向，多渠道增加农民特别是低收入人群收入。以农业农村资源为依托,发展优势明显、特色鲜明的乡村产业。把二三产业留在乡村,把就业创业机会和产业链增值收益更多留给农民,不断实现农民群众对美好生活的向往。

坚持市场导向。充分发挥市场在资源配置中的决定性作用,激活要素、激活市场、激活主体,以乡村企业为载体,大力推进"两进两回",引导资源要素更多地向乡村汇聚,推动乡村产业高质量发展。

坚持融合发展。发展全产业链模式,强化一产对二产、三产的支撑力度,提升二产、三产对一产的反哺力度,通过一二三产业的相融相通和乘数效应,拓展农业发展空间,纵向拉长农业产业链,横向拓宽农业产业幅度,加快农业与现代产业要素跨界配置,深入推进强链、补链、延链,更高水平实现一二三产融合发展。

坚持绿色引领。践行绿水青山就是金山银山理念,把生态文明贯穿全过程和各领域,倡导绿色生产生活方式,集约节约利用发展空间,健全"两山转换"机制,最大程度提高资源要素产出率,以智力资源替代自然资源消耗,促进人与自然和谐共生,生产生活生态协调发展。

坚持改革创新。健全城乡融合发展体制机制,破除制约乡村产业高质量发展的体制机制障碍,激发"三农"高质量发展活力,实现质量变革、动力变革、效能变革。强化科技创新、数字应用,推动农业发展由要素推动转变为创新驱动。利用现代科技进步成果,改造提升乡村产业。创新机制和业态模式,增强乡村产业发展活力。

坚持底线思维。统筹安全与发展,切实增强安全意识和底线意识,筑牢粮食安全基础,增强粮食保障能力。落实最严格的耕地保护制度,坚决制止"耕地非农化",切实防止"耕地非粮化"。健全农产品质量监管体系,增强抵御和防范自然风险、生物风险、市场风险等各类风险的能力。

第三节　战略定位

绿色都市农业引领市。大力发展绿色农业,推行绿色生产方式,应用绿色技术,培育绿色主体,开发绿色产品,打造绿色田园,确保农业绿色发展指标走在全国前列。充分依托当地农业产业特色,积极发挥农业生态休闲观光养生功能,推动生产、生活、生态"三生"融合,着力发展"优质高效、特色精品、绿色生态、健康养生"的高效生态农业,建设绿色都市农业强市2.0版,打造绿色都市农业引领市。

农业增产保供样板市。大力发展粮食、蔬菜等绿色基础产业,扎实做好"米袋子""菜篮子"稳产保供工作。以"扩量提质、做精做强"为目标,以生猪、水产为重点,积极推进生态养殖业发展,提升生猪增产保供能力和水产养殖能力,打造农业增产保供样板市。

产业融合发展示范市。推进一二三产业融合发展,延长农业产业链条,发展各具特色的富民乡村产业。推动种养加结合和产业链再造,提高农产品加工业和农业生产性服务业发展水平。深入发掘农业多种功能和多重价值,加快农产品产加销、农工贸一体化进程,推动主导产业提升、特色产业扩面、多元复合经营、一二三产融合,构建农业与二三产业交叉融合的现代产业体系,打造产业融合发展示范市。

未来农业科创先行市。对标国际先进,紧跟发展趋势,围绕高效化、生态化、优质化、数字化、品牌化、功能化目标,以现代种业、数字农业、功能食品、主食加工等领域为重点,以现代农业园区、特色强镇、特色农产品优势区、特色农产品加工基地建设为支撑,加快实施农业高科技项目,打造未来农业科创先行市。

第四节　发展目标

一、总体目标

高质量推进乡村产业振兴行动,深入实施绿色都市农业强市建设,结合国土空间整治,形成"一县一平台、一镇一园区、一村一基地"的乡村产业发展新格局。到 2025 年,创建 4 个规划布局美、产业融合深、产业链条长、功能拓展广的未来示范农业园区和 6 个以农业主导产业为基础的生产生活生态融合、城乡融合、产村融合、引领农业现代化的都市农业公园等 10 个现代化乡村产业发展大平台,实施农业经营主体技改示范项目 100 个,打造农业产业化共富联合体 100 个,建设数字农业示范园区 10 个,培育宁波市级农业区域公用品牌 1 个。全市农业生产效率和效益全面提高,重要农产品生产保供体系更加完善,乡村产业链条延伸拓展衔接紧密,农村一二三产业融合水平进一步提升,为我市率先基本实现农业农村现代化和共同富裕发挥引领示范作用。

二、具体目标

紧扣引领性、系统性、延续性、可及性,结合宁波实际,构建全市乡村产业发展"十四五"规划目标体系。

表1 宁波市乡村产业发展"十四五"规划目标体系

类 别	序号	一级指标	二级指标	单位	2020年基期值	2025年目标值
综 合	1	总体目标	乡村产业总产值	亿元	—	4000
	2		农业劳动生产率	万元/人	7.5	10
	3		农村居民人均可支配收入	万元	3.91	6
	4		农林牧渔业增加值年均增幅	%	2.3	≥2
	5		城乡居民收入倍差	—	1.74	<1.7
绿色基础产业	6	粮食	播种面积	万亩	166.94	174
	7		产量	万吨	67.45	≥65
	8	蔬菜	播种面积	万亩	129.4	120
	9		产量	万吨	261.1	220
	10	畜牧业	猪肉自给率	%	35	70
	11	渔业	水产品产量	万吨	102.51	100
	12		水产养殖面积	万亩	63.59	50
特色优势产业	13	现代种业	种业产值	亿元	35	60
	14	果业	水果面积	万亩	96.38	90
	15		年产值	亿元	46	50
	16	茶叶	茶园面积	万亩	20	20
	17		产值	亿元	6.9	15
	18		名优茶比重	%	75	80
	19	花卉竹木	全产业链产值	亿元	100	100
	20	中药材	面积	万亩	3	4
	21		产值	亿元	4	10

续　表

类　别	序号	一级指标	二级指标	单位	2020 年基期值	2025 年目标值
现代加工流通产业	22	农产品加工	农产品加工业产值	亿元	950	1500
	23		农产品加工转化率	%	69	71
	24		农业全产业链、农业产业化联合体数量	个	31	100
	25		农产品加工业与农业产值比	—	3	3.2
	26	农产品出口	农副产品出口总额	亿美元	23.2	25
	27	农村商贸物流	农村物流服务网点	个	2200	2300
新型融合产业	28	乡村休闲旅游	休闲农业和乡村旅游年接待人次	万人次	5500	8000
	29		乡村旅游经营总收入	亿元	62.64	90
	30		中国美丽休闲乡村	个	12	15
	31	数字乡村	数字乡村融合发展示范区	个	—	100
	32		电子商务专业村	个	100	200
	33		农产品网络销售额	亿元	100.8	180
	34		"浙农码"赋码量	万次	—	30
	35		新建数字农业工厂和数字化改造规模种养基地累计数	个	—	50/250
	36	社会化服务	培育社会化服务组织	家	550	1000
平台构建	37	一区一镇建设	省级及以上现代农业园区	个	9	10
	38		省级及以上特色农业强镇	个	23	24

续　表

类　别	序号	一级指标	二级指标	单位	2020年基期值	2025年目标值
	39	现代化乡村产业发展大平台建设	未来示范农业园区	个	—	4
	40		都市农业公园	个	—	6
主体培育	41	农业经营主体	市级以上农业龙头企业	家	305	350
	42		市级以上示范性家庭农场	家	346	400
	43		市级以上示范性农民专业合作社	家	169	200
	44		农村实用人才总量	万人	18.3	25
品牌振兴	45	农产品品牌建设	宁波市级农产品区域公用品牌	个	—	1
	46		特色农产品产业区域公用品牌	个	—	10
	47		知名企业品牌	个	—	200
	48		绿色优质农产品主体品牌	个	—	2000
	49		农产品地理标志保护产品	个	18	25
基础提升	50	农田基础设施	高标准农田	万亩	205	225
	51		农田旱涝保收面积占基本农田面积比率	%	78	80
	52		设施农业面积	万亩	20.3	55
	53		灌溉水有效利用系数	—	0.618	0.625
绿色发展	54	生态循环	主要农作物良种覆盖率	%	98	＞98
	55		单位面积施肥、用药强度	千克/亩	—	23.5/0.165

续　表

类　别	序号	一级指标	二级指标	单位	2020年基期值	2025年目标值
科技创新	56	机械强农	水稻耕种收综合机械化率/畜牧、水产养殖、设施农业机械化率	%	90/—	92/60

第四章　构建乡村产业发展空间新格局

按照市域国土空间总体规划布局,立足资源环境承载能力,以全域高水平集成建设农业现代化示范区为目标,以现代农业园区、特色农业强镇等为主要产业发展平台,打造一批高效高质高值的特色农产品优势区,形成"一心四区十带"的集聚化、园区化、精品化、特色化、区域化乡村产业发展空间新格局。

第一节　统筹"一心四区十带"布局

一、一心

"一心"即宁波城市田园绿心,位于宁波中部平原地区,包括姚江、奉化江、甬江沿岸平原和海曙区、江北区、镇海区、鄞州区、北仑区、奉化区、余姚市等城郊平原地区,是宁波绿色都市农业开发的主阵地。以"都市田园、城市绿心"为定位,连片打造一批百亩、千亩大田畈,重点发展粮食、蔬菜等保供重要农产品,推进体验农业、休闲观光农业等绿色都市休闲农业,建设高效生态农业生产基地,建设成为全市的"大田园绿心",为城市居民生活休闲提供优质配套服务,为城市化提供生态条件。

二、四区

(一)前湾高价值外向型农业发展区

包括杭州湾、慈溪全域及余姚北部平原地区,地势平坦,土层深厚,光照充足,热量较同纬度内陆地区高,降水充沛。巩固外向型农业发展优势,面向国内国际双循环,以发展高效精品农业为方向,打造现代农业示范园大平台,深化重要农产品生产保护区及特色农产品优势区建设,打造粮食、蔬菜、瓜果等作物重要产地和生猪、家禽、奶牛、獭兔等畜禽和渔业重要养殖地,布局一批省级以上现代农业园区、农产品加工区、农业全产业链,发展与精品农业发展相配套的加工、流通、休闲旅游等延伸产业。

（二）西部丘陵生态发展区

位于境域西部,系天台山余脉、四明山主体东部,包括海曙、余姚、奉化、宁海四区县(市)山区,山峦起伏,群峰连绵,耕地零碎。以生态产业化和产业生态化为导向,加强农业资源保护,推动农业生产从传统的种植业、养殖业向生态农业转型,重点发展花木、特色水果、高山蔬菜、茶叶、中药材、竹等特色农产品。

（三）南部农旅融合发展区

位于市域南部,包括象山县西部、宁海县东部,以及奉化区、鄞州区、北仑区东南部。区域内丘陵港湾交叉,土壤类型多样,热量较优,降水集中。

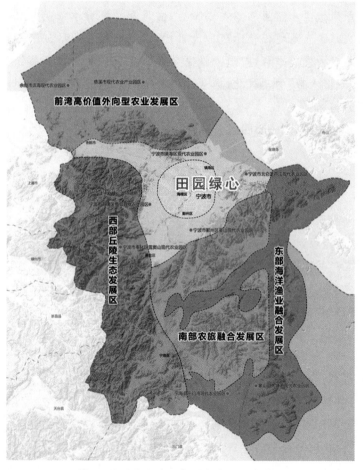

图1　宁波市"一心四区"农业产业分区图

建设一批特色农产品优势区,推动粮、果、茶综合发展,推动浙东白鹅、振宁土鸡、岔路黑猪等地方特色畜禽集中养殖,培育农产品初加工、精深加工、综合利用加工、主食加工、出口加工、商贸流通等配套产业,打造一批农业全产业链。推动农业与文化、旅游、教育、康养等产业融合发展,发展创意农业、农业大数据、农业生产性服务业等乡村经济业态。

(四) 东部海洋渔业融合发展区

位于市域东部,包括象山县东部、象山港和三门湾沿海滩涂、北仑港一线沿海海域及村庄。由大目洋、猫头洋、韭山、渔山等渔场及象山港、三门湾及沿海滩涂组成,涂面稳定,保肥力强。控制养殖面积和密度,建设一批以水产品为主的特色农产品优势区,建设象山、奉化两个国家级现代化渔港经济区,打造生态经济型海区和渔业产业园。发展近海捕捞业、远洋渔业、水产品加工业和滨海休闲渔业。

三、十带

(一) 城郊产村融合经济带

位于绕城高速两侧城郊区域。依托城郊田园风光、农耕文化以及产业特色,将沿线农业主题公园、农业综合体、现代农业园、农业休闲体验园、农耕文化博览园、康养度假村等重点项目串点成线,打造精致出彩的城郊都市农业风情。

(二) 余姚江两岸农耕文明带

位于余姚江两岸平原区域,古乍线-北环西路两侧,北起余姚凤山街道,南至江北洪塘街道。发挥杭甬古运河、河姆渡稻作文化,推广粮经轮作、稻鱼稻虾共生等绿色高效生态模式,扩大标准化生产、全程社会化服务,推动粮田规模经营,提高粮食单产和经营效益,进一步打造生产生活生态相融合的农耕文明精品带。

(三) 奉化江两岸粮经带

位于剡江-奉化江两岸平原区域,塔山路-江宁路-雅戈尔大道两侧,西起奉化萧王庙街道,东至海曙区石碶街道。提升高品质生态稻米产业链,提高粮食生产效益。承接宁波中心城区果蔬生产基地转移,发展高效都市农业。

(四) 前湾现代农业示范带

位于余姚、慈溪、镇海北部区域,杭绍甬高速公路(新建)两侧,西起余姚临山镇,东至镇海澥浦镇。重点建设规模化、设施化现代农业,实施沿线绿化美化、重要节点路口提升和主要村庄入口改造,提升区域整体形象,集中展现城乡高度融合的现代农业、人居风貌和精神状态。

(五)象山港农渔旅融合经济带

位于鄞州、奉化东南部及宁海、象山北部的环象山港区域,沿海中线-甬临线-三八省道-象西线两侧。结合传统渔村民居、渔业生活体验、渔家海鲜美食品尝、海鲜假日市场等活动,打造出具有时代新鲜感和港城特色感浓厚的渔港小镇,创建成为独具特色的农渔旅生活体验带。

(六)宁象高效农业示范带

位于宁海南部及象山西南部区域,宁松线-大下线两侧,西起宁海茶院乡,东至象山晓塘乡。发展黑猪、白鹅、柑橘、白枇杷、南美白对虾、青蟹、缢蛏、紫菜等有特色的专业生产区,提升"一村一品、一镇一业"发展质量,推进村庄梳理式改造,建设美丽庭院,形成美丽乡村与特色农业交相辉映的特色精品线。

(七)四明山休闲观光农业带

位于余姚南部、海曙西部及奉化西北部的四明山区域,浒溪线两侧,北起余姚梁弄镇,南至奉化溪口镇。依托梁弄古镇、柿林古村、四明山国家森林公园、溪口风景区,发展林下经济、特色果茶和乡村康养产业,提升特色康养产品和产业竞争力,打造一批休闲旅游特色村、3A级景区村、特色林特产业示范园区和家庭农场。

(八)西南林特产业示范带

位于奉化和宁海西部山地丘陵区域,北起奉化溪口镇,南至宁海桑洲镇。推进"绿色发展、生态富民",发挥林业在生态系统中的主导作用,打造绿色生态农业,重点发展笋竹、药材、香榧、茶叶、特色果品、木本油料作物及其他林特产业,打造特色林特产业示范带。

(九)山海生态产业示范带

位于北仑中部和鄞州东南部沿海区域,泰山路-东塘路-沿海中线两侧,北起北仑小港街道,南至鄞州咸祥镇。建设具有山海风情、田园风光和边城遗风的美丽乡村走廊,挖掘渔棉文化、海盐文化、海防文化等特色文化,做大做强休闲渔业、乡村旅游、山海运动等特色乡村产业,打造生态产业示范带。

(十)海洋渔业发展带

位于象山东部和南部沿海区域,环港公路-沿海南线两侧,北起涂茨镇,南至鹤浦镇。依托沿海资源和海洋渔业基础,加强海港、海湾、海洋生态修复,重点打造国家级渔港经济区,增强现代渔港综合支撑能力,提升发展水产养殖、海洋捕捞业、海产品加工业、休闲渔业,推动发展海洋生物制药等新型海洋产业。

图2　宁波市乡村产业"十带"分布图

第二节　打造乡村产业发展平台

通过全市国土空间综合整治,消除农田碎片化,在产业基础好、配套设施齐、主体实力强的优势区域,通过项目集中布局、资源集聚投入、产业集群发展和功能集合构建,以现代农业园区、特色农业强镇等为重点,因地制宜地打造一批乡村产业发展平台,形成"一县一平台、一乡一园区、一村一基地"农业空间格局,辐射带动农户增收,推进集中规模化发展。到2025年,重点提升省级及以上现代农业园区10个以上,建成农业产业强镇20个、特色农产品优势区50个,产业平台建设数量和质量保持全省领先。

表2 "十四五"期间重点打造提升的省级及以上农业园区

园区名称	建设面积(万亩)	核心区面积(万亩)	2020年园区产值(亿元)	主导产业	2020年主导产业产值(亿元)
慈溪市国家现代农业产业园	15.5	10.4	66	优质粮食、精品果蔬	31.3
余姚市滨海省级现代农业园区	13.5	3.5	30.1	加工蔬菜、生态水产	30
宁海县三门湾省级现代农业园区	10.3	3	28.3	水产养殖、果蔬、柑桔	19.2
奉化区雪窦山省级现代农业园区	9.56	2	16.1	水蜜桃、竹笋	10.3
象山县大塘港省级现代农业园区	8	3	7.4	柑橘、南美白对虾等	3.8
海曙区蔺蛟省级现代农业园区	7.4	2.3	46.6	蔺草、果蔬	33.1
北仑区芦江省级现代农业园区	15.9	5	5	花木、茶叶	4.6
鄞州区姜山省级现代农业园区	10.1	2.8	8.4	果蔬、水产	5.2
镇海区省级现代农业园区	6.4	2.1	5	种植业	2.5
象山县西沪港省级现代农业园区	10	2	14	水产、粮食	4.5
合计	106.66	36.1	226.9	/	144.5

表3　"十四五"期间重点打造提升的省级及以上农业产业强镇

序号	区县(市)	强镇名称	特色产业
1	海曙区	古林镇	蔺草
2		鄞江镇	茶果
3		龙观乡	茶果
4	江北区	慈城镇	果蔬、盆景
5	鄞州区	姜山镇	综合
6		横溪镇	林特、水果
7		咸祥镇	渔业
8		瞻岐镇	渔业、水果
9	奉化区	尚田镇	综合
10		萧王庙	水蜜桃
11	余姚市	临山镇	葡萄
12		梁弄镇	小水果
13		马渚镇	生态水产
14		泗门镇	蔬菜加工
15	慈溪市	坎墩街道	果蔬
16		逍林镇	果蔬
17		新浦镇	果蔬
18		周巷镇	果蔬
19	宁海县	桑洲镇	茶叶
20		胡陈乡	水蜜桃
21	象山县	定塘镇	综合
22		新桥镇	枇杷、南美白对虾
23		贤庠镇	石斛、桂花
24		晓塘乡	柑橘

第三节　建设特色农产品优势区

加快推进特色农产品优势区建设,推进一二三产业融合发展,发展壮大农业龙头企业、家庭农场、农民专业合作社等新型农业经营主体和农业产业化联合体,加快形成一批绿色生态、土地产出率高、劳动生产率高、科技贡献率高、经济效益高的高质高效高值的省级及以上特色农产品优势区。

表 4　宁波市特色农产品优势区一览表

县(区、市)	序号	名称	所属主导产业	所属品类	备注
鄞州区	1	鄞州区雪菜	蔬菜	加工出口蔬菜	
	2	鄞州区西甜瓜	蔬菜	西甜瓜	
	3	鄞州区葡萄	水果	葡萄	
	4	鄞州区海淡水虾类	水产品	海淡水虾类	省级
	5	鄞州区优质海水蟹类	水产品	海水蟹类	
慈溪市	6	慈溪市加工出口蔬菜(榨菜、花椰菜)	蔬菜	加工出口蔬菜	
	7	慈溪市鲜食大豆(蚕豌豆)	蔬菜	粮菜兼用	
	8	慈溪市西甜瓜	蔬菜	西甜瓜	
	9	慈溪市草莓	水果	草莓	
	10	慈溪市杨梅	水果	杨梅	省级
	11	慈溪市葡萄	水果	葡萄	
	12	慈溪市梨	水果	梨	
	13	慈溪市桃	水果	桃	
	14	慈溪市蜜蜂	畜产品	蜜蜂	
	15	慈溪市海淡水虾类	水产品	海淡水虾类	
	16	慈溪市优质海水蟹类	水产品	海水蟹类	
余姚市	17	余姚市榨菜	蔬菜	加工出口蔬菜	国家级
	18	余姚市茭白	蔬菜	水生蔬菜	
	19	余姚市杨梅	水果	杨梅	

续　表

县(区、市)	序号	名称	所属主导产业	所属品类	备注
	20	余姚市葡萄	水果	葡萄	
	21	余姚市梨	水果	梨	
	22	余姚市黄金芽	茶叶	地域特色茶	
	23	余姚市番鸭	畜产品	其他畜禽产品	
	24	余姚市海淡水虾类	水产品	海淡水虾类	
	25	余姚市生态中华鳖	水产品	生态鳖	
	26	余姚市(梁弄)樱桃特色小水果	水果	樱桃	
	27	余姚高山(云雾)茶	茶叶	地域特色茶	
海曙区	28	海曙区竹笋	林产品	竹笋	
	29	海曙区浙贝母	道地中药材	浙八味	省级
	30	海曙区樱花	花卉苗木	苗木	
	31	海曙区蔺草	农产品	出口农产品	
江北区	32	江北区奶牛	畜产品	其他畜禽产品	省级
	33	江北区盆景	花卉苗木	花卉	
北仑区	34	北仑区苗木	花卉苗木	苗木	省级
镇海区	35	镇海区草莓	水果	草莓	
	36	镇海区鹌鹑	畜产品	其他畜禽产品	
	37	镇海区水果番茄	水果	番茄	省级
象山县	38	象山县马铃薯	蔬菜	粮菜兼用	
	39	象山县柑桔	水果	柑桔	
	40	象山县枇杷	水果	枇杷	
	41	象山县鹅	畜产品	其他畜禽产品	
	42	象山县海淡水虾类	水产品	海淡水虾类	

续　表

县(区、市)	序号	名称	所属主导产业	所属品类	备注
	43	象山县海水贝藻类	水产品	海水贝藻类	
	44	象山县优质海水蟹类	水产品	海水蟹类	
宁海县	45	宁海县花椰菜	蔬菜	加工出口蔬菜	
	46	宁海县马铃薯	蔬菜	粮菜兼用	
	47	宁海县西甜瓜	蔬菜	西甜瓜	
	48	宁海县柑桔	水果	柑桔	
	49	宁海县枇杷	水果	枇杷	
	50	宁海县望海茶	茶叶	地域特色茶	
	51	宁海县特色生猪	畜产品	特色生猪	
	52	宁海县土鸡	畜产品	其他畜禽产品	
	53	宁海县海淡水虾类	水产品	海淡水虾类	
	54	宁海县海水贝藻类	水产品	海水贝藻类	省级
	55	宁海县优质海水蟹类	水产品	海水蟹类	
奉化区	56	奉化区芋艿	蔬菜	山地特色蔬菜	
	57	奉化区草莓	水果	草莓	
	58	奉化区桃	水果	桃	省级
	59	奉化区竹笋	林产品	竹笋	
	60	奉化区杏鲍菇	食用菌	新兴食用菌	
	61	奉化区海淡水虾类	水产品	海淡水虾类	

第五章　完善乡村产业新体系

以打造全国绿色都市农业强市为目标,以高效生态农业为方向,聚焦产业绿色发展、循环发展,保障重要农产品有效供给,深入推进农业精品化、园区化、生态化、数字化、品牌化、融合化发展,高标准构建乡村产业新体系,打造高质、高效、高值乡村产业。到 2025 年,全市培育形成粮食、蔬菜、畜牧、渔业 4 个绿色基础产业,现代种业、精品果业、茶产业、花卉竹木、中药材 5 个特色优势产业,农产品初加工、精深加工、综合利用加工、主食加工、出口加工、商贸流通 6 个现代加工流通产业,乡村休闲旅游业、乡村文体康养业、乡土特色产业、乡村能源环保产业、乡村数字产业、乡村现代化服务业等 6 个新型融合产业,加快产业基础高级化、产业链现代化,提高农业质量效益和竞争力,持续提升农业现代化发展水平。

第一节　做实绿色基础产业

一、稳定发展粮食生产

(一) 发展目标

"十四五"期间,粮食生产功能区面积稳定在 80 万亩,建成 100 个粮食绿色高产示范基地、100 个优质稻米示范基地。到 2025 年,全市粮食综合生产能力达到 170 万吨以上,粮食播种面积稳定在 174 万亩左右,粮食总产量达到 65 万吨以上,粮食自给率提高到 40% 以上。

(二) 主要举措

稳定提升粮食生产能力。稳面积、增产量、提效益,稳定姚江、奉化江两岸和环象山港小平原等优势产区粮食综合生产能力,挖掘围垦滩涂粮食生产潜力,提高粮食复种指数,确保粮食播种面积和产量只增不减、自给率稳步提高。进一步提高种粮效益,降低种植风险,提高经营主体种粮效益和生产积极性。以科技示范主体为纽带,完善粮油首席专家技术负责制、技术指导员包片制,建立科技人员直接到户、良种良法直接到田、技术要领直接到人的成果转化机制,加强对粮食生产科技支撑。推广新型农作制度和高效栽培模式,提高粮食单产水平,提升产品品质。实施优质稻米工程,加强优质、高抗、高产的新品种培育、引进和推广,集成示范一批粮食生产全过程高质高效技术模式,建设粮食标准化生产基地。深入开展粮食绿色高产高效创建活动。积极开展海水稻试种,充分开发利用全市滩涂地资源。

加大种粮政策扶持力度。保持粮食收购订单稳定,减少种粮农户顾虑。继续实行耕地地力保护补贴、粮食价外补贴、种粮大户收购环节补贴、规模种粮大户种植补贴等政策措施,加大对粮食大县、产粮大镇、种粮大户支持力度,支持粮食生产适度规模化经营。加大粮食收购、订单奖励和最低收购价等政策力度。出台优质稻订单收购政策,对优质稻生产实行专种、专收、专储、专用,实现"优粮优价"。积极推广水稻种植"完全成本十收益"政策性保险。

全面加强耕地保护提质。实施最严格的耕地保护制度,科学合理利用耕地资源,采取有力举措防止耕地"非粮化"。明确耕地利用优先序,实行耕地特殊保护和用途管制,严格控制耕地转为林地、园地等其他类型农用地,永久基本农田重点用于粮食特别是保障稻谷、小麦等种植生产,一般耕地主要用于粮食和棉、油、糖、蔬菜等农产品生产。严格规范永久基本农田上农业生产经营活动,禁止占用永久基本农田从事林果业以及挖塘养鱼、挖湖造景、非法取土等破坏耕作层行为,禁止闲荒芜永久基本农田,发挥政策导向作用,鼓励支持和引导农民有序推进撂荒地利用,改善撂荒地耕种条件,促进撂荒地规模经营,加强对违法违规行为的监督查处。

有效实施高标准农田建设。围绕提升粮食综合生产能力,坚持新建与改造提升相结合,集中力量打造集中连片、旱涝保收、节水高效、稳产高产、生态友好的高标准农田。到 2025 年,全市累计建成高标准农田 225 万亩。其中新建高标准农田 20 万亩,改造提升高标准农田 40 万亩。根据高标准农田建设任务、标准及成本变化,建立健全农田建设投入稳定增长机制,合理保障财政资金投入,提高项目投资标准;建立维持高标准农田地力稳定提升长效机制,科学实施增肥、秸秆还田等土壤培肥措施,促进农田地力提升,确保全市平均耕地质量等级提高 0.5 个等级;严格农田保护利用和占用审批,对建成的高标准农田,要划为永久基本农田,实行特殊保护,经依法批准占用的,须"先补后占"并及时补充,确保高标准农田数量不减少、质量不降低;按照"总量不减、质量不降、集中连片、局部调整"的原则,分年度、分类别、分区域有序推进高标准农田、粮食生产功能区基础设施的改造提升、调整优化及水毁等自然损毁农田的修缮维护。

积极加强粮食储备流通。实施"放心粮油"工程,加快粮食仓储设施建设与功能提升。落实好全市粮食储备任务,优化储备结构。加强市域内外储备粮源余缺调剂,充实成品粮储备。推进粮食仓储设施和数字粮仓建设,减少粮食损耗,确保粮食储得好、调得动、用得上。统筹粮食仓储设施、物流节点、产业园区、销售终端布局建设,提升改造重点粮食批发市场,提高粮食物流组织化水平。深化粮食产销合作,培育壮大流通主渠道企业。加强市域内外粮食产销合作对接,鼓励市外建粮源基地和市外调粮。合理规划建设进口粮食指定口岸。深化国有粮食企业改革,培育粮食产业化龙头企业。开展粮食节约行动。

推进水稻产业深度融合。积极推广"蔺草-晚稻""早稻-蔬菜"稻田养鱼(鳖、虾)等以"水稻＋"为重点的粮经结合、水旱轮作和立体种养等模式。发展应用绿色生产模式种出的"稻鸭米""稻鱼米"等生态米,加强地产优质大米品牌打造和宣传。打造示范性粮食全产业链,促进粮食产业全价值链数字化提升。

(三) 区域布局

以北部余慈滨海平原、姚中姚江平原、鄞东海西平原、奉化三江平原、宁海东部沿海、象山海岛和半山区等地区为重点,加强优质水稻等粮食生产。

表 5　宁波市水稻种植区域布局

序号	种植区域	涉及乡镇(街道)
1	北部滨海平原板块	慈溪观海卫镇、横河镇、掌起镇和余姚泗门镇、临山镇(正大农业)
2	姚中、姚北平原板块	余姚市马渚、牟山、丈亭、河姆渡、三七市、兰江街道、陆埠镇、朗霞街道、低塘街道和江北慈城、庄桥等乡镇
3	鄞州海曙板块	鄞州区云龙、姜山和海曙古林、洞桥、集仕港、高桥、横街等乡镇
4	奉化三江平原滨海平原板块	奉化区锦屏、岳林、江口、方桥、西坞、莼湖、裘村、松岙等乡镇
5	宁海东部沿海板块	宁海县长街、力洋、茶院、胡陈、越溪等乡镇
6	象山海岛和半山区板块	象山县涂茨、贤庠、黄避岙、西周、高塘岛、鹤浦、定塘、新桥等乡镇

二、保障蔬菜有效供给

(一) 发展目标

围绕城郊型、出口型、集约型发展方向,稳面积、优结构、增单产、提质量、保供给、拓出口,建立起内外市场兼顾、特色竞争力强、产业体系完备、质量安全可靠、应急保障有力的现代蔬菜产业体系。积极扩大瓜果类、茄果类、水生蔬菜和山地特色蔬菜生产,着力增强花椰菜、榨菜、甘蓝、毛豆、刀豆等特色蔬菜核心竞争力,发展高效精品蔬菜。鼓励农业龙头企业向市外拓展种植基地。积极引进试种和示范推广各类名优品种。"十四五"期间,建成100个放心蔬菜保供基地,确保蔬菜播种面积保持在120万亩以上,年产量稳定在220万吨左右,主要蔬菜商品储备不低于居民10天消费量。

(二) 主要举措

提高蔬菜保供能力。以城郊区域为重点,完善蔬菜保障基地的布局和建设。鼓励发展蔬菜设施栽培,扩大设施蔬菜面积。集成推广蔬菜绿色高质高效技术模式,加强蔬菜市场价格和产销形势监测分析,及时发布预警信息,加强产销衔接。

积极扩大蔬菜出口。重点加强慈溪-余姚榨菜、慈溪-宁海花椰菜、鄞州区雪菜以及毛豆等加工出口蔬菜种植基地和加工基地建设,积极开拓新兴市场,稳定并扩大加工蔬菜出口。

推进菜旅融合发展。依托蔬菜种植基地,大力发展各类采摘型家庭农场、观光休闲农场,种植采摘型蔬菜、观赏型蔬菜或观赏兼食用型蔬菜、花色搭配型蔬菜等,开展各类采摘游、休闲养生游活动。

加强设施装备能力。加快推进蔬菜生产机械化,大力开展蔬菜产业关键环节生产机械的技术研发、引进试验和示范推广,重点加强毛豆、青刀豆等采摘机的研发和推广应用,减轻劳动强度。完善蔬菜仓储冷链物流设施,加快田头保鲜库建设,大力推进产后保鲜、贮藏、冷链供应等农业机械装备的应用,积极推进蔬菜采后商品化处理和清洁化加工,切实提高蔬菜商品质量、减少损耗。

(三)区域布局

蔬菜产地包括城区近郊蔬菜产业圈、余慈杭州湾南岸围垦开放型蔬菜产业区块、宁象三门湾北岸围垦开放型蔬菜产业区块、天台山-四明山丘陵山地蔬菜产业带,主要涉及慈溪、余姚、宁海、奉化、象山、鄞州、镇海等区县(市)。

表6　宁波市蔬菜特色品种种植区域布局

序号	特色品种	涉及乡镇(街道)
1	加工出口蔬菜(榨菜、花椰菜)	慈溪市周巷镇、长河镇,宁海县长街镇、胡陈乡,余姚市泗门镇、小曹娥镇、黄家埠镇、临山镇等

续　表

序号	特色品种	涉及乡镇(街道)
2	加工出口蔬菜雪菜	鄞州区瞻岐镇、咸祥镇等
3	鲜食大豆(蚕豌豆)	慈溪市观海卫镇、周巷镇,余姚市泗门镇等
4	马铃薯	象山县泗洲头镇、鹤浦镇、涂茨镇、新桥镇、东陈乡、墙头镇,宁海县等
5	山地特色蔬菜(芋艿)	奉化区萧王庙街道、西坞街道等
6	水生蔬菜(茭白)	余姚市河姆渡镇、三七市镇、陆埠镇等
7	西甜瓜	慈溪市观海卫镇,鄞州区姜山镇、云龙镇、横溪镇、瞻岐镇,宁海县长街镇等
8	食用菌	奉化区莼湖镇等
9	草莓	慈溪市横河镇、龙山镇,奉化区尚田镇、江口街道,镇海区澥浦镇、骆驼街道、九龙湖镇等

三、推进畜牧业高质量发展

(一) 发展目标

坚持"六化"引领,以生猪为重点,积极推进畜牧业高质量发展。重点抓好生猪增产保供,优化家禽、牛羊兔、蜂等特色产业结构,建立健全畜禽养殖污染网格化防控体系,落实重大动物疫病防控机制,确保养殖场生物安全。到 2025 年,累计建成年出栏 10 万头的标杆猪场 5 个、年出栏万头的标准化猪场 10 个,全市生猪年出栏能力达到 149 万头,猪肉自给率达到 70% 以上;全市病死动物无害化处理率达到 100%,畜产品质量安全抽检合格率达到 99% 以上,非洲猪瘟等重大动物疫病防控能力显著提升,确保不发生区域性重大动物疫情和畜产品质量安全事件。

(二) 主要举措

推进生猪稳产保供工作。坚持以"六化"为引领,加快推进规模生猪养殖场提升改造,在确保不污染环境的前提下,推进存量规模生猪养殖场提升改造,引导空栏养殖场恢复养殖。"上山、下海、进基地",充分利用象山、宁海、奉化等有条件的山林地,慈溪、余姚等新的滩涂地,以及种植业连片、远离城区的农业园区,加快推进新建项目落地建设,在海曙、江北、镇海、北仑、鄞州等地现代农业"两区"内建设一批种养结合、适度规模高标准生猪养殖场,在象山、宁海、余姚、慈溪、奉化等地新建一批存栏3万头至10万头规模的绿色畜牧园区,全市布局谋划一批种养结合、高标准生猪养殖场(园区、基地)。支持生猪养殖、种猪繁育、饲料生产、屠宰加工等龙头企业,通过联合、收购、托管、订单等方式,在市域范围内加快全产业链发展。坚持不懈防控非洲猪瘟。按照"外堵、内清、严防"要求,全力抓好非洲猪瘟等疫病防控,提升生物安全水平。

推进特色畜牧业多元发展。坚持高质量发展、绿色发展理念,以生态、循环、集约、特色为核心,加快发展家禽产业,适度扩大牛羊等草食动物产业,积极推进余姚番鸭、象山白鹅、宁海土鸡、镇海鹌鹑等特色禽类养殖,有效增加优质家禽、牛羊肉和禽蛋供应。强化奶牛基地建设,发展良种奶牛,进一步提高优质乳制品比例。整合优化畜禽屠宰点布局,规范菜牛定点屠宰管理,增设家禽定点屠宰场,实现浙东白鹅、宁海土鸡等特色家禽集中屠宰。大力发展中蜂产业。

推进畜牧业绿色化发展。深入推进畜牧业绿色发展示范县创建。坚持高标准推进美丽牧场建设,引导养殖场以"洁化、绿化、美化"为标准,改善牧场内外环境,提升标准化、自动化、智能化养殖水平。以畜禽养殖废弃物减量、过程控制和末端利用为核心,构建种养循环体系,统筹推进主体小循环、区域中循环、县域大循环的农牧对接体系建设,建立畜牧业与种植业、林业点对点、量对量的对接消纳模式。推广使用微生物制剂、酶制剂等饲料添加剂和环保型饲料,推进兽用抗菌药减量和环保型饲料推广示范场创建。

(三) 区域布局

重点建设西北部养殖区、东南部养殖区。西北部养殖区主要包括余姚、慈溪两市;东南部养殖区主要包括海曙、奉化、宁海、象山两区两市。

表7　"十四五"期间推进建设和提升的万头以上养猪场

区县(市)	数量	企业名称	落点地址	年出栏(万头)
余姚市	2	正大农业(余姚)有限公司	临山镇农业园区	10
		余姚市泗门镇群波生猪养殖场	泗门镇相公潭村	1

续　表

区县(市)	数量	企业名称	落点地址	年出栏(万头)
慈溪市	2	宁波慈海生态牧业有限公司	慈溪现代农业开发区	10
		慈溪市金辉农业发展有限公司	逍林镇	4
宁海县	2	宁海农发牧业有限公司	力洋镇古渡村山后塘	10
		宁波瑞农牧业有限公司	岔路镇高塘村西山自然村	1
象山县	2	象山华统牧业有限公司	道人山后沙塘地块	10
		象山德利农牧科技发展有限公司	高塘岛乡	2.5
海曙区	1	宁波天胜农牧发展有限公司	章水镇岭下村水稻营	1.8
江北区	1	慈湖农业开发有限公司	慈城镇龚冯村	1.5
镇海区	1	宁波市祥平生态农牧业有限公司	澥浦镇岚山村	3
北仑区	1	宁波市瑞信生态牧业有限公司	大碶街道白石村	2
鄞州区	2	宁波堇山农业开发有限公司	塘溪镇邹溪村	5.5
		宁波市鄞工奎垣实业有限公司	咸祥镇咸四村	2
奉化区	3	宁波市新希望六和农牧有限公司	莼湖镇兴联村	15
		宁波市豪杰农业发展有限公司	裘村镇	1
		宁波市源源农业有限公司	松岙镇	1
合计	17	/	/	81.3

表 8   宁波市特色畜牧业养殖区域布局

序号	特色品种	涉及乡镇(街道)
1	慈溪市蜜蜂	周巷镇、崇寿镇、横河镇、龙山镇、长河镇
2	余姚蜜蜂	朗霞街道等
3	余姚市番鸭	马渚镇、阳明街道、小曹娥镇、泗门镇、朗霞街道
4	江北区奶牛	洪塘街道
5	镇海区鹌鹑	九龙湖镇
6	象山县鹅	东陈乡、定塘镇、西周镇、新桥镇、涂茨镇、高塘岛乡、墙头镇、石浦镇、贤庠镇、茅洋乡、晓塘乡
7	宁海县特色生猪	
8	宁海县土鸡	
9	余姚畜禽	泗门镇、临山镇、三七市镇等

四、加快渔业转型升级

(一) 发展目标

以渔业转型升级、渔业增效、渔民增收为主线,大力开展系统化升级生态渔区、传统渔业连片区域生态化设施改造、渔业产业结构优化、标准化精准化管理生产,形成种苗繁育、生态养殖、水产加工、特色增效、营销创新、渔业休闲旅游等一二三产业协调融合发展的格局,打造宁波水产养殖业系列品牌,助推全市"蓝色渔仓"建设,加快提升渔业质量效益和竞争力,促进渔业高质量发展。到 2025 年,全市渔业养殖面积稳定在 49.95 万亩以上,渔业总产值达到 100 亿元;水产品年产量稳定在 100 万吨左右,其中海水养殖产量 32 万吨以上。

(二) 主要举措

发展壮大水产养殖业示范基地。重点推进余慈、象山水产养殖区、环象山港、三门湾和杭州湾海水生态养殖带等五个水产养殖业产业带建设。到 2025 年,完成养殖池塘标准化生态化设施改造 1 万亩以上、新建循环流水养鱼或循环水育苗设施 10 套以上、标准化水产养殖节能保温大棚应用示范 2000 亩、设施大棚与工厂化循环水养殖场 5 家,建立离岸养殖示范基地 1—2 个。建设高效生态养殖示范区 3 个以上,建设现代生态循环渔业产业园区 1 个以上。

　　夯实生态绿色养殖载体。大力推行无公害健康养殖,严格执行生态渔业行业标准,引导和鼓励水产专业合作社、家庭渔场等经营主体开展生态健康养殖,积极争创国家级水产健康养殖和生态养殖示范区、省级渔业健康养殖示范场(县)。进一步拓展水产养殖发展空间,重点发展水产生态健康养殖。到2025年建成1个以上国家级水产健康养殖和生态养殖示范区(县级政府主导),5个省级水产健康养殖示范县,新增10个以上国家级水产健康养殖和生态养殖示范区(养殖主体主导),50个以上省级渔业健康养殖示范场,发展稻田综合种养面积5000亩以上。

　　大力推进水产养殖品种良种化。积极创建以苗种为核心的现代水产种业示范中心。优化繁育苗种结构,加大对突破繁育东海渔场优质经济鱼类育苗技术的支持力度。到2025年,新建国家级水产原良种场1—2家、省(市)级水产原良种场3—5个,规模化繁育场8—10个,建设10个良种良法示范点,培育2家以上一体化、产学研结合的水产种业龙头企业。积极培育新型市场主体。加大对水产龙头加工企业、水产生产经营主体的扶持力度。支持和鼓励水产加工企业、水产生产经营主体等采取收购、联合、租赁、流转等形式整合重组。鼓励和支持水域滩涂养殖向养殖大户、渔业合作社流转,发展水产养殖适度规模经营,逐步形成水产联合社(体)。加大招商引资力度,加快发展水产冷链物流。到2025年,建立水产品精深加工示范基地1—2个,形成1—2个水产加工与流通产业集聚区。

　　高质量推进远洋渔业发展。鼓励、支持发展现代化专业远洋渔船,用先进的装备带动产业升级。鼓励购买带配额的大型金枪鱼渔船和超低温金枪鱼延绳钓的二手船,鼓励发展玻璃钢金枪鱼延绳钓,支持引进、建造专业南极磷虾远洋捕捞加工船,打造一支装备精良、作业结构合理、安全保障能力强的远洋渔船船队。支持建设集远洋渔船卸货、渔港服务、远洋自捕水产品加工、冷链物流、集散贸易等为一体的远洋渔业冷链物流基地。支持建设立足本市的远洋渔业基地与相关产业园区(如南极磷虾产业园)。

　　强化水产品质量安全监管。构建涵盖产前、产中、产后全过程的水产品质量安全体系。到2025年,制定(含修订)推广市、县两级渔业地方行业标准5项以上,生产技术规范10项以上。全市产地初级水产品质量安全抽检合格率达98%以上。设立水生动物病害监测报告点20个。

　　促进"互联网+"助推水产养殖业绿色发展。加快构建现代物流网络、远程科技培训、远程鱼病诊断、智能监控、养殖生产管理和水产品质量安全监管平台,积极开展"互联网+生态循环渔业"行动。加大生态循环渔业养殖产品与各大超市的对接工作,鼓励生态循环渔业养殖生产经营主体创新交易方式,创建电商平台,开拓电子商务新途径,搭建特色网络商务平台。到2025 年,完成宁波市渔业大数据平台建设,建立现代渔业物联网应用示范园区 5 个以上、水产养殖场 20 个以上,建设水产交易电子商务公共服务平台系统 1 个。

发展休闲渔业。突出生态渔业资源禀赋,将水产健康养殖与旅游观光、水族观赏、休闲垂钓、海钓、文化传承相结合,弘扬渔文化,开展休闲渔船旅游项目,因地制宜打造休闲渔业产业示范基地。

发展海洋碳汇渔业。加强"碳汇渔业"产业链规划设计,积极向上级有关部门申报"碳汇渔业开发项目"。大力推动规模化的海洋碳汇森林工程建设,包括浅海海藻(草)床建设、深水大型藻类养殖、贝类增殖放流区、生物质能源新材料开发等,促进近海自然生物碳汇的恢复和保护。开展渔业水域生态系统碳循环规律、增汇科学途径、与渔业活动相关的温室气体排放等基础性、综合性研究,建立针对渔业水域生态环境碳通量观测研究网络和长期监测观察(台)站。

(三) 区域布局

围绕海淡水虾类、海水贝藻类、海水蟹类、生态鳖等特色水产品养殖,推进杭州湾南岸养殖区、象山港养殖区、三门湾-大目洋养殖区与象山东南部沿岸养殖区等生态水产养殖区和余慈、象山循环产业园区等渔业基地建设。

表 9　宁波市特色水产品养殖区域布局

序号	特色品种	涉及乡镇(街道)
1	海淡水虾类	鄞州区瞻岐镇、咸祥镇、塘溪镇,慈溪市掌起镇、观海卫镇、附海镇、新浦镇、逍林镇、桥头镇、周巷镇,余姚市黄家埠镇、小曹娥镇、泗门镇,象山县新桥镇、鹤浦镇、西周镇、石浦镇、高塘岛乡、茅洋乡、黄避岙乡,奉化区裘村镇、松岙镇、莼湖镇,宁海县一市镇、越溪乡、茶院乡、力洋镇、长街镇、三门湾现代农业开发区、西店镇、梅林街道、桥头胡街道、大佳何镇

续　表

序号	特色品种	涉及乡镇(街道)
2	海水贝藻类	象山县鹤浦镇、石浦镇、高塘岛乡、新桥镇、东陈乡、涂茨镇、黄避岙乡,宁海县一市镇、越溪乡、茶院乡、力洋镇、长街镇、三门湾现代农业开发区、西店镇、梅林街道、桥头胡街道、大佳何镇,鄞州区瞻岐镇,奉化区莼湖街道、裘村镇、松岙镇
3	海水蟹类	鄞州区瞻岐镇、咸祥镇、塘溪镇,象山县鹤浦镇、高塘岛乡、石浦镇、新桥镇、泗洲头镇、西周镇、黄避岙乡、涂茨镇、定塘镇,慈溪市周巷镇,宁海县一市镇、越溪乡、茶院乡、力洋镇、长街镇、三门湾现代农业开发区、西店镇、桥头胡街道、大佳何镇,奉化区莼湖街道、裘村镇、松岙镇
4	生态鳖	余姚市黄家埠镇、小曹娥镇、马渚镇、河姆渡镇、阳明街道、牟山镇
5	甬岱大黄鱼	象山县黄避岙乡、西周镇、新桥镇、石浦镇、高塘岛乡、墙头镇,奉化区裘村镇,宁海县强蛟镇

专栏二　粮食与重要农产品产能提升工程

01 粮食高产集成示范

集成示范一批粮食生产全过程高质高效技术模式,建设粮食标准化生产基地。“十四五”期间,建成 100 个粮食绿色高产示范基地、100 个优质稻米示范基地,粮食播种面积稳定在 174 万亩以上,粮食总产量达到 65 万吨以上,口粮自给率稳定在 40% 左右。

02 生猪等重要畜禽产品稳定供应能力提升

优化生猪养殖、屠宰产业布局,巩固菜牛定点屠宰管理,探索推动全市家禽杀白上市。在象山、宁海等家禽养殖主产县分别增设 1 家家禽定点屠宰场,支持屠宰加工企业建设冷链配送运输体系。到 2025 年,生猪年出栏达到 149 万头,猪肉自给率达到 70% 以上。

03 提高蔬菜保供能力

以城郊为重点完善蔬菜基地布局建设。集成推广蔬菜绿色高质高效技术模式,加强蔬菜市场价格和产销形势监测分析,及时发布预警信息,加强产销衔接,引导科学种植、顺畅销售。“十四五”期间,建成 100 个放心蔬菜保供基地,确保蔬菜播种面积稳定在 120 万亩以上,年产量稳定在

220 万吨左右。

04 发展水产品健康养殖

建设一批南美白对虾、梭子蟹、大黄鱼、滩涂贝类、中华鳖等名优特色水产品健康养殖示范基地,发展池塘多层级生态养殖、稻田生态综合种养等绿色养殖,高质量推进远洋渔业发展,全市水产品年产量稳定在 100 万吨左右。

第二节　做精特色优势产业

一、大力发展现代种业

(一) 发展目标

围绕粮食、蔬菜、水产、林特、畜牧五大育种方向,构建特色明显、技术领先、体系高效、服务全国的现代种业技术体系。至 2025 年,围绕持续推进种业强市目标,建立健全一个种业交易平台,加快实施"45611"种业提升行动,即扶持培育国内有竞争力种业企业 4 家,建立涵盖全市主要优势物种的资源库 50 家,实现现代种业年产值 60 亿元以上,育成农业新品种与新种质 100 个,新增甬产良种推广面积 1000 万亩,努力实现农业增效 30 亿以上。

专栏三　高水平种业强市建设四大行动

实施现代种业科技引领行动。建设水稻、瓜菜、果茶、特色花卉、畜禽、水产等六类特色物种种质资源库 40 个;聚焦大小黄鱼、岔路黑猪、水蜜桃等 12 个特色优势物种,开展种质创新和品种选育联合攻关,育成具有突破性、综合性优异新品种 100 个;建设甬优杂交水稻、瓜菜、水产、畜禽等种业科技创新服务综合体 4 个。

实施种业企业竞争能力提升行动。培育具有国际视野、在国内有竞争力的种业企业 3 家,新建家畜禽种源场、良种扩繁场 3 家。

实施现代种业创新成果转化行动。建设新品种中试示范基地 50 个以上,向农民合作社、家庭农场、大户推广优新品种 100 个、新技术 100 项,全市农作物和畜禽良种覆盖率达到 98% 以上。

实施种业保障能力提升行动。建成杂交水稻制种基地 5 万亩、瓜菜制种基地 1 万亩,建设救灾备荒种子储备库 3 座。

(二) 发展重点

强化种植业新品种培育。以"甬优"系列杂交稻为重点,培育一批绿色、优质、高效、生态等综合性状优良、适应大面积生产需求的突破性水稻新品种。合理布局、市县联动,建设规模化、标准化、集约化、机械化的水稻种子生产基地。创新水稻新品种展示示范推广机制,科学搭建具有一定规模和相对稳定的市县两级水稻新品种展示示范平台,筛选出一批早晚稻新品种。以微萌种业为龙头,重点发展蔬菜瓜果及葡萄、蜜梨等林特种业。开展果树优新品种引种或选育,推进果树种质资源创新,选育果树优良品种3—5个。

强化特色畜牧品种选育。高度重视生猪种业发展,发挥岔路黑猪、金乌猪等生猪品种资源优势,加强种猪场、种公猪站等基础设施建设,构建生猪良种"育繁推"一体化体系,培育1—2家高标准大型生猪良种创新型企业,全面提升生猪核心育种、制种、供种能力。加大北沙牛、浙东白鹅、振宁黄鸡、奉化水鸭、余姚番鸭、青壳蛋鸭、宁波獭兔、四明土蜂等本地特色畜禽资源品种保护和开发支持力度,引导保种主体强化品种选育,优化提升品种性能,扩大产品知名度。强化科技创新,推动青紫蓝獭兔、金乌猪等申报国家级新品种,推动奉化水鸭申报国家级畜禽遗传资源目录,打造象山白鹅国家级核心育种基地,推动宁波牛奶集团涌优牧场创建国家级核心育种场。

推进特色水产保种育种。深入开展岱衢族大黄鱼、黑鲷、青蟹、泥蚶、缢蛏、文蛤、甲鱼等良种选育。加强良种场基础建设,加快推进岱衢族大黄鱼、青蟹、泥蚶、缢蛏、黑鲷、泥螺、菲律宾蛤仔、彩虹明樱蛤等特色种质资源场建设,继续推进余姚国家级甲鱼保种场建设。

深化种业体制机制创新。积极探索商业化育种模式。探索创设各类种业发展基金,引导社会资金流入种业产业。探索建立政府与社会资本合作、股权投资等多种形式的种业模式,重点支持育种创新能力强、品种市场占有率高的种业企业。鼓励科研院所以知识产权入股等形式与种业企业联合成立研究院,完善育繁推一体化产业链条。落实以增加知识价值为导向的分配政策,建立健全科技成果、知识产权评估、归属和利益分享机制,探索推进新品种权股份化,并量化到个人。推动育种科研团队以"现金+股权+期权"等方式参与组建种业龙头企业。探索良种转化推广奖励制度,不断推进良种产业化。加快推进制种保险试点示范,建立政府支持、企业参与、商业化运作的制种风险分散机制。

二、培育高端精品果业

(一) 发展目标

按"稳面积、控产量、提品质、增效益"要求,提升全市果业发展水平,打造精品果业。到 2025 年,全市建成 50 个高标准绿色精品果园,水果种植面积稳定在 90 万亩,年产值达到 50 亿元;设施果园面积达到 25 万亩以上。建成果园"机器换人"标准化生产示范基地 5—10 个,示范推广面积超过 1 万亩。

(二) 发展重点

提升杨梅、水蜜桃、柑橘、白枇杷、葡萄等区域优势水果产业链发展水平,扩大草莓、猕猴桃、樱桃、蓝莓、西瓜、甜瓜、香榧等果业生产规模,建设一批特色果业优势区。

制定水果新品种(良种)配套栽培技术体系与生产技术规范,推广应用绿色栽培、矮化栽培、三膜覆盖、防虫网、果袋、根域限制等果树栽培技术。大力发展水果避雨栽培,建设设施果园,提高果业防雨抗灾能力。开展果园机械化、设施化技术集成示范与应用,提高果业生产设施化水平。开展智慧果园建设,开发"智慧果业"平台。举办赏花节、采摘节,大力推动果旅融合,打造一批果业融合示范园。加强对香榧良种选育、大苗培育、树体嫁接、整枝修剪、水肥管理、生态套种、矮化技术、提早结实等标准化栽培技术的研究和推广。

(三) 区域布局

以姚江流域丘陵山地、奉化江流域、东南沿海、北部平原和西部山区为重点,打造姚江流域丘陵山地杨梅主产区、东南沿海及三门湾柑桔主产区、东南沿海及三门湾枇杷主产区、奉化江流域水蜜桃主产区、北部余慈平原梨-葡萄主产区、西部山区干果主产区,发展名优水果生产。

表 10　宁波市特色果品区域布局

序号	特色品种	涉及乡镇(街道)
1	柑桔	象山县定塘镇、晓塘乡、鹤浦镇、高塘岛乡、石浦镇、贤庠镇、墙头镇、茅洋乡,宁海县长街镇、力洋镇等
2	梨	慈溪市周巷镇、桥头镇、观海卫镇、掌起镇、龙山镇,余姚市低塘街道、朗霞街道、小曹娥镇、泗门镇、黄家埠镇等

续　表

序号	特色品种	涉及乡镇(街道)
3	枇杷	象山县鹤浦镇、新桥镇,宁海县一市镇等
4	葡萄	慈溪市新浦镇、观海卫镇、掌起镇、龙山镇、逍林镇、胜山镇、桥头镇、崇寿镇、坎墩街道,鄞州区姜山镇、瞻岐镇、五乡镇、咸祥镇、邱隘镇、云龙镇,余姚市临山镇、小曹娥镇、朗霞街道、泗门镇,海曙区古林镇、高桥镇、横街镇、集士港镇等
5	桃	奉化区锦屏街道、尚田镇、溪口镇、江口街道、大堰镇、裘村镇、莼湖镇,慈溪市掌起镇、横河镇,海曙区龙观乡等
6	杨梅	余姚市三七市镇、丈亭镇、河姆渡镇、凤山街道、兰江街道、牟山镇、马渚镇、临山镇、梁弄镇,慈溪市横河镇、匡堰镇、桥头镇、观海卫镇、掌起镇、龙山镇等
7	干果(香榧)	宁海县黄坛镇、海曙区章水镇等

三、发展高效茶产业

(一) 发展目标

以集聚要素、扩大面积、拓展功能、提质增效为目标,以基地化、规模化、良种化、绿色化、机械化、组织化、品牌化、电商化为导向,进一步发挥茶产业综合优势,促进茶叶提质增效。加快茶产业"机器换人"和多茶类开发,建设针形茶、条形茶、蟠曲茶、扁形茶四大茶产区,打造彩色茶叶先行示范区和茶叶出口的重要港埠。到 2025 年,全市茶园面积稳定在 20 万亩左右,年产值达到 15 亿元,建成单体面积 100 亩以上的彩色茶园综合体10 个。

(二) 发展重点

实施茶产业提升行动,优化茶类结构,开展彩色高效良种茶园与"新四化"茶园建设,优先发展黄色、白色、紫色等彩色特异茶树品种为主的良种茶园,积极扩大余姚黄金芽茶种植,打造彩色茶叶先行示范区。

继续完善茶园道路、排灌系统等基础设施,开展茶园管理机械化的适应性改造,加快标准茶园建设。开发中高段鲜叶机械化采摘技术、多轮次选择性采茶模式,扩大夏秋茶资源利用。推进茶园病虫绿色防控与绿色生态建设,提高茶园生态安全水平。加强低产茶园改造,加大夏秋茶的开发利用,延伸茶叶产业链。

加强余姚瀑布仙茗、宁海望海茶等茶叶区域公用品牌建设。加强茶叶品牌、标准、质量和宣传管理,鼓励茶叶企业走出去开设专卖店、直销店,发展茶叶电子商务,健全营销网络,拓展营销渠道,提高茶叶产业综合效益。

开发以茶体验为主题的民宿民居和休闲观光旅游线路,促进茶旅深度融合。深入挖掘余姚"中国茶故乡"和"海上茶路、甬为茶港"的茶文化渊源,打造宁波茶文化强市。

(三) 区域布局

以低山丘陵地区为重点,大力推进余姚市黄金芽、高山云雾茶以及宁海县望海茶等特色茶优势区建设,发展名优茶生产。

表 11 宁波市特色茶区域布局

序号	特色品种	涉及乡镇(街道)
1	余姚市黄金芽	余姚三七市镇、河姆渡镇、梨洲街道、兰江街道、大隐镇等
2	宁海县望海茶	宁海深甽镇、黄坛镇等
3	海曙区白茶	海曙鄞江镇、龙观乡、章水镇等

四、提升花卉竹木产业

(一) 发展目标

到 2025 年,全市花卉苗木种植面积稳定在 25 万亩左右,建成花卉高效栽培示范园区 5 个,年销售额达到 30 亿元;竹林面积稳定在 120 万亩左右,建成一批高效笋竹两用林基地,竹笋产值达到 10 亿元。花卉竹木全产业链年产值达到 100 亿元。

(二) 发展重点

坚持绿色化、集约化、精品化发展导向,巩固区域产业优势,推进四明山区域红枫、樱花、三十六湾五针松、慈城微型盆景、北仑杜鹃、西坞茶花、切花等特色产业转型升级,发展庭院花卉产业。

充分发挥全市竹林资源丰富的优势,建设毛竹特色块状经济区,打造毛竹全产业链,提高毛竹综合效益。积极推广笋竹优良品种和"一竹三笋"(毛竹、春笋、冬笋、鞭笋)、冬笋早出、春笋冬出、笋材两用等高产高效栽培技术。提高冬春竹笋品质,挖掘夏秋鲜食竹笋产能,加强笋竹产品品牌建设。着力实施毛竹低产林改造,完善竹林道、蓄水池、节水灌溉等基础设施建设,培育高品质的大径级竹材产品,提高毛竹单位面积产量和产值。建设竹文化产业园,探索竹文化与旅游、摄影、写生、影视等相结合,开展竹林挖笋、寻宝等休闲活动。积极探索建设碳汇竹业,为竹农增收开辟新的路径。

充分利用林下土地,发挥林荫优势,因地制宜推广林药、林粮、林禽、林菜以及森林游憩等集农、林、牧、游于一体的复合型经济发展模式,发展壮大林下经济,促进经济与生态协调发展。

(三) 区域布局

以东北部低山和沉积平原、西部山区、东南部低山缓坡和海积平原为重点,巩固提升花卉竹木产业。

表 12　宁波市特色花卉竹木区域布局

序号	特色品种	涉及乡镇(街道)
1	苗木	海曙区章水镇,北仑区小港街道、大碶街道、霞浦街道、柴桥街道、春晓街道、梅山街道、白峰镇等
2	盆景(花卉)	江北区慈城镇等
3	竹笋	海曙区横街镇,奉化区溪口镇、尚田镇、大堰镇,余姚梨洲街道、兰江街道、陆埠镇、梁弄镇、大岚镇、四明山镇、鹿亭乡等

五、传承发展中药材产业

(一) 发展目标

坚持"高效生态、道地优质"原则,大力建设浙贝母、麦冬、红豆杉、铁皮石斛、西红花、山黄精、玉竹、金线莲、三叶青等特色中药材基地,发展中药饮片加工、中成药制剂和中药保健品等相关产业。到 2025 年,中药材种植面积达到 4 万亩,年产值达到 10 亿元。

(二) 发展重点

加强特色和野生资源保护利用,大力推进大宗、道地、特色中药材的规模化、规范化、标准化、产业化、绿色化生产,大力建设浙贝母、麦冬、铁皮石斛、西红花、山黄精、三叶青等特色道地药材标准化生产基地及优势区。开展道地药材原产地认证。

　　积极引进优良品种,推广中药材优质高效栽培、病虫害绿色防治、资源综合利用,不断提升中药材生产的整体技术水平。创新农作制度,因地制宜发展林药、果药、粮药、草药间作套种,搞好中药材与竹木林业立体生态化种植,促进中药材规模生产。大力发展符合 GAP 规范的高品质中药材原料基地和符合有机标准的健康食品原料基地,精心打造宁波中药材原料和健康食品原料产业品牌。

　　完善产业链建设,拓展中药材产业功能,努力打造一批集中药材基地观光、药膳保健为一体的休闲养生基地。努力与国内外医药企业建立长期稳定的合作关系,实现产销对接。加大中药材原料加工转化力度,发展中药饮片加工、中成药制剂和中药保健品等相关产业。

(三) 区域布局

　　在樟溪河流域的海曙区章水镇、龙观乡、鄞江镇等乡镇发展浙贝母种植,在慈溪北部区域发展麦冬种植,在余姚发展三叶青、千层塔等名贵中药材种植。

表 13　宁波市特色中药材区域布局

序号	特色品种	涉及乡镇(街道)
1	浙贝母	海曙区章水镇、龙观乡、鄞江镇等
2	麦冬	慈溪市崇寿镇等
3	铁皮石斛	余姚市大岚镇、四明山镇、鹿亭乡、梨洲街道等
4	三叶青、千层塔	余姚市大岚镇、四明山镇、鹿亭乡、梨洲街道等

第三节　做强现代加工流通产业

　　积极引导企业进行科技创新,以粮食加工及粮油制品、榨菜、雪菜、水果罐头、水海产品加工、蔬菜加工、奶制品等农产品加工为重点,统筹推进初加工、精深加工、综合利用加工和主食加工协调发展。构建农产品加工企业"雁型"梯队,做大做强产地初加工、精深加工和农副产品综合利用加工等环节,延伸产业链条,促进农产品加工转化,打造形成全国有影响力的农产品加工产业集群。到 2025 年,全市农产品加工业总产值超 1500 亿元,农产品加工转化率达到 71%。

一、壮大农产品初加工

以"粮头食尾""农头工尾"为抓手,加快农产品保鲜、储藏、分级、包装和食品非热加工等初加工设施建设,建设一批粮食烘储、果蔬鲜切(净菜)和生鲜水产加工中心,升级慈溪蔬菜、鄞州雪菜、海曙稻米等加工产业链,支持农产品就地加工转化增值。

引导支持农民专业合作社、家庭农场和中小微企业等发展农产品初加工,建设一批专业村镇。建设余姚榨菜、奉化竹制品和竹笋、象山水产等特色优势农产品集中加工园区,培养一批农产品加工优势企业。

稳步推进茶厂优化改造和规模茶厂建设,配套完善自动化加工机械。引导竹木制品向精品玩具、旅游工艺品等商品制造转型。推动生猪集中屠宰、冷链流通、冷鲜上市。引导大型生猪养殖企业在养殖集中区域就近配套建立屠宰加工企业,形成养殖与屠宰加工相匹配的产业格局。鼓励畜禽屠宰企业开展标准化建设,推广应用先进质量控制技术、优化工艺流程,逐步提高屠宰行业机械化、自动化、标准化和智能化水平。强化示范引领,鼓励屠宰企业创建国家级标准化屠宰示范厂、省级屠宰企业引领场(提升场)。加大冷链物流配送设施建设,完善冷链仓储配送体系,推进"运猪"向"运肉"转变。引导屠宰企业探索实施白肉冷链配送模式,创新"互联网+"冷链配送等经营方式。建设远洋渔业加工基地,提升金枪鱼等主要水产品加工水平和生产规模。建设南极磷虾产业园和联海冷链物流基地。

二、做强农产品精深加工

加快新型杀菌、高效分离等关键技术升级与集成应用,建设一批农产品精深加工示范基地,打造"第一车间""原料车间"和"粮食车间"。加快发展肉品精深加工,丰富和优化产品结构。大力发展海洋生物制品和生物医药产业,推动宁波海洋生物产业向高精尖领域发展。扩大生物技术应用,加快培育发展海洋功能食品、海洋保健品、海洋药品等生物制品。培育或引进一批果品精深加工龙头企业,建设果品精深加工产业园,形成果汁、果脯、果饮、果酒等果品的系列开发和综合利用,发展香精、膳食纤维等高附加值产品。支持余姚、慈溪等地杨梅酒等做大做强。支持引进或研发毛竹精深加工技术,开发竹醋液、竹焦油、竹纤维、竹地板等精深加工产品,加大竹废料开发利用,提高资源利用率和产品附加值。发展茶叶的精深加工,开发蒸青抹茶、茶叶提取物、茶叶药物、茶叶化妆品和茶饮料等种类精深加工产品。发挥浙贝母、麦冬、铁皮石斛、三叶青、千层塔等道地药材优势,推动道地药材精深加工,深度开发中医药保健产品,做大健康制造业。

到 2025 年,培育年产值 50 亿元以上的全国农产品精深加工百强企业 1 家、10 亿元以上的省级以上农业龙头企业 5 家。

三、发展综合利用加工

加快副产物综合利用技术创新,开发新能源、新材料、新产品、新模式,推进"生产-加工-产品-资源"循环发展,实现资源多次增值、节能减排。高起点推进农业废弃物资源化综合利用。积极开展秸秆、稻壳、果蔬皮渣、夏秋茶、畜禽骨血等农副产物综合利用加工,用作生产食品、提取营养和活性物质、饲料、肥料以及其他精深加工产品。重点推进以肥料化、饲料化、基料化、原料化、燃料化为方向的秸秆离田综合利用,努力提高秸秆综合利用率和离田利用率。加快副产物综合利用技术创新,对废弃物进行梯次利用,实现加工企业清洁化生产。推动综合利用企业与合作社、家庭农场、种养大户有机结合,促进玉米芯、菜叶菜帮、残次果等农产品副产物制作成酒精、微生物菌、草毯等工业制品,实现转化增值、循环利用。到 2025 年,全市秸秆综合利用率、秸秆离田利用率、畜禽粪污综合利用率分别达 96%、30%、98% 以上,农药废弃包装物回收率达 90% 以上。

四、提升主食加工

以满足广大城乡居民、特定人群的消费需求为导向,开发营养、安全、美味、健康、便捷、实惠的主食产品和功能性主食、O2O 快餐、区域特色主食名吃等产品,引导居民扩大玉米、杂粮、马铃薯、净菜等主食产品消费。

推广中央厨房发展模式,研制一批安全、营养、方便的传统面米、薯类、豆类、预制菜肴等多元化主食产品,开发一批功能性及特殊人群膳食相关产品,培育一批主食加工产业集群,提升主食加工产业化水平。

以"未来食品"开发为方向,积极发展主食加工、休闲食品、方便快速食品、功能性食品、药食同源食品等多元化衍生产品,发展富养型、旅游型、休闲型食品,加快推进海通、正大等食品研发中心建设。引进或培育一批功能食品加工企业,推进药食同源产品开发。引导主食加工企业向现代农业产业园、科技园、创业园集聚,支持专用原料基地建设,鼓励一体化经营,在农产品产地和城郊培育、打造主食加工产业集群。

五、扩大农产品出口加工

把农业对外合作作为宁波参与"一带一路"建设的重要突破口，依托中国-中东欧国家博览会等平台，发挥宁波在自贸区建设、跨境电商、数字经济、港口运输等方面优势，鼓励和支持农业企业"走出去"融入全球农产品供应链。提升蔬菜、茶叶、花卉苗木、水产品、蜂产品、兔产品、禽产品和竹(草)制品等优势出口农产品加工水平。到2025年，全市建成省级及以上农产品出口示范基地8个，培育年出口额1000万美元的农业龙头企业40家，农副产品年出口额达到200亿元。

六、优化乡村商贸流通

推进农产品保鲜仓储和冷链物流综合体系建设，因地制宜建设一批田头冷库。完善市场交易网络，建设区域性农产品产地交易市场，提升对本地农业的辐射带动作用。健全乡村商品市场、专业市场、服务市场体系，规范改造农村传统小商业、小门店、小集市，建设一批乡村大型超市和特色街区。完善农村物流骨干网络和配送体系，推进农产品冷链仓储物流综合体系建设，发挥邮政系统和供销合作社系统现有农村网点布局优势，实施"邮政在乡"、升级"快递下乡"、"农产品出村"行动。发挥现有农村网点布局优势，推动农产品进城、工业品下乡双向流通。积极推进农社、农超、农批、农企、农校对接，加快培养农产品职业经纪人，试点开展宁波人吃地产农产品活动，努力打通农产品供应链。大力培育农产品线上销售新模式，做强做大农产品电商平台，促进农产品销售增值。提升小城镇服务功能，加快农产品销售物流体系数字化改造。到2025年，建成覆盖县、乡镇(街道)、村三级的农村物流服务点体系，建成农村物流服务网点2300个。

第四节　做深新型融合产业

一、拓展乡村休闲旅游业

推进全域旅游绿色发展工程。推进市本级省级全域旅游示范市创建，确保全市省级全域旅游示范区覆盖率达70%，景区城、景区镇和景区村覆盖率分别达100%、80%、60%，为全域旅游绿色发展提供"宁波样板"。加快推进横溪农旅小镇、塘溪人文旅游小镇等旅游风情小镇培育和建设。

实施休闲农业和乡村旅游精品工程，推进高端农旅融合项目建设。开展"春观花""夏纳凉""秋采摘""冬农趣"活动，实施"民宿+"工程，打造一批有知名度、有影响力的乡村休闲旅游"打卡地"。积极探索"农旅一体化"、

"渔旅一体化"发展模式,推进农旅融合龙头企业规范化发展。加快推进鄞州梅岭等民宿集聚区建设。提升建设"城郊十园"。积极建设休闲渔业基地,打响休闲渔业品牌。深入挖掘江河湖海、山林田园等资源优势,精心打造集农业生产、农田观光、休闲度假等多样功能的乡村旅游精品线路,激活农村闲置农房和闲置宅基地资源。深化推进中国传统村落和浙江省级历史文化村落保护利用重点村的保护和开发利用。挖掘古镇、古村、古宅等文化内涵,推动乡村从建环境到卖风景转变,赋予村庄发展新的活力。精心培育自驾车游、节庆旅游等乡村旅游新业态,带动发展体验经济、户外经济、民宿经济、休闲经济,集聚农村人气。积极发展乡村"夜经济"。推出宁波特色旅游工艺品和伴手礼。实施"乡村旅游后备箱工程",拉动特色农副产品销售。

到2025年,培育省级及以上美丽休闲乡村15个,建成省等级民宿(叶级客栈)150家,乡村休闲旅游年接待游客达到8000万人次。

二、加快发展乡村文体康养业

推动以文铸魂、以文传道、以文兴业、以文塑韵,加快文旅融合发展,推动全市文化和旅游发展走在全国、全省前列,建设更具魅力的文化强市,重点构筑"一带三区"为主体的文化和旅游发展新格局。深入挖掘河姆渡稻作文化、井头山海洋文化等农业文化,丰富农民丰收节、中国开渔节等农事节庆活动,新建一批农业农村文化博物馆,实现行政村农村文化礼堂全覆盖。

专栏四　文化旅游"一带三区"发展新格局

一带即大运河和海丝之路文化旅游带。

中部文化传承区重点布局以传承大运河文化、河姆渡文化为主的余姚江文化旅游区块,以传承民国文化、弥勒文化为主的奉化江文化旅游区块,以传承商帮文化、浙东佛教文化为主的甬江文化旅游区块。

西翼生态休闲区重点布局以健康养生、运动休闲为主的北山文化旅游区块,以红色文化、绿色生态为主的四明山文化旅游区块,以民俗文化、温泉度假为主的天台山文化旅游区块。

东翼滨海度假区重点布局以湿地滩涂、主题乐园为主的杭州湾文化旅游区块,以风情港湾、休闲度假为主的宁波湾文化旅游区块,以渔港文化、船帮渔俗文化为主的三门湾文化旅游区块。

依托地理区位、徐福养生文化、中医药传承、历史人文等优势,以鸣鹤国医国药小镇、达蓬山、四明山、太白山、董山(梅岭)等为龙头,聚焦"养心、养生、养老"三养体系,大力发展森林康养、运动康养、文化康养、田园康养及康养地产等配套产业,开发形成休闲运动基地、森林康养基地、疗(休)养基地等一批康养项目,推动康养人才、技术等高端要素集聚,建立健全"医养结合"机制,着力打造环杭州湾大湾区具有一定知名度和吸引力的现代"康养福地"。大力推进森林康养基地、古道、登山步道、绿道等项目建设,同时开展康养市场主体培育,加强康养产品建设,构建完善乡村康养体系。打造天童、梅岭等一批集森林游憩、疗养、教育、度假、文化体验等功能为一体的森林禅养基地。引进和培育乡村康养产业机构,开发康养特色产品。创新乡村康养新产品、新模式,打造一批乡村康养特色村。

推动普及性广、关注度高、市场空间大的传统运动赛事"入乡进村",培育 6 个省级运动休闲小镇。

三、做精乡土特色产业

围绕"留得住乡愁、留得住记忆",积极推进"乡愁+"。把"记得住的乡愁"变成"带得走的乡愁",把乡愁地图转化为乡村旅游图,促进乡愁产业加快发展。

深挖农村非物质文化遗产资源,加强传统工艺美术保护与传承,重点支持"三金一嵌"(金银彩绣、朱金漆木雕、泥金彩漆、骨木镶嵌)、越窑青瓷、天元古玩、长河草帽、丝瓜络制品、海曙古林草编、四明山竹编、余姚竹编、大隐石雕、陆埠佛雕等传统工艺美术振兴,开发一批兼具宁波特色和创意的传统手工产品。

深入挖掘民间传统小吃,实施农家传统特色小吃振兴计划。发展提升宁波汤圆、宁波年糕、龙凤金团、三北豆酥糖、咸菜马鲛鱼、鄞州老三鲜、余姚皮(咸)蛋、鹿亭粉丝、梁弄大糕等农家传统特色小吃,培育 50 家有影响的农家传统特色小吃制作主体,打造 10 个以上有较高知名度的农家特色小吃种类。

办好农民丰收节、中国开渔节、雪菜文化节、古林米食节、杨梅节、蜜梨节、葡萄节、水蜜桃节等农事民俗节庆和农业展会活动,力争做到季季有亮点、月月有节庆、周周有活动。

专栏五　培育乡愁产业

培育指尖上的乡愁产业。充分发挥宁波民间能工巧匠众多和非遗技艺丰富优势,着力培育手工艺品和旅游商品生产。实施青瓷工艺振兴计划,提升传统工艺产品品质和旅游产品文化含量。

培育舌尖上的乡愁产业。实施农村美食振兴计划,挖掘推广独具宁波特色的传统乡土美食,打造一批优质"养胃"产品。

培育视觉中的乡愁产业。加强历史文化名镇名村、历史文化街区、名人故居保护和乡镇特色风貌管理,开展鸣鹤古镇、鄞江镇等中国历史文化名镇名村、中国传统村落和省级历史文化村落保护利用修缮项目,做好传统民居、传统村落、传统农业遗迹、海塘遗址、革命纪念地、古树名木保护工作。深入挖掘"乡愁元素",鼓励有条件的村庄,因地制宜建设民俗博物馆、乡村博物馆、农耕文化展示馆,收集展览富有地域特色和群体记忆的农村历史文化遗产。

培育听觉中的乡愁产业。鼓励组建民间演出团体,积极组织姚剧(姚北滩簧)、唱新闻等传统地方戏剧和民间音乐等演出。

培育节庆中的乡愁产业。积极开展各类节庆活动。发挥乡村节庆文化效应,依托全市独特的自然、人文资源,鼓励挖掘乡村特色民俗文化,举办各类乡村节庆活动。

四、加快发展乡村能源环保产业

(一)优化农村能源基础设施

加快农村电网升级改造,全面巩固提升农村电力保障水平,建设能够满足农村居民对新时代新能源消费需求的现代化农村电网。优化农村能源供给结构,大力发展光伏、生物质等可再生能源。推广"光伏村"和"光伏消薄"等成功模式,重点在农(渔)光互补、农业大棚、农村屋顶、各类作物设施等领域进行推广。推进生物质热电联产、生物质供热、规模化生物质天然气和规模化大型沼气等燃料清洁化工程。积极推进燃气下乡。支持建设安全可靠的乡村储气罐站和微管网供气系统,推动供气设施向农村延伸。全面提升城乡燃气管网基础设施建设和管理水平,稳定提高城市(城关镇)、乡镇、城边村燃气覆盖率。对于偏远或人口较少且分散居住的村庄,推广使用瓶装液化天然气。推广农村绿色节能建筑和农用节能技术、产品。

(二) 发展乡村资源回收和循环经济

开发垃圾分类、污染处理等装备，推进畜牧养殖废弃物资源化利用和农作物秸秆、农药包装物等农牧业废弃物回收和综合利用产业化发展，畜禽粪污综合利用率保持在98％以上。大力开展榨菜废弃物等资源化加工和利用。积极探索标准化秸秆收储体系建设，大力发展秸秆能源化、原料化利用，稳步支持秸秆饲料化、基料化利用，不断优化秸秆机械化还田技术水平。

五、壮大乡村数字产业

实施"数字乡村"战略，促进互联网、物联网、区块链、人工智能等新一代信息技术与农业融合，拓展智慧农业、信任农业、可视农业等业态，推进"5G＋"乡村产业、乡村治理、民生服务融合发展。开展电子商务进农村综合示范创建，推广农社对接、网络直销等新模式，建设一批电商特色乡镇和专业村。到2025年，全市创建数字乡村融合发展示范点100个、电子商务专业村200个。

(一) 推进乡村数字新基建

推进新一代信息基础设施建设。将通信基站、管道、杆线、机房等建设全面纳入"多规合一"的实用性村庄规划，率先统一城乡网络规划、建设、服务等标准。加快乡村信息基础设施升级换代与普及覆盖，有序推进5G网络建设应用和基于IPv6的下一代互联网规模部署。到2025年，5G基站基本覆盖全市乡镇、重点行政村和"农业两区"。

实施乡村基础设施数字化改造。利用互联网、物联网、云计算、大数据、5G、人工智能、区块链等新一代信息技术，加快推动乡村水利、公路、电力、渔船等生产生活基础设施数字化改造，加快自动感知终端广泛应用。通过增强通讯、电力、气象等网络布点，加密地质灾害隐患感知设施，消除信息获取盲点，提高应急预警能力。

加强农村智慧物流体系建设。围绕打通粮食、蔬菜、畜禽、水产等重要农产品出村进城"最后一公里"，建设一批智慧物流、仓储保鲜、冷链加工等设施，加强交通、邮政、商务、农业农村、供销等部门现有农产品物流网点的资源共享，建立冷链物流骨干基地-物流园区-分拨中心-配送网点四级节点布局体系。到2025年，每个乡镇至少布局建设一个生鲜冷冻食品零售网点，具备冷冻、冷藏、展示等基础设施，搭载采集产品零售期间保冷数据的信息系统,促进物流业与消费升级需求协同发展。

推进数字"三农"协同应用平台建设。整合业务数据和信息资源,建设数字"三农"协同应用平台,推进全市跨部门、跨层级、跨区域、跨主体"三农"数据"全面共享、互联互通",业务应用"横向协同、纵向贯通",为农服务"上下联动、实时高效",提升全市农业农村数字化管理与服务能力。

(二)推进数字化乡村产业

大力发展智慧农业。提高农业生产终端监测和数据分析能力,推广动植物感知、环境温湿度调控、土壤肥力和病虫害监测等智能设施装备,推进数字"粮仓"建设,推动数字农业气象服务系统在现代农业中的应用,建设数字农业园区和数字农业工厂。加快畜牧养殖业数字化转型,发展数字牧场,推进规模化生猪养殖场数字化改造全覆盖。积极发展智慧渔业,实施渔业领域"机器换人"行动,构建基于物联网的水产养殖生产和管理系统,打造数字渔场。以国家级海洋牧场示范区为重点,推进可视化、智能化、信息化系统建设,推进北斗、卫星通讯等技术在海洋捕捞中的应用,积极发展渔业船联网。发展智慧农机,推进智慧农机示范基地建设,加快智能农机装备的推广应用,全面提升农业设施装备水平。到2025年,建成数字农业工厂50个,示范带动规模化种养基地完成数字化改造250个。

推进农产品流通营销数字化。构建完善农产品产供销一体化系统,做大做强"网上农博"宁波馆。实施快递进村工程、电子商务进农村综合示范工程,推进快递网点和电商配送行政村全覆盖,提升一批电商专业镇和电商专业村,提高流通效率,提升服务体系标准化水平。实施"互联网+"农产品出村进城工程,加快农产品销售物流体系数字化改造。大力培育直播电商、跨境电商、直播带货等新业态,开展云展销、云洽谈等活动,培育新零售。加快数字农合联建设。

(三)推进数字化行业监管

深化农产品质量安全追溯体系数字化建设,建设以追溯到责任主体为基本要求的追溯示范点。推进渔船精密智控能力建设,完善海洋网络基础。深化数字畜牧应用系统建设,推进养殖场、屠宰、饲料、兽药企业动态数据库建设,加强动物疫病疫情的精准诊断、预警、防控,健全重要畜产品全产业链监测预警体系,进一步完善浙(甬)农码畜牧行业应用长效管理机制。深化农业农村领域数字化改革,加快农业农村"掌上执法"应用,助推行政执法监管(互联网+监管)平台建设。

六、健全乡村现代化服务业

大力发展乡村生产性服务业。积极发展农资供应、农机作业、土地托管、统防统治、烘干收储、农产品营销等生产性服务业,提升饲料、兽药、有机肥、生物农药、农机装备等农资经营产业。加强农产品仓储保鲜和冷链物流设施建设,健全农村产权交易、商贸流通、检验检测认证等平台,引导农村第三产业集聚发展。加强动物防疫和农作物病虫害防治。

提升发展乡村生活性服务业。支持发展养老托幼、环境卫生、婚丧礼仪、修理装饰等生活性服务功能,开发多样化、个性化服务产品,推动农村生活性服务业提质升级。

加强农业社会化服务组织培育。发挥农业社会化服务的联结作用,推进农业耕种防收等各生产环节的托管,通过农业社会化服务组织与小农户之间建立契约型、股权型等各类利益联结机制,提升小农户的生产经营组织化程度。到2025年,全市培育农业社会化服务组织1000家以上。

第五节　积极培育其他潜力产业

积极培育和发展现代农机装备制造业等有苗头、有潜力的乡村产业。加快智能化农机装备自主研发,积极发展农业机器人、农业无人机、数控喷药、智能采摘、畜禽智能化养殖及粪污处理等智能化装备。以智能农机、人工智能为重点,积极发展现代农机装备制造业,孵化培育一批技术水平高、成长潜力大的农机高新技术企业,打造现代智能农机战略产业集聚基地。

第六章　优化乡村产业发展新环境

乡村产业发展是一项惠及全市农村千家万户的基础工程、民心工程,涉及面广,工作量大,影响持久而深远,要不断完善"营农环境",推进乡村产业可持续发展。

第一节　推进乡村产业绿色发展

高水平推进"肥药两制"改革。实施"肥药两制"改革综合试点行动,推进"肥药两制"改革数字化管理系统平台建设,抓好"肥药两制"改革示范农资店创建和示范主体培育。积极开展"肥药两制"改革综合试点县创建。全面推广实施肥料、农药双实名、双定额。在农资购买环节对试点主体实行全口径实名管理,在农业生产环节推行电子台账记录,根据主体类别分类施策,种植业重点实施肥药减量增效行动。

开展农业绿色发展示范创建。广泛应用种养结合等绿色种养技术,推广生态循环、环境友好、节本增效生产方式,推动乡村产业绿色可持续发展。因地制宜推进秸秆综合利用、畜禽养殖废弃物资源化利用和渔业尾水处理。开展废旧农膜和农药肥料废弃包装物回收处置,加强全生物降解地膜试验示范和推广。开展省级绿色防控示范区建设、病虫害绿色防控推广和农作物病虫害专业化统防统治。加大测土配方覆盖范围,推广施用有机肥和配方肥。推进生态拦截沟建设。

加强农业面源污染治理。实施耕地土壤污染综合治理与修复,优化"两区"土壤污染防治控点布点。实施土壤环境质量分类管理,优先保护未污染和轻微污染耕地,安全利用中轻度污染耕地,严格管控重度污染耕地。到2025年,优先保护类耕地面积与2020年相比保持稳定,耕地土壤环境质量基本满足农业生产需求。建立乡村产业负面清单制度,严禁污染环境、产能落后的项目进入乡村。

强化农产品质量安全监管。巩固国家农产品质量安全市创建成果,加强食用农产品合格证管理,加快农安信用体系建设,全面推进农林产品质量安全智慧监管,构建农产品质量安全追溯体系,农产品质量安全追溯平台实现规模生产经营主体全覆盖。大力开展农业标准化生产,以主导产品为重点,积极实施农产品标准化示范创建工作。到2025年,全市农产品质量抽检合格率稳定在98%以上。

第二节 加快乡村产业提档升级

构建产业发展平台体系。建设以现代农业园区为重点的生产加工平台,以城郊美丽乡村综合体和乡村振兴示范带为重点的融合发展平台,以普惠金融和农信担保为重点的金融服务平台,以电商进村和电商服务企业为重点的电商平台,以"两进两回"为重点的科技创新和人才集聚平台,加快构建与乡村产业发展相协调的功能各异、支撑有力、运作高效的功能型支撑平台体系。

推动农业园区提档升级。余姚、慈溪、宁海、象山4个县市以现有国家级、省级现代农业园区为基础,突出增产保供和带动农民增收,以科技开发、示范推广、辐射带动为主线,拉高建设标准,提升平台能级,拓展农业全产业链,提高劳动生产率,打造兼具生产、加工、经营、观光、体验、康养等生产服务功能于一体的未来示范农业园区。海曙、江北、镇海、北仑、鄞州、奉化 6 个区重点在城乡结合部、"两路两侧"的粮功区、蔬功区和特色农产品优势区等区域,通过国土空间整治,集中连片开展都市农业公园建设,提升田园美景、地貌美景、水系美景和社区美景,展示传统和现代农耕文化,打造特色饮食文化、生产习俗、生活习惯、节令节庆、民间工艺、建筑人居,有效传承乡村历史遗产,优化生态环境,培育涵盖乡村景观、郊野田园、农耕文化、农业生产的都市农业公园,实现都市田园化、田园都市化。

实施产业链条强链补链。支持农业经营主体在宁波市域范围内实施生产加工设备升级改造、农产品仓储保鲜冷库、生态环保设施设备投入等项目,发挥全产业链"链主"作用,提升农产品加工水平,纵向拉长产业链,做强农产品初加工、精深加工、综合利用加工、主食加工、出口加工和商贸流通等现代农产品加工流通产业,不断提高产业链韧性和附加值,加快走向产业链、价值链的中高端。围绕乡村产业发展和重要农产品生产保供体系构建,支持农业龙头企业、产业联盟等联合农民专业合作社、家庭农场、社会化服务组织、村集体经济组织和广大农户,打造一批优势互补、协作紧密、实力强劲的具有宁波特色的农业产业集聚区,培育一批产加销一体的农业全产业链和农业产业化共富联合体。

加快乡村产业数字赋能。以培育地方特色主导产业为基础,以推进农旅融合发展为主线,依托当地生态资源优势和历史文化内涵,通过 5G、区块链、大数据、人工智能等新一代信息化技术,加快推动现代智能装备升级和乡村产业数字化发展,助推全市农业农村现代化发展。

加强农业品牌培育。以优势产业和特色农产品为支撑,以区域公用品牌公共服务体系建设为保障,以农产品全渠道体系建设与农产品品牌发展为核心,建设运营宁波市级农产品区域公用品牌,建立宁波市级农产品区域公用品牌运营、管理、保护机制,培育宁波市级农产品区域公用品牌标准化产品与基地,整合线上线下渠道资源,建立全渠道营销体系,提高品牌运营的专业化、市场化水平。实施农业品牌体系建设"11122"工程,即打造 1 个市域农产品区域公用品牌,10 个特色农产品产业区域公用品牌,10 个县域农产品区域公用品牌,200 个知名农业企业品牌,2000 个绿色优质农产品主体品牌。加大农业品牌线上线下推广力度,用好农产品展示展销会等平台,提升宁波农业品牌的知名度和美誉度。

第三节 完善乡村产业经营体系

坚持家庭经营基础性地位。坚持家庭经营在农业生产经营中的基础性地位，巩固和完善农村基本经营制度。坚持农村土地农民集体所有，稳定土地承包关系。强化对土地承包经营权的物权保护，完善土地承包经营权权能，推动土地承包经营权在公开市场有序流转。发展农村合作经济，引导工商资本到农村发展适合企业化经营的现代种养业。允许农民以土地承包经营权入股发展农业产业化经营，丰富和发展以家庭承包经营为基础、统分结合的双层经营体制。

壮大新型农业经营主体。优化农业从业者结构，加快建设知识型、技能型、创新型农业经营者队伍，重点培育一批一二三产业融合、适度规模、经营多样、社会化服务支撑并与互联网紧密结合的新型农业经营主体。实施家庭农场培育计划，推动农民合作社提质增效，加快农业企业转型升级。开展新型农业经营主体规范化创建，促进经营主体提档升级。鼓励家庭农场以抱团方式组建农民专业合作社，推动合作社规范、联合发展。坚持"见苗浇水"与"大树移栽"并重，内培外引一批真心搞农业、真情带农民的大型龙头企业。到 2025 年，培育市级示范性家庭农场 400 家、市级示范性农民专业合作社 200 家、农业龙头企业 350 家、农业产业化联合体 100 家。

培育"新农民""农创客"。整合培训资源向新农人倾斜，发挥田间学校、农民教育实训基地的实践实训作用，全面推进农村实用人才培训。实施高素质农民培育工程，推进现代农业领军人才队伍建设，发掘培养一批"田秀才""土专家""乡创客"和能工巧匠。完善农业领域创业就业扶持政策，组织开展推优评先活动。实施乡村振兴青春建功行动，支持在甬高校与企业联合实施乡村产业振兴人才开发计划。持续吸引各类人才向农业农村汇聚。鼓励高校毕业生、企业主、农业科技人员、在外乡贤等各类人士回乡下乡创业创新。培养"新型渔民"，提高渔民组织化程度。鼓励新型经营主体与小农户建立契约型、股权型利益联结机制，通过保底分红、股份合作、利润返还等方式，实现农民参与分享农业全产业链增值收益，提升生产性服务业对小农户的服务覆盖率。

强化农业专业化社会化服务。鼓励各类新型农业经营主体围绕农业生产全过程全产业链拓展服务领域，发展生产托管、农资供应、农机作业及维修、种养技术、加工销售、市场信息、金融保险、气象灾害和动植物疫病预警与防控等社会化服务,以服务现代化推动农业现代化。开展农业社会化服务创新试点示范,建设区域性综合服务中心,建设组织名录库,推进农业社会化服务标准体系建设。深化拓展生产供销信用"三位一体"农合联建设。实施产业农合联升级增效建设,搭建市域"数字农合联"服务平台,建成省级产业农合联 40 个、现代农业综合服务中心 70 个。

促进小农户与现代农业有机衔接。加强培训,实施科技服务农户行动,支持小农户运用优良品种、先进技术、物质装备等发展智慧农业、设施农业、循环农业等现代农业。发展"合作社＋农户""公司＋合作社＋农户"等模式,支持小农户利用实物、土地经营权、林权等作价出资办社入社,探索财政补助资金形成的资产量化到小农户并作为入社或入股的股份。实施以镇带村、以村促镇的镇村融合发展模式,将小农户生产逐步融入区域性产业链和生产网络。

第四节　全面实施科技强农行动

加快农业科技自主创新。以优质、高产、绿色、高效为目标,围绕现代种业、绿色高效农业、智慧农业等重点领域,实施现代种业自主创新工程、高效绿色农业创新工程和智慧农业科技支撑工程,加强前沿技术研发,突破关键核心技术,形成一批具有自主知识产权的标志性成果,构建与宁波农业农村现代化建设相适应的科技支撑体系与技术体系。高质量推进农业科技园区建设,争创国家级现代农业科技示范展示基地,加强涉农学科、研究院、星创天地等平台载体建设。到 2025 年,创建省级重点农业企业研究院 8 家以上、高品质绿色科技示范基地 100 个,布局建设 20 个国家级和省级"星创天地"。

提升成果转化应用水平。围绕农业发展和产业布局,健全基层农技推广体系,构建农技推广机构、农业产业团队、涉农科研教学单位、农业经营主体等共同参与的合作格局。引导高校院所联合共建产业技术研究院、实验室等科技成果转化创新载体,构建"三农四方"科技创新联盟,开展中试研究、推广转化示范。开展优新品种与科技服务进村入地行动,支持农民合作社、家庭农场、企业等引进国内外先进适用科技成果、专利技术,加快农作物、畜禽、水产优良新品种推广应用。到 2025 年,推动农业成果转化应用与集成示范 500 项以上。

加强科技创新人才引育。深入实施"甬江引才工程",大力引进现代农业发展所需的高层次创业创新人才和团队。修订农业首席专家管理办法，在粮油、畜牧、特色经作、蔬菜瓜果、渔业等领域开展农业首席专家遴选。发展壮大农技推广队伍，开展基层农技推广机构农技人员定向培养，高质量构建"十百千"科技特派员技术服务体系。实施百万农民素质提升工程，多形式培养引进农业科技人才。

第五节 加快推进机械强农行动

加快补齐重点领域农机使用短板。优化农机装备结构，推广先进适用农机化技术，推动农业机器换人，打造一批农业机器换人高质量发展先行县、示范基地、农机创新试验基地、区域农机综合服务中心和数字农机应用示范基地。加大微型耕作、采收摘、轨道(索道)运输、节水灌溉、无人机植保等适用农机使用。全面推广水稻全程机械化，加快攻克畜牧、茶叶等生产关键环节机械化难关，加大设施大棚推广力度。加大物联网等先进技术在设施农业领域的应用。到 2025 年，全市农作物耕种收综合机械化水平达到 90% 以上，水稻耕种收综合机械化水平达到 92% 以上。

分产业推广先进机械设备。聚焦粮油、蔬菜、茶叶、林果、渔业、畜禽等重点产业，推广应用适合宁波产业的农机装备。聚焦粮油产业全程机械化，推进耕作水平控制、无人机直播、高速移栽、高效植保、烘干等装备应用，加大保鲜仓储、产后加工的集成配套。着眼主导装备智能化，加快推动电动运输、水肥一体化设施以及多功能作业平台等设施结构集成配套，积极发展智能温室、农业机器人、智能采摘收获等设备设施。坚持"六化"引领畜牧业高质量发展，推广洗消饲喂、通风控温、空气过滤、环境感知、红外测温等设备应用。实施渔业领域"机器换人"，构建基于物联网的水产养殖生产和管理系统。

深化农艺农机融合。建立农艺农机融合专家组和产业机械化技术服务团队，针对机械化薄弱环节以及新的品种、新农作制度和新种养模式，开展农艺农机协作攻关，推进播期、行距、行向、施肥和植保的标准化，推广机械化农艺方式、作业规范和质量标准。根据机械作业要求，改进品种选育、农作制度、栽培和养殖模式，形成可指导当地生产的农艺农机融合技术标准体系。加强农艺农机融合成功模式的引进示范，建设一批高水平农艺农机融合示范基地。

加大基础设施宜机化改造。大力推进农业"标准地"改革，进一步完善高标准农田建设,推进耕作田块小变大、陡变平、弯变直以及电力、机耕路、无线网络的互联互通。推进农田、果园、茶园、畜牧养殖、水产养殖、高标准农田等标准化建设。结合宜机化项目,建设一批机耕道路和农机下田坡道、会车点,改善农田的农机通行和作业条件。

第六节　加强产业发展要素投入

推进城乡人才双向流动。深化户籍制度改革,促进农业转移人口等非户籍人口在城镇便捷落户。按照"三权到人(户)、权随人(户)走"要求,探索农民土地承包权、宅基地使用权、集体收益分配权等"带权进城",支持依法自愿有偿退出上述权益。完善农业转移人口职业教育及技能培训机制,实施"金蓝领"职业技能提升行动。提升公共就业服务平台,对就业困难群体实施分类精准帮扶。到2025年,常住人口城镇化率达到85%。实施千名乡村振兴领军人才培育工程和省"千万"农民素质提升工程,统筹推进现代农业领军人才、农业科技人才、种业人才、高素质农民、乡村管理服务人才等重点领域乡村人才建设。到2025年,农村实用人才总量达到25万人。

加大财政"三农"投入力度。市财政统筹安排专项资金,重点培育乡村产业发展。制定调整土地出让收入使用范围,分阶段逐步提高用于农业农村的投入比例。健全涉农专项资金"大专项+任务清单"管理模式,推动涉农资金更多用于支持富民产业项目建设。探索设立城乡融合发展基金,发行地方政府专项债券,支持符合条件的企业发行债券,用于城乡融合公益性项目、新型城镇化项目和乡村建设项目。支持股权投资基金、产业引导基金参与乡村发展。加强风险防范,保护村集体和农民合法利益。充分利用政府平台优势,统筹整合涉农资源资产,做大做强市农业发展集团有限公司。

强化乡村产业用地保障。强化国土空间规划建设中的乡村产业发展用地保障,在符合国土空间规划的前提下,土地利用年度计划按照国家和省有关规定对集体经营性建设用地和农村宅基地作出合理安排,在当年新增建设用地指标中安排不少于国家和省规定的比例用于乡村产业发展。加大对农业设施用地支持力度,研究农村一二三产业融合发展用地政策,开展点状供地、复合供地。对休闲农业项目的容积率等规划指标给予适度放宽。深化乡村产业用地市场化配置改革,创新使用方式,推动不同产业用地类型合理转换,探索增加混合产业用地供给。完善设施农业用地备案和上图入库手续,设施农业用地应当不占或少占耕地,确需占用的,应经批准并符合相关标准,严禁以设施农业用地为名从事非农建设。

加强乡村产业金融支持。强化支农支小金融服务能力,加快发展农村普惠金融、绿色金融,深化农村信用体系建设,落实小微企业融资优惠政策。引导金融机构聚焦农业发展重点领域和关键环节,加大涉农金融资源投入,确保涉农贷款投放持续增长。推动温室大棚、养殖圈舍、大型农机、林权、土地经营权等依法合规抵押融资。推动农业全产业链试点金融支持。加强农村信用体系建设,推广"道德银行"做法,完善信用奖惩和修复机制,健全农业信贷担保体系,发展农村小额信用贷款。到 2025 年,全市农户贷款余额达到 2400 亿元。

深化政策性农业保险。稳步推进"扩面、提标、增品",逐步拓展重要农产品完全成本保险和收益保险,对高投入高收益农业产业,鼓励开发"政策性保险+商业附加保险"或纯商业保险产品。力争到"十四五"末,全市种植业、林特业生产规模 1 万亩以上、畜禽养殖规模 3 万只(头、羽)以上、淡水养殖 5000 亩以上、海域滩涂养殖 3 万亩以上以及农产品加工业、农业服务业、休闲农业和乡村手工业产值 1 亿元以上的乡村产业实现政策性农业保险产品全覆盖,水稻等主粮作物农业保险覆盖率达到 85% 以上、农业保险深度达到 1.5%、农业保险密度达到 1100 元/人。

第七节　拓宽双碳目标实现路径

有效降低农机能源碳排放。鼓励和引导耗能高、污染重、安全性能低的农机加快淘汰和升级换代。大力推广先进适用农机装备和技术,降低农业机械单位能耗。改善农机能源消费结构。加强农机节能技术培训,引导广大农机手逐步增强"低碳环保农机作业"理念。

有效降低渔业船舶能源碳排放。实施渔船减船转产。加大减船转产政策配套资金投入,加快老旧渔船更新改造。推进捕捞渔民转产转业。坚持海洋渔船船数和功率数"双控"制度。严格执行海洋渔船船数和功率数控制制度,严格船网工具指标审批。鼓励引导渔民"多休少捕",减少渔业船舶二氧化碳排放。

有效控制农业碳排放。加快建设"肥药两制"改革精准管控系统,建立主体"一户一码"数据库,针对全县主导产业推行肥药定额施用制度,科学指导农业主体在生产过程中的农药化肥施用,减少农业生产资料和农业生产过程中的碳排放。大力推广农光互补、光伏+设施农业等低碳农业模式,合理利用生物质能,加快实现设施农业用能零排放。

有效提升农业碳汇能力。开展海洋藻类、贝类和固碳能力关键技术研究,评估海洋渔业碳汇能力,探讨低碳渔业发展路径。开展农业碳汇体系项目研究,不断提升农业碳汇能力。加快建立农业碳汇监测、核算标准。通过合理施用有机肥、二氧化碳肥料、缓释肥、种植绿肥等措施提升地力及土地固碳能力。积极推进免耕、休耕和轮作等保护性耕作制度试点。

第八节　深化农业农村集成改革

稳妥推进农村土地制度改革。深入推进农村承包地"三权分置"改革,进一步活化农村承包土地权能,加快土地经营权抵押贷款扩面提质,开展承包地经营权入股农业产业化试点。有序推进农业"标准地"改革,实现农业生产力布局优化,土地利用集约节约。

深化象山县全国宅基地制度改革试点,扩大改革实践区域。推进农村宅基地确权登记颁证,确保权属清晰,推动宅基地使用权有序流转。稳妥推进农村集体经营性建设用地入市,明确入市范围、主体和权能,健全入市交易规则和监管制度,完善转让、出租、抵押二级市场,建立土地增值收益合理分配机制,加强入市监管和风险防控。推进农村土地征收制度改革,扩大国有土地有偿使用范围。

深化农村集体产权制度改革。深化农村集体资产股份合作制改革,盘活农村集体资源资产。完善城乡一体的农村集体产权流转交易市场体系,健全农村产权交易平台,规范流转交易行为。总结推广农村承包地经营权等抵质押贷款业务,推进股权抵押增量扩面。坚持做大总量和提升质量并举,盘活农村资产,集聚土地、资金、资源等要素,因地制宜发展"飞地"经济、物业经济和乡村产业,探索引进职业经理人(团队),增强集体经济"造血"功能。健全农村产权流转交易体系,扩大涉农产权交易范围。

加快推进新时代乡村集成改革。聚焦现代农业、乡村产业、城乡融合等重点领域和关键环节,加强涉农改革综合集成、系统协同,梯度推进省级新时代乡村集成改革试点,最大限度释放涉农改革综合效应。深化"三位一体"农合联改革,构建服务农民生产生活的综合服务平台。深化集体林权制度改革,探索建立林木采伐和集体林地地役权管理制度,完善林权抵押贷款制度。深入推进农业水价综合改革,完善农业水价形成机制,推进节水奖励和精准补贴。

健全统计分析和评价制度。把乡村产业统计纳入到全市国民经济统计,建立健全乡村产业的统计指标体系和工作体系,配备相应的专业统计人员,由统计部门和农业农村部门共同配合进行专门统计,增强乡村产业统计和考核的科学性和准确性。

专栏六　农村集成改革工程

01 开展闲置农房激活利用和农业基础设施设备确权赋权试点

创新农村建设用地入市制度,稳慎推进农村宅基地"三权分置"试点,激活闲置农房,对农业基础设施设备进行确权赋权,通过量化参股、合作开发等多种形式,发展混合制经济项目。

02 村集体经济发展提升

鼓励多村联合或乡镇(街道)抱团发展,培育一批懂经营会管理的乡村振兴职业经理人,积极探索新途径、新模式、新机制,推动村级集体经济进一步发展壮大。到 2025 年,所有行政村实现集体经济年收入 50 万元且经营性收入 20 万元以上。

第九节　开创农业开放发展格局

深化农业对外合作。充分发挥宁波农产品出口传统优势,完善全方位、宽领域、多层次的农业开放合作格局。扩大农业对外合作,加强政策创新试验,建设农业对外合作交流基地。深化对台农业交流,巩固提升与中东欧、澳大利亚、意大利等重点国家和地区的农业合作,鼓励农业企业赴"一带一路"沿线国家及地区建设农产品加工基地。建立健全产品出口服务机制,大力发展跨境电子商务,巩固蔬菜等传统外贸市场优势。推动农产品出口企业集聚发展,支持涉农企业自主品牌出口,培育一批具有一定国际影响力的农产品出口品牌,打造一批熟悉国际规则的农业龙头企业。搭建农产品出口交易平台,鼓励农产品出口企业赴境外建设农产品展示中心,支持农业企业参加各类境外展会,举办农产品宣传推介活动。大力培育外向型农业,支持农业企业"走出去"发展。

吸引工商资本加大投入。加大乡村产业招商引资力度,开展多层次、多领域招商推介与务实合作,引进培育一批国内一流的现代农业企业总部。建立健全乡村产业招商项目库,研究制定工商资本投资乡村产业的负面清单。鼓励引导工商资本进入农村一二三产业融合发展的新品种研发、新技术推广、生产性服务以及农产品加工、储藏、物流、营销、品牌建设等领域,引进培育一批国内一流的现代农业企业和重大乡村产业项目。

第十节　强化产业发展组织保障

加强组织保障。贯彻落实市、县、镇、村各级书记抓乡村振兴的工作要求,切实把乡村产业振兴摆上突出位置。建立农业农村部门牵头抓总、相关部门协同配合、社会力量积极支持、农民群众广泛参与的推进机制。

优化干部队伍。坚持"四个优先"导向,加强"三农"工作干部队伍的培养、配备、管理、使用,造就一支懂农业、爱农村、爱农民的"三农"工作队伍。

健全法治体系。抓好《乡村振兴促进法》等涉农法律法规贯彻落实。加强法治宣传教育,推动普法方式创新,提高普法实效。

加大舆论宣传。加大宣传引导力度,推介一批乡村产业发展鲜活经验,推广一批农村产业发展典型模式、创新创业典型案例,大力营造崇尚创新、鼓励创业的乡村产业发展良好环境。

6. 方案设计：优化方案的基本框架

6.1 小结：优化特优区建设的相关要素

在上一章分析的基础上，参考国际国内经验，我们认为，在设计特优区优化方案时，需要综合考虑如下几方面的核心要素：

6.1.1 区域自然条件是优化特优区发展的基础

所有的特色农产品是融当地自然要素和人文要素的精华、通过历史的沉淀而形成的。即使是改革开放初期引入的特色农产品，经过四十多年的积累，也已经融入了当地的文化，适应了当地的生长环境。因此，要优化特色农产品优势区，并进而把特色农产品优势区转化成为农业特色优势产业区，首先必须适应区域自然条件，这是优化特优区发展的基本前提。

类似的自然条件必然生产类似的农产品。如同一北纬（我国两大榨菜基地宁波是北纬28°，涪陵是北纬29°）、同一海域（宁波、宁德同处东海沿线，都把大黄鱼作为特色农产品）、同一文化元素（绿茶几乎都在江南地区生产）都可以导致特色农产品的同质化。因此，特色农产品在适应区域自然要素的前提下，必须充分挖掘区域的人文要素，形成差异化优势。

6.1.2 完善的知识产权体系是助推农业优势产业区域发展的核心

我国特色农产品优势区发展中的一个共同特点就是十分重视区域品牌的建设。没有区域品牌，很难形成优势区的凝聚力。但从国际国内经验看，仅仅有区域品牌是很难促进特优区建设的，只有形成完善的知识产权保护体系，才能助推特优区的发展。

无论是对宁波市特色农产品优势区的分析，还是国内经验的比较看，我国的特优区建设，在知识产权方面做得远远不如国外，以至于原来属于中国的一些特色农产品(包括中药材资源①)都因知识产权的原因,变成了其他国家的特色农产品。宁波市要做大做强特色农产品,不能只抓区域品牌,需要把特色农产品的"特"字,转化为各种知识产权。只有形成了完善的知识产权保护体系,宁波市的特色农产品才能变成优势特色农产品。

6.1.3　科技和管理革命是提升农业优势的关键因素

特优区实际上包含了促进农业特色优势产业和实现共同富裕这两个目标。从宁波市十大农业龙头企业、宁波市农业板块上市公司的情况看,这些龙头企业、上市公司对我市农业的发展作出了重大贡献,但除了宁波黄古林工艺品有限公司专营蔺草这一特色农产品外,很难找到真正能够起到带动某个特色农产品做大做强的龙头企业。宁波大多数特优区小农经济仍然是主体。因此,优化特优区的一个重要任务,就是通过管理革命,提升特色区的企业发展水平。

由于经营产品的特殊性,特优区的企业,除了拓展市场,做大企业规模形成内生动力、促进管理水平提升外,更重要的是需要通过科技革命,做精做深产品价值。特色农产品的产品只有通过技术革命,才能使原来的初级农产品向多元化的初级加工品,再向高端消费品的方向发展,才能从根本上使特色农产品转化为优势特色农产品,才能真正实现特优区建设的目标。

6.1.4　政府资源是引领区域发展的外在动力

在特优区建设中,政府资源的作用是十分重要的。从国内经验看,做得较好的特优区当地政府都采取了有效的措施。这些措施,基本上都是以贯彻国家有关部门的政策为主,地方政府结合自身实际出台的地方性政策并不多。这一方面说明了国家出台的相关政策已经足以支撑特优区的建设,各地的差异就在于政策落实的程度。另一方面说明在特优区建设中,政府资源还没有结合当地的实际得到很好的配置,这方面的发展潜力很大。

作为计划单列市,宁波市在政策制定上有着独特的优势,在促进宁波市区域经济发展上政府发挥了十分重要的作用,从而使宁波市的区域经济发展一直处于全国领先的地位。即使在农业领域,通过农业区域规划,宁波市政府在这方面也作出了很大的努力。但针对特优区的政策还是很少。在优化特优区建设的方

---

① 据国家有关部门统计,2021 年,我国西药类的销售额占到了所有药类总额的 71%;而中成药只占比 14.4%;中药材类的销售额甚至只有可怜的 2.2%。而日本 80% 的中药材来自中国,却申请了 70% 的中药专利,导致我们自己人用中药还要向日本付高昂的专利费。日本已经占据了全世界中医药市场的 90% 市场份额,而我国只占了 2%。

案中,需要在这方面加大力度。通过政府资源这一外在动力的推进,加快特优区发展的速度。

6.1.5　市场拓展能力是特优区建设的短板

从调查情况看,宁波市的特色农产品主要是以本地消费为主,销售往省外的比例只有 34 个品种,占 31.2%,连三分之一都不到,有 31 种产品没有走出宁波,所占比达到 28.4%。其中,有 10 个特色农产品没有走出去,占 9.1%[①](见下表)。

表 6–1　宁波市主要特色农产品的销售区域分布

销售地区			特色农产品名称	生产地区	
主要销售区域	品种数量	合计		地区名称	品种数量
省外为主	9	34	洋蓟、莲花、花卉	北仑区	3
			葡萄、蜜梨、兔	慈溪市	3
			蔺草	海曙区	1
			黑茶	宁海县	1
			梭子蟹	象山县	1
长三角地区	1		葡萄	余姚市	1
福建、温州	1		早熟蜜梨	余姚市	1
宁波、上海、杭州	1		杨梅	余姚市	1
江浙沪为主	22		西兰花、鲜食大豆	慈溪市	2
			水蜜桃、观赏苗木、茶叶、杏鲍菇	奉化区	4
			缢蛏	宁海县	1
			象山柑橘、象山白鹅、象山米馒头、竹根雕	象山县	4
			朱金漆木雕、鄞州雪菜、铁皮石斛、南美白对虾、梭子蟹、紫菜、杨梅	鄞州区	7
			榨菜、大闸蟹、茭白、铁皮石斛	余姚市	4
省内为主	44	44	盆景、盆栽植物、猪	北仑区	3

---

① 上表所列的 109 个特色农产品是以县区为单位进行分类的,因此,有很多是重复的。但这个表仍然能比较清晰地反映宁波市特色农产品的市场分布。

续 表

销售地区			特色农产品名称	生产地区	
主要销售区域	品种数量	合计		地区名称	品种数量
			麦冬、杨梅、桃子、柑橘、南美白对虾、泥螺、蜜蜂	慈溪市	7
			竹笋、奉化千层饼	奉化区	2
			豆芽、浙贝母、樱花、锦鲤、小青龙、竹笋、汤圆、切面、樱花红茶、白茶、稻虾米、八戒西瓜、葡萄、草莓	海曙区	14
			慈城年糕	江北区	1
			柑桔、西甜瓜、南美白对虾、枇杷、水蜜桃、优质黄鸡、黑猪、牡蛎、胡陈麻糍、宁海泥金彩漆、前童三宝	宁海县	11
			大黄鱼、南美月对虾、坛紫菜	象山县	3
			宁波金银彩绣、水蜜桃、葡萄	鄞州区	3
市内为主	21		蘑菇、番茄、草莓、柑橘、葡萄、年糕、茶叶	北仑区	7
			蛋鸭	慈溪市	1
		31	芋艿头、草莓、贝类	奉化区	3
			香榧、茶叶、油茶、望海茶、牛角雕	宁海县	5
			茶叶	鄞州区	1
			番茄、葡萄、草莓	镇海区	3
			短柄樱桃	余姚市	1
			铁皮石斛、杨梅	北仑区	2
			草莓、雪菜	慈溪市	2
县域为主	10		竹笋、黄精	宁海县	2
			西甜瓜、番茄、草莓	鄞州区	3
			甲鱼	余姚市	1
合计	109	109			109

这个表显示的宁波特色农产品的市场分布,由此说明宁波的特色农产品中,

市场拓展能力是一个很重要的短板。从调查情况看,产生这一短板的核心原因有二:

一是现有的管理体制导致重生产端、轻市场端。尽管特优区的建设是农业农村部主管的项目,但国家九部委的文件说明,特优区建设不仅仅是一个农业问题,更是一个经济问题,或者更精准地说,是一个涉及整个农业产业链的问题,既与农业相关,更与市场相关。但正因为是农业农村系统主管,因此,特优区一直作为农业项目来看待,这种体制上的缺陷,导致了特优区建设主要关注生产端,在市场端上最终形成短板。

二是宁波市特色农产品经营者缺乏市场开拓的意识。在象山、鄞州区等调研中,我们发现,一些特色农产品经营者只关注本地市场的开拓,在向外拓展上,自身没有手段,外部没有资源支持,这在一定程度上制约了宁波特色农产品向市外的发展。

只有做大市场,才能促进特色农产品做大做强。激烈的市场竞争产品质量仅仅是基础,需要更多的政府、市场资源支撑。因此,在优化特优区建设的过程中,一方面需要改变目前固定的从农业入手的既有思维模式,一方面要积极拓展经营者的经营理念,积极从市场入手形成倒逼机制,以市场需求优化特优区的产品结构和产业结构,从而从根本上提升特优区的市场竞争力和市场占有率。

6.2 优化方案的核心内容

九部委《关于开展特色农产品优势区创建工作的通知》中已经提出了特优区建设的五项基本原则,即"坚持市场导向、坚持标准引领、坚持品牌号召、坚持主体作为、坚持地方主抓"。根据这一文件精神,结合前几章对宁波市特优区基本情况以及相关要素的分析,我们最终形成了提升我市特优区建设水平,提高特色农产品市场竞争力优化方案。

这个方案的基本思路是:从优化观念出发,把特色农产品优势区的建设从一个农业项目转化为一个乡村振兴项目,一个产业链、产业集群的建设项目。在产业链、产业集群建设的过程中,按照增长极理论,一方面抓农业端的优势特色农产品、优势企业、优势品牌的建设,一方面在销售端瞄准优质客户,拓展多元市场。按照这样的优化路径,农业端将通过产业的升级,实现从特色农产品到农业优势特色产业的转型,销售端将通过价值的叠加,形成从单一的农产品市场向高附加值的多元市场转型。而政府资源与市场资源发挥各自的资源禀赋,通过内因与外因共同推进这两种转型,使我市的农业优势特色产业的区域发展优势转化为市场优势,最终提升我市特色农产品优势区的市场竞争力。

按照这一思路,我们将这一优化方案细化为如下几个方面:

6.3　理念优化:从农业项目到乡村振兴项目

没有正确的思想指导,很难形成正确的改革与发展方案。特色农产品优势区的优化方案,首先要在正确的理论指导下,重新认识特优区建设的准确定位。

九部委《通知》明确,创建特优区是顺应农业发展新趋势,培育发展新动能,提高市场竞争力的重大举措,对促进农村一二三产业融合发展,带动传统农业区和贫困地区脱贫致富具有重大意义。创建特优区,有利于优化生产力布局,促进区域分工,推动产业结构调整,推进农业供给侧结构性改革;有利于开发特色农业潜力,发挥区域比较优势,提高特色产品附加值和溢价能力,拓宽农民增收路径;有利于加强特色品种保护,加速成果转化应用、产品结构优化和组织管理创新,做大做强特色农业品牌,提高农产品市场竞争力;有利于保护和弘扬中华农耕文化,推动自然生态、历史人文、民族特色、传统工艺与农业产业的融合发展,丰富特色产业内涵,让传统产业焕发新的活力。同时,《通知》明确特优区建设的指导思想是:全面贯彻党的十八大和十八届三中、四中、五中、六中全会精神,认真落实发展新理念,以资源禀赋为基础、经济效益为中心、农民增收为目的,紧抓"特色、质量、品牌、电商、双创"关键点,坚持市场带创建、创建促发展,高起点、高标准、高水平创建一批特优区,建立评价标准,完善技术体系,培育新型主体,突出品牌效应,促进三产融合,打造特色鲜明、优势集聚、产业融合、市场竞争力强的特色产业。

学习这些文件精神,再结合我市实际,我们认为,在我市优化特优区建设的问题上,需要有如下几方面的观念转变。

6.3.1　强调农业,把特色农产品生产转化为优势特色农业产业

从调研情况看,受当地经济发展水平的限制,我市很多特色农产品仍然以农户分散经营为主,而且其主要产出仍然是农业初级加工品,还没有实现从农产品到商品这一产业链的细化分工,在优势区内,还没有真正形成产业。因此,特优区建设的首要任务是,把目前的特色农产品的生产,转化为特色农产品产业的建设。

传统意义上的农业是一个五业并举的产业,男耕女织,一个家庭几乎可以包揽了农工商各个经济领域,农业现代化的核心就是通过分工的不断细化,实现专

业化经营。特优区的农户有两种选择：

一是在产业分工中只承担种植的功能。只生产初级农产品，然后将该初级农产品送到优势区之外的企业，加工成农业初级加工品。在这样的分工下，优势区的核心任务，就是要通过提高种植业的科技含量和管理水平，提高初级农产品的产量和质量。在这个优势区内，就没有必要形成专业化分工协作的产业。

二是优势区内的农户通过分工的细化，形成从初级农产品到商品的所有产业链，最终在优势区内形成优势特色农业产业。在这样的分工下，优势区内的农户，既有从事农业生产的，也有从事农产品加工的，更有重视农产品销售、农产品包装的。优势区内形成了一二三产融合发展的新局面。

显然，这两种模式都适用于宁波市：对于在西部大山深处的几个竹笋优势区，由于优势区内经济欠发达，因此，选择第一种模式比较合理，优势区内只有农业生产，没有农业产业。整个优势特色农业产业，必须实现优势区内与区外的联动。对于地处经济较发达乡镇的草莓优势区，由于优势区内的二三产都比较发达，就可以在市场的内生驱动和政府的外部引导下，将优势区内的二三产引导到特色农产品的相关产业链，以草莓这一特色农产品为增长极，在区域内进行资源的重组，最终使特色农产品优势区转化为优势特色农业产业区。

这两种农业发展模式要求宁波市在优化特优区建设的过程中，形成两种发展模式：一是区内区外联动，二是区内资源重组。因此，特优区的建设，不仅要打破县域、乡域的行政区域分割，而且要打破优势区与非优势区的经济区域分割，以特色农产品产业链为主线，推进优势特色农业的发展。

6.3.2 强调农村，把农业项目转化为乡村振兴项目

正如九部委《通知》中强调的，特优区建设从根本上讲是一个乡村振兴项目。特优区建设的过程，既需要建设特色农产品的产业链，更需要和乡村振兴计划有机结合起来，只有这样，特色农产品的产业链才能实现可持续发展。

从狭义的角度讲，特优区建设的核心，就是形成特色农产品的产业链。这个产业链可以是独立于特优区内其他产业，也可以和其他产业融合为一体；可以是一个单独的项目，也可以是一个与农业强镇建设、休闲农业项目等融合的复合型的项目。从上一章相关政策分析中可以看到，国家有关部门出台的农业政策，有很多是相通的，因此，从宁波市的角度讲，只有走复合型的道路，特色农产品产业链才有生命活动。

本优化方案的核心，是抓住生产与市场两个增长极。在生产端，除了农业生产之外，很重要的是要充分利用企业发展的外部性，在区域内树立起某一特色农

产品的形象，形成在特优区内随处都可以感受到该特色农产品的影子，感受到区域内所有的民众都在享受着该特色农产品带来的发展机会，感受到该特色农产品成为该区域内带动乡村振兴的主要抓手。

农业外部性是指农业通过价格以外的方式影响其他经济体，并不为此承担相应的成本或者并没有获得相应报酬的现象。农业的外部性分为正外部性和负外部性。前者表现为直接使用价值、潜在使用价值。后者表现在过量使用农药、化肥所造成的环境污染、土壤酸化结板。

农业的正外部性是农业生产过程中外溢的效益。农业生产在直接给人们提供食物、带来收益、提高人民福利水平的同时，还在保护环境、提高自然景观价值和文化教育等方面具有独特的外溢价值。发展经济学家把农业的这种多元价值总结为"农业多功能性"。而这种外部性，可以使特色农产品成为促进区域内乡村振兴的核心要素。这样的案例非常多，其中最突出的就是通过休闲农业来推进乡村振兴。

特色农产品一方面可以提升区域内的自然景观。同时也可以形成独特的餐饮文化。以此为基础，可以形成一系列的休闲农业发展模式。目前，我国的休闲农业有 7 大模式 30 种类型，这些休闲农业，都是建立在农业的外部性基础之上的。

特色农产品的正外部性要优于其他的农产品，利用特色农产品的外部性，可以在发展特色农产品产业的同时，把它拓展成为一个乡村振兴项目，以特色农产品为核心，形成"草莓村""杨梅村"这样的具有鲜明特色的区域经济，从而带动整个区域的发展。

6.3.3　强调农民，把经济发展项目转化为共同富裕项目

九部委《通知》强调，发展特优区的一个重要目标就是实现农民增收。从宁波市情况看，农业对农民增收的贡献率并不大。宁波市人民政府发展研究中心的一份报告[①]透露，2006 年以来，宁波农村居民人均可支配收入增长了 3.42 倍，2020 年达到 39132 元，农村居民人均可支配收入绝对值达到全国的 2.28 倍、全省的 1.23 倍，居全国 15 个副省级城市首位、省内第 2 位。2006 年以来，宁波农村居民人均可支配收入中的工资性收入就一直占据主导地位，且稳定在 60% 左

---

① 见宁波市人民政府发展研究中心承担的宁波市农业农村发展服务中心资助项目"加大宁波低收入农户精准帮扶，助推共同富裕先行地建设研究"的阶段性研究成果《健全农民增收长效机制　助推共同富裕先行市建设》

右;而农民的家庭经营收入比重在不断下降,2020 年比 2006 年下降了 9.4 个百分点。而 2022 年宁波市统计公报也显示,2022 年,宁波市农村居民人均可支配收入 45487 元,增长 5.9%,扣除价格因素影响,实际增长 3.5%。

表 6-2　2022 年宁波市居民人均收支主要指标

指标	全体居民		城镇常住居民		农村常住居民	
	实绩(元)	增长(%)	实绩(元)	增长(%)	实绩(元)	增长(%)
人均可支配收入	68348	4.5	76690	3.8	45487	5.9
1. 工资性收入	38016	1.8	42390	1.4	26031	2.2
2. 经营净收入	12028	1	13019	0.5	9313	1.9
3. 财产净收入	7332	5	9385	3.9	1705	12.8
4. 转移净收入	10972	19.5	11896	18.1	8438	23.8
人均生活消费支出	42997	6.2	47916	5.6	29514	7.5

资料来源:宁波市统计局

这组统计数据分析,说明了二个问题:第一,宁波市农村的工业化程度不断加大,导致农民收入中工资性收入持续增加;第二,农民来自农业生产的收入在不断萎缩,2022 年的经营性收入增长率只有 1.9%,其比重已经下降到 20%。因此,宁波特优区建设,如果仅仅发展农业,就很难实现农民收入的可持续增长。

在上述 6.3.1 的分析中,我们提出了特优区发展的两种模式,即:区内区外联动模式和区内资源重组模式。这两种模式都涉及农民利益分配问题,都涉及如何促进共同致富的问题。仍以竹笋为例,根据海曙区横街镇的介绍,该镇是全国闻名的竹乡,全镇有近五万亩的竹山资源,四季产笋,笋年产量可达 1200 多吨,年产值计 1000 余万元,换言之,竹笋的平均价只有 4.17 元。2022 年,横街镇辖区户籍总人口 36957 人,其中居住在五万亩竹林中居住的竹农约占三分之一,约 12000 人,人均的竹笋收入只有 1000 万元/12000 人=830 元。2022 年,宁波市农村居民人均可支配收入 45487 元,其中海曙区达到了 46504 元[①]。830元只占了全市农民人均可支配收入的 1.82%、海曙区的 1.78%,根本起不了推进共同致富的作用。可以说,横街镇作为竹笋的特色农产品优势区,发展特色农产品很难改变当地竹农的贫困度,这显然不是我们建设特优区希望所看到的。

在宁波这样发达地区,特色农业所生产的特色农产品并不能成为农民致富

---

① 上述数据,分别来自宁波市、宁波市海曙区的官网

的来源。海曙区共 17 个乡镇街道,2021 年各镇 GDP 排名中,蔺草特优区古林镇排名第一,增速 18.9%,竹笋特优区横街镇排名第十四位,增速 6%。古林与横街发展水平的差异,在一定程度上反映了蔺草和竹笋这两个特色农产品在带动当地农民共同富裕上的差距。

这种特优区产业发展与共同致富目标的差异性,在一定程度上也为特色农产品优势区的建设提供了两个发展方向:第一,需要通过产业的规模化,把特色农产品的生产从以户为主的小农生产方式转化为企业化的规模经营方式,使农民变成产业工人,从而增加他们的工资性收入,第二,对需要仍然维持以户为主的分散经营方式的地区,需要通过科技创新和管理模式创新等方式,提高农业生产的投入产出率,提高农民在特色农产品生产中的收入水平。

6.3.4　强调区域,把特优区建设成区域资源整合平台

发达的宁波市经济,使特优区经济结构中农业的比例都比较低。这既是优势又是劣势:由于特色农产品的投资收益率普遍低于区域内其他产业,因此,容易导致农业资源向其他产业倾斜,大量的农户转移到二、三产就业;同时,由于特色农产品在当地历史上属于主导产业,因此,只有提高了特色农产品的投资收益率,区域内的其他资源都自然地会向特色农产品的相关产业倾斜。因此,要使特优区内的各项资源通过市场的内生机制转向特优区的建设,关键在于提高特色农产品的投资收益率。

农业作为基础性产业,其本身的投入产出比是相对较低的。农户不可能将农产品卖得和市场价差不多。因此,农业领域提高投入产出水平只有两条途径:在第一产业(种植养殖业),通过扩大规模、提高科技含量,来提升特色农产品初级产品的投入产出;在二三产,围绕着特色农产品,形成不断增加其价值含量的相关新兴产业。在优化特优区建设的过程中,需要从区域资源配置的角度出发,通过上述两条途径,把特色农产品的生产从原来依赖区域内的资源,转化为整合区域内的资源。

以中药材为例,章水镇的浙贝目前的产业链只有两个环节:种植出新鲜的初级农产品贝母,再通过晒干,变成初级农业加工品。这两个环节,几乎没有科技含量。因此,一旦湖北等地也种植浙贝,章水镇很快就会失去竞争优势。因此,章水镇要提高浙贝的投资收益率,使之成为整合区域内资源的平台,首先要提高其种植的规模效应,通过鼓励大户种植、提升大户种植的科技含量等方法,吸引社会资金投入第一产业;其次需要在产业链延伸上做文章,一方面通过晒干环节精细化,提高初级农产品加工品的品质,提高与湖北等地的竞争能力;一方面通

过开发新的品种,把浙贝从药材转化为饮料、食材等原料;更进一步还可以通过科技投入,通过生物技术,提炼浙贝的有效因子,成为生物制药、保健等方面的原料。

我们在章水镇调研时,高兴地看到章水镇在这方面已经走出了可喜的一步:

一是规模化生产已经取得了很好的成效。镇政府出台了浙贝母种植土地相对集中流转补助政策和大户补助政策,鼓励推进土地集中流转,保障浙贝母生产用地,培养贝母种植大户,实现浙贝母生产方式从低小散种植向规模化种植转变,再加上强化标准化种植,使浙贝的每亩经济效益由原先的 7000 元/亩提高至12000 元/亩。

二是产业链开始不断延伸。通过培育新型经营主体,提升、整合浙贝母专业合作社、产业协会以及产业农合联等平台,依托"天胜农牧"电商平台,组建"贝母产业联盟",形成了章水全域供应链管理、供需分析、产品配送等一步到位的销售网络。引进小贝农农业科技有限公司共同打造浙贝故里,成功创建省级示范青创农场、宁波市道地药园、数字化种养基地等项目。开展浙贝母种植气象指数保险试点工作,成为全省首例"自然灾害+气象指数"相结合的种植保险,保险面积达 300 余亩,进一步增强贝农抗风险能力,稳定种植收益和积极性,真正让贝农受益。

三是科技含量不断提升。通过浙贝母古法炮制技艺传承和应用,恢复了传统技艺,使晒干环节的科技含量提高,进一步占领了高端市场份额。加大与大专院校、科研单位合作,利用冷干技术,开发新产品,持续供应海外市场。加大浙贝母花等衍生物的开发利用,研发袋泡贝母花茶和贝母红茶等新产品,综合利用贝母花开拓出口市场。

这些措施,有效地吸引了章水镇内的资源向浙贝这一特色农产品倾斜。但目前章水镇仅仅走出了第一步,要继续沿着这一道路优化特优区建设,还需要政策的有效引导。

6.3.5　强调市场,把特优区的建设重点从产业端转到市场端

相关资料显示,各个国家级、省级特优区的建设重点基本上放在农业产业端,在市场领域的有效措施并不多。这就造成了特色农产品产业链发展中,市场的竞争优势培养不足,并极易和其他地区的同类特色农产品形成竞争,最终影响特优区的发展。

浙江省 114 个省级特优区中有 7 个杨梅特优区,其中宁波的两个杨梅特优区(慈溪和余姚)实际上是连在一起的,因此可以统称为宁波杨梅特优区。但由

于行政区域分割,最终还演出了一场"慈溪杨梅好还是余姚杨梅好"的论战。在这种内耗下,不但两个特优区的资源不能相互补充,甚至还出现了相互的竞争,不但影响了这两个特优区的发展,而且影响了宁波杨梅与浙江省其他杨梅特优区的竞争力。

因此,在优化特优区时,需要引入产业链的概念,把特优区的建设从生产端转化为整个特色农产品产业链的建设,并根据我市特优区的实际,把观念从农业为主线转化为以市场为主线。如:可以以杨梅市场为切入点,研究宁波杨梅在全国市场甚至在浙江市场的竞争力,然后对症下药地形成杨梅特优化的优化方案。相信按照这样的技术路线所形成的方案,不仅可以解决慈溪、余姚行政区域分割造成的特优区建设困难,而且还可以有效地优化宁波杨梅的产业链建设。

6.3.6　强调产权,把区域发展目标转化为企业发展目标

区域品牌在特优区建设中发挥着十分重要的作用。但区域品牌是一个准公共产品,除了会形成搭便车这样的负外部性外,还会因为产权的公共性导致责任不清,最后破坏区域品牌的形象,使这一原来有利于区域农业发展的有利因素转化成了不利因素。

这样的案例很多。典型的如五常大米,由于区域内的企业都使用这一品牌,致使真正的五常大米被淹没在大量的低质大米之中。最后,这个著名的区域品牌反而成为影响五常大米销售的一个障碍:谁也不会去买标有五常大米,但却不知道质量好坏的产品。

因此,要做大做好区域品牌,仅仅抓区域品牌是完全不够的。还需要通过发展企业品牌、品类品牌等,把知识产权的所有权明晰化,才能真正地带动特优区的发展。

6.3.7　强调服务,把政府的政策引导转化为政府的综合服务

政府在特优区建设中的作用是非常明显的。国家出台的《特色农产品优势区建设规划纲要》明确:特优区建设坚持地方主抓,合力推进,"各地要从区域经济发展实际出发,因地制宜编制规划,出台扶持政策措施,大力推进特优区建设。中央有关部门结合现有渠道予以积极支持,汇聚多方资源,形成凝心聚力的良好氛围,合力推进特色农业产业提档升级、做大做强"。

这一规定实际上给出了如下几方面的信息:1. 中央不会出台新的针对特优区的政策,需要地方政府整合中央现有的政策渠道,支持特优区的建设;2. 地方政府是推进特优区建设的主力,其主要任务是编制规划、出台扶持政策。3. 特优

区相关政策的核心,是汇聚多方资源,凝心聚力,形成合力,推进特色农业产业提档升级。

宁波市已经在"三农"领域出台了很多政策,因此政策引导的功能基本已经用足。在下一步优化特优区发展的过程中,更需要把汇聚多方资源作为工作的重点,使政府的功能从政策引导转化为综合服务引导。

和其他区域经济发展的要求一样,特优区建设既需要市场资源,更需要政府资源。我国长期执行的供给侧政策,在政府引导市场资源上已经有了很成功的经验,宁波市在这方面也走在了全省的前列。而政府资源如何从调控型向服务型转型,则是下一步的工作重点。

政府资源很多,最典型的是财政资金。通过财政资金,政府可以调控一个行业的投资收益率,从而引导市场资源向相关产业倾斜。这一功能就是财政的宏观调控功能。但财政资金同样可以转化为服务型的调控手段。如区域品牌作为一项准公共产品,可以通过财政资金,为区域品牌的增值、增信提供各项服务。而这些服务,不仅仅体现在财政补贴、财政资金直接投资上,可能还包括财政在安排新闻媒体的财政补贴中特别切出一块用于特色农产品的宣传。

服务型政府一直是新时代政府改革的重点,其中很多优良的做法也可直接应用到特色农产品优势区的建设中。

6.4 目标优化:从提升农业产业竞争力到提升特色农产品市场竞争力

三部委《规划》在建设特优区的指导思想中,明确了建设的目标是"提高特色农产品的供给质量和市场竞争力,推动农业供给侧结构性改革,辐射带动农民持续增收。"同时,在提出的五项基本原则中,第二条就强调"坚持市场导向、有序发展。瞄准市场消费需求,以市场带动创建,以创建促进发展,不断提升特色农业产业的竞争力。合理规划特优区的区域布局和产业规模,推进区域内产品结构、品种结构、经营结构的调整优化,保障特色农业产业健康持续发展"。

上述三部委《规划》提出的"市场需求——市场——创建——发展——提升特色农业产业竞争力"的特优区发展路径,实际上已经明确了在特优区建设中如何实现"以市场为导向"的问题。但调查发现,尽管一些特优区在创建过程中注意到了市场问题,但重点仍然侧重在农业产业领域。这种定位的偏差,导致了我市特优区的一些特色农产品市场被其他地区的产品占领。其中,最典型的例子就是章水镇的浙贝。

现代科技已经基本上解决了农业生产的区域约束,即使在农业生产环境最恶劣的浙江援藏地区那曲,都可以种植属于亚热带地区的浙江农产品。因此,从理论上讲,原来只适宜一个地区生产的特色农产品,现代科技已经可以将其转化为任何地区生产的一般农产品。在这样强大的科技优势面前,仅仅提升特优区农业产业的竞争优势已经没有太大的经济意义。我们没有对湖北恩施地区的浙贝种植情况进行实地调研,不清楚他们的产业竞争力如何。但仅仅因为恩施地区的浙贝比宁波市的便宜了那么一点点,就直接抢占了原来属于宁波的浙贝市场约 20% 的市场份额。再好的农业产业竞争力,如果不能转化为市场竞争力,最终的结果只能导致产业的萎缩。

在特优区研究中,我们特别比较了全国、全省的同类特色农产品,发现如果我们仅仅把视角定位在宁波市自身的特优区建设中,就很容易导致市场竞争优势的下降。因此,在宁波市特色区建设已经达到一定水平的前提下,下一步优化特优区建设的一个重要任务,就是把特优区建设的目标,从提升产业竞争力转化为提升市场竞争力,把特色农产品的市场建设,作为重中之重来抓。

6.5　路径优化:从单一路线到三线并进

为了实现上述目标,就需要把特优区建设的目标细化为产品升级、产业升级、市场升级这三条主线,通过三线并进,最终实现特优区的转型升级。现分述如下:

6.5.1　通过产品升级发展特色农产品优势区

即以宁波市特色农产品为切入点,通过产品升级,在宁波市现有的农业强镇(乡)中,培养出特色农产品的优势区。为此,需要采取如下两步走的策略。

1. 将特色农产品优化为优势特色农产品

特色农产品原来都是以"土特产"的形式存在于某个特定区域内、并成为该区域内大家最喜欢的食品之一的。随着特优区的创建,这些土特产通过区域品牌等多种因素的叠加,增加了附加值;通过市场拓展,从当地市场发展到了全国各地甚至国际市场。

土特产是由当地特殊的农业生产环境和特殊的风土人情叠加后形成的。要把这种当地产品转化为全国市场的畅销产品,是需要通过产品、产业的不断提升才能实现的。而这个过程,实际上就是特优区的优化过程。

由于农产品属性的特殊性,很多土特产的产业链很短,只能从田头的农产品延伸到食品。但即使如此,仍然需要通过科技创新和制度创新,提升产品的质量。

按照产业链理论,农产品的提升可以分为线内延伸和线外延伸两种方式。线内延伸又叫纵向延伸,即以某一特色农产品为基础,通过精细化的优选,形成高中低不同档次的产品,并进而以这一特色农产品为主要材料,开发出次级产品,再从次级产品进一步延伸开发,形成一个系列产品。线外延伸又称横向延伸、跨类延伸,是指以该特色农产品的本身或其某种元素为基础,向农业领域之外的产业延伸,如向休闲农业、服装、手机等行业延伸。

通过这种线内线外的延伸实现产品的升级,已经有很多成功案例。几乎所有的农业著名品牌,走的都是这条路线。如老干妈、好想你等等,它们都是从一个最原始的品牌开始,通过不断地拓展产品,最后形成了一个产品系列,从而使一个产品变成了一个产业。

优化特优区首先需要以特色农产品为龙头,通过上述路径,形成一批延伸产品,从而使该特色农产品成为该区域的优势特色农产品。由于农产品特殊的禀赋,很多农产品在纵向延伸上的产品链很短,如竹笋只能转化为各种食品,但通过横向延伸,竹笋特优区可以发展系列的竹产业。总部设在北京的国际竹藤组织(INBAR)在竹产业的研发上形成了一系列的科技成果,提出了"以竹代塑"等几大产品发展路径。四明山是我国主要的竹产区,国际竹藤组织也专门对此进行了研究[①]。竹产业不仅可以发展传统的农副产品如家具、家用器具等,可以涉足建筑行业,还可以生产以竹纤维为主的服装,替代塑料的各种产品。因此,竹笋特优区并不只生产竹笋一个特色农产品,而是以竹笋为优势特色农产品,生产一系列延伸竹产品的特优区。

2. 将特色农业优化为优势特色农业

仍以竹笋为例,目前竹笋优势区发展竹笋特色农业,由于竹笋总产量不会有大的变化,因此,农民很难通过竹笋本身致富,它只能是当地竹农的一个稳定的副业收入来源。因此,它只能算是特色农业,还不能成为优势特色农业。如何利用好竹笋特优区 5 万亩大竹海,通过线外和线内的延伸,形成新的竹产业,使这一特色农业升级为优势特色农业,海曙区出台的《海曙区竹笋产业发展规划》在这方面进行了有益的探索。

6.5.2　通过产业升级发展农业优势特色产业区域

即:通过产业升级,使区域经济从纯农业生产向农工贸一体化的方向发展,

---

① 徐志豪等:《浙江宁波四明山区域毛竹产业发展建议》,世界竹藤通讯,2022 年第 20 卷,第三期

将特色农产品优势区升级为农业优势特色产业区域。

《海曙区竹笋产业发展规划》其实只规划了竹产业链的起点,即以竹笋为优势特色农产品所带动的优势特色农业产业,竹产业链要延伸到市场,必须延伸到二三产。这部分,这个规划并没有细化。

位于横街镇的宁波市农业龙头企业——宁波华业纤维科技有限公司用行动回答了发展二三产对优势特优区的重要意义。该企业原本以出口蔺草榻榻米为主营业务,近年来依托浙东大竹海丰富的竹资源,传承传统竹编工艺,2018年已成功申报为区级"竹编技艺非物质文化遗产"。同时该公司不断创新工艺,研发的竹草双面席深受市场欢迎,新工艺竹凉席去年单品销售量超过10万套,销售额达到6000万元①。竹席仅仅是竹产业中一个非常小的延伸产品,其产值就已经超过了横街镇特色农产品竹笋的产值,可见,拓展二、三产对于特优区建设的重要性。因此,横街的竹笋特优区要优化成农业优势特色产业区域,还需要在这些方面采取更多有效措施。

6.5.3　通过市场升级发展特色农产品供应端

即:通过产品引导,将宁波人的消费习惯转化为一种市场型的消费习惯,从而使宁波的特色农产品走出宁波,走向全国大市场甚至国际市场,以此引领宁波市农业优势特色产业区转化为特色农产品的供应端,真正释放宁波市特色农产品对区域经济和共同富裕的带动能力。

科技发展导致的农产品同质化,导致了农产品以及农业加工品市场竞争的激烈。原来的土特产店失去生存空间背后的核心原因就是以区域消费者为主体的市场已经萎缩,多元化的生活方式导致了多元化的市场。

特色农产品的竞争主要来源于同样属于特优区的同类产品。以杨梅为例,既有特优区之间的竞争(如:杨梅特优区宁波市内有余姚与慈溪,浙江省内还有上虞、仙居、青田、文成、兰溪等地,省外还有江苏的无锡马山、广东韶关的始兴等特优区),更有着云南、福建这些上市时间较早的杨梅产地的竞争。在这些激烈的竞争面前,区域品牌优势、质量优势等几乎很难在市场竞争力上加分,云南、福建杨梅凭借着早上市几天的优势就占领了市场。因此,要使农业优势特色产业转化为优势特色市场,还需要在市场竞争力上下功夫。

仙居推行的杨梅供应链标准化体系为我市拓展特色农产品的市场提供了可参考的经验。该县除了在生产领域实行杨梅标准化生产外,还建立了技术标准

---

① 2020年4月21日《宁波日报》:《加快竹笋全产业链融合发展,让数十万亩竹林迎来新生机》

推广网络体系,以杨梅产业首席专家为指导、农技责任员和300多个村级技术辅导员为支撑,除了对生产技术,后端保鲜等进行技术指导外,还就全程冷链运输等延长鲜果保鲜期形成了一整套较为成熟的杨梅储运技术。随着电商的发展,仙居杨梅还开启了线上线下同步营销模式,与顺丰速运、邮政公司等物流企业签订战略合作协议,同时建立21个大型产地批发市场,300多套冷藏包装设备,1个仙居杨梅顺丰独立中转站,实现全程"锁鲜"运输。从果实生产到商品交付,仙居杨梅的供应链标准化体系建设已然成为全国果业学习的榜样。2021年6月3日,中国杨梅发展大会暨第24届仙居杨梅节在仙居聚仙庄隆重开幕,"杨梅仙子"品牌形象和"人间仙果 仙居杨梅"广告语更进一步带动了仙居杨梅的市场拓展[①]。

仙居的供应链标准化体系使仙居杨梅走向了大市场。反观宁波的余姚和慈溪两个杨梅特优区的营销策略,仍然局限于以宁波本地为主。而在宁波杨梅市场最早上市的,仍然是广东、云南杨梅。杨梅特优区的杨梅市场被其他地区的杨梅占领这一事实说明,我市在特色农产品市场建设上,仍有大量的发展空间。

6.6 品牌优化:从区域品牌到企业品牌

区域品牌建设是特优区发展中重要抓手。但正如前面分析的,仅仅抓区域品牌,并不能从根本上推进特优区的建设。品牌的优化,需要从强化品牌的产权入手,在创建区域品牌的基础上,创建特色农产品的企业品牌。

6.6.1 区域品牌的优化

三部委《纲要》强调:坚持品牌号召、主体作为。特优区建设需要培育区域公用品牌,鼓励发展企业品牌,完善品牌维护与保障机制,提升特优区品牌的市场知名度、美誉度,引导特色农产品品牌化发展,发挥新型农业经营主体在特优区建设中的核心作用,促进集群化发展,鼓励合作互惠和良性竞争。品牌建设既是申报和建设特色农产品优势区的要求和条件,同时,也是优化特优区的核心工具。

特色农产品根植于当地自然、人文资源,是一个有根有魂的当地代表性产品。区域品牌需要体现这些特色农产品的灵魂,体现它的文化之根。因此,一个好的区域品牌,可以从历史、工艺、饮食习惯、名人典故等找到切入点,并通过区

---

① 贾枭:《贾枭谈农产品区域公用品牌建设》,中国农业出版社出版

域品牌的开发,形成品牌灵魂、品牌口令、价值支撑、视觉图腾、听觉图腾、品牌形象、品牌体系及标准应用与管理等,从而用品牌生命力来提升特色农产品的市场竞争力。

区域品牌是特优的必备条件,如果特优区只有产区没有品牌,或者只有品类没有品牌,那么,这个特优区不但不符合《纲要》提出的要求,而且也很难形成凝聚力。但如果这个区域品牌只在产区内或者某个区域(如宁波市)内有名,一旦离开产业、离开了宁波,就没有人知道,这个区域品牌就失去了意义。因此,区域品牌来源于特优区,但绝对不能仅仅局限于特优区。从宁波市现有的区域品牌看,很多特色农产品既无地理标志、区域公共品牌,更无企业主体自有品牌(见下表)。这个表显示,还需要进一步培养特优区的品牌意识。

宁波市在区域品牌创建上面临的问题很多,几乎其他地区出现的问题在宁波都可以找到相对应的地方。因此,要优化特优区建设,在区域品牌上宁波市还有很多的工作需要推进。

表6-3　宁波主要特色农产品的品牌

特色农产品名称	县区名称	地理标志名称	区域公共品牌名称	主体自有品牌
白茶	海曙区	它山堰	南塘河	五龙潭茶业
贝类	奉化区	无	无	无
草莓	海曙区	无	南塘河	果忆鲜果
	北仑区			侃宝、浙仑壹莓、梅蜜、白峰名阳
	镇海区	无	镇蜜	骆兴阿欢
	慈溪市			
	鄞州区			林惠、永源
	奉化区	无	无	无
茶叶	鄞州区	无	鄞州区太白滴翠茶叶专业合作社	太白滴翠、东海龙舌、甬茗大岭、千蕊、柯青、塔洞、八十湾、鹿山
	北仑区			贵雅、三山玉叶、海和森、明州雀舌
	宁海县	望海茶	宁海珍鲜	望海峰,望府茶、元音、赤岩峰
	奉化区	无	奉化曲毫	"雪窦山"牌奉化曲毫品牌
慈城年糕	江北区	慈城年糕	慈城	义茂、塔牌

特色农产品名称	县区名称	地理标志名称	区域公共品牌名称	主体自有品牌
大黄鱼	象山县	象山大黄鱼	象山大黄鱼	11 个
	余姚市	无	无	牟湖、牟丰、渔绿园、好和饭、牟山湖
蛋鸭	慈溪市			
稻虾米	海曙区	无	南塘河	七乡桥
豆芽	海曙区		南塘河	爽苗苗
短柄樱桃	余姚市	余姚樱桃	余姚樱桃	梁弄红、旭樱等
番茄	北仑区			侃宝、梅蜜、白峰名阳
	镇海区	无	镇蜜	致味多、醉乡愁
	鄞州区	无	无	林惠、尚蔬园
奉化千层饼	奉化区	奉化千层饼	无	奉化溪口王毛龙牌千层饼；奉化溪口王茂龙牌千层饼
柑桔	宁海县	无	宁海珍鲜	由良、香氽山、珥润、沥阳红
柑橘	北仑区			芳野、青泰
	慈溪市			晶亮、兰屿
观赏苗木	奉化区	无	无	无
黑茶	宁海县	无	无	元音
黑猪	宁海县	岔路黑猪	宁海珍鲜	甬好膳
胡陈麻糍	宁海县	无	宁海珍鲜	静城谷韵
花卉	北仑区			
黄精	宁海县	无	无	杨家苑、望海岗
甲鱼	余姚市	余姚甲鱼	余姚甲鱼	明凤、冷江、舜盛
茭白	余姚市	无	无	七千年
锦鲤	海曙区	无	南塘河	郭斌
莲花	北仑区			莲韵香莲
蔺草	海曙区	黄古林	南塘河	黄古林、老席匠
麦冬	慈溪市	慈溪麦冬		
蜜蜂	慈溪市			
蜜梨	慈溪市	慈溪蜜梨	慈溪蜜梨	甬冠、慈翠

续　表

特色农产品名称	县区名称	地理标志名称	区域公共品牌名称	主体自有品牌
蘑菇	北仑区			双石
牡蛎	宁海县	西店牡蛎	宁海珍鲜	无
南美白对虾	象山县	/	/	13个
	宁海县	无	宁海珍鲜	无
	慈溪市			
	鄞州区	无	无	椿霖、皓海、奇虾、吉鲜汇
泥螺	慈溪市	慈溪泥螺		
年糕	北仑区			虾蜡、年年高
宁波金银彩绣	鄞州区	国家级非遗	宁波金银彩绣	锦绣一生和圆满俱
宁波朱金漆木雕	鄞州区	无	无	漫山房
宁海泥金彩漆	宁海县	无	无	无
牛角雕	宁海县	无	无	甬城匠品
盆景	北仑区			
盆栽植物	北仑区			悠暖花开、繁景
枇杷	宁海县	宁海白枇杷	宁海珍鲜	一市白,圣异果
葡萄	海曙区	无	南塘河	无
	北仑区			芳野、青泰
	镇海区	无	镇蜜	九龙凰、振邦
	慈溪市	慈溪葡萄	慈溪葡萄	星裕、诚赢、黎阳
	鄞州区			禾丰园
	余姚市	余姚葡萄	余姚葡萄	味香园
前童三宝	宁海县	无	宁海珍鲜	古镇
切面	海曙区	无	南塘河	樟溪小娘
水蜜桃	宁海县	无	宁海珍鲜	胡陈蜜桃、桃小七、七彩胡陈
	鄞州区			樊敬浩、林海明
	奉化区	奉化水蜜桃	欢喜奉桃	锦屏山水蜜桃

特色农产品名称	县区名称	地理标志名称	区域公共品牌名称	主体自有品牌
梭子蟹	象山县	象山梭子蟹	象山梭子蟹	13 个
	鄞州区	无	无	鲜 2°、岐滨
坛紫菜	象山县	象山紫菜	象山紫菜	15 个
汤圆	海曙区	无	南塘河	王升大
桃子	慈溪市			海地舍、天兴潭
铁皮石斛	北仑区			正枫堂
	鄞州区	无	无	昱博
	余姚市	无	无	健九鹤
兔	慈溪市			
望海茶	宁海县	望海茶	望海茶，宁海珍鲜	望海峰，第一泉，兰盈，滋云峰
西瓜	海曙区	无	南塘河	八戒
西兰花	慈溪市			
西甜瓜	宁海县	无	宁海珍鲜	泉丰、静涛、龙乡园
	鄞州区	无	无	农乐果
鲜食大豆	慈溪市			
香榧	宁海县	双峰香榧	宁海珍鲜	轩峰、双峰、冬益
象山白鹅	象山县	象山白鹅	象山白鹅	
象山柑橘	象山县	象山柑橘	象山柑橘	
象山米馒头	象山县	象山米馒头	象山米馒头	团圆团
小青龙	海曙区	无	南塘河	无
杏鲍菇	奉化区	无	无	无
雪菜	慈溪市			
	鄞州区	鄞州雪菜	鄞州雪菜	引发、三丰可味、紫云堂
杨梅	北仑区			
	慈溪市	慈溪杨梅	慈溪杨梅	卡侬之、紫来山庄
	鄞州区			虹祥
	余姚市	余姚杨梅	余姚杨梅	舜梅、梅老大等

续　表

特色农产品名称	县区名称	地理标志名称	区域公共品牌名称	主体自有品牌
洋蓟	北仑区			蕾芯
缢蛏	宁海县	长街蛏子	宁海珍鲜	无
樱花	海曙区	杖锡樱花	南塘河	云霞见
樱花红茶	海曙区	它山堰	南塘河	它山堰
优质黄鸡	宁海县	宁海梅林鸡	宁海珍鲜	振宁
油茶	宁海县	无	无	百平黄、杨家苑
芋艿头	奉化区	奉化芋艿头	无	"罗汉牌"奉化芋艿头
早熟蜜梨	余姚市	余姚蜜梨	余姚蜜梨	舜水、泗汇园
榨菜	余姚市	余姚榨菜	余姚榨菜	备得福、铜钱桥
浙贝母	海曙区	樟村浙贝	南塘河	富农
猪	北仑区			戚家
竹根雕	象山县	象山竹根雕	象山竹根雕	
竹笋	海曙区	黄泥拱	南塘河	荣幸
	宁海县	无	无	七超、山里向
	奉化区	奉化雷笋	溪口雷笋	"山丁丁"商标
紫菜	鄞州区	无	无	一而斋、藤叶、锦锋

6.6.2　企业品牌的创建

区域品牌既是特优区的无形资产,更是特优区的知识产权。因此,区域品牌是特优区的集体资产,需要代表集体利益的乡镇、街道政府予以管理。但作为一项知识产权,如果没有产权意识,没有把区域品牌的所有权落到实处,区域品牌最终是要做烂的。五常大米、西湖龙井、赣南脐橙、攀枝花芒果、湖南茶油、盐池滩羊等都是因为所有权不清,导致了品牌的不断没落。而安溪铁观音集团、德州扒鸡集团、盐池滩羊集团等,尽管承担了区域品牌的所有权管理功能,但由于企业不够强大,仍担当不起振兴区域品牌的重任。至于那些只有产区的区域品牌,没有企业品牌的特色农产品,如恩施硒茶、灵宝苹果、长白山人参,几乎已经没有了市场。

因此,在培育区域品牌的同时,需要培育一个能够承担起区域品牌所有权管理功能(按照所有权与使用权分离的原则,有些专家认为区域品牌的所有权是特优区所在地政府,这些企业承担的是区域品牌的使用权管理功能)的农业龙头企业,并在区域品牌基础上做大做强企业品牌。只有这样,才能从根本上体现品牌这一知识产权的价值,提高品牌对特优区发展的带动作用。

宁波市很多特色农产品优势区中的特色农产品品种和质量都存在着很大的差异性,再加上产业链不完整,整个产业看上去规模很大,但内部其实仍然是各种经营方式并存,发展的质量并不高。如果仍然由市场自发的调节,很难实现特优区的优化发展。因此,必须在政府的引导下,建立一个能够带动整个产业链的龙头企业。而这个龙头企业,既承担着管理区域品牌的功能,又有自己的企业品牌,既能通过企业品牌,促进本企业做大做强,又能用企业品牌带动区域品牌的发展。涪陵和余姚同属国家级榨菜特优区,但涪陵因为有了涪陵榨菜集团"乌江"这一企业品牌的带动,整个涪陵地区的榨菜发展就远远超过了余姚。而河南的"好想你"企业品牌带动新郑的红枣产业,以及盱眙龙虾产业集团、库尔勒香梨集团、寿光蔬菜集团等农业龙头企业的成功经验,也源于企业品牌与区域品牌的有机衔接。

6.6.3　标准化体系:企业品牌效应的扩展

前文所指的能够承担区域品牌管理功能、并具有自身企业品牌的龙头企业,在发展自身产业的同时,还必须通过企业品牌效应的扩展,带动特优区内其他企业和农户的发展。而带动的核心手段,就是标准化体系的建设。

为了提升企业品牌下各类产品的质量,龙头企业必须制定出一套规范的企业标准,在指导企业内部的同时,指导区域内其他农业企业和农户按照这一标准开展生产。这一标准体系包括:技术、科研、质检、信息服务、外部金融资本、渠道资源、电商销售服务等等。一个好的企业家应当充分认识到,只有特优区内生产的特色农产品符合了标准化要求,龙头企业才能收到合格的原材料,才能在市场上进行规范的竞争。

龙头企业除了可以通过标准化带动区域内农业产业的发展外,还可以通过品牌联合体的模式,用龙头企业带动其他企业的发展。龙头企业既可以在自己的企业业务结构中形成小的产业链,更需要在特优区内通过企业的合作,形成产业链。而这一产业链下的各个企业,都将在共享区域品牌的同时,共享企业品牌带来的增值。

6.7　主体优化:从专业户到龙头企业

除了龙头企业外,特优区内还存在着大量的农户、小型农业企业。因此,在提升区域品牌并进而发展企业品牌、创建能带动特优区发展的龙头企业的同时,也需要认真做好区域内市场主体——企业的优化工作。

6.7.1　主体优化的基本原则

特色农产品的优势就在于一个"特"字。这个"特",既可以通过大型企业的标准化建设,形成特色优势,更需要通过掌握这一特色农产品种植养殖、加工仓储技术的农户发挥自身的特色,形成各种差异化的产品。因此,一味地在特优区推行企业化、规模化并不符合特优区的实际。优化特优区的经营主体必须坚持"资本主导、政府引导、农民主体、社会参与、团队参股"的基本原则。

在特优区的相关资源中,资本是最缺乏也最有效的资源。引导资本进入特优区,并通过资本对利润的追求,主导区域内产业结构、产品结构的调整,这是做好做强特优区中市场资源配置的核心工作。

而要发挥资本的主导作用,关键在于政府如何引导各个产业、产品的投入产出率达到资本的要求。政府的各项调控手段最终影响着一个企业、产业的利润率,而这些利润率的调整,最终决定了资本的走向,因此,资本加政府这两个要素的叠加,是优化特优区发展,优化特优区企业结构的核心要素。

资本的逐利性和政府的追求宏观效益,都会导致这两个要素叠加后追求建设大型企业、大型的产业园。而特优区建设是以促进农民增收、农村乡村振兴、农业产业转型为目标的。在特优区建设中,真正的主体不是企业,而是农民。只有把农民的利益放在第一位,充分地发挥农民在区域内的主人翁作用,才能使特优区的企业真正做出有生命力的特色农产品,才能使企业真正符合特优区建设的目标。

农民利益不仅仅是农民个体收入的增加,而且还包括了整个区域内公共服务水平的提高,因此,在优化企业的过程中,既要考虑农民的利益,更需要考虑企业的社会责任。

特优区企业主营对象就是特色农产品,而特色农产品要保持其特色,就既需要保持传统的特色,更需要新的科技注入。因此,代表这两种基本要素的团队:农村的专业合作社和高新科技团队,将成为企业的核心竞争力,要真正发挥这两个团队的作用,必须让这两个团队成为公司的股东。

6.7.2 优化主体的基本路径:做实产业链

特优区要从特色农产品优势区转化为优势特色农业区,核心是围绕着特色农产品,建设从田头到市场的产业链。而这个产业链是由一系列不同性质、不同经营规模的企业组成的。这一产业链建设的过程,实际上就是优化特优化主体的过程。

产业链建设的核心是形成市场化的分工协作体系,通过生产环节的不断细化,形成不同的专业经营机构。目前,宁波市特优区的经营机构,不管是专业合作社,还是专业大户,基本上仍然保留了种植养殖、加工销售一体化的经营特色,分工不够细,协作不够好,是目前宁波特优区经营主体普遍存在的问题。因此,要优化特优区的建设,需要认真研究特色农产品产业链的每一个环节,并通过企业化让一些经营实体做好每个环节。这样的主体优化过程,将推进特优区产业结构的进一步升级。

7. 政策建议：优化方案的政府行动计划

上一章提出的优化特优区建设方案,最终需要通过政府对特优区政策的扶持来实现,本章重点就优化方案中的政府作用提出相关的政策建议。

7.1 优化政府在特优区建设的定位

7.1.1 优化政府对特优区发展目标的定位

本报告"宁波市农业优势特色产业区域发展研究"题目本身就已经明确了宁波市政府特优区建设的目标就是要把特色农产品优势区建设成农业优势特色产业区。但通过对我市特色农产品优势区的实证分析,特别是通过横向比较分析,我们发现,我市特优区的发展水平差异较大,特别是在一些经济欠发达地区,特优区要转化为优势特色农业还有很多难点需要克服。为此,我们建议,把政府建设特优区的目标细化,形成三步走战略:第一步:扩大特优区建设规模,使大量生产特色农产品的区域享受特优区政策;第二步:优化特优区的建设,形成农业优势特色产业;第三步,拓展和延伸农业优势特色产业的产品和产业链,形成区域优势,最终建设农业优势特色产业区域。

这种三步走的战略,并没有否认我市提出的建设农业优势特色产业区域的目标,而是把这一目标更精准化:对于一些发展水平较一般的特优区,政府的目标是从众多的特色农产品的品类、品种中,选择一个优势特色农产品,通过培养这一优势特色农产品,实现特优区经济结构的优化;对于已经发展到一定水平的特优区,政府的目标则需要把特色农产品的产业,升级为优势特色农业;而对于发展水平较好的特优区,优势特色农业才能上升为农业优势特色产业,在农业优势特色产业中,既包括了优势特色农业,又包括了为发挥这一农业优势而整合的二、三产业,最终成为一个一二三产融合发展的特优区。通过这样的分步走战略,可以使宁波市政府对特优区扶持的政策更为精准。

7.1.2　优化政府在特优区的功能定位

从实证分析情况看,包括宁波市在内的各级地方政府在特优区建设中,其基本的功能定位就是政策扶持。但政府扶持是有限度的,国家已经出台了一系列的乡村振兴政策,这些政策已经覆盖了"三农"工作的方方面面,因此,要出台新的政策难度很大。同时,在 WTO 规则下,对农业的过度补贴性政策引导,往往被理解成"黄箱政策",不利于我国农业的有序发展。因此,需要参照国际国内经验,在优化特优区建设中,重新定位政府功能,实现政府扶持引导功能向提供公共服务功能的转化。

公共经济理论把政府视同一个特殊的经济体,政府通过提供公共产品、公共服务,对价格进行管制,用外部性和政府行为、政府政策调节经济自由度,解决寻租问题等工具,来参与私人经济活动,最终实现整个经济的有序运行。而提供公共产品和公共服务,则是现代政府的首要责任。

特优区建设本身就是一个区域经济的行为,其中包括很多公共产品、准公共产品(如特优区的发展规划、特优区的区域品牌、区域发展环境等)和公共服务(如充分利用政府现有的宣传推介特优区及其公共品牌;在特色农产品价值提炼中,通过政府工具,将区域文化融入特色农产品;在产业融合中,必须由政府建设相应的投融资服务平台等)。这些公共产品、公共服务,其财政资金的投入量也许比政策扶持会少了很多,却是区域经济特别是特优区建设中所必需的。将政府有限的资金投入到公共服务领域,可能比直接用这些资金支持特色农产品产业的发展更为有效。

7.1.3　优化政府在特优区的主体定位

尽管三部委《纲要》明确了特优区建设的主要责任在地方政府,但并没有明确具体落实到哪一级地方政府。根据宁波市的实际,我们建议,在特优区建设中,需要明确三个特优区建设的政府主体。

1. 宁波市农业农村局

特优区的建设,首先要打破行政区域的分割,不再出现同属一个特色农产品却形成两个行政区管辖的特优区(典型的就是慈溪和余姚两个杨梅特优区)。而解决的办法,就是强化宁波市农业农村局的功能。宁波市农业农村局作为特优区建设的责任单位,需要协调各级政府和相关部门,制定宁波市特优区发展的规划、制度、政策、标准。强化宁波市农业局在特优区建设的主体地位,有利于我市特优区建设的统筹发展。

2. 宁波市的各种行业协会

在打破行政分割后,宁波市农业局作为政府的行业主管部门可以整合相应的政府资源支持特优区的发展,而组织市场资源的功能,建议从县级地方政府为主调整为以行业协会为主。

行业协会作为一个非政府组织,不属于政府序列,却有着准政府的功能。因此,我们把行业协会作为政府服务于特优区的一个主要抓手,纳入到政府主体的范畴。从我国其他地区特优区建设的情况看,行业协会的作用无疑是十分重大的,一个好的行业协会,不仅会带动产地的特色农产品建设,而且能够充分调动各种市场资源,建设连接市场的特色农产品产业链。

我市有很多以特色农产品为主体的行业协会。与其他地区不同,我市的这些行业协会大多是民间自发形成的,政府的参与度并不高。参考其他地区的经验,建议在特优区建设中,政府要强化对行业协会的指导,充分发挥其准政府的功能,和政府部门一起,共同服务于特优区的建设。

3. 特优区所在地的乡镇街道政府

特优区所在地的乡镇街道政府是特优区建设的主力军。但从调查情况看,乡镇级政府在特优区建设中缺乏必要的抓手,它的主体功能很难得到充分的发挥。为了强化政府在特优区的服务能力,建议我市在强化乡镇级政府功能上,采取更多更有效的措施。

7.2　优化政府对产品的服务

如何细化特色农产品的产品链,形成一个产品系列;如何提高特色农产品的质量以及内在价值,提高特色农产品的市场竞争力,这些都是特色农产品经营主体——专业大户、农业企业的责任,政府的责任,是为企业的产品策略提供相应的服务。从宁波市的情况看,我们建议,政府主要提供如下两方面的服务。

7.2.1　以标准优化产品质量

标准化既能提高企业的运行效率,更能提高产品的质量。而标准化体系的建设属于准公共产品,即使是大型龙头企业,也需要依托协会或政府才能完成。宁波市在优化特优区建设的相关措施中,已经非常强调标准化建设的问题,下一步需要明确的是标准化体系所涉及的范围。

农业生产涉及各种要素,标准化建设面临着很多困难。很多特色农产品就是因为有这么一点点的差异化,才形成了特色。因此,如果把标准化建设的目标定位在产品的标准化上,可能会陷入死胡同。世界银行曾在安徽做过实验,试图在安徽建立起农产品质量体系的标准,但花了3000万美元,几乎没有实际的使用效果。为此,建议宁波市在农业标准化体系建设上,重点在特色农产品的基础标准、生产技术标准、方法标准、环境标准、管理标准等方面,形成标准体系。

7.2.2　以文化优化产品结构

特色农产品的"特"、土特产的"土",主要地体现在特色农产品中所包含的当地自然与人文要素上。因此,在特色农产品实施标准化策略的同时,必须同时实施差异化策略。而差异化策略的核心,就是提高文化对产品的增值。比如:年糕是各民族都常用的一种土特产,其发源地就在宁波的慈城,而后,年糕成了我国春节的应时食品,各地发展成了各具地方特色的年糕制品,形成了红、黄、白三色的年糕系列。而宁波年糕更以其历史悠久、做工精细而闻名于世。小小的宁波年糕,实际上承载着宁波独特的人文因素(年糕的发源地)、自然因素(水稻种植的优势区)。但宁波年糕并没有用文化因素走差异化的道路,目前宁波年糕主要在当地销售,其他地区如上海、北京等大中城市销售的"宁波年糕",其生产地也不是宁波,而是其他地区的企业利用了"宁波年糕"的这一品牌。

在一个特色农产品中植入区域文化,形成差异化优化,一个企业、一个销售商很难做到,在这方面需要政府提供必要的服务。以年糕为例,韩国总统通过每年春节送年糕的方式,把年糕和泡菜定位为韩国食品的代表;在疫情期间,韩国政府更把炒年糕作为疫情期间最佳的安慰食品推广。在这种政府的多方位推动下,韩国年糕不但成为韩国人的最爱,而且走向了全世界。

宁波市是一个文化底蕴很深的城市,每个特色农产品都会有一个很美丽的故事。如何通过政府的服务,在特色农产品上植入宁波的特色文化,是下一步优化特优区建设中宁波市政府有关部门需要认真研究的。

7.2.3　以品牌优化产品价值

品牌是产品价值提升的核心要素。宁波市特色农产品要通过区域品牌这一准公共产品和企业品牌这一私人产品的双重增值来提升产品的价值,这都需要政府提供相应的服务。

区域品牌作为一种准公共产品,需要政府或协会为主体进行培育。在前面的分析中,我们发现,宁波市区域品牌的发展空间极大,需要植入很多当地的人文和自然要素。在下一步优化特优区的工作中,各级政府需要协同各行业协会,通过比较分析,研究我市区域品牌存在的问题,并充分利用政府媒体等相关工具,把宁波市的区域品牌打到全国市场甚至国际市场。

其实,区域品牌和"三标一品"的评定已经为企业创建企业品牌奠定了坚实的基础。但农业企业的品牌意识不强,在第六章 6.6.1 节的表中,我们可以看到这 110 种特色农产品有 22 个没有企业品牌,整整占了 20%,因此,必须强化政府和协会的宣传引导。为此,需要调动政府的媒体资源,积极发挥新闻媒体的导向作用,采取通俗易懂的宣传形式大力宣传"三品一标"与商标注册的重要意义。新闻单位应开辟专栏节目,加大对重点企业、名牌产品的宣传力度,树品牌形象,推产品销售,创驰名商标,促进农村经济的全面、协调、可持续发展。同时,宁波市农业农村局、商务局等政府职能部门需要通过行政手段服务于企业的品牌建设,如通过召开品牌评选、品牌推广等大型活动,引导企业创品牌,把我市的企业品牌推向全国市场。

7.3　优化政府对企业的服务

宁波已在促进企业发展上形成了一套完整的政策体系。除需要把这些政策体系充分地应用到特优区的企业外,还需要在引导特优区企业转型升级上下功夫。为此,建议重点提供如下两个领域的公共服务:

7.3.1　以特色农业产业链不断培育新的经济体

我们建议,宁波市政府在服务特优区企业的过程中,应当改变有些地区长期存在的把企业做大做强的指导思想,而是建立起因地制宜把企业做实做活的指导思想。特优区的企业并不是越大越强越好,而是能真正做实,使每个企业在特色农产品的产业链中占有最适当的位置,并且在与上下游对接中形成灵活的机制,只有这样,才能使特优区内的特色农产品产业链形成一个适合市场需求的经济联合体。

三部委《规划》在特优区建设目标中就明确,特优区内要"形成以特色农产品生产、加工、流通、销售产业链为基础,集科技创新、休闲观光、配套农资生产和制造融合发展的特色农业产业集群"。因此,优化特优区的过程,其实就是特色农产品产业链建设的过程中;而特色农产品产业链建设的过程,其实就体现在不断地在产业链各环节培育新的经济体的过程;而新经济体的培育,其实就是支持特优区的企业不断做实做活的过程;做实做活了各环节的经济体,最终的结果就是特色农产品产业链真正地适应市场需求,把特优区建设成优势特色农业区、形成特色农业产业集群的过程。

　　特色农产品的产业链依靠市场的自发形成需要一个过程,而且效率效益并不一定理想,需要政府的有效引导。为此,政府在特色农产品产业链建设中,一方面需要和行业协会一起,共同研究每一个特优区内特色农产品的产业链结构,在细化每个产业链环节的同时,通过国内外同业的比较,达到产业链架构的国内最优。一方面需要针对产业链的各个环节,形成不同的扶持政策,鼓励相关的经济体在其相应的环节做实做活。从而为一般农户、专业大户、一般农业企业、农业龙头企业、农业配套企业等形成不同的发展环境,促进他们安心地做好每个环节的业务。

　　不同的企业需要不同的发展环境,只有把企业细分化,才能提供更精准的服务。宁波市在其他领域已经形成了这方面的有效经验,建议特优区的主管部门能吸收其他领域的经验,通过产业链的优化,提高对产业链各环节企业的培养和扶持。

7.3.2　以农业服务体系不断促进企业升级

　　农业现代化促进了社会化分工的不断细化,决定了农业企业必须依靠农业服务体系才能与其他企业形成分工协作的关系。随着农业生产力的不断发展和农产品商品化程度的不断提高,传统上由农民直接承担的农业生产环节越来越多地从农业生产过程中分化出来,发展成为独立的新兴涉农经济部门。这些部门形成的有机整体,就是农业服务体系,包括了政府公共服务体系,农村自发形成的农业合作经济组织,涉农的科技企业、专业公司(如种子公司)以及农业院校、科研院所等。政府公共服务体系包括一些专门经济部门,如提供基础设施建设的服务体系,提供技术推广的服务体系,提供资金投入的服务体系,提供信息服务、提供政策和法律服务等等。提供的各种服务,包括农业产前、产中、产后的全面、系统、一体化的服务,如产前的生产资料供应(种子、化肥、农药、薄膜等)、产中的耕种技术、栽培技术、病虫害防治技术等技术服务以及产后的销售、运输、加工等服务。

　　宁波市特优区,特别在产业链建设中,尤其需要一个系统、几个环节并行的农业服务体系提供全面的服务。而这方面的协调,需要通过政府层面的服务来完成。如:为了确保整个特优区内都能达到绿色农业的要求,就需要从土壤治理到绿色包装全环节的服务。宁波市政府部门在这方面的任务:一是查漏补缺,确保特优区内服务体系的完整,培育一些特优区需要的服务机构;二是做好协调,解决好农业服务体系对全产业链的全口径、全环节的服务;三是提高质量,通过考核机制等,提升提供农业服务体系的相关机构的服务能力和服务水平。四是强化政府服务体系的建设,增强政府对特优区内企业的服务能力。

7.4　优化政府对产业的服务

产品和企业是产业的基础。如果说,产品和企业都属于私人产品,主要需要市场资源供给,那么,产业的发展已经属于公共产品,需要政府通过资源的配置来引导和发展。从宁波市的实际看,目前特优区发展中,急需政府提供如下三方面的服务。

7.4.1　以规划促进特优区产业升级

目前在特优区建设上,只有国家、省两级规划,宁波市还没有制定特优区的发展规划。尽管宁波市自 2003 年颁布《宁波市优势农产品区域布局规划》、2006年颁布了《宁波市农业产业区域布局规划》,在宁波市"十四五"乡村发展规划中,也只提出了发展现代种业、精品果业、茶产业、花卉竹木、中药材五个特色优势产业,但至今仍没有出台针对特优区的规划。

尽管三部委《规划》只提出了"推动形成国家级、省级两级特优区体系"的发展目标,但国家级、省级特优区是在众多特优区建设的基础上评选出来的。如果没有宁波市级、慈溪等县市级的特优区,哪里来国家级、省级的特优区?

建设特优区的目的不是评选国家级、省级特优区,而是充分利用特色农产品优势区的资源和政策,提升特优区的发展水平。因此,宁波市急需一部属于宁波市自身的特优区发展规划。并通过这一规划,来引导特优区的产业发展。

7.4.2　按照三步走战略引导特优区的产业升级

在前面的分析中,我们提出了"特色农产品产业——优势特色农业——农业优势特色产业"的三步走发展战略。在制定特优区发展规划的同时,更需要按照上述三步走战略制定相应的政府服务方案,提升政府的服务能力。

客观地讲,宁波市特优区发展水平差异很大,特别是一些经济相对落后的特优区,要马上形成农业优势特色产业的可能性不大。因此,宁波市在特优区建设中,需要因地制宜,针对不同的发展水平,分别形成相应的优化方案:在经济相对落后的特优区,以建设特色农产品产业链为核心,形成特色农产品的产业群;在此基础上,集合相关的农业资源,把特色农产品培养成优特色农产品,使特色农产品的产业链升级为优势特色农产品的产业链,形成优势特色农业产业群;在发达的特优区,以优势特色农产品为龙头,把区域内的资源整合成一个以农业的优势产业带动其他产业协同发展的农业优势特色产业群,从而实现整个区域经济的全面协调发展。

7.4.3 以政府服务体系促进一二三产融合发展

在上述三步走战略中,最核心的问题是解决好区域内各要素的整合问题,通过要素整合,形成以特色农产品或特色农业为龙头、一二三产融合发展的产业新格局。为此,需要地方政府和行业协会一起,共同建立起健康有序的产业发展生态系统。一方面,为龙头企业提供必要的服务,鼓励龙头企业通过完善产业系统和配套,带动上下游多个市场经营主体和品牌成长,促进特色农产品优势区和产业集群形成,形成区域内、品类内错位竞争、共生共荣、可持续发展的良性产业生态局面。一方面,为三产融合服务通过全产业链或者产业链上多点的延伸增值,形成以特色农产品产业链为核心,多个产业链并行的产业布局,从而实现区域内各产业的协调发展。

产业链理论不仅强调一个产业链的完善,更强调不同产业链之间的有效灵活的衔接。很多特优区同时也是休闲农业的优势发展区,利用特色农产品良好的生产环境、在不同生产时期形成的景观,拓展休闲农业,并把休闲农业的产业链与特色农产品产业链形成有效的衔接,可以实现优势特色农业与休闲农业的协同发展。同时,以特色农产品为原料,拓展工业品、工艺品的产业链,同样可以带动整个特优区的建设。

从特色农产品产业链的某个结点,引发出新的产业,并形成新的产业链,实现一二三产的融合发展,仅仅依靠市场的力量是远远不够的,政府需要为形成这种发展的生态提供各类服务。这些服务,主要地体现在资金、科技、人才等方面的服务体系建设上。对此,我们将在下面作专题分析。

7.5 优化政府对市场的服务

"特优区"本身就是一个产区的概念,因此,三部委在《规划》中特别强调要"坚持市场导向、有序发展"的原则,要求特优区建设"瞄准市场消费需求,以市场带动创建,以创建促进发展,不断提升特色农业产业的竞争力"。同时,从建设田头市场、产地批发市场、冷链物流体系到市场营销体系,都提出了具体的要求。

三部委《规划》从产业链的角度,把它分类为田头市场、产地批发市场、终端市场,而终端市场又可细分为区域市场、国内市场、国际市场。特色农产品都是因当地特殊的自然条件和消费习惯而形成的,因此,它的第一市场都在当地。但随着市场化程度的增加，这些特色农产品通过市场，不断地进入其他不同消费习惯的国内市场，甚至进军国际市场。宁波的很多特色农产品，都是通过原来的南货店，走进了上海，再从上海辐射到全国、全世界。因此，特优区的市场建设，也需要从区域市场不断地拓展到国内国际市场。

但通过余姚榨菜和涪陵榨菜、宁波杨梅与其他地区杨梅、宁波年糕市场等几个典型特色农产品的比较，我们发现，宁波市尽管在田头市场、批发市场上有很好的成绩，但在终端市场上，比较偏重区域内的市场建设，区域外的终端市场建设力度还不够大。为此，建议在特优化市场建设中，重点做好如下几方面的工作。

7.5.1　提高政府在培育终端市场上的服务能力

2023 年 4 月 24 日，由宁波市人民政府主办、宁波市农业农村局承办、各区（县、市）人民政府协办的 2023 年宁波市农业农村招商引资暨绿特优新农产品推介会在上海举行。这一在终端市场推介宁波市特色农产品的政府行为之所以能上新闻，本身就说明这种政府性的市场推广行为目前属于小概率事件，还没有进入常态化运行阶段。从市场发育的基本规律和政府对"三农"工作的职能看，培育终端市场应当成为政府的常态化工作。

在国际国内终端市场上拓展宁波特色农产品市场，需要一个从零到一，再从一到规模化的过程。在"买方市场"的背景下，宁波的特色农产品要进入一个空白市场，很难全部依靠市场的力量，必须由政府提供必要的服务。如：宁波市承担了很多国家安排的对口支援、对口援外的任务，在这些对口地区，基本上没有宁波特色农产品的市场。宁波市完全可以在对口项目中安排相关项目，促进这些地区使用宁波的特色农产品，从而开发这些空白市场。习近平总书记在福建任职时，就成功地把福建的特色农产品推向了福建省对口支援的宁夏地区，目前在宁夏，福建菜已经成为一道亮丽的风景。

而在已有市场的进一步培育上，中央有关部委和浙江省都已经搭建了很多以政府名义推介特色农产品的平台。典型的如农产品博览会、农贸会、展销会、年货节等，有些专业协会还专门就某些特色农产品开展全国性的推介活动，如各地为某个农产品办的"节"，实际就是改革开放初期"政府搭台、企业唱戏"模式的升级版。把现有的政府平台用足、将原来的政府服务经济模式转化到特色农产品市场的培育上，相信宁波市在这方面的工作，将走在全国的前列。

7.5.2　提高政府在培育终端消费者的服务能力

终端市场本质上就是一个终端消费者市场。只有终端消费者接受了宁波的特色农产品,才会形成这个宁波的特色农产品销售市场。因此,培育终端消费者,是宁波市政府和企业的共同承担的重要任务。

以东海水产等宁波特色农产品为主要食材的宁波菜,以鲜、咸、臭闻名,讲究鲜嫩软滑、原汁原味。在上海传统的八大菜系(粤、川、湘、闽、浙、苏、鲁、徽菜)中,宁波菜一直是高档菜的代名词。但高科技带来的农产品质量下降和调味品的滥用、现代生活高节奏、高压力带来的味觉迟钝,导致了目前的菜品口味越来越重,以鲜为特色的苏浙菜系,逐步被湘菜、川菜等重口味的菜系所取代,市场日益萎缩,苏浙菜在整个餐饮市场的份额已经一路下跌到了 3.6%(见本文 4.3.3 的分析)。与此相对应,宁波菜的食客以及终端消费者也日益减少,这就增加了宁波特色农产品进军全国市场的难度。一个典型的案例就是,余姚榨菜竞争不过涪陵榨菜的根本原因,就是余姚榨菜代表的清淡型苏浙菜竞争不过涪陵榨菜所代表的川菜。

因此,要真正让宁波特色农产品走向国内国际市场,培养终端消费者是第一要务。在宁波市政府对特优区市场建设的服务体系中,需要增加这方面的任务。

从国内国际经验看,政府培育终端消费者的方法很多,适合宁波市的主要有:

1. 领导垂范

韩国总统、日本首脑在推广韩国菜、日本菜和该国农产品时所起的表率作用,非常值得我们借鉴;我市领导出访、出差中坚持吃宁波菜、把宁波特色农产品作为市政府指定的礼品,不但可以带动终端市场的发展,而且还可以提升这些特色农产品的品位。

2. 老乡带头

宁波特色农产品、宁波菜最踏实的消费者当然是宁波人。宁波人可以分为三大类:一是居住在宁波的当地居民;二是从宁波搬迁到外地(包括国外)的外地宁波人,简称甬籍人士,三是外地搬迁到宁波的新型宁波人。历史上,由甬籍人士组成的宁波帮不但促进了宁波市的发展,而且也成为其他地区发展的主力军。我们宁波大学就是由甬籍人士包玉刚捐助的。目前宁波市人口问题的研究中,往往只重视在招商引资过程中如何发挥甬籍人士的作用,却忘记了这些甬籍人士同时也是宁波文化传播者、是宁波特色农产品最踏实的消费者。充分利用宁波市各种驻外机构，以及宁波人在外地设立的企业，培育他们成为宁波特色农产品和宁波菜的消费者，同时，充分利用在宁波就业的新型宁波人，通过他们，把宁波的特色农产品带到他们的老家，同样也会培育出新的宁波特色农产品的终端消费者。

外地学生放假时，都会带上一些土特产送给父母。为配合这次课题，我们对宁波大学 35 名学生在今年暑假放假时的礼物进行了调查。结果发现，在调查的人群中，能带宁波特色农产品的比例只占了 20% 不到，而这 20% 的学生中，宁波特色农产品作为主要礼物（占总礼物价值 50%）的比例只有 35%。而暑假回来后反馈的信息显示，这些学生同时统计了他们老家的大学生从其他城市带回来的礼物，有效数据共 125 份，发现他们带大学所在地特色农产品的比例高达40%。这一暑期调查从另外一个侧面证明，四年在宁波的就读机会，并没有把这些外地大学生培养成宁波特色农产品的终端消费者。

3. 甬菜引领

特色农产品的终端市场其实和菜系的普及有着密不可分的关系。无论是兰州拉面，还是福建的沙县小吃，都会带动相应的特色农产品进入新兴市场。湘菜、川菜进入宁波后，宁波的菜市场上才有了这些菜系必备的辣椒等农产品或农业初级加工品。宁波菜由于只有用当地产品才能烧出特别的味道，因此对宁波特色农产品的拉动作用比其他菜系更强烈。因此，在推广宁波特色农产品的同时，需要拉动宁波菜的推广，用宁波菜来培养宁波特色农产品的终端消费者，最终推动宁波的特色农产品进入更多的市场。

4. 工艺普及

很多特色农产品是和其特殊的加工、储备、使用工艺相匹配的。由于宁波的普通消费者不懂牛羊肉的烹饪方法，因此，西北地区的牛羊肉很难打入宁波市场。宁波的特色农产品也有很多特殊的工艺，如果不掌握这些工艺，上好的特色农产品也无法真正转化为食品。在北上广深一线城市，宁波年糕被韩国年糕打败的核心原因就是我们根本没有传播宁波年糕的真正吃法，特别是面对火锅、烧烤等这些对宁波人来讲全新的烹饪方法，宁波年糕没有对应的工艺，自然很难进入这些市场。

因此，在特色农产品市场开发的过程中，同时需要推广宁波特色农产品的特殊工艺，宁波市政府和相关的行业协会，需要按照"科普"的发展思路，开展这方面的工作。

7.5.3　提高政府在市场领域公共产品建设

培育市场、形成市场规划、提供市场公共服务体系,这些都是现代政府应有的职能。特色农产品市场属于完全竞争型市场,特色农产品需要在这类市场中立足,更需要地方政府的鼎力相助。从调研情况看,宁波市特色农产品市场急需政府完善如下两大类公共服务:

1. 完善特色农产品信息管理体系

在互联网时代,线上销售已经成为一个重要的市场开拓手段。同时,全国的农产品市场也通过网络联系得越来越紧密。为此,需要由政府出面,建设一个完整的特色农产品信息管理体系。这一体系,既包括了与宁波特色农产品相关的全国市场信息,更包括了对网络直播等新颖销售手段的引导;既有对宁波特色农产品的推广宣传,更有对消费者投诉的即时处理。这些功能的叠加,最后实现以公共信息网络传播和线上交易平台为核心板块,妥善地解决特优区信息的瓶颈问题。

2. 完善特优区考核体系

考核体系是推进特优区创建的重要工具。考核体系是为考核目标服务的。设计怎样的考核目标,相关的资源就会围绕着这一目标进行优化配置。因此,需要根据目标,来完善特优区的考核体系。

从前面的分析可以看到,宁波市特优区建设至少需要实现两个目标:一是生产端实现产业结构的优势,二是客户端实现市场占有率的最大化。这两个目标需要两套科学的考核体系,而且每套考核体系的指标,都必须是十分精准的。但从调研情况看,目前宁波市还没有形成这样的考核体系,更没有对考核指标作进一步的规范。

本课题的课题要求特别强调了"市场占有率、市场竞争力"这两个考核指标。但如果没有明确的定义,这种考核指标是很难应用的。下表是宁波市农业农村局对我市部分特色农产品市场占有率的考核结果。其中,有些县特色农产品的市场占有率达到了95%以上,这明显不符合常理。如果把各县区生产的同一类产品合并,就可以在下一张表中看到,这些特色农产品的市场份额几乎都超过了100%。由于考核指标的定义不明确,最后形成的考核结果,就缺乏了指导意义。

销售份额比例实际上就是市场占有率的指标,市场占有率的标准解释是指某企业某一产品(或品类)的销售量(或销售额)在市场同类产品(或品类)中所占比重。有3种基本测算方法:(1)总体市场份额,指某企业销售量(额)在整个行业中所占比重。(2)目标市场份额,指某企业销售量(额)在其目标市场,即其所服务的市场中所占比重。(3)相对市场份额,指某企业销售量与市场上最大竞争者销售量之比,若高于1,表明其为这一市场的领导者。最常用的是第一种计算方法,即:某一产品的销售量占整个同类市场销售总额的比例。如果我们把这一考核指标中的"整个市场销售总额"定位在宁波市的销售市场,则宁波的榨菜市场中,余姚榨菜的占有率基本上可以达到100%,但如果我们把这一定位放大而从全国市场看,中国调味品协会统计数据显示,2022年我国榨菜总产量约为100万吨,余姚榨菜年产20万吨,只占了20%的市场份额,如果再加上出口数据,余姚榨菜的市场占有率会更低。但不管如何计算,都不可能出现第二张表中比例超过100%的情况。

表 7-1　宁波市主要特色农产品的销售份额之一:按比例排序

地区名称	特色农产品名称	生产经营主体个数	销售份额比例
余姚市	榨菜	5000	
江北区	慈城年糕	15	
慈溪市	草莓	1000	
慈溪市	西兰花	100	
慈溪市	雪菜	1400	
慈溪市	麦冬	30	
慈溪市	鲜食大豆	800	
慈溪市	南美白对虾	88	
慈溪市	泥螺		
慈溪市	蛋鸭	32	
鄞州区	杨梅		
鄞州区	宁波朱金漆木雕	1	
余姚市	葡萄		
北仑区	蘑菇	2	0
北仑区	番茄	62	0
北仑区	草莓	48	0
北仑区	杨梅	143	0

地区名称	特色农产品名称	生产经营主体个数	销售份额比例
北仑区	葡萄	135	1
北仑区	柑橘	211	2
北仑区	茶叶	19	5
慈溪市	桃子	1200	5
北仑区	猪	8	6
北仑区	年糕	26	7
慈溪市	柑橘	300	10
北仑区	铁皮石斛	4	21
慈溪市	杨梅	6000	25
海曙区	切面	12	30
慈溪市	蜜蜂	260	30
象山县	象山柑橘	662	30
北仑区	盆景	29	36
海曙区	竹笋	103	40
海曙区	汤圆	11	40
北仑区	盆栽植物	30	40
宁海县	牛角雕	4	40
宁海县	香榧	150	50
海曙区	小青龙	10	50
海曙区	樱花红茶	2	50
宁海县	柑桔	2500	50
镇海区	番茄	25	50
宁海县	西甜瓜	800	50
宁海县	竹笋	7	50
宁海县	南美白对虾	250	50
宁海县	枇杷	650	50
宁海县	水蜜桃	100	50

地区名称	特色农产品名称	生产经营主体个数	销售份额比例
宁海县	油茶	5	50
宁海县	牡蛎	250	50
宁海县	黄精	5	50
宁海县	胡陈麻糍	1	50
宁海县	宁海泥金彩漆	3	50
奉化区	水蜜桃	35	50
奉化区	竹笋	25	50
奉化区	观赏苗木	30	50
奉化区	茶叶	35	50
奉化区	芋艿头	5	50
奉化区	贝类	35	50
北仑区	花卉	604	55
镇海区	葡萄	53	55
宁海县	望海茶	5980	55
宁海县	茶叶	6000	58
海曙区	蔺草	82	60
海曙区	锦鲤	3	60
海曙区	白茶	18	60
北仑区	洋蓟	1	60
鄞州区	宁波金银彩绣	1	60
宁海县	缢蛏	202	60
镇海区	草莓	48	60
慈溪市	葡萄	4500	60
鄞州区	铁皮石斛	1	60
鄞州区	水蜜桃		60
鄞州区	葡萄		60
奉化区	草莓	32	60

地区名称	特色农产品名称	生产经营主体个数	销售份额比例
北仑区	莲花	5	63
慈溪市	蜜梨	3500	65
鄞州区	茶叶	6	70
鄞州区	鄞州雪菜	3	70
宁海县	黑茶	1	70
宁海县	前童三宝	1	70
慈溪市	兔	2	70
鄞州区	紫菜	3	70
奉化区	奉化千层饼	33	70
余姚市	早熟蜜梨	840	73
余姚市	铁皮石斛	40	75
海曙区	豆芽	2	80
海曙区	浙贝母	52	80
海曙区	樱花	26	80
海曙区	稻虾米	10	80
海曙区	葡萄	35	80
海曙区	草莓	8	80
宁海县	优质黄鸡	3	80
鄞州区	南美白对虾	9	80
鄞州区	梭子蟹	14	80
鄞州区	番茄	200	80
象山县	象山白鹅	45	80
象山县	竹根雕	30	80
余姚市	茭白	3000	84
象山县	大黄鱼	31	85
鄞州区	西甜瓜	60	85
鄞州区	草莓	100	85
余姚市	大闸蟹	8	85

续　表

地区名称	特色农产品名称	生产经营主体个数	销售份额比例
海曙区	八戒西瓜	42	90
宁海县	黑猪	2	90
奉化区	杏鲍菇	1	90
余姚市	甲鱼	189	90
象山县	象山米馒头	10	90
象山县	梭子蟹	35	95
象山县	南美白对虾	32	95
象山县	坛紫菜	18	95
余姚市	杨梅	3120	省内72%
余姚市	短柄樱桃	720	省内92%

资料来源：宁波市农业农村局

表7-2　宁波市部分特色农产品的市场份额

特色农产品名称	地区名称	生产经营主体个数（个）	销售份额比例（%）	销售份额比例合计（%）
草莓	慈溪市	1000		
	北仑区	48	0	
	镇海区	48	60	285
	奉化区	32	60	
	海曙区	8	80	
	鄞州区	100	85	
茶叶	北仑区	19	5	
	奉化区	35	50	
	宁海县	6000	58	238
	鄞州区	6	70	
	宁海县	5980	55	
番茄	北仑区	62	0	
	镇海区	25	50	130
	鄞州区	200	80	

特色农产品名称	地区名称	生产经营主体个数(个)	销售份额比例(%)	销售份额比例合计(%)
南美白对虾	慈溪市	88		225
	宁海县	250	50	
	鄞州区	9	80	
	象山县	32	95	
葡萄	余姚市			256
	北仑区	135	1	
	镇海区	53	55	
	慈溪市	4500	60	
	鄞州区		60	
	海曙区	35	80	
水蜜桃	宁海县	100	50	160
	奉化区	35	50	
	鄞州区		60	
铁皮石斛	北仑区	4	21	156
	鄞州区	1	60	
	余姚市	40	75	
杨梅	鄞州区			97
	北仑区	143	0	
	慈溪市	6000	25	
	余姚市	3120	省内72%	
梭子蟹	鄞州区	14	80	175
	象山县	35	95	
竹笋	海曙区	103	40	140
	宁海县	7	50	
	奉化区	25	50	

因此,建议宁波市首先围绕着生产端和消费端两个目标,形成两套特优区的考核体系。其次,按照方便核算、简单易懂的原则,设计各项考核指标,以确保这些考核指标能有效引导特优区内的相关资源向特色农产品的产业链聚集,有效

引导消费者购买宁波市特色农产品。

为了说明问题，我们仍以市场占有率为例，来说明考核指标对生产资源和消费客源的引导能力①。为了实现精准考核，考核部门（如宁波市农业农村局、某行业协会）只要求特优区的企业上报他们的销售额，然后，考核部门通过上级机构，找到国际市场、全国、全省、全市以及分地区的销售总额数据，在此基础上，计算出该特色农产品的市场占有率。

如：经统计，宁波市特优区生产的某种葡萄总销售额是100，国际市场、全国、全省、本市的葡萄销售额分别是100000、10000、1000、100，则该葡萄在国际市场、全国市场、全省市场、本市市场的市场占有率分别为0.1、1％、10％、100％。

这一市场占有率公布后，将对生产资源产生如下影响：由于宁波市的葡萄生产已经在本地市场达到了饱和状态，生产用于本地消费的葡萄已经没有发展空间，因此，相应的生产资源不会再投资以本地市场为目标的葡萄生产，相反，由于这种葡萄在国际市场和全国市场上的份额所占比例相对较低，因此，相应的生产资源将集中投资到供应国际市场和国内市场的葡萄生产。

而这一市场占有率对消费者的影响是：宁波葡萄只能满足宁波本地人的消费，因此，宁波本地人会根据这一市场占有率，选择购买宁波市生产的葡萄。而对于外地消费者，由于市场占有率低，因此，一般不会选择购买。

对这一考核指标的分析，实际上也包含着另外一层含义：尽管考核指标是由考核部门提出来、而且作为考核部门特优区评选的重要依据，但这些考核指标真正的读者不是考核机构，而是生产要素的掌握者和商品购买力的掌握者，他们将根据考核指标决定是否投资、是否消费。因此，宁波市要建立的特优区考核体系，必须达到同时能引导政府资源、市场资源中的生产要素向特优区倾斜，引导消费资源购买特优区产品的三种目标。

7.6　优化政府对生产要素的服务

在市场经济条件下，政府需要为生产要素的优化提供相应的公共服务。而特优区优化的过程中，核心是需要为资金、科技和人才提供相应的公共服务。

---

① 这一数据分析，纯粹是理论分析，忽略了很多应考虑的因素。这样分析的目的，只是用为明确指标对生产资源与客户资源的影响。

7.6.1 优化政府对资金的服务

资金是最活跃的生产要素,也是最需要政府提供公共服务的生产要素。从调研情况看,很多地区在政府对特优区的资金服务上,仍重在建立起以财政资金的有效投入为核心的扶持政策上。但我国在"三农"问题上的财政政策已经基本用足,各地很难再创新形成新的优惠政策。各地特优区的差异在于对国家、省相关政策的应用能力,而这种应用能力,实际上就是对资金的服务能力。宁波作为经济较发达地区,完全有能力形成一套为特优区的资金提供公共服务的方案,以提高政策的应用能力。这个方案至少包括如下几个方面:

1. 营造良好的投资环境

宁波市投资环境总体上是比较好的。但由于特优区的投资项目在投资周期、投资条件等方面都不如其他产业,特别是在强调科技兴市的前提下,大量的社会资金投向高新科技领域,农业领域的投资在整个投资领域中处于弱势地位。要引导资本向农业领域特别是特优区投资,仅仅依靠一般的投资条件是远远不够的,必须由政府为特优区的投融资创造良好的投资环境。

投资环境包括了投资的硬环境和软环境建设两个方面。宁波市政府不仅仅要强化投资硬环境的建设,确保进入特优区的企业能够有完善的外部配套设施,能够在土地指标、交通条件等方面都能得到相应的倾斜。更需要强化投资的软环境建设,在投资审批、投资前期的预评估(包括环评)等环节提供优质的公共服务,以提高在同等的条件下,特优区的项目能与同一区域的高新科技等项目进行竞争,取得良好的投资资源。

2. 提升特优区投资项目的竞争力

社会资本要投资一个项目,最关注的是投入产出率、投资收益率、风险控制能力等核心指标。特优区项目需要通过提升这些核心指标,提高投资项目的竞争力,从而吸引更多的社会资本进入特优区。

完善的产业链本身就提供了从原料供给到市场销售的全环节服务。特优区在特色农产品产业链建设中已经提供了很多投资机会,通过延长产业链,可以形成很多好的投资项目。因此,资本在投入这一产业链后,可以大大地节约成本,形成可预期的投入产出率;同时,产业链提供的企业发展方向,也可以使投资商的决策能够与特优区产业升级的目标一致,可以极大地降低企业发展的风险。这些特优区本身已经存在的竞争优势,需要通过政府服务体系,形成某一特优区招商引资的指南,来推进资金向特优区倾斜。

3. 创新新型投资合作方式

资金必须与当地的资源形成合理的配置，才能形成较好的盈利机制。而资源配置的方式又受制于投资项目的组织形式。特优区所在地政府除了要鼓励投资商通过科技与特色农产品的合作，形成农业高新科技企业、农业龙头企业之外，更需要根据当地的实际，创新各种合作方式，实现投资的多元化。

特色农产品的产业链，既需要最基本的公司加农户的合作方式，也需要集团公司、上市公司在产业链中发挥作用。在这些已经成熟的合作模式下，特优区还可通过组织方式的创新，吸引更多的资本。如：可以把政府的公私合作模式（PPP 模式）引入特优区建设，政府资金与民间资本共同投资特色农产品为定链的关键环节；可以通过协会，形成协会＋会员的投资模式，使专业协会成为投融资的平台；可以通过特色农产品相关知识产权的量化，形成资金与知识产权的合作模式。从调研情况看，宁波市不少特优区已经在这方面进行了有益的探索，宁波市政府可以通过总结这些经验，形成相应的投融资合作范式，开展招商引资。

4. 创新新型投资工具

调研发现，资金进入特优区主要采取了股权和债权两种投资工具，很多优秀的投资工具并没有发挥作用。为此，建议宁波市政府在创新新型投资工具上采取有效措施，提高投资的多元化。

在投资工具中，金融保险工具是最活跃的。目前，针对特色农产品创新的保险工具已经在宁波发挥了重要作用，并受到了当地企业和农户的欢迎。但资本市场、基金、信托、融资租赁等常规化的金融工具，在宁波的特优区仍然不够发达，在投资工具创新上仍有很大的空间。如，宁波市完全可以参照其他省特优区经验，把原来的订单农业升级为期货农业，通过期货这一工具，把贸易项下的资金转化为投资项下的资金。

5. 提高财政工具的服务功能

财政除了通过财政资金支持特优区建设外，同样也有很多财政工具来服务于特优区的建设。在前面的分析中，我们曾建议，把我市特色农产品作为政府对外赠送的礼品，这就是在不增加财政支出的情况下，服务特优区的一种做法。

财政支出中，"三公经费"是一笔最大的支出，所谓的吃饭财政，就是指吃饭经费在财政支出中的比例很高。如果财政在安排"三公经费"时，强调优先采购宁波市的特色农产品，同时，在政府采购时，明确提出在同等条件下优选采购宁波市的特色农产品，政府部门通过率先采购、消费特色农产品，不但可以增加特色农产品的销售额，而且还能起到引领、带动的作用，促进终端客户的培养。

除了政府采购、集团消费，还要把促进特优区建设的目标融入财政工作的方方面面,就可以产生出更多的财政服务于特优区的相关措施。

7.6.2 优化政府对科技的服务

除了资金之外,科技是优化特优区中最活跃的因素。科技既有私人产品也有公共产品。因此,在科技领域,首先要明确政府在科技领域的基本定位。政府需要参与特优区的科技活动,但并不是代替市场在科技资源配置中起基础性作用,而是为了弥补市场的缺陷。在市场可以充分发挥作用的科技领域,政府应该减少甚至取消干预,在市场难以发挥作用或者市场效率低下的科技领域,政府应该加强干预。政府干预科技活动应该强调有限干预、理性干预,减少随意干预,避免政府失灵,提高政府干预科技活动的效率。具体而言,政府对于纯公共科技领域要全面支持,对准公共科技领域要深度扶持,对私人科技领域要适度干预。

从调研情况看,宁波市把握科技领域私人产品与公共产品的分界线时,还是比较准确的,并且在支持科技的私人产品领域取得显著的成效,有效地促进了特优区企业科技的发展。但在科技公共服务体系上,还有很大的发展空间。

科技公共服务体系是指政府为科技创新和科技普及而提供的公共服务。具体包括科技资源服务、科技创新服务、科技管理服务、科技推广服务等几个方面。宁波市在这些领域都有成功经验,但还没有形成体系。为此建议如下:

1. 强化科普,提升特色农产品产业链的总体质量

在科技领域,科普由于很难直接形成生产力因此很容易被忽视。但从调研情况看,特优区最需要的就是科普。很多特色农产品种植户,根本不知道所种植或养殖的特色农产品的相关知识,而经营这些特色农产品的企业,也不知道这些特色农产品所包括的自然、人文价值,在终端消费市场,特别是在宁波之外的终端市场,消费者也不清楚宁波的这些特色农产品如何使用、消费。因此,从整个产业链的起点到终点都需要科普。而这项科普工作,只有政府或协会来承担。

2. 强化信息管理,提升特优区科研条件

科技创新需要几个基本要素:需求、投入(资金及相关设备)、人才、信息。其中,需求、投入、人才都可以变成私人产品由企业提供,信息却属于准公共产品,除了企业自身搜集的相关信息外,还需要政府搭建一个公共科技服务信息网络平台。这个平台需要形成如下三方面的功能:一是通过国际国内科技资源的整合,形成与特优区相关的科技信息系统,向包括特优区在内的公众提供国内外最新、最系统的相关科技信息;二是科技信息共享平台,通过整合公共科技信息资源,促进资源服务平台之间的交流、共享、互动为特优区企业提供技术、信息等服务;三是科技资源整合平台,政府可以通过这个平台,促进特优区的企业与相关

的科技单位形成"官、产、学、研"相结合的科技资源整合机制，提升科技研发的质量。

3. 研发共性技术，提升特优区的研发质量

特优区所需要的科技产品，既有共性技术，也有个性技术。如保鲜、冷链等这些技术几乎是所有食品类特色农产品的共性技术。为此，需要鼓励政府现有的科研机构研发特优区所急需的共性技术。同时，一些前瞻性、战略性的科研，也属于共性技术的一部分，由政府或协会提供比较合适。

4. 建立科技产业链，形成可持续的创新机制

政府科研机构与特优区需求之间的脱节，一直是政府在科技投入中需要解决的问题。解决这一问题的关键，在于建立起一个政府引导下的科技产业链。这一产业链，以政府为起点，以用户（生产者或消费者）为终点，中间既有政府的科研机构，也有企业的科研机构，更有协会、专业合作社等科技推广机构，在这一科技产业链的引导下，科技创新才有针对性，研发的成果才有扩散机制，才能应用到具体的生产和消费。

5. 强化科技价值评估，提高科技与资金融合度

特优区需要高科技，高科技需要资金。形成高科技与资金融合的最有效工具，就是把科技成果和科技能力股权化，实现战略投资与科技资源的有机整合。为此，一方面需要政府强化对科技价值的评估体系，使一些科技创新型的战略投资者，能公允地评估科技合作者的股权价值，另一方面，需要建立风险投资机制，政府可以通过担保、政府性基金等为科技战略投资者提供兜底机制，确保投资者的资金安全，从而引导投资者放心投入特优区的科技项目。同时，政府还需要针对科技投资，形成技术产权交易环境和交易机制，尤其是要完善非上市高技术企业的产权交易定价系统，形成公正的、公认的、公平的市场交易定价体系。

7.6.3　优化政府对人力资源的服务

人力资源是继资金、科技之后第三个特优区最核心的生产要素。特优区急需要的不仅仅是科技人才，更需要经营管理人才、营销人才。作为人口流入大市，特优区还需要在大量的流入人口中，寻找合适的务工人员。因此，在特优区的人力资源战略中，需要充分考虑各种人力资源因素。

2021年，我国出台的《建设高标准市场体系行动方案》提出加快发展人力资源服务业，提升人力资源服务质量。同年还出台了《关于推进新时代人力资源服务业高质量发展的意见》，提出进一步提高人力资源服务水平，打造高标准人力资源市场体系。2023年4月12日，宁波市人力资源和社会保障局等9部门颁

发了《关于加快推进新时代人力资源服务业高质量发展的若干举措》的通知（甬人社发〔2023〕9号）。在这个文件中，提出了八条促进人力资源配置的具体措施。这些措施，可以有效缓解特优区人力资源不足、人力资源结构不够合理等问题。

特优区都属于农区，整个生产生活条件都不如城区；特优区的生产具有一定的季节性，农忙和农闲时的劳动力需要的数量和结构差距都很大；在创建特优区过程中，还需要创造出一些新的就业岗位，提升特优区的发展质量。因此，除了这些一般性的人力资源公共服务外，宁波市政府还需要为特优区提供更多的人力资源公共服务。

三部委《规划》强调：在特优区要"加强农村实用人才带头人、现代青年农场主和新型农业经营主体带头人培训工作。通过新型职业农民培育工作，充分利用农业广播电视学校培训力量，提升特优区内生产者的科学生产、绿色生产观念，提高生产者科技素质、管理水平和经营能力。在特优区内，建立创业就业服务平台，引导有志投身特色农业产业建设的农村青年、返乡农民工、农村大中专毕业生创办领办家庭农场、农民合作社和农业企业（含林业企业），为特色农业发展注入'新鲜血液'，提升发展活力。"根据《纲要》的这一要求，结合宁波市特优区建设的实际，就人力资源的公共服务，提出如下建议：

1. 通过调查，摸清特优区的人力资源的需求结构

需求决定供给，搞不清楚特优区的人力资源需求总量与结构，就很难制定出针对人力资源的相关政策。从目前情况看，政府与协会往往偏重高端人才的需求，对于农忙时临时工等的需求很少顾及。为了确保特优区发展中人力资源的供应，建议宁波市对特优区的人力资源需求进行一次普查，并通过普查数据的分析，搞清楚特优区人力资源的发展趋势，通过人才平台，开展用工指导，促进特优区人力资源的有序、有效配置。

政府掌握农业领域特别是特优区的人力资源需求是十分重要的。在华北、西北地区，农忙时的收棉花大军、收割大军一直是靠政府组织的。宁波市由于农业用地整体规模较小，因此特优区人力资源波动对区域经济的影响不大，相应的人力资源配置也基本由市场来完成。但从比较分析看，如果政府能够提供这方面的公共服务，整个人力资源成本就会省下很多。

2. 通过规划，形成特优区人力资源公共服务体系

为了优化特优区人力资源的结构，建议宁波市农业局在宁波市人力资源和社会保障局等9部门颁发的甬人社发〔2023〕9号文件的基础上，在编制宁波市特优区发展规划中，专门增加人力资源公共服务体系的相关内容，在三部委《纲

要》要求的基础上,构建具有宁波特色的特优区人力资源公共服务体系。这一体系至少包括:人力资源政策体系、人力资源服务标准体系、人力资源考核体系等。

3. 优化平台,服务特优区

宁波市已经建设了宁波市人才市场,开发出人力资源综合服务平台(网址 https://ycyg.nbhr.org.cn),但通过现场调查和进入网站查询,我们发现,这两个平台,都没有针对包括特优区在内的农业经济发展方面的人力资源服务。为此,建议市农业局协调上述专业平台,开辟农经专栏或特优区专栏,把平台转化为特优区人力资源公共服务平台。

4. 政府采购,加大政府购买人力资源的服务力度

在现有的政策体系和财政支出结构中,宁波市还缺乏政府采购人力资源的相关内容。参考其他地区的经验,建议拓展政府采购的范围,一方面,形成激励机制,支持经营性人力资源服务机构参与公共人力资源服务项目和活动。另一方面,政府通过购买服务等方式,引进急需紧缺人才、先进的人力资源服务标准、人力资源数据信息等,最终形成人力资源的公共服务与经营性服务相互补充、协同促进特优区建设的新格局。

参考材料

一、综合类

1. 2017 年至 2023 年中央一号文件
2. 中央人民政府、浙江省人民政府、宁波市人民政府、宁波市各县区人民政府官网
3. 国家统计局、宁波市统计局官网

二、特色农产品优势区规章与规划

4. 农业部、中央农村工作领导小组办公室、国家发展和改革委员会、财政部、国家林业局、科技部、国土资源部、环境保护部、水利部《关于开展特色农产品优势区创建工作的通知》
5. 农业部关于印发《优势农产品区域布局规划(2003—2007 年)》的通知
6. 农业部关于印发《特色农产品区域布局规划(2006—2015 年)》的通知
7. 农业部特色农产品区域布局规划(2013—2020 年)
8. 国家发展改革委、农业部、国家林业局:《特色农产品优势区建设规划纲要》
9. 农业农村部办公厅、国家林业和草原局办公室、国家发展改革委办公厅、财政部办公厅、科技部办公厅、自然资源部办公厅、水利部办公厅于印发《中国特色农产品优势区管理办法(试行)》的通知
10. 财政部关于农业综合开发扶持农业优势特色产业促进农业产业化发展的指导意见
11. 浙江省特色优势农产品区域布局规划(2003—2007 年)
12. 宁波市优势农产品区域布局规划(2003 年)
13. 宁波市农业产业布局规划(2006 年)
14. 宁波市农业产业区域布局(2023 年)

三、乡村振兴规章规划与"十四五"乡村发展规划

15. 浙江省乡村振兴促进条例

16. 浙江省高质量创建乡村振兴示范省推进共同富裕示范区建设行动方案（2021—2025 年）

17. 浙江省发改委、省农业农村厅《浙江省农业农村现代化"十四五"规划》

18. 宁波市乡村产业发展"十四五"规划

19. 浙江宁波市国家现代农业示范区建设方案

20. 海曙区农业农村现代化"十四五"规划

四、与特优区建设相关的政策

21. 全国人大法律委员会副主任委员李重庵：全国人大法律委员会关于《中华人民共和国农产品质量安全法（草案）》审议结果的报告（2006 年 4 月 25 日在第十届全国人民代表大会常务委员会第二十一次会议上）

22. 财政部、农业农村部发布 2022 年重点强农惠农政策

23. 国家税务总局支持乡村振兴税费优惠政策指引汇编

24. 国务院台办、农业农村部、国家林草局等部门关于支持台湾同胞台资企业在大陆农业林业领域发展的若干措施

25. 浙江省贯彻落实"农林 22 条措施"工作举措

26. 国家发改委、农业农村部整理的 2021 年、2022 年、2023 年农业补贴政策

27. 工业和信息化部等十一部门关于培育传统优势食品产区和地方特色食品产业的指导意见

28. 浙江省农业农村领域高质量发展推进共同富裕行动计划（2021—2025 年）

29. 浙江省实施科技强农机械强农行动大力提升农业生产效率行动计划（2021—2025 年）

30. 浙江省出口农产品生产示范基地认定实施办法（试行）

31. 浙江省人民政府办公厅关于扩大农业农村有效投资高水平推进农业农村现代化"补短板"建设的实施意见

32. 浙江省种植业"五园创建"实施方案

33. 浙江省人民政府办公厅关于引导支持农业龙头企业高质量发展的若干意见

34. 浙江省关于促进强村公司健康发展的指导意见（试行）

35. 浙江省农产品地理标志提升发展三年行动计划（2020—2022 年）

36. 浙江省农业农村厅等 10 部门关于加快推进水产养殖绿色发展的实施意见（2019—2022 年）

37. 浙江省财政衔接推进乡村振兴补助资金管理办法

38. 浙江省财政厅 浙江省农业农村厅关于印发浙江省农业相关转移支付资金管理实施细则的通知

39. 浙江省农业生产发展资金管理实施细则

40. 浙江省农业生产发展资金分配测算方法及标准

41. 浙江省农业资源及生态保护补助资金管理实施细则

42. 浙江省农业资源及生态保护补助资金分配测算方法及标准

43. 浙江省动物防疫等补助经费管理实施细则

44. 浙江省动物防疫等补助经费分配测算方法及标准

45. 浙江省生猪调出大县奖励资金管理实施细则

46. 浙江省农业厅关于加快农创客培育发展的意见

47. 浙江省农业"双强"项目管理细则(试行)

48. 浙江名牌农产品管理办法(试行)

49. 浙江省推进稻渔综合种养高质量发展实施方案

50. 浙江省稻渔综合种养百万工程

51. 浙江省人民政府关于推进农业机械化和农机装备产业高质量发展的实施意见

52. 浙江省开展乡村振兴(26 县)十大助力行动

53. 上海市人民政府发布《关于印发〈上海市推进农业高质量发展行动方案(2021—2025 年)〉的通知》

五、与特优区建设相关的马克思主义理论研究

54. 屈炳祥:《从马克思对传统农业的评述看我国农业的发展方向》,《经济学家》,2009 年第 4 期

55. 鞠静、杨宏:《马克思、恩格斯"三农"理论及其新时代的创新发展》,2018年辽宁省社科基金重点项目"乡村振兴视角下辽宁省公共医疗资源城乡合理配置研究"(项目编号:L18AGL010)

56. 夏婷、袁海平:《"党建＋新乡贤"引领乡村振兴研究——绍兴的经验及启示》,《党政视野》,2021 年第 32 卷第 24 期

57. 袁海平:《论村规民约的社会稳定功能——以"乡村典章"为例》,《农业考古》,2009 年第 6 期

六、与特优区相关的理论研究

58. 娄向鹏:《特色农产品优势区建设如何不走弯路、找到新路?》,娄向鹏专著《品牌农业》

59. 厉以宁主编:《区域发展新思路——中国社会发展不平衡对现代化进程

的影响与对策》,经济日报社,2000

60. 陈锡文:《乡村振兴不是简单地加快乡村发展》,北京大学 2020 年乡村振兴论坛发言,2023 - 04 - 04

61. 肖玉明:《区域经济协调发展:理论、现状和对策》,《唯实》,2004(06)

62. 李文石、赵树宽:《增长极理论的发展历程及其对我国区域经济发展的指导意义》

63. 张军扩、侯永志:《中国区域政策与区域发展》,中国发展出版社,2010

64. 李仁贵:《区域经济发展中的增长极理论与政策研究》,1994 - 2010 China Academic Journal Electronic Publishing House. All rights reserved. http://www.cnki.net

65. 韦苇、杨卫军:《农业的外部性及其补偿研究》,《西北大学学报》,2004 年第一期

66. 中农富兴:《农产品如何突破低价值、同质化? 这样做增值三倍以上!》,《农民日报》,2020 - 06 - 28

67. 袁海平:《张东霞论政府引导民营经济发展的创新路径选择》,《经济师(China Economist)》,2007 年第 5 期

七、特优区发展中的要素分析

68. 周修亭:《农产品品牌延伸策略》,文秘帮,2022 - 07 - 31

69. 中国农业品牌研究中心:2022 中国农业产业强镇品牌声誉评价报告

70. 贾枭:《贾枭谈农产品区域公用品牌建设》,中国农业出版社,2022

71. 顾益康、袁海平、许勇军:《正确处理好十大关系——新中国 60 周年浙江"三农"发展经验总结》,《浙江经济》,2009 年第 17 期

72. 袁海平、韦乐盈:《乡村振兴视域下新农人与精准扶贫的对接研究》,《绍兴文理学院学报》,2018 年第 38 卷第 6 期

73. 李小娟、叶笑云:《美丽乡村视角下后岸村乡村旅游发展路径探讨》,《现代化农业》,2023 年第 2 期

74. 叶笑云:《农民民意表达机制创新的浙江经验研究》,《江汉论坛》,2013 年第 1 期

八、宁波特色农产品的相关研究

75. 药通网:曾经历史天价药材何时再现辉煌——浙贝

76. 张楠、蔡淑萍:《大数据看中国"八大菜系":谁最受欢迎?》,《21 世纪经济报道》,2017 年 11 月 13 日

77. 2022 年榨菜行业发展现状:逐渐走向品牌化和高端化

78. 吴楠:《涪陵一颗青菜头撬动百亿产业 带动60万人致富》,华龙网-新重庆客户端,2023-03-16

79. 环球网财经:《高度重视余姚榨菜特色产业发展,余姚政策富农助力乡村振兴》,2023-04-11

80. 宁波日报:《余姚榨菜:产业链如何"长袖善舞"》,2020-07-01

81. 照明百科网:《榨菜行业现状及前景分析 行业未来在价格和销量方面仍有提升空间》,2023-01-16

82. 徐志豪、王凯、毛恩友、李佳丹、詹柴:《浙江宁波四明山区域毛竹产业发展建议》,《世界竹藤通讯》,2022年第20卷第3期

83. 宁波市政协农业和农村委:《关于做大做强宁波特色优势种业的对策建议》,2021-07-21

84. 宁波大学2023年暑期实践调研:宁波市乡村振兴调研报告

85. 宁波大学2023年马克思主义学院暑期调研:宁波市乡村振兴现场实录

九、我国其他地区经验借鉴

86. 张耘、陆小成:《北京市科技公共服务体系建设:现状、问题与对策》,《城市观察》,2010年第5期

87. 王刚、谢梅:《江苏省战略与发展研究中心产业链现代化理论分析与实现路径研究》

88. 赵雪彤、林凯:《从走出山门到走向世界:沙县小吃的成功之道》,新华社2022-03-28

89. 大学生创业网:谈兰州拉面创业的成长之路,2020-08-29

90. 刘斌夫:《策划重庆,策划四川——构筑中国经济第四增长极》,清华大学出版社,2010

91. 鲁成军:《突破内陆瓶颈、实现强势崛起——关于开放背景下重庆"发展"模式的探索》,中国青年出版社,2009

92. 张辉:《福建打造特色农产品优势区助农民增收致富:擦亮"特"招牌富了咱口袋》,《福建日报》,2021-02-21

93. 田皓洁:《安徽省制定出台特色产业园建设指南》,中国发展网,2021-11-29

十、国际经验借鉴

94. 壹度创意:《韩国人参至尊品牌正官庄:品牌营销与发展之路及启示》

95. 日本渔业厅:《日本渔业白皮书》(2022)

96. 小镇透视:《变态的日本农业:超前思维,敬畏自然,死磕单品》,农业行业

观察,2022-04-22

97. 内蒙古自治区瓜果蔬菜协会:《看德国,荷兰,比利时,欧洲的特色农业小镇案例分享》

98. 芦千文、姜长云:《欧盟农业农村政策的演变及其对中国实施乡村振兴战略的启示》,《中国农村经济》,2018年第10期

99. 欧盟修订共同农业政策和关于良好农业和环境条件标准规定,https://eur-lex.europa.eu/legal-content/EN/TXT/? uri=uriserv%3AOJ.L_.2023.044.01.0001.01.ENG&toc=OJ%3AL%3A2023%3A044%3ATOC

100. 宗会来:《以色列发展现代农业的经验》,中国农村研究网,2016-12-26

图书在版编目(CIP)数据

宁波市的特色农产品优势区/孔绥波著. —上海：
上海三联书店,2024.12. —ISBN 978 - 7 - 5426 - 8555 - 1

Ⅰ.F327.553

中国国家版本馆 CIP 数据核字第 2024YD3495 号

宁波市的特色农产品优势区

著　　者 / 孔绥波

责任编辑 / 郑秀艳
装帧设计 / 一本好书
监　　制 / 姚　军
责任校对 / 王凌霄

出版发行 / 上海三联书店
　　　　　(200041)中国上海市静安区威海路 755 号 30 楼
邮　　箱 / sdxsanlian@sina.com
联系电话 / 编辑部：021 - 22895517
　　　　　发行部：021 - 22895559
印　　刷 / 上海颛辉印刷厂有限公司

版　　次 / 2024 年 12 月第 1 版
印　　次 / 2024 年 12 月第 1 次印刷
开　　本 / 710 mm×1000 mm　1/16
字　　数 / 550 千字
印　　张 / 31.25
书　　号 / ISBN 978 - 7 - 5426 - 8555 - 1/F·920
定　　价 / 128.00 元

敬启读者,如发现本书有印装质量问题,请与印刷厂联系 021 - 56152633